ENNO MEYER

MENSCHEN ZWISCHEN WESER UND EMS
1933-1945
WIE SIE LEBTEN, WAS SIE ERLEBTEN

Quellen zur Regionalgeschichte
Nordwest-Niedersachsens

Heft 2

9,80

HEINZ HOLZBERG VERLAG - OLDENBURG

CIP-Kurztitelaufnahme der Deutschen Bibliothek

Menschen zwischen Weser und Ems 1933
[neunzehnhundertdreiunddreißig] - 1945 wie sie lebten, was sie erlebten
Enno Meyer. - Oldenburg: Holzberg, 1986
  (Quellen zur Regionalgeschichte Nordwest-Niedersachsen; H. 2)
  ISBN 3-87358-269-4
NE: Meyer, Enno [Hrsg.]; GT

Inhalt

Vorwort 8

Einleitung 9

TEIL 1 (Juli 1933 bis September 1936)

Wichtige Ereignisse 11

Hitler 12
„Ein Arbeiter kommt aus Berlin zurück. Ehrengast des Führers" 12

Der Gauleiter Carl Röver 12
Ein Amtshauptmann äußert sich über ihn 13
Ein Historiker 13

„Stedingsehre" 15
„700-Jahr-Feier der Schlacht von Altenesch" 15
„Zwanzigtausend Kinder in Stedingen" 17
„De Bur is free un is kien Knecht" 19

Der Erntedanktag 19
„Zum deutschen Erntefest. Fahrt zum Bückeberg" 19

Die NSDAP bekämpft ihre Gegner 20
„In Schutzhaft genommen" 20
Entfernung aus dem Dienst I: Eine Konrektorin 21
Entfernung aus dem Dienst II: Der Leiter einer Bürgerschule 21
„Schutzhaft" im Konzentrationslager 22
„Das Lied der Moorsoldaten" 22
Carl von Ossietzky im Konzentrationslager Esterwegen 25

Der Kampf gegen die Juden 28
Ein Appell an die Frauen 30
Ein Schreiben des Nordseebades Norderney 30
„Jüdischer Rasseschänder durch die Stadt geführt" 31
Vorfälle in Norden 31
Heinz Rühmann darf als angeblich „jüdisch Versippter" in Oldenburg nicht auftreten 32

Der Kampf gegen das Christentum 32
Deutsche Christen und Bekennende Kirche 33
„Vertrauliches Rundschreiben an alle Notbundpfarrer in Oldenburg" 33
„Erklärung der Kirchenältesten der ev.-luth. Kirchengemeinde Delmenhorst" . . . 35
Ein Hirtenbrief der Fuldaer Bischofskonferenz 36

Hitler-Jugend und Schule werben für den Nationalsozialismus 37
„Vom Sinn unserer Lager" 37
Im Zeltlager „Nordsee" auf Langeoog 38
Ziele der Mädchenerziehung 41

Gewinnung der Arbeiterschaft für den Nationalsozialismus 43
Kraft durch Freude 43
„Unsere Urlauber kehrten von der Dampferfahrt zurück" 43
Kolpingwerk gegen KdF 44
Der „Tag der nationalen Arbeit" (1. Mai) 44
Rückgang der Arbeitslosigkeit 45

TEIL 2 (Oktober 1936 bis August 1939)

Wichtige Ereignisse 46

Der Gauleiter Carl Röver 46
„Ein Sprechtag beim Gauleiter und Reichsstatthalter" 46
Ein Kernspruch des Gauleiters 49
Ein Historiker über Röver (1972) 49
„Das Lebenswerk und die Sorge des Gauleiters": Stedingsehre 49

Im Geist der NSDAP 51
„Aufführung des ‚Oratorium der Arbeit'" 51
Propaganda 55
Der Gautag des Gaues Weser-Ems am 29./30. 5. 1937 57
Adolf Hitler Ehrenbürger der Stadt Oldenburg 58
Wer nicht Parteigenosse werden will, der hat es schwer 59

Im Arbeitsdienst 60
„Als Arbeitsmaid im Emsland" 60
Prominente Besucher beim Emsland-Arbeitsdienst 64
Tätigkeiten des männlichen Arbeitsdienstes 65

Verbesserung der Infrastruktur 66
Im Landkreis Cloppenburg 66
Wohnungsbau 67

Der Kampf gegen das Christentum 68
Der „Kreuz-Erlaß" 68
Eine Kanzelverkündigung des Offizials Vorwerk 69
Eine Stellungnahme des Bürgermeisters von Molbergen 70
Eine Kundgebung in der Cloppenburger Münsterlandhalle 70
Der Offizial beim Gauleiter 72
Protest gegen antichristlichen Volksschulunterricht 72

Vorbereitung des Krieges 73
Wiederaufrüstung 73
„Hoykenkamp - Entwicklungsstätte des deutschen Hubschraubers" 76
Stapellauf des Schlachtschiffes „Tirpitz" 77

Rechtlosigkeit 79
Vorfälle in Goldenstedt 80
Ein vergeblicher Schritt des Reichsverbandes deutscher Offiziere 80
Eine Postkarte aus dem KZ Buchenwald 82
Ausbürgerung: Der Fall Hermann Tempel/Leer 82
Flucht aus einem Emslandlager nach Holland 83

Der Kampf gegen die Juden 86
Der erste jüdische Tote der Stadt Oldenburg 86

Die „Reichskristallnacht"
  I. in Wilhelmshaven und Oldenburg 87
  II. Was die Zeitungen über die Reichskristallnacht brachten:
     in Bremen 88
     in Jever 90
Kennzeichnung der Juden 91
Ankunft im Konzentrationslager Sachsenhausen 92

Leben abseits der Politik 94
Ein Dramaturg erinnert sich 94

TEIL 3 (September 1939 bis Oktober 1942)

Wichtige Ereignisse 96

In den ersten Monaten des Krieges 96
Abschied 96
Wehrdienstverweigerung 97

Im Krieg gegen Norwegen 98
Kritische Situation in Narvik 98

Im Westfeldzug 99
Ein Cloppenburger Schüler schreibt in sein Tagebuch 99
Ein Elsflether erhält das Ritterkreuz 101

Mißtrauen gegen die gelenkte Presse 102
„Einzelfragen im Pressewesen" 102
Aus dem Tagebuch eines Schülers 102

Fremdarbeiter 103
„Polizeiverordnung über die Behandlung der im Lande Oldenburg eingesetzten
   Zivilarbeiter und -arbeiterinnen polnischen Volkstums" 104
Fremdarbeiter in der Oldenburger Glashütte 105
Niederländische Zivilarbeiter in der Wesermarsch 106
Polnische Zwangsarbeiterinnen in Bremen 106
Schwierigkeiten mit einer ukrainischen Arbeiterin 109
Gottesdienst für Polen 109

Aus der katholischen Kirche 111
Papst Pius XII. kritisiert die oldenburgische Regierung 111

Aus der Schule 112
Ein Schulaufsatz im Fach Deutsch 112
Rassistischer Geschichtsunterricht 114

Im Konzentrationslager 115
Ein Brief aus dem KZ Dachau 115

Im Krieg gegen die Sowjetunion 117
Aus dem Tagebuch eines Unteroffiziers (Juni bis August 1941) 117

Die „Endlösung" 123
Abschiebung nach Minsk 123
Der Reichskommissar für Weißruthenien meldet 124
Letzter Transport aus Varel 124
Das Schicksal einer jüdischen Familie: Goldschmidt/Oldenburg 125
Keine Heiratsgenehmigung für einen „Mischling 1. Grades" 126

Keine Fraternisierung mit Kriegsgefangenen! 126
Bestrafung eines Pfarrers 126
Der Pfarrer im Gefängnis 127

Gegen die „Euthanasie" 127
Eine Predigt des Bischofs von Münster 128
Beratung in der Parteikanzlei 129
„Bischöfliches Schreiben an den Klerus des Landes Oldenburg" (26. 9. 1941) 130

Wandel der Stimmung 131
Hitler über die Deutschen 131
Eine politische Satire: „Reichstagsrede nach dem Kriege" 131

Der Tod des Gauleiters Röver 132
Hitler über Röver 133
Rövers geheimnisvoller Tod 133

TEIL 4 (November 1942 bis Dezember 1944)
Wichtige Ereignisse 135

Im Bombenkrieg 135
Wilhelmshaven im Luftkrieg 135
Die Geheime Staatspolizei meldet dem Reichssicherheits-Hauptamt 137
Die Kinderlandverschickung 139

Dienstverpflichtet 140
Der Weg einer Ostfriesin über Karinhall nach Ravensbrück (1942-1945) 140

Fremdarbeiter 142
Anweisung für Betriebs- und Lagerführer 142
Menschenschinderei bei Focke-Wulf 143
Erziehungshaft in Farge 143
„Polizeiliche Maßnahmen gegen arbeitsvertragsbrüchige und bummelnde
    ausländische Arbeiter" 144
Himmlers „Durchführungsbestimmungen für Exekutionen" 145
Hinrichtung eines Polen wegen „Schändung deutschen Blutes" 145
Bessere Lebensbedingungen für manche Ostarbeiter 146
„Ein Mädchen aus Minsk" 146
Wie Ostarbeiter beerdigt wurden 149

Nach der „Endlösung" 149
Was von den Juden noch blieb:
    Möbel aus jüdischen Wohnungen 149
    Haare aus den Vernichtungslagern 150

Gegen die Feinde des NS-Regimes 151
Gegen „Reaktion, Opposition" 151
Gegen „Wehrkraftzersetzung" 152
Gegen „Vorbereitung zum Hochverrat" 154

Vor und nach dem Anschlag auf Hitler 155
Aus den Erinnerungen des Paters Laurentius Siemer 155

Vom Krieg in der Luft 158
Notlandung einer amerikanischen „Fliegenden Festung" 158
Mord an notgelandeten amerikanischen Fliegern auf Borkum 160
Einsatz der „Wunderwaffe" V 1 161

Luftwaffen- und Marinehelfer 163
Amtliche Bestimmungen 163
Das Schicksal des Marinehelfers Ernst Jünger 164
Einsatz einer Flakhelferin 166

Das Schicksal der „Halbjuden" 167
1. Eva Hirche/Jever 167
2. Helmut Lohmann/Oldenburg 170

Küsten- und Grenzbefestigung 173
Die Herkunft der niederländischen Zwangsarbeiter 173
Ein Tag im KZ Engerhafe 173
Schanzarbeiten an der niederländischen Grenze
    bei Leer 174
    bei Nordhorn 175

Im Arbeitsdienst 178
Weihnachten 1944 in einem Lager des weiblichen Arbeitsdienstes 178

TEIL 5 (Januar bis Mai 1945)

Wichtige Ereignisse 180

In den letzten Monaten des Großdeutschen Reiches 180

Lebensmittelverteilung in Oldenburg 181
Der Durchhaltebefehl für Bremen 182
Himmler befiehlt (am 12. 4. 45) 182

Letzte Greuel des Dritten Reiches 183
Mordtaten im Emsland 183

Letzte Kämpfe zu Lande 188
Der Kampf um Cloppenburg 188
53 Tote und ein Eisernes Kreuz 191
Befreiung kriegsgefangener Polinnen aus Warschau 192

Flüchtlinge 193
Flucht aus Posen in das Ammerland 193

Hitlers Ende 196
Ein letzter Glückwunsch für Hitler 196
Tagesbefehl der 172. Division 196

Das Ende des Krieges 196
Im Bunker 196
Bremen in englischer Hand 198
„Oldenburg zur Festung erklärt" 200
Ein Flugblatt der Alliierten 200
Die Kanadier besetzen Oldenburg 201
Anordnung der Militärregierung für die Stadt Vechta 203
„Waffenruhe in Nordwestdeutschland" 203
Kapitulation in Zwischenahn 203
Einzug der 1. polnischen Panzerdivision in Wilhelmshaven 204

Erinnerungen 205
Gräber und Denkmäler 205

Literaturverzeichnis 207

Vorwort

Die von der Oldenburgischen Landschaft geförderten „Quellen zur Geschichte Nordwest-Niedersachsens" sollen erkennen lassen, wie die Menschen dort zu ihrer Zeit gelebt haben.

Im ersten Heft dieser Reihe (Klaus Schaap: Oldenburgs Weg ins „Dritte Reich") ist das in Form einer Dokumentation der politischen Ereignisse innerhalb des Landes Oldenburg geschehen.

Diese Methode war für das vorliegende zweite Heft nicht verwendbar, weil Oldenburg nach 1933 kaum mehr eine politische Einheit war, sondern nur noch Teil des Gaues Weser-Ems. Auf diesen richtet sich daher der Blick.

Allen, die an dem Zustandekommen dieses Buches mitgewirkt haben, indem sie mir Texte und Bilder zur Verfügung stellten, möchte ich auch an dieser Stelle noch einmal herzlich danken, wenn auch - leider - der gegebene Umfang des Buches es unmöglich machte, alles Geeignete auch zu bringen.

Oldenburg, im April 1986   Enno Meyer

In dem vorliegenden Heft finden sich drei Arten von Texten: 1. Quellen, 2. (einige) nach 1945 verfaßte Darstellungen und 3. vom Herausgeber verfaßte Zwischentexte und Erläuterungen.

Die Quellen sind folgender Art:

1. Texte, die in der nationalsozialistischen Zeit in Deutschland veröffentlich worden sind, also den Vorschriften des Reichspropagandaministeriums entsprachen.

2. Texte, die in nationalsozialistischer Zeit im Bereich der Partei oder der Behörden entstanden sind, aber nicht für die Öffentlichkeit bestimmt waren.

3. Texte, die in nationalsozialistischer Zeit für den privaten Gebrauch entstanden sind, vor allem Tagebücher.

4. Texte, die von Mitwissern oder Augenzeugen nach Ende des Dritten Reiches niedergeschrieben oder auf Band gesprochen worden sind.

Der originale Wortlaut ist in allen deutschsprachigen Texten beibehalten worden, auch wenn er stilistisch oder grammatisch nicht korrekt ist. Rechtschreibung und Zeichensetzung sind jedoch korrigiert, Abkürzungen manchmal aufgelöst worden. Die Übersetzungen aus dem Englischen und aus dem Polnischen stammen vom Herausgeber, mit Ausnahme der von Schminck-Gustavus veröffentlichten ursprünglich polnischen Texte.

Kürzere Auslassungen, bis zu einem Satz werden durch . . . markiert, längere durch [. . .] Erläuterungen stehen teils in eckigen Klammern im Text, teils als Anmerkung unter ihm.

Alle Quellen betreffen den Gau Weser-Ems oder Menschen, die dort beheimatet sind. Bei der Auswahl der Texte ist das Oldenburger Land bevorzugt worden. Viele Texte betreffen aber auch Bremen und Ostfriesland, nur wenige jedoch das Emsland und Osnabrück.

Alle Quellen verlangen nach Interpretation. Der Herausgeber sah es jedoch nicht als seine Sache an, sie zu geben, abgesehen davon, daß für sie kein Platz vorhanden gewesen wäre. Bei jeder Quelle ist zu fragen: Wer ist der Autor? Wann, unter welchen Bedingungen, mit welcher Absicht hat er geschrieben? Für wessen Augen war der Text bestimmt? Schreibt der Autor mit erkennbarer innerer Beteiligung für oder gegen irgend etwas?

Die abgedruckten Quellen sind in fünf Teile eingeteilt:

Der 1. Teil umfaßt den Zeitraum von Juli 1933 bis September 1936, d. h. die Zeit, in der Hitler seine Macht weiter ausbaute, die Volksgemeinschaft propagierte, tatsächliche oder vermeintliche Gegner verfolgte und die „Erzeugungsschlacht" mit dem Ziel der Autarkie sowie die Aufrüstung begann.

Der 2. Teil umfaßt den Zeitraum vom Oktober 1936 bis zum August 1939, d. h. die Zeit des „Vierjahresplanes" und der schnellen weiteren Aufrüstung. Es ist auch die Zeit des Griffes über die Grenzen nach Österreich und dem Sudetenland und die der offenen Gewaltanwendung gegen die Juden.

Der 3. Teil, September 1939 bis Oktober 1942, umfaßt die Zeit der deutschen Siege (September 1939 bis Herbst 1941), der deutschen Herrschaft über viele Länder Europas und die des beginnenden Holocaust.

Der 4. Teil betrifft die Zeit vom November 1942 bis zum Dezember 1944: Es ist die Zeit der Niederlagen, des „totalen Krieges", des Bombenhagels und des Massensterbens in Konzentrations- und Vernichtungslagern.

Der 5. Teil schließlich, die Zeit vom Januar bis Anfang Mai 1945 betreffend, umfaßt die Zeit, in der in Deutschland selbst gekämpft wird, im April auch in Weser-Ems, in der immer mehr Menschen sterben und immer mehr Städte vernichtet werden - bis zur bedingungslosen Kapitulation.

Während des gesamten Zeitraumes verfolgte Hitler vor allem zwei Ziele: die Vernichtung des „internationalen Judentums" und die Schaffung eines großgermanischen Weltreiches. Noch in seinem politischen Testament vom 29. April 1945 schrieb er: „Vor allem verpflichte ich die Führung der Nation und die Gefolgschaft zur peinlichen Einhaltung der Rassegesetze und zum unbarmherzigen Widerstand gegen den Weltvergifter aller Völker, dem internationalen Judentum."[1]

Auf dem Weg zu seinen Zielen galt für Hitler nur das „Recht des Stärkeren", also gar kein Recht. Es ging von ihm eine demoralisierende Kraft aus, die zahllose Deutsche, aber auch Nichtdeutsche, zu gedanken- und gewissenlosen Befehlsempfängern, zu Menschenschindern und Mördern werden ließ.

Das aber erkannten die meisten Deutschen nicht. Sie verehrten Hitler, glaubten ihm und folgten ihm voller Idealismus.

Der Philosoph *Theodor Litt* (1880-1962) sagte einmal: „Die Verbindung von Idealismus und beschränktem Urteilsvermögen ist wohl die allergefährlichste Mischung."

Hinzu kam das Nicht-Wissen-Wollen. Darüber schrieb der Psychoanalytiker *Erich Fromm* (geb. 1900, 1934 emigriert): „Ein großes Beispiel für kollektive Verdrängung ist doch die Hitlerzeit. Ich habe viele Argumente dafür gesammelt, daß die meisten Deutschen die Wahrheit sagen, wenn sie sagen, sie hätten nichts davon gewußt, was Hitler an Tötungen von Juden und Polen und Kommunisten befohlen hat. Sie sagen: ‚Das ist ja ganz unmöglich, aber das hätten ja die Menschen wissen müssen.' Die Menschen haben es aber meistens nicht gewußt und sind, wenn sie das sagen, ganz ehrlich. Nur muß man einen Schritt weitergehen: Sie hätten es aber wissen können aus manchen Anzeichen, wenn nicht dies Wissen verdrängt worden wäre. Und das erklärt überhaupt, warum es Hitler möglich war, solche Dinge zu tun. Wenn das deutsche Volk sie gewußt hätte - es ist, glaube ich, gar kein Zweifel -, hätte Hitler sich nicht halten können. Dem deutschen Volk in seiner großen Mehrheit wäre dieser Sadismus und diese Immoralität so zuwider gewesen, daß Hitler alles versuchen mußte, es vor dem deutschen Volk geheimzuhalten."

---

1) Johannes Hohlfeldt, Hg., Dokumente der deutschen Politik und Geschichte, Bd. V, Berlin o. J., S. 529.

TEIL 1
Juli 1933 bis September 1936

WICHTIGE EREIGNISSE

14. 7. 33 Gesetz gegen die Neubildung von Parteien

20. 7. 33 Konkordat zwischen dem Deutschen Reich und dem Heiligen Stuhl

19. 10. 33 Austritt des Deutschen Reiches aus dem Völkerbund

12. 11. 33 Neuwahl des Reichstages und Abstimmung über den Austritt aus dem Völkerbund

26. 1. 34 Nichtangriffspakt mit Polen

30. 1. 34 Gesetz über den Neuaufbau des Reiches. Aufhebung der Länderparlamente

20. 4. 34 Himmler Chef der Geheimen Staatspolizei in Preußen

30. 6. 34 „Röhm-Putsch". Hitler läßt zahlreiche SA-Führer und andere ihm unbequeme Politiker erschießen, u. a. seinen Vorgänger General v. Schleicher

2. 8. 34 Tod des Reichspräsidenten v. Hindenburg. Vereidigung der Wehrmacht, der Partei und der Beamtenschaft auf Hitler

13. 1. 35 Volksabstimmung im Saargebiet, Rückkehr zu Deutschland

16. 3. 35 Allgemeine Wehrpflicht, offener Bruch des Versailler Vertrages

18. 6. 35 Deutsch-Englisches Flottenabkommen

15. 9. 35 Nürnberger Gesetze

7. 3. 36 Deutsche Truppen besetzen das entmilitarisierte Rheinland. Bruch des Locarno-Vertrages

1. 8. 36 Beginn der Olympischen Spiele in Berlin

„Ein Arbeiter kommt aus Berlin zurück Ehrengast des Führers"

Am Sonnabendnachmittag ist August *Busch* aus Etzhorn . . . von Berlin zurückgekehrt. Zu seinem Empfang hatten sich auf dem Bahnhof Gaubetriebszellengeschäftsführer Georg *Müller*, der Gaugeschäftsführer der NSG „Kraft durch Freude", *Schnitker*, und Kreisleiter *Fromme* eingefunden . . .

Wer ist nun August Busch?

Seine Arbeitsstelle in *Etzhorn* ist die Brennerei *Hilbers*, bei der er als Schlosser tätig ist. Seit dem Mai des Jahres 1928 steht er in der Reihe der Kämpfer Adolf Hitlers, und in diesem Jahre ist er am Tage der Nationalen Arbeit zusammen mit 93 Volksgenossen aus dem ganzen Reich - sie alle gehören zur alten Garde der Partei - vom *Führer in Berlin empfangen* worden, ist er mit den anderen zusammen Gast der Regierung gewesen.

. . . Er sagt zunächst, daß er allen Volksgenossen in unserer Nordwestecke die Grüße des Führers zu übermitteln hätte, und dann erzählt er von alledem, was ihm wie den anderen zum *größten Erlebnis ihres Lebens* wurde. Von der gigantischen Feier auf dem *Tempelhofer Feld*, von der Kundgebung am Morgen im *Lustgarten*, von der *Stadt*, von *Potsdam*, und nicht zuletzt von der *Ausstellung* draußen am Kaiserdamm, dem lebendigsten Zeugnis deutschen Lebenswillens und deutscher Volksverbundenheit.

Eines aber hebt er immer wieder besonders hervor, und das ist der *Empfang beim Führer* selbst gewesen.

Wir folgen seinen eigenen Worten:

Man meint immer - so sagt er in seiner schlichten Art -, daß man vor Aufregung Herzklopfen bekommen müßte, wenn man vor dem Manne steht, der heute Deutschland führt. Das ist gar nicht wahr. Wenn Adolf Hitler mit einem spricht, merkt man sofort: das ist der Mann aus dem Volke, zu dem ein jeder Volksgenosse sofort Vertrauen hat. Es ist direkt so, als ob er unser Bruder wäre.

Zum Empfange selbst hatten die einzelnen Arbeiter aus dem ganzen Reich dem Führer kleine *Geschenke*, Erzeugnisse ihrer engeren Heimat oder etwas Ähnliches mitgebracht . . . Auch ich hatte etwas - eine Mettwurst, eine hausgeschlachtete Wurst. [. . .]

Und als ich dann dem Führer das Geschenk überreichte, da glaubt ihr gar nicht, wie Adolf Hitler sich gefreut hat, er hat mir lange die Hand gedrückt. Und gelacht hat er, daß man richtig merken konnte, was das Ganze ihm für einen Spaß machte [. . .].

Nachrichten für Stadt und Land, Oldenburg, 6. 5. 1934

Der Gauleiter Carl Röver

Carl Röver, geboren 1889 in Lemwerder an der Weser im oldenburgischen Stedingerland, war zunächst Handlungsgehilfe in Bremen und dann seit 1911 in der deutschen Kolonie Kamerun tätig. 1913 kehrte er malariakrank zurück. Im Ersten Weltkrieg wurde er Unteroffizier und 1916 in eine Propaganda-Abteilung der Obersten Heeresleitung abkommandiert. Man hatte dort bemerkt, daß er wirkungsvoll reden konnte.

Röver betrieb nach dem Ersten Weltkrieg in Oldenburg, an der Heiligengeiststraße, ein Textilgeschäft. Schon bald wurde er politisch aktiv und 1928 Gauleiter der NSDAP für Weser-Ems, 1932 Ministerpräsident des Landes Oldenburg, 1933 Reichsstatthalter für Oldenburg und Bremen.

Ein Amtshauptmann äußert sich über ihn

(August Münzebrock, 1933-1945 Amtshauptmann [Landrat] des Kreises Cloppenburg):

In den folgenden Jahren habe ich Gauleiter Röver häufig in größerem und kleinerem Kreise erlebt. Über seine Redensarten mußte man oft herzlich lachen. Wer ihn aber nicht kannte, dem verschlug's oft die Sprache. So wetterte er während einer Sitzung in Sögel, in der Fragen des Kruppschen Schießplatzes Meppen erörtert wurden, wieder einmal gegen die „Ministerialbürokratie im Wasserkopf Berlin": „Man sollte vor allen Ministerien Kanonen aufstellen und die ganze Gesellschaft zusammenschießen!" Noch heute sehe ich das erbleichende Gesicht des anwesenden hohen Ministerialvertreters aus Berlin vor mir. - Von Berlin hielt Röver nichts. Häufig klagte er, daß man kaum noch an den Führer herankommen könne, weil der „Klüngel" seiner Umgebung ihn mehr und mehr abschirme. Seine Verehrung für Hitler bestand bis zuletzt.

Ein anderes Mal kam er auf Einladung des Präsidenten Brand zu einer Feier der Elektrifizierung einer Siedlung im Friesoyther Bezirk. Diese Feiern wurden von den Siedlern und ihren Frauen stets in rührender Weise ausgerichtet. Natürlich mußte Röver, obwohl er sich zunächst wehrte, eine kleine Rede halten. Er führte aus, wie schwer es doch unsere Moorsiedler hätten. Da ginge es den Marschbauern doch wesentlich besser. Deren Tagewerk bestände darin, beim morgendlichen Besuch des „Lokus" mal aus dem Fenster zu sehen, um festzustellen, ob ihr Vieh auch wohl noch alle da wäre. Das Gelächter der Gastgeber wollte kein Ende nehmen.

Ein Historiker:

Im politischen Kampf vor 1933 war er ein unermüdlicher und daher für eine so radikale Partei wie die NSDAP unersetzlicher Demagoge. Nach der ‚Machtergreifung' hatten er und seinesgleichen eigentlich ausgedient; dennoch übertrug der Staat ihm hohe Ämter, für die ihm die Fähigkeiten fehlten. So ging denn die Zeit über ihn hinweg, und er konnte das, was kam, kaum noch wesentlich beeinflussen. Daher waren überall dort, wo er versuchte, eine politische Rolle zu spielen, Fehlschläge und Enttäuschungen die unvermeidliche Folge.

Herbert Schwarzwälder, Berühmte Bremer, München 1972, S. 244

Hitler unter dem Volk

Empfang in Horumersiel

In Horumersiel nördlich von Wilhelmshaven hatte sich Hitler auf seinen Wahlkampfreisen vor 1933 mehrfach aufgehalten. Erneut kam er im Juni 1936 dorthin, als er anläßlich des Stapellaufes des Schlachtkreuzers „Scharnhorst" Wilhelmshaven besuchte.
(Aus: Heimatlese 1936)

Bild links:
Gauleiter und Reichs-
statthalter
Carl Röver
(Aus: Nordwestmark
S. 2)

Bild rechts:
Georg Joel
Ministerpräsident des
Landes Oldenburg,
stellvertretender Gau-
leiter von Weser-Ems
(geb. 1898 in Wilhelms-
haven, ursprünglich
Reichsbahnobersekre-
tär)

Das Oldenburgische
Staatsministerium, Sitz
der Regierung Joel
(Das Großherzogtum
Oldenburg hatte sich
während des Ersten
Weltkrieges, u. a. nach
Plänen des Stuttgarter
Architekten Paul Bo-
natz, dieses Gebäude
errichtet. Das benach-
barte Landtagsge-
bäude konnte nur von
1916 bis 1933 dem
Zweck, für den es er-
richtet war, dienen.)

Sitzungssaal im Ge-
bäude der Gauleitung
(Oldenburg, Ratsherr-
Schulze-Straße) mit
Wandgemälde von Jan
Oeltjen (geb. 1880 Ja-
derberg)
Die Gauleitung resi-
dierte hier in einem für
die Landesbrandkasse
errichteten Gebäude
relativ bescheiden.
Das als Sitz der Gaulei-
tung geplante Gau-
forum im Norden der
Stadt (vgl. S. 132) ist
nicht verwirklicht wor-
den.
(Aus: Oldenburg Gau-
hauptstadt S. 10)

Nachdem Röver am 5. Mai 1933 Reichsstatthalter von Oldenburg und Bremen geworden war und damit zugleich das Amt des Oldenburgischen Ministerpräsidenten an seinen Parteigenossen Georg Joel *abgegeben hatte, hatte er Zeit und Möglichkeit, sich seiner Lieblingsidee, der Schaffung eines oldenburgischen Blut- und Boden-Mythus, zu widmen.*

Auf seine Veranlassung hin schrieb der oldenburgische niederdeutsche Schriftsteller August Hinrichs *zum Gedenken an die Schlacht bei* Altenesch (1234), *in welcher die Stedinger Bauern einem Kreuzfahrerheer unterlegen waren, das Stück „De Stedinge". Es wurde 1934 mit gewaltigem Aufwand am Ort der Schlacht aufgeführt.*

Zugleich begannen die Arbeiten an der Schaffung der „Niederdeutschen Kultstätte Stedingsehre" *in* Bookholzberg. *Sie wurde 1935 eingeweiht, doch gingen die Arbeiten an ihr weiter, sollte sie doch „geistiger und weltanschaulicher Mittelpunkt des Gaues Weser-Ems" werden.*

An seiner Seite hatte Röver die Blut-und-Boden-Ideologen der NSDAP, Reichsbauernführer Darré *und Reichsleiter* Alfred Rosenberg, *Verfasser des Buches „Der Mythus des 20. Jahrhunderts".*

Uraufführung des Stückes „De Stedinge"

Der „Völkische Beobachter", norddeutsche Ausgabe, Nr. 149, vom 28./29. Mai 1934, brachte darüber einen umfangreichen Bericht, der, auf der Titelseite beginnend, 3½ Spalten füllte.

„700-Jahr-Feier der Schlacht von Altenesch"

Reichsbauernführer Darré und Reichsleiter Alfred Rosenberg sprechen zu 40000 Marschbauern
(Von unserem nach Altenesch entsandten K. J. Sonderberichterstatter)
Am Sonntag, dem 27. Mai, feierten die Wesermarschbauern die Wiederkehr des Tages, an dem vor 700 Jahren die freie friesische[1] Bauernschaft der Stedinger dem vom Bremer Erzbischof aufgebotenen ‚Kreuzfahrerheer‘ unterlag und mit Weib und Kind niedergemetzelt wurde.

40000 Menschen hatten sich auf dem historischen Schlachtfeld von Altenesch zusammengefunden, lauschten den Worten des Reichsbauernführers *Walther Darré* und des Reichsleiters *Alfred Rosenberg;* 40000 bejubelten das Freilichtfestspiel ‚De Stedinge‘ von *August Hinrichs,* und so wurde dieser Tag vor 700 Jahren die *Siegesfeier* unsterblichen Bauerntums.

Schon am Vorabend rüstete das Land an der Weser zur großen Feierstunde. Girlanden winden sich auf den Landstraßen von Baum zu Baum, von den Giebeln friesischer Bauernhäuser wehen die Flaggen des Reiches. Mit grauen Regenfahnen zieht der Abend über die Stedinger Marsch. Aber überall auf dem Deich längs der Weser flammen die Feuerstöße, überall in den Dörfern sammelt sich die Bauernschaft zu örtlichen Feiern.

Das Denkmal ‚*Stedings Ehre*‘, vor hundert Jahren errichtet ‚den im Kampf für *Freiheit und Glauben gefallenen Stedingern*‘, ist umkränzt und blumengeschmückt. Auf dem Marktplatz von Berne wohnen der Reichsstatthalter von Oldenburg, *Röver,* und Reichsleiter *Alfred Rosenberg* der Feier bei.

‚*Was vor 700 Jahren unterlag, heute hat es gesiegt:*
Es ist unsterbliches deutsches Blut.‘
So sagt Alfred Rosenberg, und die Bauern heben den Arm, die Bauern singen das Sturmlied Horst Wessels, singen die Lieder vom freien Bauerntum.
[Es folgt ein Blick auf die Ereignisse von 1234.]
Hell braust das Heil, als die Ehrengäste den Festplatz betreten und die Front der salutierenden Landespolizei abschreiten. Der Reichsstatthalter von Oldenburg, *Röver,* der Reichsstatthalter Mecklenburgs, *Hildebrand,* der Reichsleiter *Alfred Rosenberg,* der olden-

---

1) Die Stedinger wurden oft irrtümlich als Friesen bezeichnet.

burgische Ministerpräsident *Joel,* Schlesiens Gauleiter *Helmuth Brückner* treffen ein, vor allem grüßen die Bauern ihren Führer

Walther Darré,

grüßen den gesamten Reichsbauernrat, die *Landesbauern*führer des ganzen Reiches, die hier erschienen sind.

[Der Reichsbauernführer sagt u. a.:]

Man denke nur daran, daß die Niederschlachtung Tausender sächsischer Bauern durch Karl den Sachsenschlächter in Verden an der Aller[2] vor über tausend Jahren sich durch das ganze letzte Jahrtausend in der Erinnerung der Niedersachsen erhielt, daß der Freiheitskampf der Schweizer Freibauern gegen die Anmaßung der Habsburger, welchen Vorgang *Friedrich von Schiller* in seinem ,Wilhelm Tell' dramatisch zu gestalten wußte, viel mehr dazu beigetragen hat, das deutsche Volk gegen seine Territorialfürsten in Wallung zu bringen als irgendein Tendenzstück jener Zeit.

Weitere Beispiele sind die Freiheitskämpfe der Stedinger Bauernschaften vor 700 Jahren gegen den Bischof von Bremen. Das deutsche Volk hat sich also gerade die Bauernkatastrophen seiner Geschichte weit mehr in der Erinnerung bewahrt als irgendein anderes geschichtliches Ereignis. [. . .]

In Wirklichkeit ist aber das, was wir *Volkstum* nennen, niemals das Ergebnis des Wirkens deutscher Kaiser, deutscher Kirchen- und Territorialfürsten, sondern ist in seiner Voraussetzung ausschließlich an das Vorhandensein deutschen Bauerntums gebunden. [. . .]

Der Fall Stedingen ist der eindeutige Beweis, so fährt Walther Darré fort, für die Richtigkeit der nationalsozialistischen Forderung von der Entpolitisierung der Diener der Kirche. [. . .]

**Aufführung des Stükkes „De Stedinge" auf der in Altenesch aufgebauten Freilichtbühne (1934)
(Foto: Sammlung Vahlenkamp)**

Jubel geht über das Feld und dankt dem Bauernführer. Neuer Jubel begrüßt dann

Alfred Rosenberg

„den Garanten nationalsozialistischer Weltanschauung", wie Pg. Röver ihn nannte, der hier auf dem Schlachtfeld zu den Marschbauern spricht:

Es geht heute durch das ganze deutsche Volk ein geheimnisvolles Erwachen aus hypnotischem Schlaf, und es ist so, als ob uns ein Schleier nach dem anderen von den Augen gezogen wird. [. . .]

---

2) Karl der Große ließ 782 in Verden an der Aller Tausende von aufständischen Sachsen hinrichten. Zum Gedenken daran wurde dort 1934 als nationalsozialistische Weihestätte der „Sachsenhain" geschaffen. (Vgl. Enno Meyer: Fünfundzwanzig Ereignisse, Heft 1, S. 46-51.)

Der heilige Boden liegt nicht in Palästina, sondern heiliges Land ist vielmehr überall da, wo es von Deutschen verteidigt wurde.

Heiligtümer sind uns manche Burgen am Rhein, heilig ist uns Niedersachsens Boden und das Ordensschloß Marienburg. Heilig ist uns dies Schlachtfeld im Stedinger Land. Hier schöpfen wir Kraft für den Kampf, der angeht um die Seele jedes Deutschen in dieser Revolution, die nicht ein machtpolitischer Akt ist, sondern die darin besteht, innerlich neue Menschen zu gewinnen. [. . .]

Ergriffen verharren die Bauern. Da bricht ein Sonnenstrahl aus grauem Gewölk, klingt aus 40000 Kehlen das Lied der Revolution, der Sturmgesang *Horst Wessels'*.

Dann beginnt August Hinrichs Festspiel *De Stedinge*. [. . .]

(Eine Besprechung des Stückes findet sich im ,Völkischen Beobachter' vom 30. 5. 1934.)

„De Stedinge" für die Schuljugend

Zwanzigtausend Kinder in Stedingen
Jugendtag am 30. Mai [1934] in Altenesch

Das war etwas ganz Großes. Davon werden die Kinder noch sprechen, wenn sie nach Jahren die Schulzeit hinter sich haben. Und wenn sie später längst die Kinderschuhe abgestreift haben und vielleicht die 750-Jahrfeier[1] miterleben, können sie sagen: Damals - 1934 - da waren wir auch bereits dabei.

Von Oldenburg und Bremen, von Wilhelmshaven und Varel, von Brake und Vechta und Delmenhorst kamen sie an, mit dem Zuge, mit Autos oder mit Fahrrädern. Lachende Kindergesichter guckten aus den vielen Fenstern der langen Sonderzüge hinüber ins grüne Marschenland. Die mit Rädern oder gar zu Fuß kamen, machten Rast an jenem einfachen Denkmal unter hohen Bäumen am Deiche. Stedingsehre! Ganz still waren die Wanderer, als der Lehrer langsam und eindringlich die Inschrift las: „Dem im Kampfe für Freiheit und Glauben auf diesem Schlachtfelde gefallenen Stedingern."

Sonne lag über der weiten Marsch, helle strahlende Maiensonne. Man konnte den Blick schweifen lassen zum hohen Geestrand bei Grüppenbühren und hinüber nach der anderen Seite bei Vegesack und Lesum. Sonne strahlte auch über den weiten Festplatz mit seinen Tausenden von Bänken und mit der für das Spiel aufgebauten Kirche. Dichtgedrängt saßen die Kinder.

Durch die Lautsprecher kommt eine Stimme her und schallt übers weite Feld. Rektor B e h l e n aus Osternburg spricht: „Hier ist Stedingen, und das ist heiliges Land. Hier wohnten von altersher Menschen, hart, aber treu, treu bis in den Tod. Nur eines wollten sie: Frei sein. Dafür haben sie ihr Leben gegeben. Leben und sterben fürs heilige Vaterland . . .! Zwanzigtausend Kinderstimmen haben das im Lied soeben noch gesungen."

Dann sprengt plötzlich ein Reiter um die Kirche herum und bläst und bläst. Das Festspiel beginnt. Erwartungsvoll schauen die Kinder nach vorne.

Da ist Bolko von Bardenfleth! Er ist der größte von allen, der Führer. Und der da ist Thammo von Huntorp, breit und stark kommt er daher. Sieh und der da, der Junge mit dem grünen Wams, das ist Detmar tom Diek.[2] Die Kinder erkennen gleich die drei, in der Schule sind sie bereits darauf hingewiesen worden.

Hei sind die Stedinger lustig!

„De Bur is free un is kien Knecht,
dat is dat ole dütsche Recht."

So singen sie.

Doch dann kommt der Vogt, herausfordernd sitzt er auf dem Pferd und sagt höhnisch:

---

1) Es hat 1984 keine nennenswerten Feiern gegeben.
2) Es handelt sich um die drei historisch überlieferten Führer der Stedinger.

„Schient noch kien slechte Tiden to wäsen in Stegerlann." Der Erzbischof will Zins und Steuern haben. Her damit!

Meike gellt auf. Der Junker, der Junker! „He is't! He is't." Die Zähne hat sie ihm früher einmal in die Hand gebissen, als sie und ihre Schwester schmählich überfallen wurden. Noch sind die Narben zu sehen. Nun, Junker, wird Gericht gehalten!

Dann aber kommen die Priester. Dumpf hallten die Hammerschläge an die Kirchentür. „So nagelt wi to alle Karken, Gottsacker un hilligen Stäen int ganze Stedingerland". Der Bannfluch geht nieder auf das Volk.

Die Priester ziehen wieder ab. Da stürzt Heiko, der Mönch, der die Kirche zugenagelt hat, daher. Er ist selber Stedinger. „De is jo kin Minsch, de nich to sin Volk steiht, wenn't so in Not is!"

Das Spiel geht weiter. Gerettete Osterstedinger werden hergeführt. Alles ist jenseits der Weser in Feuer aufgegangen, Häuser, Scheunen, Mühlen; auch Detmars Schwester ist verbrannt. Grimmig stehen die Stedinger. Da kommt der Wildeshauser Mönch und will sie dahin bringen, daß sie den Erzbischof demütig um Vergebung bitten. Alles soll dann wieder sein wie früher. Zu spät! „Wie brukt kin, de us denn Kopp bögen deiht - kin Preester un uk kin Bischup!"

Detmar kommt gelaufen. Der Deich ist durchstochen, der Deich, die heilige Scheide zwischen Wasser und Land. Drei Schiffe voll Feinde sind dagewesen, ausgesandt vom Erzbischof. Das ist zuviel, das geht gegen Gott und Natur. Gericht über den Bischof wird gehalten. Eine Strohpuppe muß herhalten. Ein Faß wird angerollt. „Stopt em rin! Nagelt to! Vergraawt em!"

Und dann kommt der Untergang. Eben ist noch fröhliche Hochzeitsvorfeier gehalten. „Die Brut un de schall danzen . . .!" [. . .] Über die Ochtum ist eine Schiffbrücke gebaut. Überrumpelt sind die Stedinger. Es geht ans Sterben. Totwund wird Bolko zu Pferd hergeführt. Er kann seinem Jungen als letztes Wort nur noch zurufen: „Bliew free, Jung - bliew - free -!" Da ist er hinüber.

Aber noch ist der Junge da. Pferde holt er aus dem Stall, wie der Ohm ihm gesagt. Und als die Ritterknechte kommen und brennen und morden, da jagt er hoch zu Roß vorbei und schreit hell auf, daß es weithin klingt: „Stedingen läwt! Stedingen läwt!" -

Das Spiel ist aus. Die Kinder rasen mit Beifall, und da und dort ist eines, das still für sich in den Augen herumwischt.

Dann spricht noch Carl Röver, der Reichsstatthalter. Eigens von Bremen hergekommen, hat er noch eben die große Kinderschar begrüßen müssen. „Großes habt ihr sehen dürfen; ihr habt gesehen, wie vor siebenhundert Jahren ein Volk bereit war, seine Ehre und seinen Lebensraum zu verteidigen. Lernt daraus und kämpft und arbeitet mit für das neue, das ewige Deutschland." Brausend steigt das „Sieg-Heil" auf.

Die Kinder brechen auf. Einige haben Glück, daß sie den Dichter des Festspiels August Hinrichs, noch zu sehen kriegen. -

Auf Wagen, Rädern und mit den Zügen geht es heimwärts.

„Du, Helmut," sagt Klaus, „das war recht."

„Was meinst du?"

„Daß wir mehr Geld mit zur Schule brachten, als jeder für selbst und eigentlich bezahlen mußte. Nun haben doch alle aus unserer Klasse das Festspiel hier gesehen, auch die, deren Väter noch keine Arbeit haben. Und daß sie alle mit waren, das ist fein." -

„Wir halten zusammen; ja."

W. Lw.

„De Bur is free un is kien Knecht"

De Bur is free un is kien Knecht,
dat is dat ole dütsche Recht.
Dat gröne Land dat hört de Burn,
de groten Herrn de köent us durn.

De groten Herrn willt Tins un Stür,
de groten Herrn sünd us to dür.
Se seggt: he, Bur, du mußt betaln,
wi seggt: jo schall de Düwel haln.

Se keem'n in Isen, dusend Mann;
bi Hemmelskamp[1] dor gung dat an.
De Erzbischup kreeg grote Noot -
de Burn slogn all sin Ridders dot.

De groten Herrn de köent us durn,
Dat gröne Land dat hört de Burn.
Dat is dat ole dütsche Recht:
De Bur is free un is kien Knecht!

August Hinrichs.
(Heimatlese, Jg. 2, H. 10, 1934, S. 180-184)

1) Bei Hemmelskamp hatten die Stedinger 1233 ein Ritterheer vernichtend geschlagen.

Der Erntedanktag

Der Erntedanktag wurde 1933 als nationaler Feiertag und „Ehrentag des deutschen Bauern" eingeführt und erstmals am 1. Oktober 1933 mit rund einer Million Teilnehmer am Bückeberg südlich von Hameln (gegenüber Kirchohsen) begangen und danach alljährlich wiederholt.
Vom zweiten Erntedanktag, 1934, berichtet ein Oldenburger Teilnehmer:

„Zum deutschen Erntefest
Fahrt zum Bückeberg"

[. . .]Aber am meisten reizt die Aussicht, den Führer des Volkes, Adolf Hitler, zu sehen und reden zu hören. Adolf Hitler ruft sein Volk zur größten Thingstätte des Reichs, und willig folgen wieder Hunderttausende. [. . .]
Kurz nach vier Uhr morgens fahren wir aus Oldenburg. [. . .] Also: unsere Marschroute heißt: So weit wie möglich an den Bückeberg heran . . . Bis Emmern können wir vordringen . . . Und dann wandern wir flott den Berg hinan, denn die Erfahrung des letzten Jahres hat uns gezeigt, daß man lieber ein Stündchen länger warten kann als zu spät zu kommen. Es ist zehn Uhr morgens . . . Wir erbeuten einen feinen Platz in der Mitte des großen Berghanges und stellen uns von vornherein darauf ein, hier für die nächsten sieben Stunden unser Hauptquartier aufzuschlagen. Also kaufen wir uns Stühle pro Stück 1 RM und sitzen nun zwischen Zehntausenden, beseelt von demselben Gemeinschaftswollen, mitgerissen vom Marschklang der Kapelle, die vorläufig die Situation auf dem Berggelände beherrscht. Hoch in den Lüften aber singen Fliegermotoren ihr herrliches Lied. Auf allen Anmarschstraßen ziehen die Kolonnen des deutschen Landvolks in dichtgeschlossenen Reihen heran. Über die Weser sind Hilfsbrücken gebaut vom NSDA . . .

Jetzt beginnen die Fahnenträger hinaufzusteigen. Hinter den Tribünen halten die braunen Soldaten bis zum Einsatz die Fahnenwacht . . . Auch die Trachtengruppen warten hier auf ihren Einsatz . . . Man sieht bei diesem Aufmarsch der 700.000, wie klein doch Deutschland trotz aller Entfernungen ist . . . Auch Oldenburger treffen wir immer wieder. Überhaupt ist Weser-Ems stark vertreten . . .

Die Bayernhilfszüge versorgen die Menschen mit Mittagessen, gut und preiswert . . . Je weiter es dann auf 3 Uhr geht, desto lautloser wird es am Berghang. Dann springt ein frischer Wind auf, die Siegesfahnen des neuen Deutschlands, die in großer Hufeisenform die Bergseite umranden, flattern auseinander. Dann rückt die Wagenkolonne des Führers heran. Der Ehrensalut klingt auf . . . Dann ist alles wieder ein Rausch, ein Erleben, das man nicht richtig beschreiben kann. Es ist etwas unsagbar Schönes und Erhabenes, wenn sich die Hand eines alten Mütterchens gläubig reckt und winkt. Man spürt förmlich: es weiß, fühlt: Der Führer sieht mich, kennt mich, weiß, daß ich ihn lieb habe.

Bei der Reichswehrübung . . . Mit leuchtenden Augen erleben sie die eigene Soldatenzeit wieder, stehen mitten im Kampfgetümmel. Ein anderes Bild: ein Mädel aus einem oldenburger Frauen-Arbeitsdienstlager, groß, sehnig, blondzöpfig, jubelt dem Führer zu, als er über den Sinn der deutschen Spatenarbeit spricht. Die blonde Deern ist gleichsam ein einziger jubelnder Dank für dieses Wort des Führers, der ihr die Bestätigung ist, daß sie sich auf dem rechten Weg befindet . . . Das ist Größe, daß der Führer jeden einzelnen im Volk, ob alt oder jung, packt, zu sich heranholt, für seine Ideen gewinnt [. . .]

Aus: Nachrichten für Stadt und Land, Oldenburg, 1. 10. 1934 (stark gekürzt)

Die NSDAP bekämpft ihre Gegner

Sehr viele Deutsche waren, besonders in den Jahren 1933 und 1934 davon überzeugt, daß in Deutschland alles besser und schöner würde, sie begeisterten sich für die Idee der großen Volksgemeinschaft.

Scharf aber ging die NSDAP gegen alle vor, die sie als ihre Feinde ansah. Entlassung aus dem Dienst war noch das mindeste, was ihnen drohte. Viele wurden von den ordentlichen Gerichten verurteilt, zumeist wegen „Vorbereitung zum Hochverrat", noch viel mehr Menschen aber wurden von der im November 1933 neu geschaffenen oldenburgischen Geheimen Staatspolizei in „Schutzhaft" genommen und in eines der Konzentrationslager gebracht. Gegen die Maßnahmen der Gestapo gab es kein Rechtsmittel.[1]

„In Schutzhaft genommen"

Die Beamten wurden schon im Juli 1933 durch das Reichsinnenministerium angewiesen, mit erhobener Hand und „Heil Hitler" zu grüßen. Erwartet aber wurde, daß jedermann so grüße.

Das Jeversche Wochenblatt meldet (19. 9. 1933):

Grafschaft. In Schutzhaft genommen wurde der Zimmermann E. aus Grafschaft. Als der Kassierer eines Verbandes, ein älterer SA.-Mann aus den Jadestädten, den fälligen Beitrag einkassieren wollte und den E. mit „Heil Hitler!" begrüßte, wurde dieser sofort sehr erregt, äußerte sich entsprechend über die Regierung und ging zuletzt dem SA.-Mann mit einem Hammer zuleibe, so daß dieser sich zurückziehen mußte. Letzterer erstattete dann Strafanzeige, und am Abend des Sonnabend, also noch am selben Tage, wurde E. verhaftet und hat nun fortan Gelegenheit und Zeit, im Konzentrationslager über alles nachzudenken.

Peters, S. 127

1) Rechtsmittel gab es auch nicht gegen dem am 24. 4. 1934 geschaffenen *Volksgerichtshof,* der für Fälle von Hoch- und Landesverrat zuständig wurde.

Entfernung aus dem Dienst (I): Eine Konrektorin

Stadtmagistrat   Oldenburg i. O., den 18. Oktober
        Abt. 11   1933

Seitens des Herrn Ministers der Kirchen und Schulen ist die Prüfung angeordnet, ob die Voraussetzungen des Gesetzes zur Wiederherstellung des Berufsbeamtentums für die Entlassung eines Beamten aus dem Dienst auf Sie zutreffen.
Der von zuständiger Stelle beim Ministerium gestellte Antrag auf Veranlassung der Prüfung enthält folgende Begründung:

„Fräulein Pfannkuche ist eine typische Demokratin und bietet keinerlei Gewähr, jederzeit rückhaltlos für den national-sozialistischen Staat einzutreten. Von 1910 bis 1918 war sie Mitglied der fortschrittlichen Volkspartei und von der Gründung an der Deutsch-Demokratischen bzw. Staatspartei bis April 1933. Sie trieb im marxistischen Fahrwasser und hat, obwohl Oldenburg über ¾ Jahr nationalsozialistisch regiert wurde, ihren eigenen Staat durch ihre Parteizugehörigkeit bekämpft. Durch diese Parteizugehörigkeit hat sie bewiesen, daß sie nicht gewillt war und ist, jederzeit rückhaltlos für den nationalen Staat einzutreten. Als leitende Volkserzieherin ist sie somit verantwortlich, wenn weite Kreise marxistisch verseucht wurden."

Sie werden hierdurch aufgefordert, bis zum 23. Oktober 1933 ihre schriftliche Gegenäußerung beim Stadtmagistrat der Stadt Oldenburg, Abteilung 11, einzureichen.

                                                                    (Unterschrift)

Fräulein
        Elisabeth Pfannkuche, Konrektorin
        Mädchenschule Eversten
(Faksimile in: H. Sassin, S. 32)

Entfernung aus dem Dienst (II): Der Leiter einer Bürgerschule

Nationalsozialistische Deutsche Arbeiter-Partei
        Gauleitung   Weser-Ems
        Gaugeschäftsstelle:
Oldenburg i. O., Ratsherr-Schultze-Str. 10
        [. . .]

Gaupersonalamt   Oldenburg i. O., den 20 September
                                                                    1934
                        An das
                Ministerium für Kirchen und Schulen
                        O l d e n b u r g

Nach Mitteilung der Kreisleitung Cloppenburg haben sich folgende Geistliche nicht an der Abstimmung am 19. 8. 1934[1] beteiligt:
                Pfarrer Götting und Vikar Völkerding in Lastrup
                Pfarrer Meyer und Vikar Saalfeld in Lindern.
Von diesen ist der Vikar Völkerding Leiter der Bürgerschule in Lastrup. Völkerding soll

---

1) „Volksabstimmung über die Vereinigung der Ämter des Reichskanzlers und des Reichspräsidenten" am 19. 8. 1934 (nach dem Tode Hindenburgs).

am Abstimmungstag auch über das sogenannte Neuheidentum gepredigt haben. Nach Auffassung der Kreisleitung ist Völkerding als Schulleiter in Zukunft untragbar. Sein Verhalten ist bereits dem aufsichtsführenden Direktor des Gymnasiums in Cloppenburg, Pg. Stukkenberg, gemeldet worden. Der Gemeindevorsteher hat nach der Abstimmung mit dem Kreisleiter Pg. Böckmann wegen der Entlassung des Völkerding Rücksprache genommen. Er bat, ihm genügende Zeit für die Beschaffung eines Nachfolgers durch Verhandlungen mit dem Offizialat zu lassen. Der Grund liegt darin, daß die Geistlichen den Unterricht für ein verhältnismäßig geringes Entgelt erteilen. Die Gemeinde kann bei der geringen Schülerzahl kein volles Entgelt bezahlen

Wir bitten Sie, zu veranlassen, daß der Vikar Völkerding als Schulleiter in Lastrup entlassen wird. Es geht nicht an, daß ein Erzieher unserer Jugend im nationalsozialistischen Staate nach einem solchen Verhalten noch länger an führender Stelle tätig ist.

Heil Hitler !
gez. Joel
Gaupersonalamtsleiter

(Faksimile b. Kuropka S. 134)

„Schutzhaft" im Konzentrationslager

Im Frühjahr 1933 verhafteten die nationalsozialistischen Machthaber Massen von Kommunisten, Sozialdemokraten, Pazifisten und „linken" Intellektuellen.
Hermann Göring, preußischer Ministerpräsident, ordnete am 5. 4. 1933 an, im Emsland Lager für 3.000 bis 4.000 politische Gefangene einzurichten. Sie sollten dort bei der Kultivierung der Moore eingesetzt werden. Als Bewacher wurden arbeitslose SA- und SS-Männer herangezogen.
Am 1. 5. 1933 schuf Göring das Preußische Geheime Staatspolizei-Amt und damit die Geheime Staatspolizei. Leiter wurde der Jurist Rudolf Diels (geb. 1900). Er wurde, obwohl kein „alter Kämpfer" sofort zum SS-Standartenführer ernannt. Die Bewacher der Emslandlager entzogen sich bald jeder Kontrolle, auch von Seiten der NSDAP, und schufen ein wildes Terror-Regiment. Erst im November 1933 gelang es Diels mit Zustimmung von Hitler und Göring, die unbotmäßigen Lagerbewachungen zu entfernen. Die meisten der Gefangenen wurden zu Weihnachten 1933 oder im Frühjahr 1934 entlassen.
Einer von ihnen war (im Lager Börgermoor) der Düsseldorfer Schauspieler Wolfgang Langhoff (geb. 1901). Nach seiner Entlassung floh er in die Schweiz. Hier veröffentlichte er 1935 das Buch „Die Moorsoldaten". Es wurde sofort in fünf Sprachen übersetzt und erregte weitweites Aufsehen.

Das „Lied der Moorsoldaten"

Über seine Entstehung schreibt L.:

„Zirkus Konzentrazani"

Drei Wochen nach der „Nacht der langen Latten" veranstalteten wir am Sonntag nachmittag zur allgemeinen Aufmunterung eine „Zirkusvorstellung". Wir hatten vom Kommandanten die Erlaubnis erhalten, und vom Kommandanten bis herunter zum Wachmann nahm die gesamte SS als Zuschauer teil.
Es hatte viele Kämpfe gekostet unter den eigenen Kameraden, bis sich unser Plan durchsetzte . . . Das wichtigste Argument gegen unsere Absicht war, daß unsere Veranstaltungen photographiert werden und als Propaganda für die „humane" Gefangenenbehandlung in deutschen Konzentrationslagern verwandt werden könnte. Wir hielten aber dagegen, daß es jetzt vor allen Dingen darauf ankäme, trotz allen Mißhandlungen den Kopf hochzutragen und uns nicht unterkriegen zu lassen. [. . .]
Während dessen lief der „Karl", ein ewiger Spaßmacher . . . mit einem großen Plakat . . . im Lager und auch vor der Kommandantur auf und ab.
‚Zirkus Konzentrazani! Heute Galavorstellung! Riesentierschau! Die größten Ochsen der

Welt. Noch nie dagewesen - das Moorballett! Luft- und Parterreakte. August - der Urkomische! Beginn 2.30' [. . .]

20 Häftlinge standen als Platzanweiser und Stalldiener bereit. Sie hatten sich auf ihre alten grünen Schuporöcke lange Reihen von blanken Knöpfen genäht und sahen prachtvoll aus. Um 2 Uhr begann der Zustrom. Barackenweise kamen sie angezogen - jeder seinen Schemel auf der Schulter. Mit musterhafter Disziplin und Ordnung nahmen sie Platz [. . .]

2.30 Uhr.

Alle Köpfe wandten sich dem Eingang zu: Mit dem Kommandanten an der Spitze zog die SS ein. Es wurde still unter den 900 Häftlingen. Ein wenig verlegen nahm die SS Platz. [Ein umfangreiches Programm lief ab.]

Bei jedem Witz wurde immer auf die SS geschielt, wie sie die Sache wohl aufnehmen würde. Die waren aber vollständig vom Spiel gefangen und bemerkten kaum den Spott.

Jetzt kam unser Gesangschor. Vierzig Mann hoch, eilten sie im Laufschritt in die Manege. Sie setzten sich auf den Sand, und ein Solosänger mit herrlicher Naturstimme sang aus einer sentimentalen Operette:

„Es steht ein Soldat am Wolgastrand".

Der Chor summte die Begleitung.

Alle waren gerührt. Zweimal mußte das Lied wiederholt werden.

Und dann hörten die Lagerinsassen zum ersten Mal das „Börgermoorlied", das inzwischen schon eine volksliedhafte Popularität erreicht hat.

Einer sagte:

„Kameraden, wir singen Euch jetzt das Lied vom Börgermoor, unser Lagerlied. Hört gut zu und singt dann den Refrain mit."

Schwer und dunkel, im Marschrhythmus, begann der Chor:

> Wohin auch das Auge blicket
> Moor und Heide nur ringsum.
> Vogelsang uns nicht erquicket,
> Eichen stehen kahl und krumm.
>> Wir sind die Moorsoldaten
>> Und ziehen mit dem Spaten
>> Ins Moor . . .

Tiefe Stille - Wie erstarrt saß alles da, unfähig mitzusingen und hörte noch einmal den Refrain:

> Wir sind die Moorsoldaten
> Und ziehen mit dem Spaten
> Ins Moor.

> Hier in dieser öden Heide
> Ist das Lager aufgebaut,
> Wo wir ferne jeder Freude
> Hinter Stacheldraht verstaut.
>> Wir sind die Moorsoldaten
>> Und ziehen mit dem Spaten
>> Ins Moor . .

> Morgens ziehen die Kolonnen
> In das Moor zur Arbeit hin.
> Graben bei dem Brand der Sonnen
> Doch zur Heimat steht der Sinn.
>> Wir sind die Moorsoldaten
>> Und ziehen mit dem Spaten
>> Ins Moor . . .

Leise und schwermütig begannen einige Kameraden mitzusummen. Sie blickten nicht nach rechts und nicht nach links. Ihre Augen sahen über den Stacheldraht weg - dorthin, wo der Himmel auf die endlose Heide stieß.

> Heimwärts, heimwärts jeder sehnet,
> Zu den Eltern, Weib und Kind.
> Manche Brust ein Seufzer dehnet,
> Weil wir hier gefangen sind.
> Wir sind die Moorsoldaten
> Und ziehen mit dem Spaten
> Ins Moor . . .

Ich sah den Kommandanten. Er saß da, den Kopf nach unten und scharrte mit dem Fuß im Sand. Die SS still und unbeweglich. -
Ich sah die Kameraden. Viele weinten. -

> Auf und nieder geh'n die Posten,
> Keiner, keiner kann hindurch.
> Flucht wird nur das Leben kosten,
> Vierfach ist umzäunt die Burg.
> Wir sind die Moorsoldaten
> Und ziehen mit dem Spaten
> Ins Moor . . .

Diese Strophe hatten die Kameraden sehr leise gesungen und setzten plötzlich laut und hart mit der letzten Strophe ein:

> Doch für uns gibt es kein Klagen,
> Ewig kann's nicht Winter sein,
> Einmal werden froh wir sagen:
> Heimat, Du bist wieder m e i n !
> Dann ziehn die Moorsoldaten
> *Nicht* mehr mit dem Spaten
> Ins Moor!

Und der letzte Refrain, das: „Nicht mehr mit dem Spaten", wurde laut und mächtig gesungen. Die Erstarrung löste sich. Bei der Wiederholung des Refrains sangen alle neunhundert Mann:

> Dann ziehn die Moorsoldaten
> *Nicht* mehr mit dem Spaten
> Ins Moor!

Damit schloß unsere Veranstaltung und die einzelnen Baracken zogen diszipliniert und ruhig in ihre Quartiere zurück.
Kaum waren wir in der Baracke, stürzten ein paar SS-Männer herein:
„Jungens! Das habt ihr großartig gemacht, das war wunderbar!" Helle Begeisterung!
Das Eis war gebrochen und die ersten menschlichen Worte wurden von beiden Seiten gewechselt [. . .]
Ein SS-Mann nahm mich beiseite und sagte:
Das brauchen die andern nicht zu wissen, aber - kannst Du mir nicht das Lied mal aufschreiben? Ich will's für mich persönlich haben. Weißt Du, ich hab' nämlich ein Mädel daheim, der will ich's schicken."
Ich versprach ihm, eine Abschrift des Liedes zu besorgen und auch die Noten dazu aufzuschreiben. Er dürfe es aber auf keinen Fall vorn auf der Kommandatur zeigen.
„Nee, nee, ausgeschlossen! Die Moosköppe da vorn geht das gar nichts an!"
Der Erfolg war größer, als wir erwartet hatten.

Zwei Tage darauf wurde das Lied verboten. Wahrscheinlich wegen der letzten Strophe, die ja auch wirklich mehrdeutig ausgelegt werden kann. Trotzdem waren es die SS-Leute, die immer wieder und wieder das Lied zu hören verlangten, und es gegen die Kommandatur durchdrückten, daß wir auf den weiten Märschen zum Arbeitsplatz das Lied sangen [. . .] Auch das Abschreiben des Liedes versuchten wir für unsere Zwecke zu verwenden. Es bekam nämlich beileibe nicht jeder SS-Mann das Lied, sondern nur die, die uns nicht quälten oder schlugen. Das gab dann jedesmal Gelegenheit, eine Diskussion mit dem Betreffenden anzufangen, der meistens zugab:

„Ich verurteile die Schlägereien und Gefangenenmißhandlungen genau so wie Ihr. Das hat nichts mit Nationalsozialismus zu tun! Aber was wollt' Ihr, wir können nichts machen. Wir müssen genau so das Maul halten."

„Den Nationalsozialismus, den Du Dir vorstellst, den gibt es gar nicht, Kamerad. Schau Dir doch mal an, wie Deine Führer sich bei solchen Schlägereien verhalten. Die machen ja mit und geben selber den Befehl dazu!"

„Ja, aber Adolf, unser Adolf, weiß davon nichts! Ich sage Euch, wenn der wüßte, wie es hier im Börgermoor zugeht, der würde hier schwer ausmisten!"

„So, dann ist es aber doch merkwürdig, wenn er selber sagt: ‚In meiner Bewegung geschieht nichts, was nicht mit meinem Willen und meiner Kenntnis getan wird'. Wo bleibt da Euer ‚Führerprinzip?'"

Der SS-Mann überlegte lange und gründlich und sagte dann:

„Es haben sich zu viele dazwischen gedrängt. Zwischen ihm und uns sind die Bonzen. Unsere Bonzen. Na, die werden wir auch noch eines Tages aus den Klubsesseln schmeißen, in die sie sich jetzt gesetzt haben."

Solche Gespräche waren von nun an bei uns an der Tagesordnung.

Langhoff, S. 175-195

Carl von Ossietzky im Konzentrationslager Esterwegen (1935)

Nach Auflösung der Konzentrationslager Börgermoor und Neu-Sustrum blieb Esterwegen Konzentrationslager für politische Häftlinge. Es befand sich in Händen der SS.
Bekannteste Häftlinge von Esterwegen waren der SPD-Politiker Ernst Heilmann (1919-1933 Fraktionsvorsitzender der SPD im preußischen Landtag) und der Pazifist Carl von Ossietzky, der es abgelehnt hatte, sich Anfang 1933 ins Ausland in Sicherheit zu bringen. Seit dem 28. 2. 1933 war er in Haft.
Er wurde auch im Ausland zur Symbolgestalt des deutschen Pazifismus. Als im Juli 1934 ein nationalsozialistischer Putsch in Österreich zusammengebrochen war und viele seiner Teilnehmer in Lagern saßen, forderte Hitler das Internationale Komitee vom Roten Kreuz auf, sich ihrer anzunehmen. Das Komitee sagte zu, aber unter der Bedingung, auch deutsche Konzentrationslager inspizieren zu dürfen. Nach langem Hin und Her gab die deutsche Regierung schließlich nach. Im Oktober 1935 sandte das Rote Kreuz als seinen Beauftragten den Schweizer Diplomaten und Historiker Carl Jacob Burckhardt nach Berlin. Burckhardt schrieb darüber:

„Als ich in Berlin eintraf, wurde mir vom Deutschen Roten Kreuz ein Programm für den Besuch bestimmter Lager vorgelegt. Es war vorgesehen, daß ich mich im Verlauf meiner Besuche mit den Häftlingen in Gegenwart des Lagerkommandanten und seiner Untergebenen unterhalten könne. Auch der mich begleitende SS-Offizier sollte dabei sein. Ich erklärte eine unter solchen Umständen stattfindende Inspektion von vornherein für sinnlos und verlangte im letzten Augenblick den Namen eines Lagers zu nennen, um mich unverweilt dorthin zu verfügen und mit den Häftlingen zeugenlos zu sprechen" (S. 54).

[In zähen Verhandlungen mit dem SS-Obergruppenführer Heydrich, dem Chef der Konzentrationslager, setzte Burckhardt seine Forderung durch.]

„Am nächsten Morgen wurde ich von einem Beamten namens Tamaschke, der den humoristischen Titel ‚Sturmbannführer' trug, in früher Stunde aufs Tempelhofer Feld geholt. Eine Polizeimaschine stand auf dem Flugplatz bereit, und ich erklärte, mich nach Esterwegen begeben zu wollen. Der Sturmbannführer telefonierte mit verschiedenen Stellen, aber in so kurzer Zeit war in Esterwegen nichts eingreifend zu ändern. Wir landeten bei Wilhelmshaven, dort erwartete uns ein Wagen, der uns hinaus ins Moor führte. Aus dem Bodennebel, als wir uns unserm Ziel auf einem Dammweg näherten, tauchten die Umrisse eines römischen Castrums auf, Wassergräben um ein gewaltiges Rechteck, vier Türme, mit Maschinengewehren in den Schießscharten bestückt, starkstromgeladene Stacheldrahtumzäunung, das Rechteck abgeteilt, nach dem Eingang eine Art Villenviertel für die Wachmannschaften; ein Weiher, ein kleiner, von den Häftlingen angelegter Berg oder besser Hügel in Bergform, mit Blumen und Sträuchern bepflanzt, im zweiten, größeren Teil des Rechteckes die Baracken der Häftlinge, Küche, Lazarett, Latrinen und die Verhörräume. Das Übliche, man hat es inzwischen hundertfältig gesehen und erlitten.

Der Lagerkommandant namens Loritz, Unteroffizier im Ersten Weltkrieg, war von Beruf ein Schlächter aus Bayern . . . Höflichkeitszeremonien ohne Ende, zuerst kasernenhofartig, dann unterwürfig . . . Die Herren wollten mir früh am Morgen ein Glas deutschen Sekt anbieten; nachdem ich aber abgelehnt hatte, betraten wir als finstere gereizte Gruppe das eigentliche Konzentrationslager. Zuerst hörte man nur das Gebrüll der Meldungen. Ich unterschied unter den Häftlingen drei Sorten, die einen, denen die Buchstaben BV (Berufsverbrecher) aufgenäht waren, die anderen, deren schlotternde Sträflingsjoppen den Buchstaben P, das ist ,politische Verbrecher', trugen, und endlich diejenigen, die durch eine gelbe, runde Scheibe gekennzeichnet waren.

Ich sprach mit einer ganzen Anzahl von Häftlingen. Die Lagergewaltigen, wenn ich sie aufforderte, zurückzutreten, gehorchten verlegen, fast knirschend, um den angsterfüllt auf sie einredenden Tamaschke geschart. Einer der ersten Sträflinge, die ich ansprach, ein hochgewachsener furchtloser Mann, lehnte seinen Besen an die Wand und stellte sich vor: ,Heilmann, preußischer Staatsminister, Sozialdemokrat und Jude.' Was er verlangte, war das Unmögliche, die Normen des Rechtsstaates, ein Verhör, einen Verteidiger, ein Urteil. Seit 1½ Jahren war er hier, keine Anklage wurde gegen ihn erhoben, kein Verhör fand statt, Gelegenheit zur Verteidigung wurde ihm nicht gegeben. Er klagte nicht, er verlangte scharf, eindringlich, daß ihm zu seinem Recht verholfen werde. Auf meine Frage, wie die Behandlung sei, ging er kaum ein und sagte nur wegwerfend: ,hundsföttisch'. Er wollte keine sentimentalen Töne hören. ,Ich verlange mein Recht', sagte er, ,es ist Ihre Pflicht, sobald Sie draußen sind, sich dafür einzusetzen.'"

[Heilmann erlangte die Freiheit nicht wieder. Er starb am 3. 4. 1940 im Konzentrationslager Buchenwald bei Weimar].

. . . Mit 24 Häftlingen habe ich an dem Vormittag ohne Zeugen gesprochen. Ich wollte Zeit gewinnen, möglichst viele Eindrücke sammeln, die Arbeitsgruppen sehen, die aus dem Moor zurückkehrten . . . Wir hatten auf mein Begehren in der Kantine der Sträflinge etwas zu uns genommen, dann haben wir weiter besichtigt. Um 3 Uhr nachmittags, mitten auf dem großen Freiplatz zwischen den Baracken, sagte ich zu dem Kommandanten, Standartenführer Loritz: ,Jetzt wünsche ich Herrn Ossietzky zu sehen und zeugenlos mit ihm zu sprechen, den Hamburger Pazifisten und Schriftsteller Ossietzky, den Nobelpreisträger.'"

[Tatsächlich war O. damals erst Kandidat für den Friedensnobelpreis].

„Die Umstehenden nahmen eine fast drohende Haltung ein, Loritz hochrot im Gesicht, preßte hervor: ,Wen wollen Sie sehen? Wer ist das?' ,Sie wissen es genau!' ,Kein Häftling dieses Namens ist hier.' ,Doch er ist hier, falls er noch lebt. Wir wollen keine Zeit verlieren', dann lauter, ,falls er nicht mehr lebt, mache ich Sie persönlich verantwortlich.' Jetzt schrie Loritz: ,Unmöglich, ausgeschlossen, ich weigere mich.' Tamaschke, der Verzweiflung nahe, versuchte, auf mich einzureden. Nun, ein einziges Mal, entschloß ich mich zu dem Kasernenhofton: ,Was ist das für eine verdammte Schweinerei, daß hier Befehle nicht durchgehen. Sie ken-

Carl von Ossietzky im Konzentrationslager. Rechts ein SS-Führer.

nen Ihren Befehl, ich sehe die Häftlinge, die ich zu sehen wünsche und spreche mit ihnen, Sie wissen, um was es geht.'

Mehr brauchte der Unteroffizier nicht. Schon lief einer aus dem Gefolge in die hinterste Baracke. Dann standen wir schweigend, wieder schaute ich auf die Armbanduhr, drei Minuten, fünf, zehn.

Nach zehn Minuten kamen zwei SS-Leute, die einen kleinen Mann mehr schleppten und trugen als heranführten.

Ein zitterndes, totenblasses Etwas, ein Wesen, das gefühllos zu sein schien, ein Auge geschwollen, die Zähne anscheinend eingeschlagen, er schleppte ein gebrochenes, schlecht ausgeheiltes Bein.

Ich ging ihm entgegen, reichte ihm die Hand, die er nicht ergriff.

,Melden!' schrie Loritz.

Ein unartikulierter, leiser Laut kam aus der Kehle des Gemarterten. Ich zu Loritz: ,Zurück!'

,Herr von Ossietzky' sprach ich ihn an, ,Ich bringe ihnen die Grüße Ihrer Freunde, ich bin der Vertreter des Internationalen Komitees vom Roten Kreuz, ich bin hier, um Ihnen soweit uns dies möglich ist, zu helfen.'

Nichts. Vor mir, gerade noch lebend, stand ein Mensch, der an der äußersten Grenze des Tragbaren angelangt war.

Kein Wort der Erwiderung.

Ich trat näher. Jetzt füllte sich das noch sehende Auge mit Tränen, lispelnd unter Schluchzen sagte er:

,Danke, sagen Sie den Freunden, ich sei am Ende, es ist bald vorüber, bald aus, das ist gut.' Und dann noch ganz leise: ,Danke, ich habe einmal Nachrichten erhalten, meine Frau war einmal hier; ich wollte den Frieden.'

Dann kam wieder das Zittern. Ossietzky verneigte sich leicht in der Mitte des weiten leeren Lagerplatzes und machte eine Bewegung, als wolle er militärische Stellung annehmen, um sich abzumelden. Dann ging er, das eine Bein nachschleppend, mühsam Schritt vor Schritt, zu seiner Baracke zurück."

Burckhardt, S. 54, 58-61

Im Januar 1936 wurde er von den Parlamentariern zahlreicher Staaten formell für den Friedensnobelpreis vorgeschlagen, und das mag der Grund dafür gewesen sein, daß er im Mai 1936 von Esterwegen in das Berliner Staatskrankenhaus verlegt wurde. Göring selbst, preußischer Ministerpräsident, Generaloberst, Präsident des Reichstages usw., bemühte sich darum, Ossietzky zur Ablehnung des Nobelpreises zu bewegen. Er ließ ihn zu sich bringen, redete zwei Stunden auf ihn ein und bedrängte ihn, eine vorbereitete Erklärung zu unterschreiben, durch die er sich vom internationalen Pazifismus losgesagt hätte. Wenn er unterschriebe, könne er sofort ein freier Mann sein. Ossietzky aber lehnte ab: „Ich war Pazifist und werde Pazifist bleiben."

Am 23. November 1936 wurde Carl von Ossietzky Träger des Friedensnobelpreises für 1935. Am 8. Dezember aber verboten ihm die deutschen Behörden, das Reichsgebiet zu verlassen, d. h. nach Oslo zu reisen, um dort den Preis selbst entgegenzunehmen.

Am 4. Mai 1938 starb er in dem Berliner Krankenhaus Nordend an der Lungentuberkulose, die er sich im Lager Esterwegen zugezogen hatte.

Sozialdemokraten im Untergrund

Treffen einer illegalen Gruppe der Arbeiterjugend in „Onkel Toms Hütte" bei Beverbruch in der Sager Heide, Sommer 1935 (Foto: Sammlung Vahlenkamp)

Der Kampf gegen die Juden

Der Kampf gegen die Juden - beruhend auf der Furcht vor dem „jüdischen Blut" und dem „jüdischen Geist" - hatte zunächst (bis 1939) folgende Ziele:
1. Diffamierung, Isolierung, Diskriminierung der Juden und deren Verdrängung aus Deutschland.
2. Isolierung und Diskriminierung der Halb- und - in geringerem Maße - der Vierteljuden.
3. Diskriminierung der „jüdisch Versippten", d. h. der mit einer Jüdin oder einem Juden Verheirateten,
4. Entfernung aller Dinge aus der Öffentlichkeit, die von Juden stammten (z. B. Bücher, Kunstwerke) oder an Juden erinnerten (z. B. Straßennamen).
Zu 1: Mit dem Boykott der jüdischen Geschäfte am 1. 4. 1933 begann die offene Terrorisierung der Juden. Das „Gesetz zur Wiederherstellung des Berufsbeamtentums" vom 7. 4. 1933 gab die Möglichkeit, die (wenigen) Juden aus dem öffentlichen Dienst zu entfernen. Die Nürnberger Gesetze vom 15. 9. 1935 machten die Juden zu minderberechtigten bloßen „Staatsangehörigen" und verboten Eheschließung und Geschlechtsverkehr zwischen Nichtjuden und Juden.
Zu 2 und 3: Um festzustellen, wer zu diesen Gruppen gehörte, mußte jeder, der irgendwie im Dienste der Partei oder im öffentlichen Dienst stand, den „Ariernachweis" bringen, d. h. daß von seinen vier Großeltern mindestens drei „arisch" waren.

Die Juden sind
unser Unglück!

Achtung: Jude!
Volksgenossen,
diesen Laden betretet ihr
auf eigene Gefahr!

Achtung! Volksgenossen!
Wer bei
Juden kauft,
wird photographiert!
meidet jüdische Geschäfte!

An den Pranger
mit den
Judenfreunden!
Wir passen auf

Antisemitische Klebezettel (Oldenburg 1933)

Spruchband über der Oldenburger Straße in Delmenhorst: „Juden betreten diese Stadt auf eigene Gefahr" (1935)
(Foto: Rolf Spille/Delmenhorst)

Ein Appell an die Frauen

Norderney. Erst vor kurzem ist geschminkten Frauen der Zutritt zu nationalsozialistischen Veranstaltungen verwehrt worden. Jetzt ist man in Norderney einen Schritt weiter gegangen und hat in den Lokalen ein Schild angebracht: „Die deutsche Frau tanzt mit keinem Juden!" Genau so wenig wie es einer weißen Frau in Amerika in den Sinn kommen könnte, mit einem Neger zu tanzen, genau so wenig hat eine deutsche Frau mit Juden zu tanzen. Hier beginnt die Disziplin der deutschen Menschen. Es muß eine jede deutsche Frau wissen, was sie ihrem Vaterlande und dem Ansehen ihres Volkes schuldig ist. So schnell als möglich muß es wieder dahin kommen, daß sich die deutsche Frau ihres Deutschtums wieder bewußt wird, und ein natürliches Empfinden für Arteigenes und Artfremdes besitzt. Sollen die deutschen Männer die zweite Strophe des Deutschlandliedes mit freudigen Herzen singen können, so müssen sich die Frauen dieses Gefühls der Freude und des festen Glaubens an die deutsche Frau würdig erweisen.

Jeversches Wochenblatt, 30. 8. 1933, nach Peters S. 68

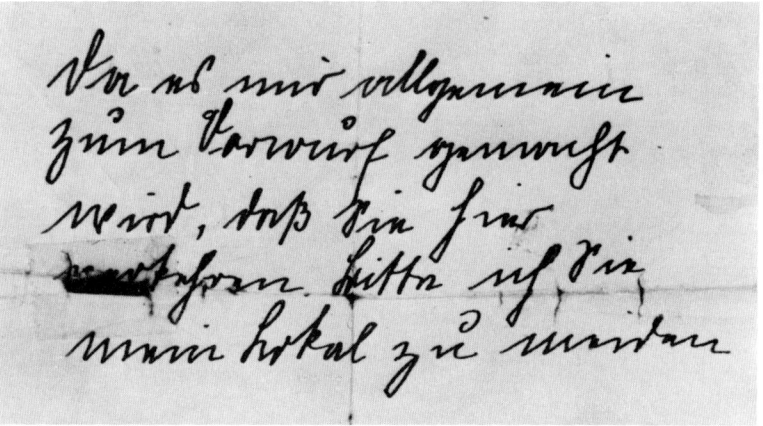

Diesen Zettel, der ihr fünfzig Jahre vorher in einem beliebten Oldenburger Ausflugslokal zugesteckt worden war, brachte eine ehemalige Oldenburger Jüdin 1985 bei einem Besuch in ihrer Heimatstadt mit: „Da es mir allgemein zum Vorwurf gemacht wird, daß Sie hier verkehren, bitte ich Sie, mein Lokal zu meiden"
(Foto: Sammlung Friederichsen)

Ein Schreiben des Nordseebades Norderney

Am 15. Juni 1934 veröffentlichte die «Jüdische Rundschau» *eine Zuschrift der* Staatlichen Nordseebad Norderney-Betriebsgesellschaft:

Obwohl wir bereits seit langer Zeit stets darauf hingewiesen haben, daß der Besuch nichtarischer Gäste im staatlichen Nordseebad Norderney nicht erwünscht ist, werden aus diesen Kreisen in letzter Zeit wiederholt Versuche unternommen, die Genehmigung für einen Kuraufenthalt auf Norderney zu bekommen.
Im Interesse aller Nichtarier bitten wir Sie, in Ihrer Presse darauf hinzuweisen, daß es zwecklos ist und nur unnötige Kosten verursacht, wenn von diesen Personen eine Reise nach Norderney unternommen wird.

Staatliches Nordseebad Norderney.

Hatte der „Stellvertreter des Führers" noch im April 1935 „Einzelaktionen gegen Juden und jüdische Geschäfte" verhindern wollen, so war doch im August desselben Jahres davon keine Rede mehr.

Das „Delmenhorster Kreisblatt" meldete am 13. 8. 1935:

„Jüdischer Rassenschänder durch die Stadt geführt
Von der politischen Polizei in Schutzhaft genommen"

Am gestrigen Montag gegen 18 Uhr sammelte sich eine große Menschenmenge vor dem Haus des Juden Fink in der Langenstraße. Man holte den Juden aus seiner Wohnung, hängte ihm eine große Trommel mit der Aufschrift „Ich habe ein deutsches Mädchen geschändet" um und führte ihn, während er fortgesetzt die Trommel rühren mußte, durch die Straßen unserer Stadt. So ging es durch die Kleine Kirchstraße, Bahnhofstraße über den Marktplatz hinweg zur Marktstraße und von da in die Langenstraße. Eine unübersehbare Menschenmenge begleitete zu Fuß und auf Fahrrädern den Zug. Sowie die politische Polizei von dem Vorfall Kenntnis erhielt, schritt sie ein und nahm den Juden in Schutzhaft. Im Anschluß daran holte man das Mädchen, hing ihr ein Plakat mit der Aufschrift „Ich habe mich von einem Juden schänden lassen" um den Hals und führte sie, während ein anderer dazu die Trommel schlug ebenfalls durch die Straßen. Auch hier schritt die politische Polizei ein und nahm das Mädchen in Schutzhaft.

Das, was man hier dem „Juden Fink", d. h. dem 39jährigen Möbelhändler und Junggesellen Siegmund Fink vorwarf, war damals noch keine strafbare Handlung, vermutlich hat es aber überhaupt keine solche „Handlung" gegeben, denn sonst hätte man ihn, wie das auch in anderen Fällen dieser Art geschah, ohne gerichtliche Verurteilung in ein Konzentrationslager abgeführt. Das geschah aber nicht. Fink wurde wieder freigelassen und konnte bis zum November 1938, d. h. bis zur „Reichskristallnacht", weiterhin sein Möbelgeschäft betreiben. (Er wurde am 17. 11. 1941 von der Bremer Gestapo nach Minsk deportiert und ist dort umgekommen).

Vorfälle in Norden

Der Delmenhorster Vorfall vom 12. 8. war kein Einzelfall. Die „Deutschlandberichte" berichteten ebenfalls im August 1935 aus Norden in Ostfriesland:

[. . .] In Norden sind mehrere Juden durch die Straßen geführt worden. Auch einige christliche Mädchen, denen man unsittliches Betragen mit Juden vorwarf. Die Bevölkerung war empört. In der Stadt war eine einzige Unruhe. In den bürgerlichen Kreisen, denen die Mädchen angehörten, war die Unruhe am stärksten. Auf den Straßen bildeten sich starke Gruppen erregt diskutierender Menschen. Unverblümt wurde den Polizeibeamten, die aufforderten, weiterzugehen, gesagt, sie sollten sich besser um die Schweine von Nazis bekümmern, die sich täglich herumsauen und dann anständigen Juden und Mädchen die Ehre rauben. Die Polizei sagte zu der Bevölkerung lediglich, sie solle den Verkehr nicht stören und auseinandergehen. Die NSDAP meldete nach Berlin, daß man für die Aufrechterhaltung der Ordnung in der Stadt nicht mehr garantieren könne. Darauf kam Polizeigeneral Daluege[1] höchstpersönlich nach Norden. Seine Verhandlungen mit der Behörde führten zu dem Ergebnis, daß die verhafteten Juden und Mädchen unverzüglich aus der Haft entlassen wurden. Inzwischen waren in der Stadt Bilder von dem Martermarsch der Juden und Mädchen durch den Ort zum Verkauf angeboten. Daluege ließ die Fotoplatten und die Karten beschlagnahmen. Die Bevölkerung hat sich in diesem Fall hundertprozentig gegen die Nazis durchgesetzt. [. . .]

Deutschlandberichte der Sozialdemokratischen Partei
Deutschlands (Sopade), Frankfurt 1980.
Zit. n. Berger, S. 96

---

1) Kurt Daluege, geb. 1897, war damals Generalleutnant der Preußischen Landespolizei. Er wurde 1942 stellvertretender Reichsprotektor von Böhmen und Mähren und 1946 in Prag hingerichtet.

Heinz Rühmann darf als angeblich „jüdisch Versippter" in Oldenburg nicht auftreten

Der Oberbürgermeister   Oldenburg, den 16. September 1935.
Am Vormittag des 16. September stellten die Deutsche Arbeitsfront (Pg. Raddau) und die NS-Kulturgemeinde (Landgerichtsrat Pg. Thomssen) vor, daß eine Störung der für den Abend angesetzten Gastspielvorstellung Rühmann im Landestheater zu befürchten sei, da Rühmann mit einer Jüdin verheiratet sei. Aus Kreisen der SA, SS, der Arbeitsfront usw. zeige sich starke Erregung, die voraussichtlich zu einer Störung der Vorstellung führen werde. Am Abend vorher war in der Haarenstraße beobachtet worden, daß ein Plakat über das Gastspiel Rühmann mit einem Zettel übergeklebt war, der die Aufschrift trug: „Mit einer Jüdin verheiratet".
Oberspielleiter Sellner berichtete am Mittag des 16. September dem Intendanten, daß der Schriftleiter Löken wegen Vorstellungen der SA die Voranzeigen für das Rühmanngastspiel einstellen wolle.
Intendant Dr. Roenneke erklärte, daß ihm von der Ehe Rühmanns mit einer Jüdin nichts bekannt gewesen sei. Rühmann spiele mit Zulassung der Reichstheaterkammer ständig am Deutschen Theater zu Berlin, das unmittelbar dem Propagandaministerium als Reichstheater unterstellt ist, und an anderen Theatern. Er habe nach seiner Angabe vor etwa vier Wochen in München vor dem Führer gespielt. Dr. Roenneke erhielt auf Anfrage bei der Reichstheaterkammer (Abteilungsleiter Leutheiser) mittags um etwa 14 Uhr die Nachricht, daß das Gastspiel Rühmann zugelassen sei. Aus einer Unterredung mit Leutheiser gewann er aber den Eindruck, daß das Propagandaministerium auf Anfrage eine Entscheidung nicht getroffen habe, und daß die Aufrechterhaltung des Gastspiels bei Gefahr von Zwischenfällen kaum gebilligt werden würde.
Ich habe darauf mit dem Intendanten vereinbart, daß das Gastspiel abzusetzen ist, und zwar im Hinblick darauf, daß nach der Veröffentlichung der neuen Reichsgesetze über die Judenfrage am Abend des 15. September eine Erregung der Bevölkerung und Störungen zu befürchten seien. Dr. Roenneke will versuchen, finanziell mit Rühmann auseinanderzukommen und dabei den Schaden des Landestheaters nach Möglichkeit zu begrenzen. Polizeiverwalter Dr. Jungermann billigte vom Standpunkte der Polizei aus diesen unseren Entschluß.
Landgerichtsrat Thomssen stellte bei dieser Gelegenheit noch vor, daß der Spielplan des Landestheaters zwei Werke von Juden enthielte. Dem Intendanten ist davon nichts bekannt. Außerdem ist der Spielplan vom Reichsdramaturgen genehmigt worden.

                                 [gez.] Rabeling [. . .]

Der Kampf gegen das Christentum

Nationalsozialismus und Christentum waren unvereinbar miteinander, NSDAP und christliche Kirchen konnten auf die Dauer nicht nebeneinander bestehen.
Hitlers Ziel war es, Christentum und Kirchen absterben zu lassen.
Dazu benutzte er folgende Mittel:
1. *ständige Propagierung der antichristlichen nationalsozialistischen „Weltanschauung", ganz besonders bei der Jugend;*
2. *Lähmung des Widerstandswillens der Kirchen durch scheinbares Entgegenkommen z. B. durch Abschluß des Reichskonkordats mit dem Vatikan am 20. 7. 1933 und durch die Einsetzung eines nationalsozialistischen evangelischen Reichsbischofs am 27. 9. 1933;*
3. *Verdrängung des christlichen Einflusses aus dem öffentlichen Leben, besonders aus Schule, Presse, Vereinswesen;*
4. *scharfes Vorgehen gegen nicht fügsame Geistliche durch gerichtliche Bestrafung, Inhaftierung, Ehrabschneidung.*

Deutsche Christen und Bekennende Kirche

Innerhalb des deutschen Protestantismus gab es schon vor 1933 zwei Strömungen, die Hitler für seine Ziele ausnutzen wollte:
1. *das Streben nach Vereinigung der Landeskirchen zu einer Reichskirche,*
2. *die 1932 gegründete „Glaubensbewegung Deutsche Christen". Diese 1927 in Thüringen entstandene Bewegung umfaßte verschiedenartige innerkirchliche und nationalkirchliche Reformbestrebungen. Im Jahre 1933 gewannen in ihr die Nationalsozialisten die Oberhand und damit auch auf den Synoden.*

Ein erster Schritt auf dem Wege zur Beherrschung des deutschen Protestantismus durch die NSDAP war das „Reichsgesetz über die Verfassung der Deutschen Evangelischen Kirche" vom 14. Juli 1933. Die dieser Verfassung entsprechend gebildete Reichssynode berief am 27. 9. 1933 den preußischen Landesbischof Ludwig Müller zum Reichsbischof. (M., geb. 1883 in Gütersloh, war 1918-1926 Stationspfarrer in Wilhelmshaven, dann Wehrkreispfarrer in Königsberg und seit August 1933 preußischer Landesbischof.)

Die zunehmend nationalsozialistische Orientierung der Deutschen Christen (u. a. Ablehnung des Alten Testaments und Bejahung des Rassismus) führte dazu, daß sich Ende 1933 eine starke Opposition gegen sie bildete. Führend in ihr war der Pfarrer Martin Niemöller in Berlin-Dahlem. Er schuf den Pfarrernotbund zur Verteidigung des evangelischen Christentums. Besonders stark war der Widerstand gegen die Deutschen Christen in Westfalen.[1] Führender Vertreter des Pfarrernotbundes in Oldenburg wurde der Rüstringer Pfarrer Heinz Kloppenburg.

Der Gegensatz zwischen dem von den Deutschen Christen beherrschten oldenburgischen Landeskirchenausschuß und dem Präsidenten des Oberkirchenrates, Tilemann, führte dazu, daß dieser am 18. 1. 1934 von seinem Amt zurücktrat.

Im Frühjahr 1934 warb Kloppenburg mit Erfolg für den Anschluß an den Pfarrernotbund. Dieser schuf sich einen Bruderrat genannten Vorstand.

Im Oldenburger Landeskirchenausschuß waren die Pastoren Hollje/Ohmstede und Meyer/Delmenhorst im Sinne der Deutschen Christen aktiv. Unter ihrem Einfluß kam es dazu, daß der als gemäßigt deutschchristlich geltende Pastor Volkers/Ganderkesee in den Oberkirchenrat berufen wurde. Er wurde am 21. 8. 1934 vom Landeskirchenausschuß zum Landesbischof ernannt.

Zugleich erweiterte sich der Pfarrernotbund zur Bekenntnisgemeinde. Diese schuf im November 1934 eine „vorläufige Kirchenleitung". Die Bekenntnisgemeinde weigerte sich, Reichskirchenregierung, oldenburgische Landessynode und Oberkirchenrat anzuerkennen. Landesbischof Volkers seinerseits erklärte am 11. 12. 1934 die „Vorläufige Kirchenleitung" für illegal. Trotzdem trat die Bekenntnisgemeinde am 27. 2. 1935 in Varel zur „ersten Bekenntnissynode" in Oldenburg zusammen. Sie wählte sich ein Präsidium, bestehend aus den Pfarrern Kloppenburg/Rüstringen, Rühe/Oldenburg und Dr. Schmidt/Wiefelstede. Die Bekenntnissynode erklärte sich am 2. 5. 1935 zum rechtmäßigen oldenburgischen Kirchenregiment.

Damit war die oldenburgische Landeskirche gespalten. Zwischen Kloppenburg und Volkers gab es keine Verständigung. Das führte zu zahlreichen Schwierigkeiten, u. a. bei der Ordinierung neuer Pfarrer.

Die NSDAP griff in diese Streitigkeiten nicht direkt ein. Die Tatsache, daß sie seit 1933 die Mehrheit der Kirchenältesten stellte, machte es ihr möglich, ihren Einfluß geltend zu machen, doch nicht immer mit Erfolg.

---

1) Hier und anderswo kam es zu schärfsten Gegensätzen zwischen Kirchenbehörden, Synoden, Konsistorien und deutsch-christlichen Pfarrern einerseits und denen des Pfarrernotbundes (der späteren Bekennenden Kirche) andererseits.

Ein „vertrauliches Rundschreiben"

H. Kloppenburg   Rüstringen, Sonnabend, den 7. April 1934

Vertrauliches Rundschreiben zur persönlichen Information an alle Notbundpfarrer in Oldenburg.

Liebe Amtsbrüder!
Nachdem ich gestern abend aus Westfalen zurückgekehrt bin, wo sowohl die westfälischen Pfarrer als auch der Notbundbruderrat aus dem ganzen Reiche tagten, fühle ich mich verpflichtet, allen Oldenburgischen Notbund-Brüdern zu schreiben, welch starken und herzerfreuenden Eindruck man aus Westfalen mitbekam. In Westfalen und im Rheinland bildet sich wirkliche Kirche! Die äußeren Dinge erfahren Sie ja aus der „Jungen Kirche", -

mir ist wesentlich, Ihnen zu berichten, daß an der geschlossenen inneren Front der Gemeinden alle Verordnungsmaßnahmen abprallen. Die Gemeindeversammlungen, zu denen z. T. nur von Mund zu Mund eingeladen wird, haben 5.000 und mehr Hörer. Die Kirchen, zu denen den abgesetzten Pfarrern der Zutritt verweigert wird, stehen leer (so die Markt- und die Pauluskirche in Essen). Die Pfarrer predigen in gemieteten Sälen und im Planetarium; Gräber in Essen hat dabei Kollekten von RM 200,-. Die strafversetzten Pfarrer nahmen ihre neuen Pfarrstellen nicht an. Aller Verkehr mit dem Konsistorium ruht. Die abgesetzten Pfarrer dürfen auch mit Genehmigung der staatlichen Polizei überall Vorträge halten, mit Ausnahme ihrer eigenen Gemeinden, - eine Maßnahme, die verständlich ist. Der Pfarrernachwuchs, Kandidaten und Vikare, haben sich fast geschlossen der Bekenntnissynode zur Verfügung gestellt. - Was in Westfalen im Großen geschieht; ereignet sich im Reich im Kleinen. In Berlin-Dahlem amtiert Niemöller im Auftrag des Kirchenrats weiter; ein von der Kirchenbehörde eingesetzter Ersatzmann ist garnicht erst gekommen, nachdem man ihm am Telefon sagte, in Dahlem sei nichts vakant. -
Alle Gewaltmaßnahmen laufen sich an dieser geschlossenen Haltung tot. Zur Zeit sprechen rheinische Pfarrer in großen Versammlungen in Süddeutschland. In Berlin finden äußerst wichtige Verhandlungen statt, die ich hier nur andeuten kann. Die nächsten Wochen können allerlei Entscheidungen bringen.
Wir sagen das alles nicht, um Sensationelles zu berichten, sondern um mit tiefer innerer Dankbarkeit das Erwachen der wirklichen Kirche in Deutschland festzustellen. Die Lähmung des Januar ist überwunden. Der Reichsbischof hat die damals gewollte Einigkeit durch seine Methoden durchbrochen. Aber, und das ist das Befreiende dieser Tage: das Kirchenvolk empfindet den Streit nicht *mehr als „Pastorenstreit“, sondern es sieht überall, daß unser Notbundkampf der Kampf für die echte Kirche ist.* Man braucht und darf nicht mehr vom „unseligen Kirchenkampf“ zu reden, nachdem sich jetzt das unendliche Positive herausschält: daß überall Gemeinde wird und nach Gemeinde gefragt wird. Die westfälischen Bekenntnisversammlungen - d a s ist Volksmission! Von Westfalen aus wird die kraftvolle Kirche des Evangeliums gebaut, die unser Volk braucht. Die Westfalen kämpfen für uns alle. Wir wollen unseren Gemeinden von ihnen erzählen und wollen ihnen Treue halten.
Vexilla regis prodeunt![1] [. . .]

Höper, S. 235

1) „Des Königs Banner ziehen voran.“ Aus einer katholischen Liturgie.

Aufnahmenantrag für die Bekennende Kirche (Dezember 1934) (Foto: Oberkirchenrat Oldenburg)

„Erklärung der nachstehend unterzeichneten Kirchenältesten der ev.-luth. Kirchengemeinde Delmenhorst"

Rückschauend auf das Jahr 1934 sind wir in Bezug auf Herrn Pastor [Fritz]Schipper und seiner Einstellung zur Reichskirchenregierung, zum Oberkirchenrat in Oldenburg und zum III. Reich zu folgendem Ergebnis gekommen:

In der ersten Kirchenratssitzung 1934 wurde Herrn Pastor Schipper von seiten des Herrn Oberbürgermeister Dr. Müller[1] und anderen Ältesten, auch der beiden älteren Herren Pastoren Ahlrichs und Meyer, das Befremden darüber ausgedrückt, daß er in seiner Sylvesterpredigt mit keinem Wort der großen nationalsozialistischen Umwälzung und unseres Führers gedacht hatte, wo so viel Ursache vorlag, Gott zu danken, daß Er uns durch Adolf Hitler 1933 vom Chaos und Bolschewismus in letzter Stunde gerettet hatte. Obwohl Herrn Pastor Schipper ganz eindeutig unsere Ansicht klar gelegt wurde, ließen seine Predigten im Laufe des Jahres eine Umstellung auf die große Zeit des Drittes Reiches vermissen. Trotzdem haben wir Pastor Schipper das III. Pfarramt anvertraut, in der Voraussetzung, daß er sich allmählich umstellen und unseren Wünschen nachkommen würde, zumal er wußte, daß der Kirchenrat ganz auf dem Boden der nationalsozialistischen Bewegung, der neuen Kirchenverfassung und hinter Reichs- und Landesbischof steht. Pastor Schipper hat unsere Erwartungen nicht nur nicht erfüllt, sondern uns sehr enttäuscht. In letzter Zeit hat er sich bewußt und mit Absicht außerhalb unserer Kirche gestellt. In seinen Gottesdiensten haben wir stets im allgemeinen Kirchengebet, trotz der Weisung des Oberkirchenrates, vermißt, daß er den Reichsbischof nicht mit in das Gebet eingeschlossen hat. Ferner ist Pastor Schipper grundsätzlich der Einführung des Herrn Landesbischofs ferngeblieben, er hat ferner dagegen protestiert, die feierlichen Kundgebungen bei der Einweihung des Herrn Reichsbischofs mitzuerleben, er hat es abgelehnt, unsere Fahrten nach Oldenburg und Bremen mitzumachen, um den Herrn Reichsbischof weder zu hören noch ihn kennenzulernen. Pastor Schipper hat nicht nur Opposition getrieben, sondern ist dem Kirchenrat in den Rücken gefallen, indem er ohne unser Wissen und Willen dem Pastor *Kloppenburg* in Rüstringen unsere Namen bzw. Adressen ausgehändigt hat, so daß Pastor Kloppenburg in der Lage war, hetzerische Schriften gegen den Oberkirchenrat uns zu übersenden, in

Pastor Schipper/Delmenhorst mit seiner Familie während seines letzten Urlaubs im Oktober 1943 (vermißt seit 20. 2. 1945) (Foto: Frau H. Schipper/Delmenhorst)

---

1) Ursprünglich Studienrat, 1933 von der NSDAP als Oberbürgermeister eingesetzt.

welchen wir u. a. aufgefordert wurden, der Landeskirche den Rücken zu kehren und eidbrüchig zu werden. Mehr noch, Pastor Schipper ist diesem Rebellen gefolgt, bekanntlich schwebt gegen Kloppenburg ein Disziplinarverfahren wegen Gehorsamsverweigerung, weshalb er vorläufig seines Amtes enthoben ist, und er hat seine Unterschrift gegeben zu einem Schriftstück, in welchem unserem hochverehrten Herrn Landesbischof Volkers das Mißtrauen ausgedrückt wird. Dies geschah am 17. Dezember, also nachdem der Kirchenrat in seiner außerordentlichen Sitzung am 13. Dezember sich einmütig hinter den Herrn Landesbischof und hinter den Herrn Reichsbischof stellte, folglich trifft dieses von Pastor Schipper mitunterschriebene Mißtrauensvotum auch uns Kirchenälteste.

Das sind unhaltbare Zustände. Unter diesen Umständen ist ein weiteres Zusammenarbeiten mit Pastor Schipper unmöglich für den Kirchenrat und die beiden hiesigen älteren Amtsbrüder von Pastor Schipper. Wir sind gezwungen . . . Pastor Schipper unsererseits das Vertrauen zu entziehen und erwarten, daß Pastor Schipper zwecks Aufrechterhaltung von Ruhe und Ordnung innerhalb der Kirche und innerhalb der nat.-soz. Bewegung möglichst bald Delmenhorst verläßt, bzw. von hier versetzt wird, zumal der Herr Minister *Pauly* in seinem Schreiben an den Oberkirchenrat erwartet, daß dem erbärmlichen Treiben von Pastor Kloppenburg und seinen Anhängern nunmehr ein Ende gemacht wird." [. . .]

(Glöckner, Delmenhorst II, S. 40-41)

Pastor Schipper ließ sich jedoch nicht so leicht verdrängen, zumal eine starke Anhängerschaft zu ihm hielt. Erst am 27. März 1939 gelang es dem oldenburgischen Oberkirchenrat, indem er ihm zahlreiche Verfehlungen vorhielt, Schipper in den einstweiligen Ruhestand zu versetzen. Sch. wurde bei Kriegsbeginn Soldat und fiel.

Ein Hirtenbrief des Fuldaer Bischofskonferenz

Die Geheime Staatspolizei berichtet:

8. 2. 1936

Der Hirtenbrief der Fuldaer Bischofskonferenz vom 9. Januar 1936, in dem ganz offen das Lesen nationalsozialistischer Schriften und die Teilnahme an Heimabenden und Schulungslagern für Katholiken verboten wurde, hat großen Schaden angerichtet, zumal dieser Hirtenbrief in großen Mengen unter die Bevölkerung verteilt ist. Die Duldung dieses offenen Widerstandes ist allgemein unverständlich geblieben und als Schwäche ausgelegt worden. Wie weit die Bestrebungen der katholischen Geistlichkeit von Erfolg begleitet sind, läßt sich an der Tatsache ersehen, daß allein in der Pfarrgemeinde Vechta mit rund 6.000 katholischen Seelen im Jahre 1935 die Kommunion 26.000 mal öfter gereicht worden ist als im Jahre 1934. Auch in dem Freispruch des Dominikaner-Ordensprovinzials *Siemer von der Anklage der Devisenschiebung, nachdem er in erster Instanz zu 1 Jahr Gefängnis verurteilt worden war, erblickt die Bevölkerung eine Schlappe des Nationalsozialismus.*[1] Siemer ist nach seiner Freisprechung mit einer unendlichen Zahl von Blumenspenden bedacht worden. Der mitangeklagte Generalprokurator des Dominikanerordens, der Pater Titus *Horten*[2], ist vor der Berufungsverhandlung verstorben. Nach den vorliegenden Berichten war die Beerdigung des Pater Titus Horten, der in erster Instanz zu zwei Jahren Gefängnis verurteilt worden war, die großartigste, die jemals in der Stadt Vechta vorgekommen ist. Die Lage in den katholischen Teilen des Landes Oldenburg wird hier so beurteilt, daß es nicht mehr lange dauert, bis der politische Katholizismus seine Machtposition wieder voll und ganz erobert hat.

(Halbmonatsbericht des
Geheimen Staatspolizeiamtes
Oldenburg. Nach Kuropka, S. 61)

1) Um die katholische Kirche zu diffamieren, wurden zahlreiche Geistliche beschuldigt, „Devisenvergehen" begangen zu haben, d. h. deutsches Geld verbotswidrig ins Ausland gebracht zu haben.
2) P. Titus Horten war im Oldenburger Gefängnis gestorben. Zu Siemer vgl. S. 155 ff.

Hitler-Jugend und Schule werben für den Nationalsozialismus

Alle neben der Hitler-Jugend 1933 in Deutschland vorhandenen Jugend-Organisationen wurden im Laufe von etwa drei Jahren entweder aufgelöst oder in die Hitler-Jugend eingegliedert. Durch Gesetz vom 1. 12. 1936 wurde diese zur „Staatsjugend". Jeder Junge, jedes Mädchen mußte ihr angehören.
Besonders 1936 warb die Reichsjugendführung um die Jugend. Vor allem das „Lager" sollte dazu dienen, sie innerlich zu gewinnen.

Lühr Hogrefe[1], Obergebietsführer, Führer des Gebietes Nordsee, schrieb:

Vom Sinn unserer Lager

Die Zeltlager der Hitler-Jugend sind Wesenausdruck der nationalsozialistischen Jugendbewegung. Ebenso wie die HJ. als Ganzes die gesamte deutsche Jugend erfassen will, wendet sie sich auch mit ihren Lagern an alle Kameraden. Jeder Hitlerjunge, jeder Pimpf einmal ins Lager! Einmal jedem das Erlebnis der großen Kameradschaft der Jugend dort, wo sie auf sich selbst gestellt und auf sich selbst angewiesen ist! Einmal jedem das Erlebnis der deutschen Landschaft, des deutschen Volkes, das Erlebnis der Verbundenheit seines Blutes und der Erde, auf der er gewachsen ist! Es ist dafür gesorgt, daß auch der Junge, der keinen Lagerbeitrag oder nur einen Teil desselben entrichten kann, doch am Lager teilnehmen kann. So sind die Lager der Hitler-Jugend eine sozialistische Tat! [. . .].
Denn ein Geist herrschte in allen Lagern: der Geist unserer jungen Kameradschaft, die alle umschließt, gleich ob arm oder reich, und gleich welcher Konfession sie sind. Wir alle haben uns in unseren Lagern mit Worten oder unausgesprochen ein Leben treuer Gemeinschaft in unserer HJ. versprochen, ein kraftvolles und tapferes Leben in Pflichterfüllung, Reinheit und straffer Disziplin, ein Leben für unser Volk und seinen großen Führer.
Und dieser Geist geht auch Dich an, Du deutscher Junge und Du deutsches Mädel: Er fordert Dich!

Das Zeltlager als Schulungsstätte

HJ-Obergebietsführer Lühr Hogrefe eröffnet im Sommer 1935 das HJ-Lager des Gaues Weser-Ems auf Langeoog (rechts von ihm: Gauleiter Röver, im Hintergrund Gäste in Partei- und Marineuniformen)
(Aus: Heimatlese 5, 1, 1936)

1) Geboren 1900, ursprünglich Turnlehrer, als Soldat gefallen 1942.

Zeltlager „Nordsee" auf Langeoog (1936)

[. . .] Ankunft auf der Insel Langeoog

Einige tausend Meter vom Orte entfernt mußte der Dampfer anlegen. Ausgediente Straßenbahnwagen, von Pferden gezogen, beförderten die Reisenden durch das Watt zum Dorf, während die Jungen marschieren mußten, zuerst von Schwelle zu Schwelle, dann über den feuchten Sand. Der Tornister fing allmählich an zu drücken. Doch im Ort standen die Kurgäste zu beiden Seiten der Straße. Da sangen alle Jungen aus Leibeskräften, daß man stolz sein konnte, mit dabei zu sein.

Als die Kolonne aus dem Ort wieder hinaus war und die südliche Dünenkette überschritten hatte, Konnte man die Zeltstadt sehen. Sie lag zu vier großen Kreisen geordnet in der langgestreckten Ebene zwischen dem nördlichen und südlichen Dünenzug. Auf den Gipfeln der höchsten Sandberge standen die Flaggenmasten, und neben dem Kommandozelt, auf einem Hügel der Süddüne sah man ein Gestell für die Fahnen. Fern im Osten ragte zwischen quellenden Wolkenbergen von der höchsten Düne einsam und groß ein hohes Zeichen: das Schlageterkreuz.

In einer Stunde wurden fast siebenhundert Jungen jahrgangsweise auf die Rundzelte verteilt. Den ersten Lagerabschnitt bezog der Oldenburger Bann, daneben wurden die Emsländer untergebracht, die beiden andern Lagerringe wurden den jadestädtischen und Osnabrücker Jungen zugewiesen.

Heinfried sah die Reihe seiner zukünftigen Zeltgenossen durch. Alle waren ihm fast völlig fremd, bis auf einen, und das war der Junge, der in Bensersiel mit ihm gesprochen hatte. Er hieß Recke Witte und wurde sein Zeltkameradschaftsführer.

Beklommen legte Heinfried seinen Affen wie die andern an den ihm zugewiesenen Platz im Zelt und begann zögernd die Decke abzuschnallen. Das feuchte Zeug wurde mit dem Trainingsanzug vertauscht und samt der Zeltbahn nach draußen gehängt. Bald flatterten überall die Sachen an den schnell gezogenen Leinen und trockneten im frischen Abendwind.

Die Jungen fühlten sich in ihrem neuen Heim bald wohl, und jeder äußerte das auf seine Weise. Der kleine Dicke neben ihm mit roten Backen und schlohweißen Haaren raunte ihm zu: „Hast du die Lagerküche schon gesehen?" - „Ist ne richtige Baracke", entgegnete Heinfried. - „Aber Futter gibt's da prima", verteidigte sich der Dicke. [. . .]

Manchmal schüttete der Lautsprecher neben dem Kommandozelt eine Flut scharfer Worte und Befehle über die Zeltstadt. Dann machten viele Jungen hilflose und dumme Gesichter, weil sie manches nicht verstanden. Aber ihr Kameradschaftsführer übersetzte das in eine Sprache, die den Jungen verständlicher war. Er hatte etwas Beruhigendes in der Stimme, so wie ein älterer Bruder, den Heinfried sich so oft schon gewünscht hatte. Er leitete die Jungen in allen Dingen an, die ihnen fremd und unbekannt waren.

Der Gebietsführer eröffnet die Lager des Gebietes

„In fünf Minuten ist Flaggenparade!" rief es aus dem Lautsprecher über die Zeltstadt. „Heraustreten zur Flaggenhissung!" kommandierten in allen Lagerringen die Unterführer vom Dienst und ließen die Gefolgschaft antreten.

„Kerls", sagte Max zu den Jungens, „gleich kommt der Gebietsführer, um hier auf Langeoog die Zeltlager des Gebietes Nordsee zu eröffnen. Reißt euch zusammen und macht keinen Quatsch!"

Dann führte er die Jungen zu dem Appellplatz inmitten des Lagers, wo die ganze Lagerbesatzung zum großen, offenen Rechteck aufgestellt wurde.

Recke Witte stand neben Heinfried im ersten Gliede. Von hier aus konnten sie fast das ganze Lager übersehen. Die offene Seite des Platzes wurde von einem Hügel der südlichen Dünenkette begrenzt, auf der sich das Gestell für die Gefolgschaftsfahnen befand. *Hier stand der Oldenburger Fanfarenzug.* Auf den Hügeln rund um das Lager ragten die

Fahnenmasten empor, an jedem trafen je zwei Jugendgenossen der MHJ [Marine-Hitler-Jugend] die Vorbereitungen zur Flaggenhissung. Die Wache war herausgetreten und stand neben dem Wachzelt am Eingang. Hinter dem Kommandozelt sah man die Schaftspitzen der Gefolgschaftsfahnen, deren Träger dort auf Befehl warteten. Alles war bereit. Da erklang in der Ferne eine Fanfare. Der Lagerkommandant trat aus seinem Zelt und kam zum Appellplatz, der Führer vom Dienst meldete; Haltung und Richtung wurden noch einmal überprüft, dann wandte sich der Lagerleiter dem Eingang zu, wo der Gebietsführer Lühr Hogrefe und der Gauleiter und Reichsstatthalter Carl Röver erschienen, mit ihnen die Vertreter der Bewegung, des Staates und der Wehrmacht.
Der Lagerkommandant meldete dem Gebietsführer das Lager Nordsee. Die Jungen standen wie angewachsen. Der Gebietsführer rief: „Heil Hitler, Kameraden!" Wie aus einem Munde erscholl als Antwort der Gruß der tausend Jungen. Dann schmetterten die Fanfaren, und der Wind trug ihren Ruf weit über die Dünen und das Watt. Nach dem Fanfarenmarsch sangen alle das Lied: „Ein junges Volk steht auf zum Sturm bereit".
Darauf sprach der Gebietsführer zu den Jungen und damit zu den 25.000 Jungen, die nun allesamt auf den Appellplätzen angetreten waren zur Eröffnung der Zeltlager des Gebietes Nordsee.
Nach der Begrüßung der Gäste betonte Lühr Hogrefe, daß das Verständnis der Eltern für die Lager der Hitlerjugend mit ihrer besonderen Erziehung stetig wachse. Die Beteiligung an den Lagern sei größer als im vorigen Jahre. „Die Zahl der Muttersöhnchen nimmt ab; jeder Junge weiß, was er der Ehre, Hitlerjunge zu sein, schuldig ist. Zwei Dinge sollen die Lager jedem bringen: Entspannung von seiner Schul- und Berufsarbeit, Dienst als Aufgabe einer Gesamtertüchtigung. Freuden erwarten euch in unseren Lagern, wie ihr sie nirgendwo sonst erleben könnt. Sie entspringen der Gemeinschaft und der Natur. Die Jungen des Binnenlandes führen wir an die See, die von den Küsten in die rauschenden Wälder der Heide und Berge. Aber nicht die reine Luft allein, die vollkommensten Schwimmanlagen, die besten Sportplätze geben dem Lagerleben seine letzte Bedeutung, auch nicht die Ordnungsübungen, nicht die Schulung, nicht der Sport, nicht die Musikpflege: S e i n e n h ö c h s t e n S i n n e r h ä l t d a s L a g e r d u r c h d e n D i e n s t. Dienst, das ist die ernste Arbeit jedes Jungen an sich selbst, an der Ertüchtigung zum Kämpfer des Führers. Niemand von den 25.000 Jugendgenossen erwartet irgendwelche Vergünstigung vor seinen Kameraden. Freudig stellen sich schon die Pimpfe unter das Gesetz des Lagers, das zugleich eines der Grundgesetze des Nationalsozialismus ist: die Kameradschaft.
Wenn ihr nach diesen schönen Tagen im Lager wieder daheim seid, dann haltet auch im Alltag dem Geist unserer Lager die Treue, haltet die Treue euren neugewonnenen Kameraden, haltet die Treue unserm Führer!"
Dann kommandierte er: „Zeltlager Nordsee - stillgestanden! Zur Flaggenhissung - Augen rechts!"
Die Fanfaren erklangen; vom Kommandozelt her kamen die vier Bannfahnen und die Gefolgschaftsfahnen zum Fahnenstand, langsam hoben sich die Flaggen an den Masten, und bald trug der Wind das heilige Zeichen empor und breitete das Tuch knatternd aus. Der Lagerführer sprach einen Fahnenspruch. Dann sangen alle das Fahnenlied der Hitlerjugend.
Die Gefolgschaften rückten wieder in ihre Lagerringe zurück. Die Jungen sahen rundum die Fahnen hoch über dem Lager stehen und ein Gefühl des Stolzes straffte den Marschtritt der Mannschaft und beschwingte ihren Gesang:
„Kameraden, Tritt gefaßt, heut' ist unser Tag!
Heute marschieren wir, komme, was kommen mag!
Unsere Fahne leuchtet so rot,
führet uns zum Siege, zum Sieg oder Tod!"

Feier am Schlageterkreuz

So kamen die Jungen bis an den Fuß der hohen Düne, die das Schlageterkreuz krönt, und dort sammelte sich alles, denn man mußte den schmalen Weg steil bergauf in Reihe gehen.
[. . .]

HJ-Zeltlager Langeoog 1935

Ein Teil des Lagers (Foto: Heimatlese 5, 1, 1936)

Die Jungen sammelten sich im Windschatten unter dem Mahnmal. Da stimmten sie Hans Baumanns Lied an:

> „Soldaten tragen Gewehre,
> Soldaten tragen den Stahl,
> doch groß macht sie nur Ehre:
> Soldaten sind ohne Wahl!" . . .

Eine schwarzblaue Regenböe überschattete nun die Düne, und einen Augenblick fegte der Wind klatschende Wasserfetzen gegen die Gruppe. Dann stieg der Bannführer auf den Sockel und sprach zu den Jungen:

„Erst vor wenigen Tagen haben wir unser Lager bezogen, und heute schon ist uns dieses herbe nordische Land so vertraut. [. . .] Hier haben schon vor Tausenden von Jahren Menschen unseres Blutes heldenhaft gegen Wind und Wogen gerungen, als noch keine menschliche Hand den Griffel führte, um Geschichte zu schreiben. Sie haben gestritten mit den entfesselten Naturgewalten, auch wenn es längst sinnlos schien. Sie waren Helden, und wir erwählen sie voll Stolz zu unseren Vorbildern. Ihre Namen sind im Strome der Zeit untergegangen; aber ihr Blut lebt. Ihr heldisches Blut findet immer da seine Auferstehung, wo ein Mann sich opfert für sein Volk. Ihr Blut ist auferstanden auch in Albert Leo Schlageter[1]. Er wurde unsterblich, als er sein Leben hingab für seinen Glauben!

Schlageter, der mutige Soldat des großen Krieges, Schlageter, der unerschrockene Soldat des Freikorps, Schlageter, einer der ersten Soldaten des Führers, soll uns ein Sinnbild sein und ein Vorbild! So treu wie er war, möchten auch wir einst befunden werden, wenn die harte Stunde an uns herantreten sollte. Das wollen wir hier geloben!"

Die Jungen sangen, und der Wind trug ihr Lied weithin über die Wasser: „Heilig' Vaterland! In Gefahren deine Söhne sich um dich scharen . . . Sieh uns all' entbrannt, Sohn bei Söhnen stehn; du sollst bleiben, Land, wir vergehn!"

Eine heftige Böe hatte die dicke Wolkenwand im Westen aufgerissen, und die Sonne in ihrer vollen, blendenden Pracht trat blutrot daraus hervor. Wie von purpurner Glut übergossen war der Himmel, und das Meer darunter wie flüssiges Feuer. Daneben aber bauten sich Burgen auf, trotzige, goldumrandete Wolkenburgen. Sie stellten sich ragend und schroff dem Feuermeer gegenüber.

Andächtig schweigend standen die Jungen auf der hohen Düne, gefesselt von diesem gewaltigen Naturbild. Dann rückten die Türme und Zinnen der Burgen zusammen und wurden zu schwarzen, drohenden Wällen. Die schoben sich langsam von beiden Seiten vor, als wollten sie das Licht erdrücken. [. . .]

(Heimatlese, 5. Jg. 1936, S. 205 ff.)

1) Albert Leo Schlageter, * 1894, Weltkriegs-Offizier, Freikorps-Kämpfer im Baltikum und gegen die Polen in Oberschlesien, 1923 Widerstandskämpfer gegen die französische Besatzungsmacht im Ruhrgebiet. Von dieser 1923 standrechtlich erschossen.

Sonntäglicher Besuch der Eltern und Geschwister im Zeltlager (Foto: Isensee)

Ziele der Mädchenerziehung

Gautagungen der Erzieherinnen im Gau Weser-Ems
Die Reichsreferentin für weibliche Erziehung, Pgn. Dr. A. Reber-Gruber[1],
in Oldenburg und Bremen

Am Sonnabendnachmittag, dem 1. Februar, fand im großen Schloßsaal zu Oldenburg eine Tagung der Erzieherinnen der Kreise Oldenburg, Wesermarsch, Friesland, Wilhelmshaven-Rüstringen und Ammerland statt. Für die Kreise Bremen, Oldenburg-Land und Delmenhorst war am darauffolgenden Sonntagvormittag eine entsprechende Tagung im großen Saal des Bremer Museums am Domshof. Im Mittelpunkt beider Tagungen stand die Rede der Reichsreferentin für weibliche Erziehung, Pg. Dr. Gruber. Beide Veranstaltungen waren festlich gestaltet.

Die Gaureferentin für weibliche Erziehung Pgn. Alma Otholt eröffnete in Oldenburg die Feierstunde mit Worten der Begrüßung an die Vertreter von Partei und Staat wie an die Führerinnen der NS-Frauenmannschaft und des BDM . . . Bevor die Reichsreferentin das Wort ergriff, brachte die Lehrerschaft Werke von Beethoven und Mozart zu Gehör; in Oldenburg musizierte ein Trio, in Bremen spielte das herrliche Lehrer-Orchester. Gedichtvorträge und Sprechchöre leiteten dann zum Vortrag der Reichsreferentin über.

Pgn. Dr. Reber-Gruber, die mit der Schlichtheit der äußeren Erscheinung den Adel tiefen fraulichen Empfindens und Denkens verbindet, sprach über Gegenwartsfragen der weiblichen Erziehung. Hierbei kam sie immer wieder auf Kernfragen deutscher Erziehung zu sprechen, wie sie von Adolf Hitler, Hans Schemm[2] und Alfred Rosenberg aufgeworfen werden. Im folgenden seien die wesentlichen Gedankengänge des Vortrags wiedergegeben:

Der neue deutsche Mensch mit dem herrlich schönen Körper, dem strahlenden Geist und der edlen Seele ist nicht Endwert nationalsozialistischer Erziehung; dieser h a r m o n i s c h e M e n s c h muß vielmehr dahin erzogen werden, daß er den Sinn seines Daseins in der Arbeit und der Leistung für sein Volk betrachtet. Für die neue Mädchenerziehung ist ausschlaggebend, daß sie mit allem Engen, Kleinlichen und Weichen der Vergangenheit bricht. *Das deutsche Mädchen soll zur Heldin des Alltags erzogen werden.* Wir müssen in unserer Erziehung mehr Härte zeigen; das geschieht nicht um der Härte selber willen, son-

---

1) Dr. Auguste Reber-Gruber, geb. 1892, Professorin an der Hochschule für Lehrerbildung in München-Pasing.
2) Hans Schemm, * 1891, Gründer des NS-Lehrerbundes, Freikorpskämpfer, Lehrer, 1932 Gauleiter der Bayerischen Ostmark, † durch Flugzeugabsturz 1936.

dern um die Mädel zu der nordischen Haltung des Leibes und der Seele zu führen. Wir brauchen das tägliche Heldentum der deutschen Frau. Das strömt uns auch aus dem alten Bildungsgut unserer Rasse, den nordischen Sagas, rein und klar entgegen.

Dieser saubere und klare Geist muß auch in das Verhältnis der Geschlechter kommen. Damit dienen wir dem Hochziel der Aufartung des deutschen Volkes, wie sie der Führer will. Die deutsche Frau muß in *Sippe, Volk und Vaterland* denken und sich als Mitkämpferin ihres Mannes fühlen. Zwar können wir unsere Mädchen nicht zu Müttern erziehen, wohl aber können wir ihnen die innere Haltung für deutsches Muttertum geben. Wir bejahen als Nationalsozialisten die Polarität der weiblichen und männlichen Kräfte (Rosenberg). Alle Gleichmacherei tötet das Schöpferische. Je *männlicher der Mann, je weiblicher die Frau, um so größer wird die Lebenskraft unseres deutschen Volkes sein.*

„Wir gebrauchen Instinkt und Willen." Dieser Satz Adolf Hitlers steht über jeder Mädchenerziehung. Dieser Instinkt muß Muttertum sein. Die Frau ist die Hüterin des Unbewußten. Es kommt bei der Mädchenerziehung alles darauf an, daß sie zur Sicherheit des Instinktes führt. Die deutsche Frau der Vergangenheit wollte um jeden Preis m o d e r n s e i n . Dabei gab sie ihre innerste Sicherheit preis, wurde unsicher und ziellos und ließ sich jede Kulturschande auf der Bühne, im Film, im Schrifttum wie in der Kleidung gefallen. Das Gleißnerische und Spielerische der westischen Rasse machen wir doch heute noch gehorsam mit. Es muß jedoch die innere Ablehnung kommen. Die Jugend macht schon den Anfang, und wir müssen alles daran setzen, die Neue Rassegesinnung im deutschen Mädel zu wecken. Als schlicht, wahr, schön und edel muß sie sich wieder zu erkennen geben.

Im Hauswirtschaftsunterricht ist ein frisches, freudiges Schaffen die Hauptsache, nicht das Reagenzglas! *Das karge Leben des Deutschen muß ein schönes Leben* sein. Die nordische Heiterkeit muß auch in den Hütten der Armut herrschen. Die Mädchenerziehung muß die Schönheit der Sprache erfassen. Dem Mädchen den Reichtum und die Schönheit der Sprache erleben zu lassen ist viel schwerer, als Englisch und Französisch zu lehren, dazu ungemein wertvoller als die formale Bildung fremder Sprachen. - Geschichtsunterricht muß mit demselben Ernst betrieben werden wie beim Jungen. Zwar „machen Männer die Geschichte", und es gibt nur wenige Frauen von der Bedeutung einer Königin Luise. Das Heldentum der deutschen Männer darf aber nicht dem Mädel verkürzt werden, weil für die Geschichte eines Volkes die Frau ebenso wertvoll ist wie der Mann.

Der nationalsozialistische Lebensgrundsatz von Blut und Boden hat für die Mädchenerziehung eine besondere Bedeutung; denn eine deutsche Frau, die sich von der Natur entfernt, wirkt am unnatürlichsten. Das zeigt am klarsten die harte Maske und die innere Unruhe eines deutschen Großstadtmädchens. Deshalb müssen wir gerade die weibliche Jugend zur Natur zurückführen. Arbeitsdienst und Landschulbewegung leisten der Schule wertvolle Vorarbeiten. Die Entstädtung der menschlichen Gesinnung, wie Hans Günther[2] sagt, hat mit der nationalsozialistischen Revolution begonnen. Wir sind auch wieder für große religiöse Erlebnisse aufgeschlossen. Das zeigen die großen Kundgebungen der nationalsozialistischen Bewegung. Wir sind wieder ein einiges Volk, das sich des hohen Wertes deutschen Volkstums bewußt wird, und wir sind ein Bollwerk gegen die Gefahr, die dem Abendland von Osten her droht. *Der Mann trägt wieder ein blankes Schwert, und die Sicherheit des deutschen Lebens ist Wirklichkeit. Wir deutschen Frauen haben keine mindere Verpflichtung: Wir wollen die Sicherheit der inneren Gesinnung in unserem Volke als ein teures und heilige Gut pflegen und wahren. [. . .]*

Mit einem Sieg-Heil auf den Führer und dem Horst-Wessel-Lied schlossen beide Veranstaltungen.

Erzieher, 1936, S. 52 f

---

2) Hans Günther, * 1891, Rassenforscher, Universitätsprofessor, † 1968.

Gewinnung der Arbeiterschaft für den Nationalsozialismus

Kraft durch Freude

Die deutsche Arbeiterbewegung hatte seit Ende des 19. Jahrhunderts dazu geführt, daß sich die Arbeiter - abseits der bürgerlichen Welt - eine eigene Welt geschaffen hatten mit eigenen Parteien (SPD, KPD), Gewerkschaften (Freien und katholischen), Zeitungen, Vereinen (z. B. Arbeitersportvereinen) und Institutionen (z. B. Arbeiterwohlfahrt, Naturfreundehäuser). Die NSDAP hatte es schwer, in dieser Arbeiterwelt Anhang zu finden.

Ziel der Partei war es, die Arbeiterschaft für den Nationalsozialismus zu gewinnen, was zugleich hieß, sie aus ihrer Abseitsstellung zur bürgerlichen Welt herauszuholen.

Mittel dazu waren:

1. Verbot bzw. Auflösung oder Gleichschaltung aller Organisationen der Arbeiterschaft,

2. Ehrung der Arbeiter,

3. Abbau des Klassenkampfdenkens (u. a. durch Propagierung der Betriebs- und Volksgemeinschaft),

4. Beseitigung der Arbeitslosigkeit,

5. Linderung materieller Not (u. a. durch die NS Volkswohlfahrt, das Winterhilfswerk),

6. Förderung der Familien (u. a. durch Ehestandsdarlehen, Wohnungsbau),

7. Bessere Gesundheitsfürsorge (u. a. Müttergenesungswerk),

8. Schaffung der Deutschen Arbeitsfront (aus Arbeitnehmern und -gebern),

9. Schaffung von Freizeitorganisationen (Kraft durch Freude, Volksbühne).

Die Bestrebungen, welche die Verminderung der sozialen Gegensätze und die Hebung des Selbstbewußtseins der Arbeiter zum Ziel hatten, haben die nationalsozialistische Zeit überlebt.

„Unsere Urlauber kehrten von der Dampferfahrt zurück"

Die erste Dampferfahrt der NS Gemeinschaft „Kraft durch Freude" ist bei schönem Wetter glänzend verlaufen. Arbeiter der Faust und Arbeiter der Stirn haben an Bord der „Dresden" Stunden gemeinschaftlicher Freude erlebt. Nur ab und zu bewegte ein leiser Sturm die See und ließ den Rumpf des Riesendampfers unmerklich erzittern. Aber nirgends könnte die Volksgemeinschaft eine bessere Auslegung erfahren als wie auf diesen Urlaubsfahrten. Die Führer der Deutschen Arbeitsfront, Pg. Dr. Ley[1], Pg. Schuhmann, und Stabsleiter der NSBO, Pg. Klapper, nahmen an der Fahrt teil. Sie dokumentierten damit den Willen des Führers, die Erholung in freien Stunden in engstem Kreise mit den Schaffenden des Volkes zu verleben.

Da es sich um die erste Seefahrt der NSG „Kraft durch Freude" für den Gau Weser-Ems handelte, hatten sich Ministerpräsident Pg. Joel mit Frau und Gaubetriebszellenobmann Bruno Dieckelmann, MdR, mit Frau eingefunden. Hiermit dürfte auch der letzte Zweifel behoben sein, daß die Urlaubsfahrten nur ein bestimmtes Recht für eine bestimmte Klasse darstellt. [So im Text!] Es kann nicht oft genug erwähnt werden, daß die NSG „Kraft durch Freude" ein wahres Mittel ist, die Herzen der deutschen Arbeiter der nationalsozialistischen Weltanschauung zu öffnen und zuzuführen . . .

Die Seefahrt ging an der englischen Küste vorbei, es wurden die Inseln Wight und Helgo-

---

1) Geb. 1890, 1925 Gauleiter der NSDAP im Rheinland, seit Mai 1933 Leiter der Deutschen Arbeitsfront, † durch Selbstmord Nürnberg 1945.

land gestreift, und nach sechstägiger Fahrt langte die „Dresden" wohlbehalten in Bremerhaven an. Die Urlauber werden sich noch lange dieser Fahrt erinnern, und mögen sie von Mund zu Mund für das große Werk des Führers werben, dem es allen Volksgenossen zugute kommt.

Gaubetriebszellenpresse

Aus: Nachrichten für Stadt und Land, Oldenburg, 8. 5. 1934

Kolpingwerk gegen Kraft durch Freude

Die von Adolf Kolping seit 1849 geschaffenen katholischen Gesellenvereine waren im gesamten Deutschland verbreitet. Vielerorts besaßen sie „Kolpinghäuser".

Aus dem Halbmonatsbericht des Geheimen Staatspolizeiamtes Oldenburg vom 7. 8. 1935:

Auch die Kolpingfamilie ist wieder sehr rührig. In Lohne i. O. war von der NSG „Kraft durch Freude" ein Ausflug nach Essen geplant. Kaum wurde der Plan bekannt, als die Kolpingfamilie ebenfalls einen Ausflug mit Omnibussen in den Teutoburger Wald ansetzte, und zwar früher und auch billiger als Kraft durch Freude. In Lohne sind fast alle Männer in der Kolpingfamilie. Diese Sabotage wurde der Kolpingfamilie daher verboten. Das Verbot wurde aber dadurch umgangen, daß der Omnisbusunternehmer jetzt von sich aus die Fahrt ansetzte und die Fahrt dann auf seinen Namen mit der Kolpingfamilie durchgeführt wurde. Die Kolpingfamilie wurde daraufhin aufgelöst und ihr Vermögen ist beschlagnahmt worden. Dem Autobesitzer ist eine Verwarnung erteilt worden.

Kuropka S. 44

Der „Tag der nationalen Arbeit" (1. Mai)

Aufmarsch in Oldenburg. (Den seit 1889 begangenen Feiertag der internationalen Solidarität der Arbeiterklasse verwandelte die NSDAP, um alle Arbeitnehmer zu gewinnen, in den „Tag der nationalen Arbeit".)
(Aus: Oldenburg, Gauhauptstadt)

Rückgang der Arbeitslosigkeit

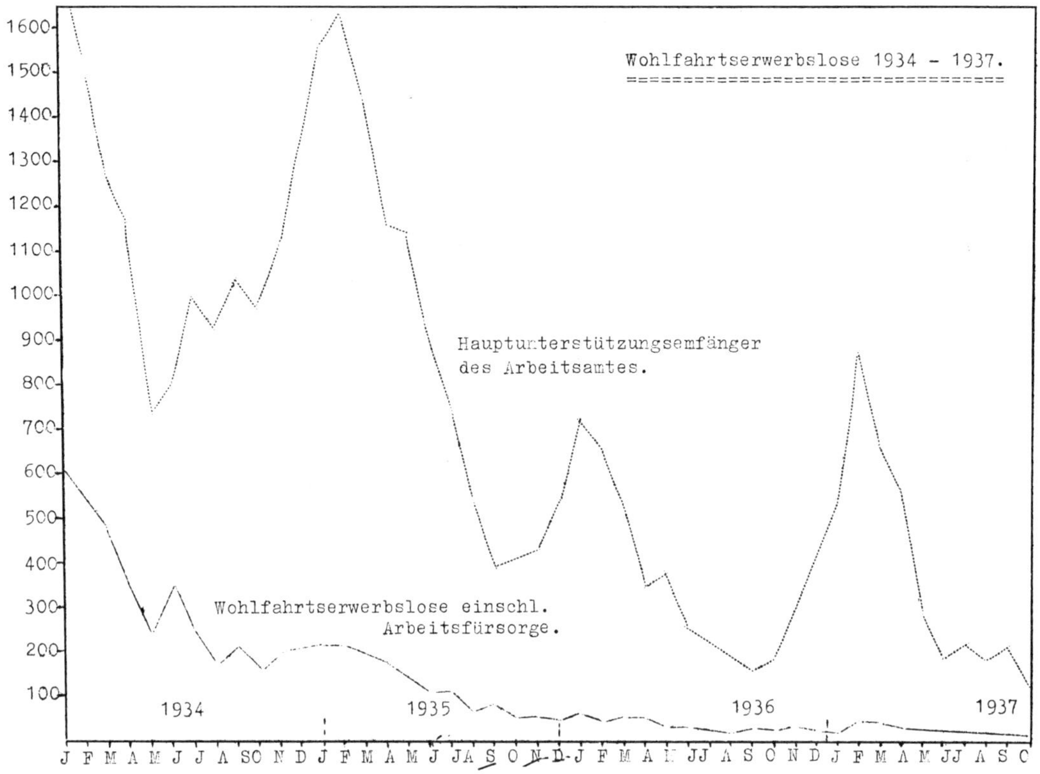

Wohlfahrtserwerbslose 1934 – 1937.
===================================

Hauptunterstützungsempfänger
des Arbeitsamtes.

Wohlfahrtserwerbslose einschl.
Arbeitsfürsorge.

1934   1935   1936   1937

J F M A M J J A S O N D J F M A M J J A S O N D J F M A M J J A S O N D J F M A M J J A S O

Die Abnahme der Zahl der Arbeitslosen in der Stadt Oldenburg, bedingt u. a. durch die Einführung der allgemeinen Wehrpflicht und den Beginn zahlreicher Bauten für die Rüstung. Die winterliche Unterbrechung der Hoch- und Tiefbauarbeiten läßt die Zahl der Arbeitslosen im Winter wieder anschwellen.
(Aus: Oldenburg, die Stadt im Raum Weser-Ems, Oldenburg 1938, Tab. 56b)

Arbeitsbeschaffung

Neues Siel bei Berne.
(Auch Arbeiten, die bereits vor 1933 in Angriff genommen waren, schrieb die NSDAP Hitler zu.)
(Foto: Oldenburgische Landschaft)

45

TEIL 2
Oktober 1936 bis August 1939

WICHTIGE EREIGNISSE:

18. 10. 36 Göring Chef des Vierjahresplanes

25. 10. 36 „Achse" Rom-Berlin

25. 11. 36 Antikominternpakt Deutschland-Japan

4. 3. 37 Päpstliche Enzyklika „Mit brennender Sorge"

5. 11. 37 Hoßbach-Protokoll: Hitler entwickelt seine Kriegspläne

13. 3. 38 Anschluß Österreichs

29. 9. 38 Münchener Abkommen: das Sudentenland wird deutsch

9. 11. 38 Reichskristallnacht

15. 3. 39 Annexion von Böhmen und Mähren

23. 3. 39 Rückgliederung des Memellandes

23. 8. 39 Deutsch-sowjetischer Pakt

Der Gauleiter Carl Röver

Seit etwa 1936 verflog der „Blut-und Boden"-Mythus. Jetzt trat der Vierjahresplan in den Vordergrund, der Deutschland kriegsbereit machen sollte. In ihm hatte der „alte Kämpfer" Carl Röver keine rechte Funktion mehr.
Zu seinem 50. Geburtstag am 12. 2. 1939 wurde ihm in der Partei-Jugendzeitschrift „Heimatlese" gehuldigt.

Ein Sprechtag beim Gauleiter und Reichsstatthalter

In Oldenburg steht an der Ratsherr-Schulze-Straße das Adolf-Hitler-Haus. . . .
Wenn der Gauleiter da ist, geht es in seinem Amtszimmer lebhaft aus und ein. Ein Besucher nach dem andern erscheint, mancher hat sich vorher angemeldet, mancher kommt aber auch, ohne vorher Bescheid gegeben zu haben. Alle haben Wünsche und Anliegen, die sie dem Gauleiter vortragen möchten. Jeder wird von ihm angehört, für alle hat der Gauleiter einen Rat. Es kann aber auch sein, daß er einem der Männer aus seiner Kanzlei den Auftrag gibt, den Fall genau zu prüfen und dann erneut zu berichten.
Da kommt ein Ortsgruppenleiter, der von Beruf Inhaber einer Lohndrescherei ist. Leider hat er Pech gehabt. Seine Dreschmaschine ist gerade auf einem Bauernhof gewesen, als hier ein Brandunglück ausbrach. Dabei ist die Dreschmaschine vollständig zerstört worden. Wohl hat die Versicherung Geld gegeben, aber davon ist der Schaden nur zum kleinen Teil gedeckt woren. Er steht plötzlich ohne Einkommen da. Was ist zu tun? Sofort bekommt der Kreisleiter vom Gauleiter den Auftrag, für schnelle Hilfe zu sorgen.
Nun kommt eine Mutter, die daheim eine ganze Anzahl von Kindern hat. Sie berichtet,

daß ihr die Mietswohnung zum nächsten Monatsersten gekündigt worden ist, daß sie aber mit bestem Willen keine neue Wohnung hat finden können. Wo soll sie bleiben? Sie kann doch nicht auf der Straße kampieren. Der Gauleiter sorgt dafür, daß durch gütliche Verhandlung versucht wird, der Frau zu helfen. Sie darf unter keinen Umständen obdachlos werden.

Jetzt erscheint eine abgehärmte Frau, die mit Tränen in den Augen berichtet, daß ihr Mann wegen irgend eines Vergehens von den Gerichten bestraft worden ist und nun im Gefängnis sitzt. Sie fleht um Gnade für ihren Mann. Solche Fälle kommen nur zu oft vor. Leider bedenken die Übeltäter meistens wenig, daß ihre Angehörigen durch die strafbare Tat noch mehr zu leiden haben als die Täter selbst. In der Kanzlei des Gauleiters ist eine besondere Gnadenabteilung eingerichtet. Hier wird genau geprüft, ob dieser oder jener der Fürsprache des Gauleiters wert ist.

Nun kommt ein etwas seltsamer Volksgenosse. Er hat eine Mappe unter dem Arm, und darin sind Gedichte, die er selbst verfaßt hat und die nach seiner Meinung sehr wertvoll sind. Er möcht sie unbedingt dem Gauleiter vorlesen und ihm so zeigen, was er kann. In Wirklichkeit aber sind seine „Gedichte" nur hilflose Reimereien, über die man eigentlich nur lächeln kann. Der Gauleiter hört ihn eine Zeitlang geduldig an und sieht zu, daß er den Besucher bald wieder los wird. Bei Menschen aber, die wirklich was können, hat der Gauleiter schon oft genug tatkräftig geholfen. *[Es erscheinen ein Gauamts- und ein Kreisleiter]*.

Es kann auch sein, daß hohe Beamte aus den Regierungen in Bremen, Osnabrück, Aurich oder Oldenburg kommen, um mit dem Gauleiter wichtige Dinge zu besprechen.

Oft erscheinen auch Offiziere der Wehrmacht. Immer wieder läßt sich der Gauleiter gerade über alles, was im Heer, bei der Luftwaffe oder bei der Marine geschieht, berichten. [. . .]

So sehen wir unseren Gauleiter immer wirken und schaffen für Adolf Hitler. Ob es die Sorgen der Hafenstädte, ob es die Nöte der Arbeiter oder der Bauern oder Handwerker sind, ob das Emsland nach Arbeit und nach Erschließung der Moore ruft, ob es gilt, den Walfang einzurichten und damit dem Volke Nahrung zu bringen, immer ist es Carl Röver, der überall helfend eingreift.

Besichtigungsfahrten durch den Gau

Häufig fährt der Gauleiter hinaus in seinen Gau. . . . Er will wissen, wie die Arbeit überall fortschreitet. Er will helfen, Schwierigkeiten zu beseitigen. Darum besichtigt er Fabriken und Hafenanlagen, Ausstellungen und Neubauten. Vor allem aber will er immer wieder auf großen Kundgebungen zu den Menschen seines Gaues sprechen, um ihnen das Werk und die Weltanschauung des Führers stets aufs neue zu deuten und ans Herz zu legen.

Unser Gauleiter wird auch von vielen anderen Gauen des Reiches als Redner angefordert. Wo er einmal zu den deutschen Volksgenossen spricht, weckt er Begeisterung. So ist verständlich, daß viele, deutsche Menschen Carl Röver kennen und verehren.

Am 19. Oktober 1937 galt die Fahrt des Gauleiters der Stadt und dem Kreise Lingen. Von allen Häusern flatterten die Wimpel und Fahnen des neuen Reiches.

Zuerst ging die Fahrt zum neuen Verwaltungsgebäude der Partei. Genau wurde es besichtigt, der schöne Ehrenraum und die zweckmäßige Einrichtung des ganzen Gebäudes wurden sehr gerühmt. Dann kam das große Ausbesserungswerk der Reichsbahn mit seiner riesigen Lokomotivhalle und seinen schönen Anlagen, dem Sportplatz und der Turnhalle. Gleich anschließend weilte der Gauleiter im naheliegenden Lager des Frauenarbeitsdienstes.[1] Die 38 Arbeitsmaiden sangen ihm ihre schönsten Lieder, und der Gauleiter hielt ihnen gern eine Ansprache, worin er betonte, wie wichtig die Arbeit des Frauenarbeitsdienstes für die überlastete Hausfrau und Mutter sei.

1) Vgl. S. 63.

Für den Nachmittag war eine Fahrt durch den Kreis angesetzt. In langer Wagenkolonne ging es durchs Land. Wo sich irgendwo etwas Besonderes zeigte, wurde gleich halt gemacht, und es wurden Erklärungen und Anregungen gegeben.

Nach einigen Stunden ging es wieder zurück nach der Stadt Lingen. Hier sprach der Gauleiter vor den Hoheitsträgern und Ihren Mitarbeitern noch einmal über den Eindruck der Besichtigung. „Der Kampf geht weiter!" sagte er zuletzt und wiederholte damit seinen alten Ruf.

Der Tag war ausgefüllt von Anfang bis zu Ende. Mancher hätte am Abend auf den Gedanken kommen können, daß es jetzt eigentlich genug sei für diesen Tag. Statt dessen kam nun noch die Hauptsache: die große Kundgebung am Abend.

Der Saal der Wilhelmshöhe und der des Bahnhofshotels waren bis auf den letzten Platz besetzt. Alle waren sie anwesend, die Parteigliederungen, die Behörden, die Wehrmacht, der Arbeitsdienst, die Betriebe. Kopf an Kopf standen oder saßen die Menschen, der letzte Stehplatz war bereits eine Viertelstunde vor Beginn vergriffen, die Türen mußten rechtzeitig geschlossen werden. Und dann betrat der Gauleiter den Saal der Wilhelmshöhe, die Männer und Frauen sprangen von den Stühlen und jubelten ihm zu. Die Fahnen marschierten ein, und der Kreisleiter begrüßte den Gauleiter: „Die Bevölkerung freut sich, daß der Gauleiter persönlich hierher gekommen ist, um zu den Menschen der Emsstadt und des Emslandes zu sprechen." Und dann begann der Gauleiter: „Das große Werk des Führers wird niemals abreißen, auch dann nicht, wenn die jetzige Generation nicht mehr ist. Nach uns werden andere den Kampf führen und um den deutschen Menschen und seine Seele ringen. Der Führer ist der vom Schicksal berufene Mann, ihm zu folgen, ist unsere höchste Pflicht und unsere schönste Ehre. Es mag hier und da noch Menschen geben, die sich nicht mit dem Nationalsozialismus abfinden können. Die regen sich schon auf, wenn wir von einem ewigen Deutschland sprechen. Aber unser Kampf für Deutschland, unser Kampf für den Nationalsozialismus, unser Kampf für den Führer geht weiter. Wir wissen nicht, ob wir das Ziel morgen oder übermorgen oder im nächsten Jahre oder erst nach zehn Jahren oder hundert Jahren erreichen. Aber daß wir es erreichen, das wissen wir!"

[. . .]

Stunden der Erholung und der Besinnung

Versteckt zwischen Birken und Heide liegt nahe bei den Ahlhorner Fischteichen ein kleines Blockhaus. Der Arbeitsdienst hat es dem Gauleiter im Jahre 1936 geschenkt. Hier verbringt er gern die wenigen Stunden seiner freien Zeit.

Auch dann ist er nicht müßig. Man kann ihn dort manchmal sehen, wie er Holz zersägt oder Bäume umschlägt, man sieht ihn mit Antennenlitzen und Kupferdraht an Elektromotoren basteln. Weil das Blockhaus keinen elektrischen Strom hatte, baute der Gauleiter selbst zusammen mit einigen Kameraden eine elektrische Anlage, und der Motor eines alten, ausgedienten Kraftwagens mußte anfangs als Antrieb dienen.

Gemeinsam mit anderen baute er auch einen hohen Aussichtsturm, von dem man einen prachtvollen Blick über die nahen Wälder und Teiche hat. Wege und Stege wurden selbst gemacht und schmucke Pflanzungen angelegt. Und die Kleinkaliberbüchse ist immer griffbereit, um damit auf allerhand Flaschen und dergleichen zu schießen.

Des Abends aber, wenn er sich so richtig ausgearbeitet hat, sitzt er gerne mit seiner Familie oder einigen Getreuen am offenen Kaminfeuer und erzählt sich mit ihnen ernste oder lustige Geschichten aus der Kampfzeit, aus der Zeit des Krieges oder aus jenen Jahren, da er im afrikanischen Busch war. Dann kann es vorkommen, daß er seine Ziehharmonika zur Hand nimmt und unsere schönen, alten Volkslieder spielt, die dann weit über die schweigende Heide klingen.

Diese Stunden bedeuten dem Gauleiter und seinen Getreuen schönste Erholung. Verbunden mit der Natur schöpft er hier die Kraft zu immer neuem Schaffen. Mancher politische Plan wurde zuerst hier entworfen, und mancher gute Gedanke wurde hier gefaßt. In diesen Stunden baut er auch oft in Gedanken oder mit dem Zeichenstift an seinem Lieblingsplan, dem Bookholzberg.

Immer mehr Gäste kamen im Laufe der Zeit zu Besprechungen nach Ahlhorn hinaus. Sie brauchten ein Unterkommen. Darum ließ der Gauleiter hier ein Kameradschaftsheim bauen und legte im Verein mit dem Arbeitsdienst selbst Hand ans Werk. Es entstand ein Haus mit großer Diele und allerlei sonstigen Räumen, oben können über hundert Gäste übernachten. Hier kommen von Zeit zu Zeit die Gauamtsleiter und die Kreisleiter zu regelmäßigen Besprechungen zusammen. Die gesamte Führerschaft der Partei des Gaues Weser-Ems ist dann zu ernster Arbeit um den Gauleiter versammelt und nimmt neue Weisungen für die zukünftige Arbeit entgegen. [. . .]

Ein Kernspruch des Gauleiters:

Adolf Hitlers Wille
ist gottgewollt
und damit höchster Befehl.

Heimatlese, 1939, S. 117-128

Ein Historiker über Röver (1972)

Des Gauleiters „große Zeit" war ohnehin zu Ende; die Entwicklung ging zumindest seit 1937 über ihn hinweg. Freie Entscheidung blieb ihm eigentlich nur noch bei einigen skurrilen Hobbys.
Sein Dienstsitz in Oldenburg war das „Adolf-Hitler-Haus" in der Ratsherr-Schulze-Straße, das früher der Brandkasse gehört hatte. Hier hatte er einige seiner alten Kampfgefährten um sich versammelt; mit ihnen stand er auf Du und redete er auch in politischen Fragen recht offen. Unter ihnen waren einige, die zu jeder Verwaltungsarbeit unfähig waren und nur am Biertisch etwas leisteten. Nach und nach wurde Röver nun aber Gefangener eines Behördenapparates, den er so sehr verabscheute. Er unternahm manches, um aus ihm auszubrechen: Viel bedeutete ihm der „Sprechtag", der ihm die oft recht willkürliche Umsetzung seines tatsächlichen und eingebildeten Sozialgefühls in Taten ermöglichte. Oft reiste er im Oldenburger Land umher und fand in seiner derben Art vor allem bei Bauern guten Kontakt. Eine Flucht aus dem Verwaltungsapparat bedeuteten ihm auch die vielen und langen Aufenthalte im Blockhaus bei Ahlhorn, das ihm 1936 vom Reichsarbeitsdienst geschenkt wurde. Hier versammelte er seine alten Gefährten zu geräuschvoller Geselligkeit [. . .]

H. Schwarzwälder, Berühmte Bremer, S. 239 f.

„Das Lebenswerk und die Sorge des Gauleiters": Stedingsehre

Die Vereinigung der Gedenkstätte mit den Bauten der Partei und den noch entstehenden Schulungsbauten sprengt nach dem Willen des Gauleiters den ursprünglichen Rahmen und läßt den Bookholzberg zu dem geistigen und kulturellen Mittelpunkt unseres Gaues werden nach dem Grundsatz:
‚Der Bookholzberg soll und wird dereinst die politische und weltanschauliche Kraftquelle aller Menschen im Raum Weser-Ems sein.'
Der Anfang ist gemacht mit dem Ausbau des Spieldorfes zur Gauschulungsburg. Seit Mai 1938 werden hier in 3-Wochen-Lehrgängen Ortsgruppenleiter, Kreisamtsleiter, Mitglieder des Gaustabes und Führer der Gliederungen geschult. Im Rahmen der weiteren Bauwerke geht als erstes ein Gästehaus für 2000 Personen in diesem Jahre seiner Vollendung entgegen. Mit diesem Gästehaus entsteht einer der größten und imposantesten Fachwerkbauten unserer weiteren Heimat. Im Laufe der nächsten Jahre entstehen weiter:

1. ein riesiger Appellplatz mit Glockenturm und Ehrenmal,
2. eine Kongreßhalle für größere Tagungen und Feierstunden, mit Raum für 5000 Teilnehmer,
3. ein Stadion als sportliche Ausbildungsstätte für sämtliche Schulen.

An Schulungsstätten entstehen:
1. eine Adolf-Hitler-Schule,
2. eine HJ-Gebietsführerschule
3. Eine BDM-Obergau-Führerinnenschule, verbunden mit einer BDM-Haushaltungsschule,
4. eine Führerinnenschule des weiblichen Arbeitsdienstes,
5. als Krönung sämtlicher Schulen die politische Akademie des Gaues als Nachwuchsschule mit Jahreslehrgängen. Diese löst die jetzige Gauschulungsburg Pewsum/Ostfriesl. ab und übernimmt deren Tradition.

Sämtliche bedeutenden politischen und weltanschaulichen Erziehungsstätten werden somit auf dem Bookholzberg vereinigt und geben mit ihrer lebendigen Substanz dem ganzen Werk eine überragende Bedeutung ohne jedes Vorbild ähnlicher Art. Die Verwirklichung dieser Pläne ist das Lebenswerk und die Sorge des Gauleiters.[1] Die praktische Durchführung ist nur möglich als Gemeinschaftswerk, weshalb auch der Zweckverband der Stiftung geschaffen wurde. Von nicht minderer Bedeutung als die Verwirklichung dieser Pläne ist die Erhaltung und Sicherung des ganzen Werkes. Dies ist wohl die tiefste Sorge auch seines Schöpfers. Unsere Aufgabe sehen wir darin, über die materiellen Garantien hinaus zum geistigen Träger des gesamten Werkes zu werden und dieses gedanklich und haltungsmäßig zu verankern. Die Erfüllung dieser Aufgabe ist der schönste Dank, den wir dem Schöpfer dieser Stätte abstatten können. Er soll einmal ruhig die Augen schließen können in der Gewißheit, daß das Werk steht, weil wir uns allesamt verpflichtet haben, Träger des Ganzen zu sein. Als verantwortliche Leiter der Schulungsarbeit geben wir die heilige Versicherung, durch ein festgefügtes Auslese- und Ausbildungssystem der gesamten politischen Führerschaft unseres Gaues die Idee des Bookholzberges für alle Zeiten in einem Führertypus zu verankern, der nur einem Ideal nachstrebt, fleischgewordene Idee zu werden.

Nordwestmark, S. 32 f.

1) Die Pläne sind nicht verwirklicht worden.

Freilichtbühne Bookholzberg (1937) bei Aufführung des Stükkes „De Stedinge" (Foto: Sammlung Vahlenkamp)

Ehrengäste in Ste-
dingsehre 1937 (in der
Mitte: Rudolf Heß, der
Stellvertreter des Füh-
rers)
(Foto: Sammlung Vah-
lenkamp)

Rudolf Heß begrüßt
Agnes Diers († 1985)
und die anderen Dar-
steller

Im Geist der NSDAP

Aufführung des „Oratorium der Arbeit"

durch das Bremer Lehrer-Orchester am Dienstag, dem 10. November [1936], 20.15
im großen Saale der „Glocke" [Bremen]

Dem Bremer Lehrer-Orchester im NS-Lehrerbund, Kreis Bremen, ist die Erstaufführung
des von der Deutschen Arbeitsfront mit dem 1. Preis ausgezeichneten Werkes „Oratorium
der Arbeit", von Georg Böttcher, Jena, übertragen worden.
Der Bremer Lehrer-Gesangverein, befreundete Frauenchöre, bremische Schulchöre, ein
Arbeitsdienstchor und namhafte Solisten - zusammen etwa 400 Mitwirkende - haben sich
mit dem Orchester zu gemeinsamer Arbeit verbunden, um dem Werke eine würdige Wie-

51

dergabe zu sichern. Damit ist der Erzieherschaft Gelegenheit gegeben, die neueste Schöpfung eines deutschen Tonkünstlers, die aus dem Geiste unseres wiedererstandenen Vaterlandes geboren ist, zu erleben. Auswärtige Berufskameraden und Berufskameradinnen können Karten für diese Aufführung zu 1,50 RM und 1,- RM in der Geschäftsstelle des Amtes für Erzieher, Bremen, Museum-Domshof schriftlich oder fernmündlich (Domsheide 23488) bestellen.

Wir bringen nachstehend eine Einführung in dieses „Hohelied der Arbeit", in das Lied des Glaubens an unser großes unsterbliches Volk.

Die Schöpfung Georg Böttchers erfüllt die dringende Forderung nach einer neuen Gemeinschaftsmusik, die jeden Schaffenden aufruft, der bereit ist, sich von der ehrlichen und eindeutigen Haltung, die das Werk bestimmt, tragen zu lassen.

Aus der lauteren Gesinnung und dem tiefen Erlebnis neuen Gedankengutes nimmt Böttcher den mitreißenden, begeisternden Schwung und die ursprüngliche Kraft, um die sittliche Idee der Arbeit zu verherrlichen:

> Schaffende Arbeit ist Weltengebot,
> Ist Erlösung aus Qual und Not,
> Schaffet und wirket!

Diese Worte von Wildenbruch, nach einer orchestralen Einleitung vom Bariton gesungen, stehen wegweisend über dem ganzen Werk. In drei Abschnitten erlebt der Hörer den Ablauf eines Arbeitstages: Morgen (Arbeitsmorgen) - Mittag (Bauernland) - Abend (a. Vorabend zum 1. Mai, b. Morgen des 1. Mai).

Die vom Komponisten zusammengestellte Textdichtung, an einigen Stellen durch eigene Überleitungen verbunden, bürgt durch Namen wie Goethe, Claudius, Dehmel, Wildenbruch, Ina Seidel, Lersch, Barthel u. a. für eine Auswahl edelsten Kulturgutes.

Durch zwei gemeinsame Gesänge, einen Choral am Anfang und ein „Bekenntnis" am Schluß, werden die einzelnen Gefolgschaften des Arbeiters, des Bauern, des Schmiedes und des Arbeitsmannes zusammengeschlossen, an die eingangs der Ruf ergeht:

> Wach auf, wach auf, du deutsches Land,
> du hast genug geschlafen!
> Bedenk, was Gott an dich gewandt,
> wozu er dich erschaffen!

1. Teil: Arbeitsmorgen

Dieser eindringliche Weckruf: Wach auf, du deutsches Land, wird noch verstärkt durch eine Einzelstimme (Sopran):

> Erwachet alle, Frau und Mann,
> erwacht zum frohen Werk der Hände.

Männer, Frauen und Kinder folgen freudig diesem Ruf und begrüßen den neuen Tag:

> Werkertag, Hammerschlag,
> Jeder Tag ist Schöpfungstag!

Der Arbeitsdienst fügt sich ein:

> Im ersten Morgengrauen
> fängt unser Tagwerk an.

Jung und straff berichtet er von froher Arbeit auf Feld und Weide, vom großen Werk des Deichbaues, aber auch von schöner, männlicher Kameradschaft:

> Nun blühe deutsches Leben, das tief im Herzen brennt!
> Ihm sind wir hingegeben, Arbeiter und Student!

In harten aufwühlenden Rhythmen künden Männer von der schweren Arbeit des Alltags:

> Wir schlagen den Amboß,
> Wir schlagen den Stein,
> Wir lassen uns niemals vernichten.
> Wir tragen das Leben durch Tage und Nächte,
> Wir tragen das Gottsein durch dunkle Schächte,
> Wir tragen und tragen - sind doch nicht gebeugt!

Ein eingefügtes Sopransolo weist dem rauhen Arbeitsmann den tiefen Sinn seines Lebens, dem er den Ausdruck gibt:

Wir wollen am Werk uns göttlich vollenden,
dem neuen Geschlechte die Väter zu sein!

Ein inniger, dreistimmiger Frauenchor ergänzt das Bild:

Aus unsern Händen kommt das Glück,
Wir weben voll Güte das deutsche Geschick.

Männer und Frauen vereint singen das Hohelied der Arbeit:

Das ist ein starkes Singen,
Mächtig, voll Kraft ohne End'.
Das ist Musik für jeden,
Der unsere Arbeit kennt.

Diese Arbeit lernen wir kennen im dröhnenden Chor der Maschinen, in dem die gewaltige, stetig durchgeführte Steigerung des 1. Teiles ihren Höhepunkt:

Wir sausen und brausen
in mächtigen Hallen

und ihre Entspannung erfährt:

Die Herren seid ihr,
Die Diener sind wir!

Der Bariton führt alle zu dem tiefen seelischen Gehalt eines neuen Lebensstils: Hoch der Himmel, hoch die Sterne . . . und ruft alle zusammen zu dem hymnischen Schlußchor des Teils:

Alles ist Leben, alles ist Kraft,
alles ist Schönheit, von Gott geschafft,
Gott ist die Liebe.
Und alles ist Gott!

2. Teil: Bauernland

Wie alles sich zum Ganzen webt,
eins in das andre wirkt und strebt -
wie Himmelskräfte auf- und niedersteigen
und sich die goldnen Eimer reichen -
mit segenduftenden Schwingen
harmonisch all das All durchdringen.

Das unvergleichlich schöne Goethewort, von einem gemischten Chor gesungen, mahnt zur Ehrfurcht vor dem großen unbegreiflichen Geschehen in der Natur.
Der Bariton folgt:

Bauernerde, heiliges Land,
Bauernerde, geweihtes Land.
Hörst du die Stimme der Mutter Erde?
Komm lege dein Ohr
an ihr schlagendes Herz.

Ihm antwortet ein Männer- und Frauenchor als Stimme der Mutter Erde:

Seit ewigen Zeiten,
nach ewigem Willen,
durchkreis ich das All,
empfange das Licht,
empfange das Gold
aus Gluten der Sonne -

Ina Seidels wundervolle Worte vom Pflüger klingen als herrlicher Männerchor auf:

Die Erde braucht Hände,
zu lösen ihr Herz.

Der Bariton adelt die Arbeit des Bauern:

> Es sind die ewig Eingeweihten,
> Die dunkel über Felder gehn.

Noch einmal klingt der Ruf, wie im 1. Teil:

> Dröhnend fallen die Hämmer,
> Wuchtig in Schlag und in Takt.

Wir folgen dem Ruf in eine ländliche Schmiede, sehen neben dem freien Bauern das alte freie Handwerk. Zum Takt der Hammerschläge klingt das kraftvolle Lied der Schmiede:

> Wir Schmiede sind die Herrn der Erd!
> Wir schmieden Pflüg, wir schmieden Brot,
> Wir schmieden Krieg, wir schmieden Not.
> Wir schmieden Ketten für den Knecht
> Und Schwerter für ein frei Geschlecht!

Sopran und Bariton stehen inmitten des pulsenden Arbeitsrhytmus, in ihnen ist Verweilen bei Liebe und Schönheit; der Sopran singt das zarte „Vergißmeinnicht in einer Waffenschmiede" und der Bariton leitet über zur beschaulichen Mittagsruhe:

> Alle Hände, werkgebunden, lösen sich,
> ruhen aus ohn all Beschwerde,
> greifen nach dem Brot der Erde.

Für dieses Einfachste und Notwendigste, das Brot, danken Kinder in einem innigen zweistimmigen Kanon:

> Erde, die uns das gebracht,
> Sonne, die es reif gemacht,
> liebe Sonne, liebe Erde,
> deiner nicht vergessen werde.

3. Teil: a) Vorabend des 1. Mai

Der Bariton führt uns wieder in das Getriebe der Fabrik:

> singe, singe, graue Fabrik,
> klinge, klinge, starke Musik,

und richtet unser Werk auf das eine große Ziel:

> alles, alles dem Vaterland!

Das zwingende Bekenntnis: „Nicht klagen und zagen" eint alle in Stadt und Land. Frauenstimmen singen vom Feierabend nach des Tagwerks Treiben; der abendliche Ausklang in Frieden und Ruhe wird zum Symbol für den Feierabend des ganzen Volkes, den Vorabend zum 1. Mai.
Ein Sopransolo, aller Erdenschwere entrückt, beschließt den Tag:

> Nun schließt sich sacht der Stunden Lauf -
> bald schlägt die Nacht die Augen auf -
> O Glück und Glanz in fernen Höhn!
> O Sternentanz, die Welt ist schön!

b) Der Morgen des 1. Mai

Mit einem orchestralen Vorspiel und dem Eingangschoral als cantus firmus beginnt der Tag.
In den frohen Marschrhythmen:

> Wann wir schreiten Seit an Seit . . .

formen sich die singenden Mannschaften zur Volksgemeinschaft, für die der Bariton als Künder den feierlichen Schwur ablegt:

> Nichts kann uns rauben
> Liebe und Glauben
> zu diesem Land.
> Mögen wir sterben!

Unseren Erben
gilt dann die Pflicht:
Es zu erhalten
Und zu gestalten -
D e u t s c h l a n d   s t i r b t   n i c h t !
Begeistert finden sich alle Mitwirkenden in dem überwältigenden Bekenntnis:
Nicht klagen und zagen,
beginnen und wagen,
die Fahne tragen
in Sonne und Sturm!,
dem krönenden Abschluß des Oratoriums der Arbeit.

Margret Schäder-Jena.
Aus: Erzieher 1936, S. 474 f.

Propaganda

Der „Volksempfänger" wurde 1933/34 als Mittel der Propaganda geschaffen und zu einem sehr niedrigen Preis verkauft. Das abgebildete Plakat hat die Unterschrift: „Gemeinschaftsempfang der Wehrmacht bei der Führerrede. Die Rede des Führers aus Nürnberg am Tage der Wehrmacht wurde von allen Truppenteilen und Dienststellen der Wehrmacht im Gemeinschaftsempfang gehört."
(Abb.: Kurt Zentner, Illustrierte Geschichte des Dritten Reiches, Bd. 1, Köln o. J.)

Ehrung der kinderreichen Mütter

Das Mutterkreuz

Da die Zahl der Geburten nicht so sehr stieg, wie die NSDAP sich für ihre Machtpolitik wünschte, wurde am 16. 12. 1938 nach Vorbild der französischen „Médaille de la Famille" das Mutterkreuz geschaffen. Es wurde Müttern mit vier und mehr Kindern verliehen. (Eine ähnliche Auszeichnung hat die heutige Sowjetunion, wo man die geringe Geburtenzahl der Russen mit Sorge betrachtet.)

Ehrung des Bauerntums

Gaumusterdorf Dötlingen (der Tabkenhof)
Dötlingen wurde 1937 zum „Gaumusterdorf" erklärt. (Wenn
auch seit etwa 1935 die Blut-und-Boden-Ideologie zurücktrat
und sich der Blick der Partei mehr auf Förderung der Rüstung
und der Technik richtete, so wurde daneben doch weiterhin
das Bauerntum gefördert und geehrt, u. a. durch Gründung
des Museumsdorfes Cloppenburg [durch Dr. Heinrich Otten-
jann 1934].)

Ehrung der Automobil-Rennfahrer

Bernd Rosemeyer (geb. 1909 in Lingen
a. d. Ems, tödlich verunglückt 1938 auf
einer Autobahn) errang eine Reihe von
Weltrekorden. Er wurde, wie auch andere Rennfahrer, von der amtlichen Propaganda zu einem nationalen Helden erhoben.

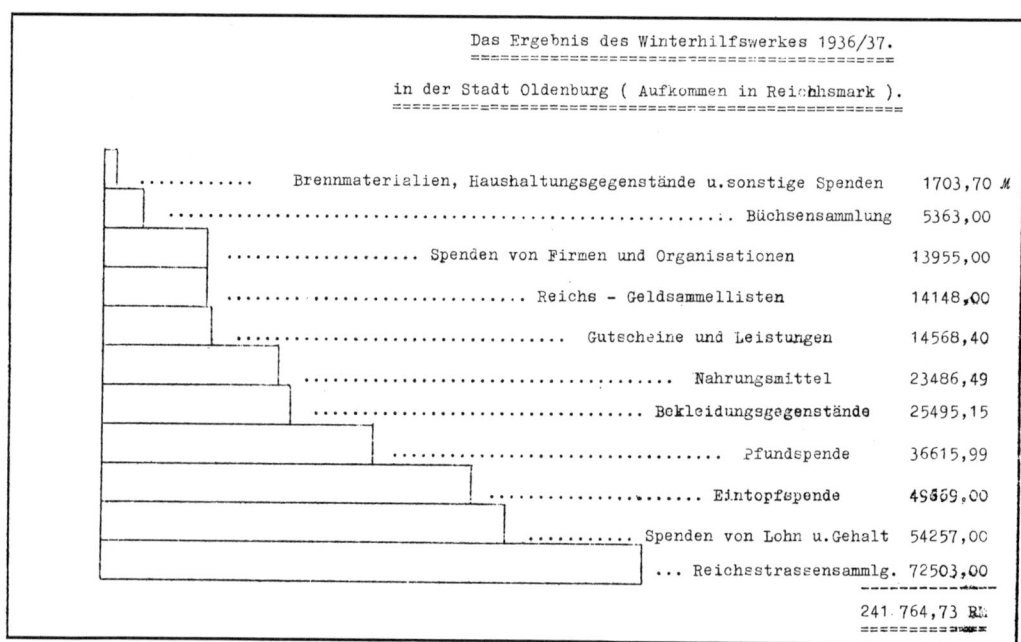

Das Ergebnis des Winterhilfswerkes 1936/37.
==

in der Stadt Oldenburg (Aufkommen in Reichsmark).
===

.... Brennmaterialien, Haushaltungsgegenstände u.sonstige Spenden	1703,70 ℳ
.... Büchsensammlung	5363,00
.... Spenden von Firmen und Organisationen	13955,00
.... Reichs - Geldsammellisten	14148,00
.... Gutscheine und Leistungen	14568,40
.... Nahrungsmittel	23486,49
.... Bekleidungsgegenstände	25495,15
.... Pfundspende	36615,99
.... Eintopfspende	49669,00
.... Spenden von Lohn u.Gehalt	54257,00
... Reichsstrassensammlg.	72503,00

241 764,73 RM.
=================

„Keiner soll hungern und frieren" (Losung des Winterhilfswerkes)

Der Appell an die Opferbereitschaft aller „Volksgenossen", freiwillig oder nicht ganz freiwillig für die Arbeitslosen und für andere Notleidende zu spenden, hatte alljährlich ein stattliches Ergebnis, so auch 1936/
37 in Oldenburg
(Aus: Oldenburg, die Stadt im Raum Weser-Ems, 1938, Tab. 58c)

Der Gautag des Gaues Weser-Ems am 29./30. Mai 1937 in Oldenburg

„Fünf Jahre nationalsozialistische Herrschaft im Lande Oldenburg"
Die NSDAP machte daraus eine große Kundgebung

Das Geleitwort des
Gauleiters
(Foto: Sammlung Vah-
lenkamp)

Immer der bleibt unser
Parole die gleiche :
Mit Adolf Hitler
für ein ewiges Deutschland
Oldenburg   Carl Röver.
im Mai 1937.

Bild rechts:
Vorbeimarsch der SA
vor dem Stellvertreter
des Führers, Rudolf
Heß, und dem Gaulei-
ter Röver (am Schloß-
platz)
(Foto: Sammlung Vah-
lenkamp)

Bild unten links:
Rudolf Heß und andere
Gäste
(Foto: Sammlung Vah-
lenkamp)

Bild unten rechts:
Hitler-Jugend (auf dem
Oldenburger Schloß-
platz)
(Foto: Sammlung Vah-
lenkamp)

Adolf Hitler, Ehrenbürger der Stadt Oldenburg

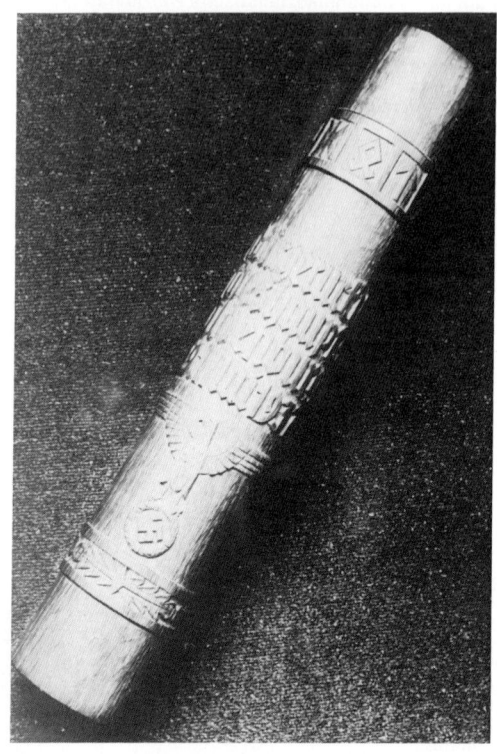

ADOLF HITLER

BERLIN, DEN 22. Juni 1937

Der Oberbürgermeister
Oldenburg i. O.
Eing. 2 6. JUNI 1937

An den

Stadtrat der Landeshauptstadt

O l d e n b u r g i/O.

Die Verleihung des Ehrenbürgerrechtes

von Oldenburg erfüllt mich mit aufrichtiger Freude.

Ich nehme die Ehrenbürgerschaft an und

bitte, dem Stadtrat meinen ergebensten Dank sowie meine

besten Glückwünsche für das Blühen und Gedeihen von

Oldenburg aussprechen zu dürfen.

Mit Deutschem Gruß

Anläßlich des Gautages 1937 ernennt die Stadt Oldenburg den „Führer und Reichskanzler Adolf Hitler" zum Ehrenbürger

Bild oben links:
Der Ehrenbürgerbrief
(Foto: Sammlung Vahlenkamp)

Bild oben rechts:
Die Kapsel des Ehrenbürgerbriefes
(Foto: Sammlung Vahlenkamp)

Bild rechts:
Hitler dankt für die Verleihung der Ehrenbürgerschaft
(Foto: Sammlung Vahlenkamp)

Wer nicht Parteigenosse werden will, der hat es schwer

(Erfahrungen eines Zahnarztes, Wilhelmshaven 1938)

Bei der immer weitergehenden Einengung persönlicher Entfaltung wollte ich wenigstens in meinem Beruf als »freier Zahnarzt« für mich selbst verantwortlich sein. Die Assistententätigkeit in der Klinik wurde strukturbedingt zu einer Massenabfertigung. Um aber in eigener Praxis tätig zu werden, brauchte ich eine Niederlassungsgenehmigung. Vier meiner jungen Kollegen hatten sich im Laufe zweier Jahre bereits in Wilhelmshaven selbständig gemacht. Da ich 1937 meine Jugendfreundin geheiratet hatte, drängte ich auf die Erreichung meines Zieles. Die zahlreichen Schreiben und Gesuche an die Zahnärztekammer in Bremen blieben ohne Antwort. Anläßlich einer Berufsversammlung im »Hotel Loheyde« fragte der Präsident der Zahnärztekammer, Dr. Graf:
»Ist der junge Kollege Hertrampf anwesend?«
Als ich mich meldete, bat er mich, nach der Versammlung ein Gespräch mit ihm zu führen. Bei einem Glas Bier, seine dunkle Brasil rauchend, bestätigte er mir den Erhalt meiner Briefe.
»Aber«, sagte er mit kollegialer Wärme, »Was ich Ihnen zu sagen habe, durfte ich nicht schreiben. Für mich besteht eine bindende Verpflichtung. Gibt es an einem Ort zwei Bewerber um die Niederlassung, dann muß stets der bevorzugt werden, welcher der Partei (N.S.D.A.P.) oder einer ihrer Gliederungen angehört. Da Sie nirgends Mitglied sind, werden Sie bei Ihrer politischen Einstellung nie zum Zuge kommen. Noch kritischer ist die Tatsache, daß Wilhelmshaven mit Zahnärzten bereits überbesetzt ist; an die Zulassung zu den RVO-Krankenkassen ist sowieso nicht zu denken. Aus diesem Grunde besteht für mich die kollegiale Pflicht, Ihnen die letzte Zulassungschance zu geben. Das setzt aber voraus, daß Sie in die Partei eintreten. Sie können mich sogar als Bürgen benennen.«
»Das kann ich aus Überzeugung nicht!«
»Es geht hier nicht mehr um Ihre Überzeugung«, fiel er mir ins Wort - »sondern um die wirklich letzte Gelegenheit, Ihren Beruf frei ausüben zu können. Denken Sie bitte auch einmal an Ihre gerade gegründete Familie.«
Unruhig und unentschlossen, wollte ich meinen Vater sprechen. [. . .]
[Er riet] mir, in die Partei einzutreten, da ich nicht mehr das Recht hätte, nur an mich zu denken. Ich stellte meinen Antrag zur Parteianwärterschaft und erhielt postwendend nach wenigen Tagen die Niederlassungsgenehmigung. Diese beinhaltete noch lange keine Kassentätigkeit. Zu den RVO-Kassen (Orts-, Betriebs- und Innungskrankenkassen) wurde ich erwartungsgemäß nicht zugelassen. Mir blieb nur die Behandlungsmöglichkeit der VDAK-Patienten (Barmer Ersatzkasse und Angestelltenkrankenkassen) und der Marineangehörigen. Gerade die letzteren waren ein wichtiger Faktor in meiner Existenzsicherung. Die Privatpatienten hatten meine Kollegen bei der Überbesetzung mit Zahnärzten in fester Hand.

Hertrampf 137 f.

Im Arbeitsdienst

Als Arbeitsmaid im Emsland [Lingen 1937]

von Heidi Uven

Abgebaut!

[. . .] Fernsprechdienst im Postamt der großen Stadt, das ist meine Arbeit, das ist mein Beruf. Ob diese Arbeit schön ist? Manchmal ja, manchmal auch nicht. Einerlei, es ist mein Beruf, meine Aufgabe im großen Deutschland.

Aber es ist ein Haken dabei: Ich bin noch jung, bin noch nicht lange von der Schulbank weg, ich bin nur Posthelferin. Wenn ältere Berufskameradinnen krank sind oder Urlaub haben, dann bin ich da als Aushilfe. Braucht man mich aber nicht mehr, sind alle da, nun ja, dann [. . .]

Dann kommt eines Tages der Abteilungsleiter zu uns in den Fernsprechsaal. Er geht auf mich zu. Wortlos nicke ich. Im voraus weiß ich, was er sagen will. „Abgebaut wegen Arbeitsmangel!" Was nun?

Anmelden und abwarten

Einige Tage sitze ich zu Hause, helfe Mutter bei der Hausarbeit, beim Nähen und Stopfen. Dann ist es mir klar:

„Ich geh' zum Arbeitsdienst!" [. . .]

Es ist abgemacht. Eines Morgens bin ich auf dem Wege zum Arbeitsamt [. . .] Da wird viel aufgeschrieben von mir in allerlei Listen, auch muß ich noch eine Bescheinigung von einem Arzt beibringen, daß ich gesund bin und vor allem keine ansteckenden Krankheiten habe. Und dann geht meine Anmeldung vom Arbeitsamt aus nach Hannover . . .

Und nun heißt es für mich: Warten und wieder warten [. . .]

Endlich . . . halte ich eine gelbe Postkarte in Händen. Der „Zulassungsbescheid" ist es! Erst steht da so allerlei von Namen, Wohnung, Geburtstag und so weiter, aber dann die Hauptsache:

„. . . wird als Arbeitsdienstwillige im Lager in Lingen an der Ems zugelassen."

Nun noch das Eintrittsdatum und auf der Rückseite folgende Bemerkung:

„Diese Karte gilt als Ausweis beim Dienstantritt. Beim Eintritt ins Lager ist vollständige Wäsche mitzubringen. Im Lager wird Kleidung, Verpflegung und Unterkunft gestellt. Die Arbeitsdienstwilligen sind gegen Krankheit versichert und erhalten täglich 20 Reichspfennige Taschengeld."[. . .]

Erst allmählich beginne ich, über das Emsland nachzudenken. Das ist doch die Gegend, von der gerade im neuen Deutschland so viel gesprochen und geschrieben wird. Emsland ist Grenzland, ist Zukunftsland. Hier wird Neuland gewonnen in schwerster Arbeit. Langsam vergesse ich meine Enttäuschung.

Auf ins Emsland!

Viele Tage sind es nicht mehr bis zum Dienstantritt. Das ist nur gut, es kommen sonst viel zwecklose Tage und Stunden. Ich weiß auswendig, was ich mitnehmen muß: Ein bißchen Wäsche, allerlei für den „Kulturbeutel", das ist schon alles, Kleidung wird ja geliefert.

[Am ersten Tag]

In der alten Kate

Vor uns aus dem Dunkel taucht plötzlich eine alte Kate auf. Ein kleiner Köter blafft uns an. Die Führerin öffnet die Tür. Drinnen ist es noch dunkler. Man merkt nur am Geruch und am Atem, daß hier Tiere sind. Weiter vorne sehen wir einen schmalen Lichtstreifen. Da wird eine Tür sein.

Dahinter liegt die Küche. Wie wir eintreten, bietet sich uns ein seltsames Bild. In einem kleinen Raum eine ganze Reihe von Menschen: Vater, Oma, Opa, neun Kinder, das älteste mag zwölf oder dreizehn Jahre alt sein. Doch sind Möbel kaum zu finden, kein Tisch, kein Schrank; ein paar wackelige Stühle, das ist alles. Die ganze Familie sitzt um den Herd herum, die meisten Kinder auf irgendwelchen Kisten. Wer ein Buch hat, legt es auf den Herd. Auch der Strickstrumpf der Oma liegt darauf. Und die beiden kleinsten Kinder krabbeln wahrhaftig in der Backöffnung des Herdes herum. Die Fensterscheiben sind blind; einige sind auch nicht mehr heil und nur mit Sackresten notdürftig ausgestopft. Und die Mutter dieser Familie ist vor einiger Zeit gestorben. Wirklich, ein Bild des Elends! Ich bin tief erschrocken darüber.

Wir kommen nicht mit leeren Händen. Ein mitgebrachter Korb wird ausgepackt, und allerlei Schätze werden hervorgezaubert, Schätze für klein und groß, vor allem etwas zu essen. Doch ist auch knuspriger Kuchen nicht vergessen, denn es ist doch die Zeit, wo das schönste Fest des Jahres kommen will.

Dann stellen wir uns auf, wie es in der Enge gerade geht und fangen an, alles zu singen, was wir wissen und was uns gerade einfällt und in die Zeit paßt, ein Lied nach dem andern. Wie da die Gesichter aufleuchten! Als wir kamen, war im Raum schon ein einziges Erstaunen gewesen, und als wir dann auspackten, gab es ein Freuen über alle Maßen. Aber jetzt zuckt es immer wieder in dem faltigen Gesicht des Großvaters, auch der Vater muß sich immer wieder räuspern, um die Rührung zu verbergen, und die Großmutter wischt eine Träne nach der andern weg. Dazwischen aber kräht dann dies und dann jenes Kind. Als wir schließlich gehen müssen, drücken alle Hausbewohner uns wieder und wieder die Hände. Sagen können sie nicht viel, so ergriffen sind sie.

Ich glaube, diesen Eindruck in der alten, windschiefen Kate am ersten Sonntag meiner Arbeitsdienstzeit werde ich nie vergessen. Jetzt weiß ich, daß man uns hier gebraucht. Wir alle gehen schweigend ins Lager zurück.

Noch wie ich schon längst auf meiner harten, ungewohnten Bettstatt im Schlafraum liege, sehe ich die Küche der alten Kate vor mir und höre dabei neben und unter mir die ruhigen Atemzüge meiner schlafenden Kameradinnen. Ein Tag voller Eindrücke, ein neuer Anfang in meinem Leben: Wie soll ich da schlafen können!

„Meine" Familie

[. . .] Als die Lagerführerin wie immer den Arbeitsplan verliest, heißt es bei meinem Namen: „Außendienst Familie Cramer". Ich frage rasch nach der Straße und mache mich fertig.

Wie ich dann losgehe, beschleicht mich doch ein eigenartiges Gefühl. Wie werde ich meine Familie antreffen? Wie wird sie mich aufnehmen? Werde ich es schaffen?

Das Haus liegt ganz außerhalb der Stadt. Ich kann es erst gar nicht finden und muß noch einmal unterwegs fragen. Als ich Auskunft erhalte, merke ich, daß ich schon an dem Haus vorbei bin.

Jetzt dieses Haus hier, daß muß es sein. Alt, wenig gepflegt, halb wie ein Bauernhaus, halb wie ein Mehrfamilienhaus, so sieht es aus. Als ich um die Ecke biege, sehe ich, daß merkwürdig viel Frauen hier und da stehen, vielleicht schnacken sie, vielleicht gucken sie auch nach irgend jemand aus. Und mich gucken sie besonders genau an. Später habe ich erfahren, daß sie eigens meinetwegen da stehen, sie haben hier noch nie ein Mädel vom Arbeitsdienst gehabt und wollen mich nun doch gleich sehen.

Ich trete ein. Erst ein kleiner, dunkler Stall, in dem es nach Schweinen riecht. Ich klopfe an eine Tür. „Herein!" Ich öffne. Ein kleiner Raum ist vor mir, in dem ich erst nichts recht erkenne, so dunkel ist es darin. Dabei ist es doch schon heller Morgen! Nun aber sehe ich Frau Cramer.

„Heil Hitler! Ich bin Ihre Arbeitsmaid! Ich möchte Ihnen bei Ihrer Arbeit helfen!"
Frau Cramer sagt nicht viel.

Im gleichen Augenblick höre ich vom Steinfußboden her Geräusch und Kinderlaut.
Ich entdecke auf dem Fußboden ein anderthalbjähriges Kind.
Es strampelt dort auf Vaters Joppe herum. Aber laufen kann das kleine Wesen noch nicht!
„Ich habe nicht Zeit dafür", sagt Frau Cramer entschuldigend, „vielleicht ist die Deern auch zu schwach."
Da öffnet sich hinter mir wieder die Tür. Herein kommt ein kleiner, struppiger Junge, heute ist er bestimmt noch nicht gewaschen worden. Gut drei Jahr mag er alt sein.
„Fräulein sehen!" sagt er zu mir. Daß er so ohne Scheu ist, gefällt mir.
„Fräulein, bleibst du bei uns?"
„Jawohl!"
„Fräulein, wo wohnst du?"
„Am Kanal."
„Wohnst du, wo ‚Arbeit' wohnt?" Er meint die Arbeitsstätte seines Vaters.
„Ja."
„Ist das ‚Arbeit'?"
Ja, was Arbeit ist, das kann ich dem kleinen Fragefritzen nicht so leicht beantworten. Aber Frau Cramer kann es mir in der nächsten Stunde und in den nächsten Tagen sagen und zeigen.
Was gibt es in einem solchen Hause, wo drei Kinder sind (eins geht zur Schule), doch alles zu tun! Da muß die Küche sauber gemacht werden, da müssen die beiden Kammern in Ordnung gebracht werden (eine Stube gibt es nicht), da müssen die Kinder versorgt, da muß Essen gekocht werden, da wollen die beiden Schweine ihr Recht, da muß gewaschen und gebügelt werden und immer noch mehr. Dabei ist die Frau viel zu schwach für all die Arbeit, und der Mann ist den ganzen Tag über fort, so daß ich ihn nie zu sehen kriege.
Vier Wochen ist Familie Cramer m e i n e Familie, vier Wochen gehe ich hier aus und ein, komme frühmorgens und gehe nachmittags wieder. Und dazwischen liegen Stunden angespanntester Arbeit, Stunden in denen ich merke, was es heißt, Mutterdienst zu tun.

Sorgenkind Irma

„Tata, Tata, Tata!" Das ist immer der Gruß der kleinen Irma, wenn ich komme. „Tante" soll das heißen.
Gleich am ersten Morgen befasse ich mich mit ihr.
„Tata, Tata!"
Sie rutscht auf ihrer Joppe hin und her, reckt sich auch wohl ein bißchen hoch und kräht dabei, ob vor Vergnügen oder Kummer, weiß ich nicht.
Ich stelle ihr einen Stuhl in die Nähe, so daß sie ihn langen kann. Sie faßt ihn, und nach mehrfachem, vergeblichem Mühen richtet sich der kleine Kerl daran hoch und - steht. Er strahlt dabei über das ganze Gesicht. Da denke ich mir: Wenn Irma stehen kann, müßte es eigentlich auch nicht unmöglich sein, ihr das Gehen beizubringen. Und es steht bei mir fest, den Versuch zu machen.
Gleich am ersten Morgen wird's probiert. Aber die kleinen Beinchen spaddeln so unbeholfen hin und her, es gelingt nicht.
Aber ich lasse nicht locker. Jeden Tag versuche ich es von neuem. Manchmal scheint es mir, als ob die Kleine sicherer wird, manchmal kommt mir alles vollständig vergeblich vor.
„Die lernt es doch nicht", sagt dann auch noch Frau Cramer. Dann bin ich jedesmal ganz traurig. Aber am nächsten Tage wird wieder probiert.
Da kommt ein schöner Frühlingstag. Die Sonne scheint richtig warm, die Erlen stecken ihre Blütenzweige aus, und im Busch klingeln die Meisen. Ich setze Irma in den alten Kinderwagen und fahre aus. Herrgott, ist das ein Himmel! So klar, so unendlich hoch! Da werden auch die Augen meiner lütten Deern blank, manchmal jauchzt sie vor Freude auf, wirft ihre Ärmchen hoch und sieht mich strahlend an.
Da ist's mir, als ob jemand zu mir sagt: „Versuch's heute doch noch mal!"
Ich nehme mein kleines Mädel aus dem Wagen, stelle es hin, breite meine Arme lockend aus und sieh, sieh! Irma macht die ersten selbständigen, wenn auch noch unsicheren Schritte! Wie habe ich mich da gefreut, ich strahle mit Sonne und Kind um die Wette.

Als ich wieder mit Irma zu Hause bin, kann ich nicht anders, ich muß erst Frau Cramer die Kunst ihres kleines Mädels zeigen. Und richtig! Auch diesmal glückt das Gehen.
Frau Cramer sagt auch jetzt nicht viel.
„Fräulein! Fräulein!" sagt sie, aber mit einer solchen Betonung, daß ich merke, auch sie freut sich über die Maßen.
Vielleicht ist dieser Tag für mich der glücklichste in meiner Lagerzeit.

*

Fröhliche Tage wechseln mit ernsten Tagen. Einmal kommt Fritz, der sonst so gewandte Junge, unter einen Milchwagen. Ich muß ihn zum Krankenhaus bringen. Glücklicherweise ist es kein Bruch, sondern nur ein Bluterguß. Ein andermal kann der größere Gerd nur noch im letzten Augenblick aus dem Kanal gezogen werden.
Als ich nach vier Wochen meine Familie wechsele, wird mir der Abschied fast etwas schwer.
Mein nächster Außendienst ist bei Familie Garz, dann komme ich zu Familie Deters, und so geht das weiter, bei fünf Familien bin ich insgesamt während meiner Lagerzeit, um ihnen zu helfen. Meistens dauert das bei einer Familie vier Wochen. Einmal bin ich länger da, weil dort gerade ein Kind geboren wird und mit der Hilfe nicht gewechselt werden soll. Und ein andermal bin ich schon nach ganz kurzer Zeit wieder fort, weil Diphtherie ausbricht, die nicht ins Lager übertragen werden darf.
Wieviel Ernst sehe ich in diesen Wochen und Monaten! Wieviel Einblick gewinne ich in das Leben anderer Volksgenossen! Und all die vielfältigen Eindrücke werde ich als unverlierbaren Besitz mit durchs Leben nehmen. Das macht mich reich.

Heimatlese, Jg. 6, 1937/38, S. 182-200

Hakenkreuz und Ähren, das Zeichen des Arbeitsdienstes für die weibliche Jugend.

Lager des weiblichen
Arbeitsdienstes
in Lingen
(Foto: Goetze/Mütze)

Prominente Besucher beim Emsland-Arbeitsdienst

Der Arbeitsdienst galt
im Ausland vielfach als
interessanter sozial-
pädagogischer Ver-
such und zog nicht we-
nige Besucher an, be-
sonders solche, die
mehr oder minder mit
dem Dritten Reich
sympathisierten.

Sven Hedin, schwedi-
scher Forschungsrei-
sender und Schriftstel-
ler
(Abb.: Heimatlese Jg. 5
1936/37)

Lloyd George, briti-
scher Politiker und So-
zialreformer, 1916-1922
Premierminister
(Abb.: Heimatlese Jg. 5
1936/37)

64

Tätigkeiten des männlichen Arbeitsdienstes

Ausgrabung und Wiederherstellung eines Großsteingrabes bei Kleinenkneten
(Foto: K. Michaelsen - Großsteingräber in Oldenburg - In: Germanenerbe 2/1937)

Moorkultivierung im Emsland
Die Arbeit geschah mit den Mitteln des vorindustriellen Zeitalters. Das Ergebnis war entsprechend gering.
(Abb.: Heimatlese Jg. 5 1936/37)

Verbesserung der Infrastruktur

Im Landkreis Cloppenburg

Der Amtshauptmann erinnert sich:

Noch im Laufe des Jahres 1933 begann der Bau besteinter Wirtschaftswege. Der Amtsverband nahm damals von der Rentenbankkreditanstalt in Berlin ein Darlehn von RM 165.000 auf. Jahr für Jahr sind weitere Straßen und Wirtschaftswege gebaut worden. In meinem Jahresbericht vom 31. Dezember 1938 konnte mitgeteilt werden, daß allein im Friesoyther Bezirk in den Jahren seit der Machtübernahme bereits rund 50 km besteinte Straßen gebaut werden konnten. Noch im Rechnungsjahr 1940/41 sind mit Beihilfen des Reichsernährungsministeriums rund 32 km Wirtschaftswege im Erdkörper hergestellt und zum Teil auch besteint worden. Hierdurch erhielten zahlreiche Siedlungen, besonders im nördlichen Teil des Amtsbezirks, die zum Teil langentbehrte, notwendige Zuwegung zum vorhandenen Straßennetz. Dankbar gedenke ich auf diesem Gebiet der treuen Dienste des Amtsbaumeisters Deters in Friesoythe.

Sehr erleichtert wurde die Durchführung der umfangreichen Wege- und Straßenbauprojekte alle die Jahre durch die günstigen Finanzierungsmöglichkeiten. Ein damaliger Amtshauptmann, der engen Kontakt mit den zuständigen Stellen in Oldenburg, Hannover (Landesarbeitsamt) und Berlin hielt, konnte auch bei großen Arbeiten mit einem Minimum an eigenen Mitteln auskommen. Wiederholt war ich in Berlin im Reichsernährungsministerium, das eine ergiebige Quelle für alle möglichen Zuschüsse und Darlehen war. Stets fand ich in der Person des Sachbearbeiters Regierungsrat Grebe einen Berater und Helfer.

Außer den vor allem im Friesoyther Bezirk durchgeführten Straßen- und Wegearbeiten sind zu erwähnen die Meliorationsarbeiten und Flußregulierungen, so das Bodenverbesserungswerk Harkebrügge, die Regulierungsarbeiten in der Molberger Dose sowie die an der gr. Hase, der Lager Hase und an der Radde. Beschäftigt wurden im Laufe der Jahre einheimische und auswärtige Erwerbslose, Fürsorgearbeiter, Arbeits- und Arbeitsdienstmänner, Kriegsgefangene und Fremdarbeiter.

In meiner Jahresübersicht vom 31. Dezember 1940 konnte über einen schönen Erfolg berichtet werden:

„Schon seit Jahren wurde vor allem aus dem alten Amtsbezirk Friesoythe mit einem gewissen Unmut auf die Auswirkungen der sogenannten Emslandaktion im benachbarten Emsland hingewiesen. Durch große Reichs- und Staatszuschüsse sind dort seit Jahr und Tag umfangreiche Kultivierungs-, Straßen- und Entwässerungsarbeiten durchgeführt worden. Es wurde mit Recht aus dem alten Amtsbezirk Friesoythe darauf hingewiesen, daß hier die gleichen Voraussetzungen vorlägen und man auch hier Anspruch auf eine solche besondere Förderung habe. In diesem Jahre ist nun endlich ein Teil unseres Kreises als besonders förderungsbedürftig anerkannt worden, und zwar der frühere Amtsbezirk Friesoythe, die Gemeinden Garrel und Molbergen, die frühere Gemeinde Lindern, sowie ein Grenzstreifen der Gemeinde Löningen (Kolonie Augustenfeld). Diese Anerkennung wird hoffentlich dazu beitragen, daß in Zukunft für die wirtschaftliche Hebung dieses Gebietes wesentlich mehr geschehen kann, als dieses bisher möglich war. Eine unmittelbare Folge dieser Gleichstellung mit dem Emsland war die Sicherstellung der Finanzierung des Anschlusses an das elektrische Stromnetz, und zwar der Siedlungen Kellerhöhe-Hoheging, Schwaneburger Moor-Sedelsberg, Glassdorf und Peterswald. Von diesen Siedlungen konnte das Ortsnetz Kellerhöhe bereits in Betrieb genommen werden. Hoheging wird unmittelbar folgen. Der Ausbau der übrigen Siedlungen wird von der Personal- und Materiallage abhängen. Eine weitere Folge war die Bereitstellung von Reichszuschüssen für den Bau von ländlichen Wirtschaftswegen. Mit Hilfe von Kriegsgefangenen, die während der Wintermonate in den landwirtschaftlichen Betrieben nicht oder nicht ständig gebraucht werden konnten, wurde bereits der Ausbau einer Reihe solcher ländlichen Wirtschaftswege in Angriff genommen."

Dieser Anschluß hat sich nach dem Kriege durch die Emsland GmbH. in ständig vermehrtem Umfang segensreich für den Kreis ausgewirkt.

Weiter ist noch die Wohnungsbautätigkeit zu erwähnen. Auch hier waren von Anfang an die Förderungsbedingungen günstig, und zwar für Hausinstandsetzungen, den Landarbeiter- und Heuerlingswohnungsbau sowie den sonstigen Kleinwohnungsbau. Bei den Landarbeiter- und Heuerlingswohnungsbauten betrugen die von den Bauherren aufzubringenden Eigenleistungen nicht einmal 15 % der Gesamtkosten einschließlich Nebenkosten. 1937 gründeten der Amtsverband und seine Gemeinden die „Gemeinnützige Wohnungsbaugesellschaft GmbH" in Cloppenburg, die bereits im folgenden Jahr 100 Kleinwohnungen herstellte und unter ihrem Geschäftsführer Decker seitdem erfolgreich weitergearbeitet hat.

Münzebrock 22 f.

In den Landkreisen Cloppenburg und Vechta wurden in den Jahre 1933 bis 1939 durch den Staat in 8 Kolonien 67 Siedlerstellen mit insgesamt 836 ha angelegt, dann keine weiteren mehr, weil keine in Betracht kommenden Heidesandflächen mehr zur Verfügung standen. In Nord-Oldenburg wurden gleichzeitig auf Domänen-Land neue Siedlerstellen angelegt, in Ostfriesland und im Emsland auf neu kultiviertem Moor.

Ursula Böckmann: Die sozial- und wirtschaftsgeschichtliche Entwicklung der Heide- und Moorsiedlungen im Oldenburgischen Münsterland. Diss. Bonn 1956. MS Staatsarch. Oldenburg 297 B-80.

Wohnungsbau

Wohnungsbau für Kinderreiche
Zur Verbesserung der Infrastruktur gehörte auch der Bau von Einfamilienhäusern, besonders für kinderreiche Arbeiterfamilien. Bevorzugt wurden dabei Orte, wo für die Rüstungsindustrie zusätzliche Arbeitskräfte benötigt wurden, z. B. Lemwerder (Flugzeugbau) und Wilhelmshaven (Schiffbau).

Neue Wohnsiedlung in Lemwerder
(Foto: Oldenburgische Landschaft)

67

Richtfest der Adolf-Hitler-Siedlung in Rüstringen an der Werftstraße am 4. Mai 1935. Die Siedlung umfaßte 50 Wohnungen für Kinderreiche.
(Foto: Stadtarchiv Wilhelmshaven)

Belebung der Wirtschaft

Die Meyer-Werft in Papenburg, gegründet 1795 (um 1934). Durch öffentliche und private Aufträge konnte sie sich bald kräftig entwickeln.
(Foto: Meyer-Werft)

Der Kampf gegen das Christentum

Der „Kreuz-Erlaß"

Am 4. November 1936 ließ Julius Pauly, oldenburgischer Minister für Kirchen und Schulen, folgenden Erlaß herausgehen:

Der Minister des Innern   Oldenburg, den 4. November 1936.
        und
der Minister der Kirchen und Schulen.
     IV 9607.

Sämtliche öffentlichen Gebäude des Staates, der Gemeinden und Gemeindeverbände gehören dem ganzen deutschen Volk ohne Rücksicht auf das religiöse Glaubensbekenntnis der einzelnen Volksgenossen. Dies gilt auch für alle Volksschulgebäude. Es ist daher nicht zulässig, daß solche öffentlichen Gebäude kirchlich eingeweiht oder eingesegnet werden. Aus gegebener Veranlassung wird darauf besonders hingewiesen.

Öffentliche Verwaltungsgebäude des Staates sind von altersher mit konfessionellen Zeichen - z. B. Kruzifix oder Lutherbild - nicht ausgestattet worden. Dies entspricht schon deshalb einem sachlichen Bedürfnis, weil der Staat das ganze deutsche Volk umfaßt. Für alle öffentlichen Verwaltungsgebäude der Gemeinden und Gemeindeverbände müssen die gleichen Gesichtspunkte maßgebend sein, Schulgebäude des Staats, der Gemeinden und Gemeindeverbände sind nicht anders zu behandeln. Auch die Volksschulgebäude machen dabei keine Ausnahme, denn sie gehören der Gesamtheit und nicht irgendeiner bestimmten Glaubensrichtung.

Demgemäß ordnen wir an, daß künftig in Gebäuden des Staates, der Gemeinden und Gemeindeverbände kirchliche und andere religiöse Zeichen oben erwähnten und ähnlichen Charakters nicht mehr angebracht werden dürfen. Die bereits vorhandenen sind zu entfernen.

Über das Veranlaßte ist bis zum 15. Dezember d. Js. zu berichten.

> J. V.
>
> gez. Pauly.

Eilt!

An
a) die Herren Direktoren der staatlichen Schulen im Landesteil Oldenburg und an die Herren Schulräte im Landesteil Oldenburg,
b) die Herren Amtshauptmänner und Oberbürgermeister,
c) die Herren Bürgermeister im Landesteil Oldenburg.

Kuropka S. 65

**Julius Pauly
Oldenburgischer Minister für Kirchen und Schulen**

Eine Kanzelverkündigung des Offizials Vorwerk

Der Erlaß, obgleich nicht veröffentlicht, sprach sich wie ein Lauffeuer herum.
Offizial Franz Vorwerk, Vertreter des Bischofs von Münster für das Oldenburger Land, reagierte sofort. Am 15. November ließ er in allen Kirchen eine Kanzelverkündigung verlesen. Darin hieß es:

„Es ist für alle Katholiken eine heilige Gewissenspflicht, für die christliche Erziehung im Glauben an das Kreuz, das Zeichen des Erlösers, einzutreten. Darum können wir niemals unsere Zustimmung geben, daß das Kreuz aus dem Erziehungsraum der Kinder verbannt wird. Wir wollen alles tun, um dies zu verhüten. Helft alle mit und tretet ein für die Erhaltung des Kreuzes in der Schule!"

Meyer, 25 Ereignisse, H.3, 23

Eine Stellungnahme des Bürgermeisters von Molbergen

Am 20. November berichtete der Amtshauptmann von Cloppenburg dem Minister über die Auswirkungen des Kreuz-Erlasses in seinem Landkreis. Er fügte eine Stellungnahme des Bürgermeisters Prüllage/Molbergen bei:

„Am letzten Sonntag wurde die gesamte Bevölkerung durch das Schreiben des Offizialats Vechta von der Verfügung des Ministeriums, betr. Entfernung der Kreuze aus den Schulen, in Kenntnis gesetzt. Die ganze Bevölkerung ist maßlos empört über diese Anordnung. In Unterhaltungen auf der Straße, bei der Arbeit und in den Lokalen bildet diese Anordnung den einzigen Gesprächsgegenstand. Nur weil der einzelne Volksgenosse weiß, daß im gegebenen Falle Gewalt angewendet werden kann, hält es ihn vor dem Äußersten zurück. Die streng gläubige Bevölkerung der hiesigen Gegend hat eben keinerlei Verständnis für die Anordnung des Ministeriums. Der hiesige Bauer schätzt, wenn es sein muß, die religiösen Güter höher ein als die irdischen. Die Bauern erklären, wir sind als Katholiken geboren und wünschen es für uns und ganz besonders für unsere Kinder zu bleiben, auch als Gefolgsmänner des Führers Adolf Hitler. Sie sehen eben in der Anordnung einen Angriff gegen die christliche Religion.
Die Mitarbeiter in der Gemeinde, Gemeinderäte und Bezirksvorsteher sind empört und werden mir jegliche Gefolgschaft versagen, wenn obengenannte Anordnung durchgeführt wird. Ich selbst habe das Amt des Bürgermeisters angenommen im guten Glauben, daß ich nicht in Gewissenskonflikte gebracht werde."

Münzebrock

Eine Kundgebung in der Cloppenburger Münsterlandhalle

Schon am 14. November hatten die Kreisleiter der NSDAP, Meyer-Wendeborn/Cloppenburg und Voß/Vechta, den Gauleiter Röver aufgesucht und ihm die für die NSDAP und ihre Gliederungen katastrophalen Folgen des Kreuz-Erlasses vor Augen gehalten. Da Röver zudem von Berlin keine Hilfe zu erwarten hatte, denn Hitler wollte zu diesem Zeitpunkt keinen Kirchenstreit, und außerdem gehörte es zu seinen Prinzipien, in die inneren Angelegenheiten der Gaue möglichst wenig einzugreifen, mußte er zurückstecken, d. h. den Erlaß zurückziehen. Das sollte am 25. November im Rahmen einer Parteikundgebung in der Cloppenburger Münsterlandhalle geschehen. Sie sollte zu einer Kundgebung des Vertrauens werden, so dachte es sich jedenfalls die Partei. Obgleich die Versammlung ganz kurzfristig und dazu an einem Werktag anberaumt wurde, kamen rund 5.000 Menschen, viel mehr als man erwartet hatte.
Über den Verlauf der Versammlung ging alsbald ein vervielfältigter Bericht von Hand zu Hand. In ihm hieß es:

Um 4.15 ertönt von draußen ein helles Kommando. Jetzt lautet die Parole: Eisiges Schweigen. Sie wird von der Menge glänzend befolgt. Gauleiter Röver mit . . . seinem Stab betritt die Halle und schreitet durch den Mittelgang. Kein Heilrufen. Kein Händeklatschen. Nur böse Bemerkungen: Wo is Röver? - Vörn, de erste! Dei vullfrätene Kerl! - Is Pauly dorbi? - Nee? - Dat is jo schaode! . . .
Der Gauleiter nimmt . . . das Wort: ‚Meine lieben Münsterländer, ich bin heute in euer schönes Ländchen gekommen. Ich weiß, bei euch ist eine bewegte Zeit.' (Da brausen die Rufe los: ‚Jao! Jawoll!! - Jao!') . . . Der Gauleiter versucht zunächst, die Verbindung mit dem Volke zu finden . . . ‚Wir müssen als Volksgenossen enger und enger zusammenrücken zu einer wahren Volksgemeinschaft.' (Man hört dauernd Rufe: ‚Dat willt wi jo nich hören! . . . Zur Sache! Dei Verfügung!' Es bilden sich Sprechchöre, die immer wiederholen: ‚Zur Sache! Dat Krüz!') . . . Da verliert der Gauleiter die Ruhe. Er schimpft auf die

Münsterländer, herhören

Gauleiter u. Reichsstatthalter Carl Röver

spricht Mittwoch, 25. November, nachmittags 4 Uhr

in Cloppenburg, Münsterlandhalle

Thema:

Was hat der Gauleiter und Reichsstatthalter Euch Münsterländern zu sagen?

Es handelt sich um die Dinge, die uns im Augenblick alle bewegen, deshalb muß jeder kommen.

Kreisleitung Cloppenburg

Willy Meyer, Kreisleiter

Röver spricht anläßlich des Kreuzkampfes in Cloppenburg

Menge ein und kommandiert die SA in den Saal. Er schreit in die Menge: ‚Ich bin noch niemals feige gewesen, ich sehe immer die Tatsachen so, wie sie sind . . . Nie und in Ewigkeit nicht wird von uns etwas gegen die Religion getan.' (Neue Zurufe. Röver wird immer erregter.) Es wird hier im Münsterland behauptet, die Verordnung des Ministers Pauly kämpfe gegen den Glauben. Dagegen muß ich mich wehren. Das ist eine Lüge!' (Lautes Rufen durcheinander). . . . ‚Warten Sie doch nur, ich habe einen Erlaß in der Tasche. Sie werden mit mir zufrieden sein.' (Erneutes Gebrüll im ganzen Saal). Röver: ‚Haltet die Schnauze! Wer hier nicht die Schnauze halten kann, der fliegt hinaus!' Auf einen Wink des SA-Standartenführers geht die SA nach hinten in die Halle, um Ruhe zu halten . . . Röver hat sich inzwischen gesetzt. Nachdem er einige Schluck Wasser getrunken hat und die Ruhe einigermaßen wiederhergestellt ist, beginnt er wieder zu reden: ‚Es gibt ein Wort von der Treue, die das Mark der Ehre ist. Ich verstehe und schätze solche Treue. Ich bin ehrlich genug, hier festzustellen, daß die Verordnung des Ministers Pauly besser unterblieben wäre.' (Bravo! Bravo! Tobender Beifall) . . . ‚Wenn man nur gleich zu mir gekommen wäre, die Angelegenheite wäre in drei Tagen erledigt gewesen, denn den Mut und die Größe werden wir doch wohl noch aufbringen, einen Fehler wieder gutzumachen!'

Mit zitternder Stimme liest Röver nun vor: ‚Die Verfügung vom 4. November 1936 wird . . . wieder zurückgenommen. Die Kreuze bleiben in den katholischen Schulen, die Lutherbilder in den evangelischen Schulen.' Da setzt ein Beifall ein, wie man ihn aus so freudigem Herzen kommend in der Halle wohl noch nie gehört hatte . . .

Die Kunde von dem errungenen Sieg verbreitete sich mit großer Schnelligkeit in der Stadt Cloppenburg, die bald einen reichen Flaggenschmuck angelegt hatte: Feierliches Glockengeläut klang von den Türmen in die jubelnden Herzen.

Meyer, Fünfundzwanzig Ereignisse, H 3, S. 23 f.

Am Sonntag darauf wurde in allen katholischen Kirchen des Münsterlandes ein feierliches Tedeum gesungen.
Und was stand von alledem in der Zeitung? ,,Großkundgebung mit Gauleiter Carl Röver. Eindrucksvolles Vertrauensbekenntnis." Kein Wort von dem Kreuzerlaß, kein Wort von dessen Rücknahme. Um so mehr aber berichteten ausländische Zeitungen und der vatikanische Sender darüber. Röver kam dadurch in die größte Verlegenheit. Ein paar Tage später bat er den Offizial Vorwerk zu sich. Dieser berichtet darüber:

Der Offizial beim Gauleiter

Ich wurde äußerst freundlich empfangen. Uns wurde zunächst eine Tonbandaufnahme von der Versammlung in Cloppenburg vorgeführt, die zwar an manchen Stellen undeutlich war, aber doch bestätigte, was Versammlungsteilnehmer berichtet hatten. Der Gauleiter erklärte mir, wie es zu der Verfügung gekommen sei. Ein Pfarrer habe sich - nach seiner Meinung - Übergriffe erlaubt. (Es handelte sich um die kirchliche Einweihung der neuen Schule in Bösel). In der Verärgerung darüber sei es zu dem Erlaß gekommen. Etwas kleinlaut fügte er hinzu: ‚Ich konnte doch auch nicht ahnen, daß so ein Kreuz einen solchen Sturm auslösen könnte'. Er sprach dann über den unerwarteten Widerhall, den die Versammlung in Cloppenburg in der Presse der ganzen Welt gefunden hätte. Deshalb sei der Führer furchtbar erbost. Er, der Gauleiter, müsse mit Abberufung von seinem Posten rechnen, wenn ich nicht helfe [. . .] Aber das, was der Gauleiter von mir verlangte, konnte ich unmöglich erfüllen. Ich sollte nämlich eine Erklärung von allen Kanzeln verlesen lassen des Inhalts, daß der Gauleiter durch die Versammlung in Cloppenburg sich die Herzen der Münsterländer gewonnen hätte. Diese Kanzelerklärung benötigte er für den Führer. Ich erklärte, daß mir dies unmöglich sei, ich könne die Kanzel nicht durch eine unwahre Erklärung mißbrauchen. Da ich meine ablehnende Haltung nicht aufgeben konnte, geriet der Gauleiter, wie so oft, in große Erregung. Er erklärte, ich sei verhaftet. Ich erwiderte, daß ich zur Verfügung stände. Eine solche Verhaftung würde auch dem letzten Münsterländer zeigen, was er von seiner Erklärung, es ging nicht um die Religion, zu halten hätte. *[Der Offizial wurde nicht verhaftet.]*

Pohlschneider, S. 18

Protest gegen antichristlichen Volksschulunterricht

Um die Schulkinder dem Christentum zu entfremden, wurde in den evangelischen Schulen der Religionsunterricht allmählich ganz abgeschafft. Im gesamten Unterricht wurde, sofern sich Lehrer dazu bereit fanden, gegen das Christentum polemisiert.

Eine Beschwerde aus Elisabethfehn:

Ev.-luth. Kirchenrat.   Elisabethfehn, den 18. Dezbr. 1936.

Mit Befriedigung hat der Kirchenrat von der Aufhebung des Erlasses betr. Entfernung der Lutherbilder aus den ev. Schulen Kenntnis genommen, die im ev. Volksteil viel Beunruhigung und Unwillen hervorgerufen hat.
Der Kirchenrat bittet den Herrn Minister, nun auch möglichst bald die Aufsicht über den ev. Religionsunterricht zu regeln. Veranlassung zu dieser Bitte gibt die Tatsache, daß in zwei Schulen unserer Gemeinde unmögliche Zustände eingerissen sind. In der Schule Ost-Elisabethfehn erklärten die Katechumenen und Konfirmanden, seit 3 Jahren keine Gebote mehr gelernt zu haben. In der Mittelklasse der Schule Elisabethfehn werden die Kinder ständig im antichristlichen Sinne unterrichtet. Man macht ihnen die biblischen Geschichten verächtlich und bringt die Seelen der Kinder in einen Zwiespalt zum Elternhaus. Die christlichen Eltern sind darüber mit Recht entrüstet. Durch solches Gebaren wird nicht nur der ev. Kirche Abbruch getan, sondern es schwindet auch das Vertrauen zum Nationalsozialistischen Staat und seiner Obrigkeit. Als Beleg dafür möge die Tatsache dienen, daß evangelische Eltern, die ihre Kinder in katholische Schulen schicken, uns auf unsere Bitte, das nicht zu tun, erklären, sie könnten es nicht verantworten, die Seelen ihrer Kinder durch solche Machenschaften verwüsten zu lassen. Herr Minister! Wir appellieren an Sie als Glied der evangelischen Kirche. Sorgen Sie für baldige Abstellung dieser chaotischen Zustände, ehe die Sache der Kirche und des Staates schweren Schaden nimmt.

An den Herrn Minister der Kirchen und Schulen,   gez. J. Riese, Pastor
       Oldenburg i. O.   *[und 13 weitere Unterschriften]*

Vorbereitung des Krieges

Die wirtschaftliche und militärische Vorbereitung des Krieges wurde schon 1933 begonnen, doch seit 1936, mit der Aufstellung des Vierjahresplanes, noch verstärkt.
Zu den Vorbereitungen gehörten:
1. *Beschaffung der notwendigen Geldmittel.*
2. *Vermehrung und Umstellung der landwirtschaftlichen Produktion („Erzeugungsschlacht") mit dem Ziel der Autarkie, u. a. durch Vermehrung der Nutzfläche (Neuland im Emsland), durch Anlage von Vorräten (Bau von Silos; in Oldenburg z. B. an der Hunte und in der Nähe des damaligen Bahnhofs Osternburg).*
3. *Nutzung der Bodenschätze (Erdöl im Emsland, Eisenerz in den Dammer Bergen).*
4. *Vermehrung des Fischfangs, Aufbau einer Walfangflotte.*
5. *Schaffung und Vergrößerung von Industrieanlagen (Werften in Wilhelmshaven und Bremen, Flugzeugbau an der Unterweser).*
6. *Anwerbung von Arbeitskräften im In- und Ausland.*
7. *Vergrößerung der Wehrmacht.*
8. *Vergrößerung und Neuanlage von Kasernen, Truppenübungsplätzen, Fliegerhorsten (u. a. Ahlhorn u. Wittmund) und Hafenanlagen (z. B. Raeder-Schleuse in Wilhelmshaven).*
9. *Anlage neuer Wohnviertel in den Garnisonen und den Orten der Rüstungsindustrie.*
10. *Ausbau des Luftschutzes.*
11. *Vormilitärische Erziehung der Jugend.*
12. *Spionage-Abwehr.*

Wiederaufrüstung

Die Wiederaufrüstung begann schon 1933. Mit der Einführung der allgemeinen Wehrpflicht (am 16. 3. 1935) wurde sie unter Verletzung des Versailler Vertrages von 1919 in schnellem Tempo vorangetrieben.

Luftschutz

Um die Notwendigkeit der Aufrüstung zu rechtfertigen, wurde die des Luftschutzes ständig propagiert, besonders in den Schulen.

Luftschutz und Schule

Hermann Göring:

So wie draußen die Front die Aufgabe hat, die Heimat zu schützen, wie dem Heere, der Marine und im Luftraum der Luftwaffe eine hohe Aufgabe obliegt, so muß der Luftschutz unten dafür sorgen, daß die Verheerungen etwaiger Bombenangriffe auf das geringstmögliche Maß zurückgeschraubt werden. [. . .]
Drei große Gebiete umfaßt der zivile Luftschutz: den Sicherheits- und Hilfsdienst, den Werkluftschutz und den Selbstschutz. [. . .] Der Werkluftschutz hat die Aufgabe, jene lebenswichtigen Betriebe unter allen Umständen in Gang zu halten, die notwendig sind, um im Ernstfall unserem in einem schweren Ringen befindlichen Volk die Waffen zur Verteidigung zu liefern. [. . .] Ich möchte hier so manchem Zweifler an der Notwendigkeit des Luftschutzes zu überlegen geben: er möge sich einmal hineinversetzen und hineindenken in ein wichtiges Industriewerk, das Flugzeuge, Kanonen oder Munition herstellen soll, wenn feindliche Bombengeschwader dieses Werk aus der Luft überfallen und mächtige Bomben hineinschmettern; was ist dann, wenn niemand da ist, der die notwendigen Maßnahmen trifft und anordnet, daß so bald wie möglich trotz Bombardement das Werk wieder arbeitet? Das können nicht die machen, die sich in Mauselöcher verkriechen, sondern nur die, die bereit sind, im Feuer der feindlichen Bomben ihre Pflicht zu erfüllen!

Hermann Göring

Am Mittwoch, dem 2. Juni, sind in allen Schulen Alarm-, Brandschutz- und sonstige Übungen vorzusehen, um insbesondere in der Jugend den Luftschutzgedanken zu fördern.

Der Reichssachbearbeiter für Schulluftschutz im NS-Lehrerbund
gez. Dr. Winter

Der Erzieher zwischen Weser und Ems 62, 1937, S. 165

Über die Hälfte der gesamten Erzieherschaft ist im vergangenen Jahr im Luftschutz geschult worden. Demzufolge konnte sich auch der Unterricht in den Schulen mit dem Gedanken des Luftschutzes näher befassen. Der von der Reichswaltung des NSLB. verkündete Wettbewerb „Volksgemeinschaft - Wehrgemeinschaft" hat über 80 gelungene Schülerarbeiten aus dem Gau Weser-Ems gebracht. Davon sind drei Modelle und vier Zeichnungen in die Ausstellung „Rasse und Wehr" anläßlich der Reichstagung gelangt und ausgezeichnet worden.

ebd., S. 3

Hitler besucht die Kriegsmarine in Wilhelmshaven (12. 12. 1933)
Von links nach rechts: Admiral Dr. h. c. Raeder, Chef der Marineleitung (mit hellem Mantelaufschlag),
Dr. Hans-Heinrich Lammers, Chef der Reichskanzlei (in SS-Uniform), Hitler, Reichswehrminister General v. Blomberg. Ganz rechts: Spalierbildende SA.
(Foto: Picker)

Garnison Oldenburg

Einzug des Artillerie-Regiments 22 (auf der Bremer Straße)
(Foto: Sammlung Vahlenkamp)

Parade mit alten und neuen Fahnen
(Foto: Oldenburg Gauhauptstadt S. 6)

Neue Flakkaserne in
Oldenburg-Donner-
schwee
(Foto: Oldenburg Gau-
hauptstadt S. 30)

Neues Offiziersheim
des Infanterie-Regi-
ments Nr. 16 (Olden-
burg, Cloppenburger
Straße)
(Foto: Oldenburg Gau-
hauptstadt S. 31)

Den ersten Toten der
neuen Wehrmacht:

Denkmal auf dem
Ehrenfriedhof in Wil-
helmshaven
Während des spani-
schen Bürgerkrieges
blockierten die Flotten
der Großmächte die
Küsten Spaniens, um
Waffeneinfuhren zu ver-
hindern. Dabei kam es
am 29. Mai 1937 zu
einem Zwischenfall:
Die Spanier beschos-
sen das Panzerschiff
„Deutschland" und tö-
teten mehrere Mitglie-
der der Besatzung.
(Postkarte: Stadtarchiv
Wilhelmshaven)

Vorratswirtschaft

An vielen Orten, beson-
ders an Wasserstraßen
und Bahnlinien, wur-
den Getreidesilos an-
gelegt, u. a. in Brake
(Foto: Oldenburgische
Landschaft)

„Hoykenkamp - Entwicklungsstätte des deutschen Hubschraubers"

Ab Anfang 1937 regte sich in den seit Jahren stillgelegten Werkshallen der Margarine-
werke Hoykenkamp Leben. Der alte Schornstein wurde niedergelegt. Neue Gebäude entstanden, eine Flugzeughalle wurde errichtet. Am 26. August 1937 war Richtfest. Künftig
beherbergte der Fabrikkomplex die Firma „Focke, Achgelis und Co. GmbH", die hier den
deutschen Hubschrauber entwickeln wollte.
Die Herren Focke und Achgelis gehörten seit Jahren zu den bekanntesten Persönlichkeiten der deutschen Fliegerei.
Prof. Henrich *Focke*, 1890 in Bremen geboren, unternahm schon mit 18 Jahren mit einem
Gleiter seine ersten Flugversuche am Weserufer [. . .]
Seine stille Leidenschaft aber war der Hubschrauber, ein Flugzeug, das statt der Flügel
Rotoren hatte, senkrecht aufsteigen, vorwärts- und rückwärtsfliegen und in der Luft ste-
hen konnte. Nach jahrelangen Planungen und Versuchen war 1936 der erste gebrauchsfä-
hige Hubschrauber der Welt, der FW 61, fertig. Um ihn zur Serienreife zu bringen, wurde
die Firma Focke, Achgelis und Co. gegründet. Prof. Henrich Focke wurde der „Vater des
Hubschraubers".
Sein Partner war Gerd Achgelis, ein 1908 in Golzwarderwurp geborener Bauernsohn, der
sich ebenfalls mit Haut und Haaren der Fliegerei verschrieben hatte. [. . .]
Beruflich war Gerd Achgelis seit 1933 Chefpilot und Einflieger bei Focke-Wulf in Bremen.
Und diese beiden flugbesessenen Männer gingen nun in Hoykenkamp an die Arbeit. Ach-
gelis gehörte zu den ersten, die den Focke-Hubschrauber flogen. Sehr bald saß aber auch
Hanna Reitsch[1] am Steuer. Nachstehend ein Auszug, der einen kleinen Einblick in die An-
fangszeit der deutschen Hubschrauber-Fliegerei gibt.

[Sie schrieb darüber:]

1937 gelang es Professor Focke in Bremen, die erste, für die Praxis brauchbare Lösung zu
finden.
Er verwandte dabei den Rumpf einer vorhandenen Maschine, stattete ihn jedoch nicht mit

76

zwei flächenhaften Flügeln aus, sondern mit zwei Rotoren, die durch einen Motor angetrieben wurden. Die Blätter der Rotoren änderten während der Umdrehung, über Nocken gesteuert, ihre Anstellwinkel. Dadurch wurde ein senkrechtes Aufsteigen, ein Stehen in der Luft in jeder Höhe, ein Vorwärts- und Rückwärtsfliegen möglich. - Die ersten Versuche verliefen befriedigend.

Damals schien uns der Hubschrauber ein Märchen aus „Tausendundeiner Nacht". - Hier schien sich wirklich ein neues Tor für die Fliegerei aufzutun. - Nach Franke flog ich, und nie werde ich diesen ersten Flug, der ja auch nur ein Vortasten war, vergessen. - Ich dachte an die Lerche, an diesen kleinen, leichten Vogel, der über den Feldern steht. Sein schönstes Geheimnis hatte ihm nun der Mensch entrissen.

Wenige Wochen darauf stattete der bekannte amerikanische Flieger Oberst Lindbergh Deutschland einen Besuch ab. Mir fiel es zu, Lindbergh den Hubschrauber in Bremen vorzuführen. - Er war von dem Hubschrauber so beeindruckt, daß er ihn sein bisher stärkstes technisch-fliegerisches Erlebnis nannte. -

In Hoykenkamp aber wurde geplant, gebaut und gebastelt. Immer häufiger hing irgendwo über dem Werksgelände oder auch in der Umgebung plötzlich ein seltsames Fluggebilde in der Luft, um bald wieder zu landen. Man gewöhnte sich im Ort an den Anblick und auch daran, daß ab und an ein solcher Hubschrauber irgendwo in der Landschaft zu Bruch ging. Einmal lag einer am Fahrener Weg in Ganderkesee.

Der Ort profitierte zunächst einmal von dem neuen Hubschrauber-Werk, er erhielt einen Bahnhof, damit die Fachkräfte aus Bremen das Werk ohne Schwierigkeiten erreichen konnten. Sehr bald aber waren auch die Handwerker aus Delmenhorst und Umgebung bei Focke, Achgelis und Co. tätig. Manche von ihnen waren dienstverpflichtet worden.

Man arbeitete fieberhaft an der Entwicklung des Groß-Hubschraubers FA 223, der 1942 zur Serienreife gelangte. Er blieb lange Zeit unerreicht in Trag- und Steigfähigkeit sowie in der Schnellflugleistung. Mit 7.100 Meter erzielte er im gleichen Jahre den inoffiziellen Höhenrekord.

Müsegades, S. 96 f.

1) Hanna Reitsch, geb. 1912, Sportfliegerin mit zahlreichen Weltrekorden (zuletzt 1971), Testpilotin der Luftwaffe

Stapellauf des Schlachtschiffes „Tirpitz" (Wilhelmshaven 1. 4. 1939):

Das Deutsche Nachrichtenbüro meldet:

Auf der Kriegsmarinewerft in Wilhelmshaven lief in Anwesenheit des Führers und Obersten Befehlshabers der Wehrmacht und der Spitzen des Führerkorps von Wehrmacht, Partei und Staat das Schlachtschiff „G" vom Stapel, ein Schwesterschiff des am 14. Februar vom Stapel gelaufenen 35.000-Tonnen-Schlachtschiffes „Bismarck". Das Schlachtschiff „G" wurde auf den Befehl des Führers von der Tochter des Großadmirals von Tirpitz, Frau von Hassell, auf den Namen „Tirpitz" getauft. Die Taufrede hielt der Leiter des Reichsbundes deutscher Seegeltung, Vizeadmiral z. V. Staatsrat Adolf von Trotha, der im Weltkrieg Chef des Stabes der Hochseeflotte unter Admiral Scheer war.[1]

Dr. h. c. Raeder: Großadmiral

DNB: Der Führer und Oberste Befehlshaber der Wehrmacht beförderte den Oberbefehlshaber der Kriegsmarine, Generaladmiral Dr. h. c. Erich Raeder, in Anerkennung seiner Verdienste um den Ausbau der Kriegsmarine zum Großadmiral. Im Anschluß an den Stapellauf des Schlachtschiffes „Tirpitz" sprach der Führer dem Oberbefehlshaber der Kriegs-

1) Die „Tirpitz" wurde am 22. 11. 1944 im Alta-Fjord (Norwegen) durch Bomber-Angriff versenkt.

marine die Beförderung persönlich aus und überreichte ihm nach einer Ansprache zusammen mit der Beförderungsurkunde und einem Handschreiben den Großadmiralsstab mit der Inschrift: „Dem ersten Großadmiral des Dritten Reiches. Adolf Hitler."

Der Führer spricht in Wilhelmshaven

Der Rathausplatz in Wilhelmshaven war am Nachmittag nach dem Stapellauf des Schlachtschiffes „Tirpitz" der Schauplatz einer großen Kundgebung der NSDAP, auf der der Führer vom Balkon des Rathauses aus zu der Menge und durch den Rundfunk zum ganzen deutschen Volk eine bedeutsame außenpolitische Rede hielt, in der er auf die englischen Einkreisungsbemühungen hinwies und die Abwehr solcher Bestrebungen durch Deutschland ankündigte.

„Das deutsche Volk von heute, das Deutsche Reich von jetzt, sie sind nicht gewillt, Lebensinteressen preiszugeben, sie sind auch nicht gewillt, aufsteigenden Gefahren tatenlos gegenüberzutreten! Wenn die Alliierten einst ohne Rücksicht auf Zweckmäßigkeit, auf Recht, auf Tradition oder auch nur Vernunft die Landkarte Europas änderten, so hatten wir nicht die Macht, es zu verhindern. Wenn sie aber vom heutigen Deutschland erwarten, daß es Trabantenstaaten, deren einzige Aufgabe es ist, gegen Deutschland angesetzt zu werden, geduldig gewähren läßt bis zu dem Tag, an dem dieser Einsatz sich vollziehen soll, dann verwechselt man das heutige Deutschland mit dem Deutschland der Vorkriegszeit.[2] Wer sich schon bereit erklärt, für diese Großmächte die Kastanien aus dem Feuer zu holen, muß gegenwärtig sein, daß er sich dabei die Finger verbrennt.

Wir haben wirklich keinen Haß gegen das tschechische Volk, wir haben jahrelang miteinander gelebt. Das wissen die englischen Staatsmänner nicht. Sie haben keine Ahnung davon, daß der Hradschin[3] nicht von einem Engländer, sondern von Deutschen erbaut wurde, und daß der St. Veits-Dom[4] gleichfalls nicht von Engländern, sondern von deutscher Hand errichtet wurde. Auch Franzosen waren dort nicht tätig. Sie wissen nicht, daß schon in einer Zeit, in der England noch sehr klein war, einem deutschen Kaiser[5] auf diesem Berg gehuldigt wurde, daß schon tausend Jahre vor mir dort der erste deutsche König stand und die Huldigungen dieses Volkes entgegennahm.[6] Das wissen die Engländer nicht, das können sie auch nicht und brauchen sie auch nicht zu wissen. Es genügt, daß wir es wissen und daß es so ist, daß seit einem Jahrtausend dieses Gebiet im Lebensraum des deutschen Volkes liegt. Wir hätten aber trotzdem nichts gegen einen unabhängigen tschechischen Staat gehabt, wenn er erstens nicht Deutsche unterdrückt und wenn er zweitens nicht das Instrument eines kommenden Angriffs gegen Deutschland hätte sein sollen . . .

Ich habe wieder vereint, was durch Geschichte und geographische Lage und nach allen Regeln der Vernunft vereint werden mußte. Nicht um das tschechische Volk zu unterdrücken! Es wird mehr Freiheit haben, als die bedrückten Völker der tugendhaften Nationen!

Ich habe, so glaube ich, damit dem Frieden einen großen Dienst erwiesen; denn ich habe ein Instrument, das bestimmt war, im Krieg wirksam zu werden gegen Deutschland, beizeiten wertlos gemacht. Wenn man nun sagt, daß dieses das Signal sei dafür, daß Deutschland nun die ganze Welt angreifen wollte, so glaube ich nicht, daß man so etwas im Ernst meint; das könnte nur der Ausdruck des allerschlechtesten Gewissens sein. Vielleicht ist es der Zorn über das Mißlingen eines weitgesteckten Planes, vielleicht glaubt

2) Hitler rechtfertigt die Zerschlagung der Tschechoslowakei am 15. 3. 1939. Böhmen und Mähren wurden als „Protektorat" vom Deutschen Reich annektiert, die Slowakei wurde als deutscher Satellit formal selbständig.

3) Der Hradschin, die Prager Burg, wurde im Laufe von Jahrhunderten erbaut. Bauherren waren die tschechischen Herzöge und Könige von Böhmen sowie Kaiser Matthias (17. Jh.) und Kaiserin Maria Theresia (18. Jh.).

4) Bedeutendste Architekten des St.-Veits-Domes auf dem Hradschin waren (im 14. Jh.) Matthias von Arras (aus Frankreich) sowie die Brüder Parler (aus Deutschland).

5) Gemeint ist vermutlich Kaiser Karl IV. Ihm wurde 1346 als König von Böhmen gehuldigt.

6) Im 10. Jahrhundert standen die Herzöge von Böhmen unter loser deutscher Oberhoheit. Der damalige deutsche König Heinrich I. ist nie in Prag gewesen. Eine Huldigung hat es nicht gegeben.

man damit die taktische Voraussetzung zu schaffen für die neue Einkreisungspolitik? Wie dem aber auch sei: Ich bin der Überzeugung, daß ich damit dem Frieden einen großen Dienst erwiesen habe. Und aus dieser Überzeugung heraus habe ich mich auch vor drei Wochen entschlossen, dem kommenden Parteitag den Namen ,Parteitag des Friedens'[7] zu geben.

Wir denken nicht daran, andere Völker zu bekriegen, allerdings unter der Voraussetzung, daß auch sie uns in Ruhe lassen. Das Deutsche Reich ist aber jedenfalls nicht bereit, eine Einschüchterung oder auch nur Einkreisungspolitik auf die Dauer hinzunehmen.

Ich habe einst ein Abkommen mit England abgeschlossen, das Flottenabkommen.[8] Es basiert auf dem heißen Wunsch, den wir alle besitzen, nie in einen Krieg gegen England ziehen zu müssen. Dieser Wunsch kann aber nur ein beiderseitiger sein. Wenn in England dieser Wunsch nicht mehr besteht, dann ist die praktische Voraussetzung für dieses Abkommen damit beseitigt. Deutschland würde auch das ganz gelassen hinnehmen! Wir sind deshalb so selbstsicher, weil wir stark sind, und wir sind stark, weil wir geschlossen sind und weil wir außerdem sehend sind!"

Aus dem Wortlaut der Rede.
Schlecht/Langenbucher, S. 35 ff.

7) Der Parteitag hat nicht stattgefunden, weil Hitler inzwischen den Zweiten Weltkrieg begonnen hatte.
8) Am 18. 6. 1935.

Hitler schreitet in Wilhelmshaven eine Ehrenformation der Marine ab
(1. April 1939)
(Foto: Sammlung Vahlenkamp)

Rechtlosigkeit

Ein Kennzeichen des Dritten Reiches von Anfang an war es, daß es in ihm kein durchsetzbares Recht mehr gab, so daß die Herrschaft Hitlers immer mehr den Charakter eines Despotie annahm, und zwar aus folgenden Gründen:

1. *Rechtsbrüche, selbst Morde untergeordneter Parteistellen und Parteigenossen, blieben ungesühnt. Den Staatsanwaltschaften wurde es verboten, Anklage zu erheben.*
2. *Die Verordnung des Reichspräsidenten zum Schutz von Volk und Staat vom 28. 2. 1933 setzte die Grundrechte und zahlreiche weitere Artikel der Weimarer Verfassung außer Kraft.*
3. *Rechtsbrüche Hitlers, u. a. die von ihm befohlenen Erschießungen anläßlich des angeblichen Röhm-Putsches (1934), wurden nachträglich durch den nur aus Nationalsozialisten bestehenden Reichstag gedeckt.*
4. *Gegen die Maßnahmen der Geheimen Staatspolizei und des Volksgerichtshofes gab es kein Rechtsmittel.*

Dieser Zustand der Rechtlosigkeit wurde auch deutlich im Fall des Goldenstedter Kaufmanns Johannes Meyer, *ehemals Landtagsabgeordneten des Oldenburgischen Landvolks.*
Er wurde im Zusammenhang mit dem Goldenstedter Schulstreit inhaftiert.

Das Folgende nach Hasenkamp. Vgl. LV

Vorfälle in Goldenstedt

Die Volksschulen des Landes Oldenburg waren vor 1933 konfessionell, d. h. entweder evangelisch oder katholisch. Die NSDAP wollte sie in Gemeinschaftsschulen ohne konfessionelle Bindung verwandeln.

In Goldenstedt begann am Montag, dem 2. Mai 1938 ein Schulstreik als Mißbilligung der Errichtung einer Gemeinschaftsschule. Vorausgegangen war dieser ungewöhnlichen wie auch folgenschweren Aktion christlicher Eltern die schulbehördliche Zuweisung der katholischen Kinder aus Varenesch zur dortigen evangelischen Volksschule und die Umschulung der evangelischen Kinder aus Goldenstedt zur katholischen Volksschule. Obwohl seinerzeit Amtshauptmann Haßkamp ausdrücklich vor dieser Maßnahme gewarnt hatte, „weil es an der gesetzlichen Grundlage fehlt", setzte man seitens der oldenburgischen Regierung doch die Anordnung durch.

An jenem Maitage hatten sich zum Beginn des Unterrichts Eltern beider Konfessionen vor der Schule in Goldenstedt versammelt und das Erscheinen des Schulrates verlangt, um ihre Bedenken und Wünsche vortragen zu können. Der Schulrat erschien nicht, statt seiner aber bewaffnete Polizei. Durch solches Vorgehen geriet die versammelte Elternschaft, die im Laufe des Vormittags durch weitere Teilnehmer aus den Bauerschaften und aus Lutten verstärkt worden war, in eine verständliche Erregung und Unruhe. Die Polizei, gegen Mittag durch ein Überfallkommando und die Geheime Staatspolizei (Gestapo) aus Wilhelmshaven vermehrt, trieb die versammelten Menschen zum Teil gewaltsam auseinander. Eine Delegation von zwölf Männern, unter ihnen befanden sich fünf Familienväter aus Ambergen, waren am Vormittag im Dienstzimmer des Bürgermeisters vorstellig geworden, um die Beibehaltung der konfessionellen Schule zu fordern. Der Bürgermeister hingegen berief sich auf seinen dienstlichen Auftrag und konnte von sich aus keine Zugeständnisse machen. Die Männer mußten unverrichteter Dinge das Gemeindeamt wieder verlassen.

In der Woche nach dem 2. Mai wurden die Teilnehmer an dieser Abordnung von der Geheimen Staatspolizei verhaftet und zunächst in Oldenburg verhört. Offenbar absichtlich oder böswillig hatten die fragenden Gestapobeamten der Goldenstedter katholischen Geistlichkeit unterstellt, sie habe die Eltern zur Demonstration ermuntert. Deshalb konzentrierten sich in den Vernehmungen die Fragen immer wieder darauf, welcher von den Geistlichen die Bevölkerung aufgehetzt habe. Die festgenommenen Männer konnten jedoch wahrheitsgetreu versichern, daß sie von keiner Seite animiert oder beauftragt worden seien.

Johannes Meyer reiste nach der Verhaftung der zwölf Männer sofort zusammen mit Heinrich Speckmann aus Goldenstedt-Heide nach Oldenburg und setzte sich dort bei Minister Pauly und Ministerpräsident Röver für die Freilassung der Verhafteten ein, erreichte aber nichts. Röver erklärte sich mit Hinweis auf die Gestapo als unzuständig.
Daraufhin begab sich Meyer zusammen mit dem Bauern Heinrich Niemöller aus Apeler nach Münster. Dort trug er dem Bischof Graf Galen die Sache vor. Sofort nach seiner Rückkunft wurden beide von der Gestapo verhaftet und weggebracht.

Ein vergeblicher Schritt des Reichsverbandes deutscher Offiziere

Der Reichsverband deutscher Offiziere, dem Meyer als Offizier des 1. Weltkrieges angehörte, verwandte sich für ihn, aber vergebens. Der Verband berichtete darüber:

„Reichsverband Deutscher Offiziere
Landesgruppe Oldenburg

Oldenburg, den 22. Mai 1938

Alsdann kann ich Ihnen Antwort auf die Angelegenheit Meyer geben. Ich hatte inzwischen eine Unterredung mit dem Herrn Reichsstatthalter und auf dessen Anraten mit der hiesigen Außendienststelle der Geheimen Staatspolizei und vorher noch mit der Polizeidirektion beim Ministerium, wo ich auf der Suche nach der Gestapo hingeraten war. Überall gab man mir freundlichst Bescheid und bei allen Stellen lautete das Urteil mehr oder weniger gleich.

Röver war am aufgeregtesten und ging am wenigsten auf meine Frage ein, sondern behandelte die Sache als Ganzes und machte in erster Linie für die unglaublichen Wahlen[1] die ‚Pfaffen‘ verantwortlich. Die Ereignisse in Goldenstedt seien auch nur eine Folgeerscheinung dieser Hetze. Er würde dafür sorgen, daß hier ein Exempel statuiert würde. Es solle sich keiner einbilden, wieder freigelassen zu werden. - Ich bemerkte, daß M. ja nicht zuerst mit verhaftet sei und m. W. auch an der ganzen Schulsache uninteressiert gewesen sei. Er habe sich lediglich für seine Mitmenschen einsetzen wollen und sei darum hierher gekommen. Da Herr R. über Einzelheiten nicht informiert war, verwies er mich an die Gestapo.

Sowohl von dem Leiter der Oldenburger Staatspolizei, Polizeirat Ahrens, wie von der Gestapo, Herr Theilengerdes[2], wurde ich sehr freundlich aufgenommen und erhielt, nachdem mir die ganzen Vorgänge geschildert worden waren, betr. M. die Antwort, daß gegen M. betr. seiner Handlungsweise nichts Ehrenrühriges gesagt werden könne. Auch wird keineswegs abgestritten, daß er rein gesetzlich betrachtet, sich nicht in Unrecht gesetzt habe, sein Verhalten habe aber gezeigt, daß er gegen die Anschauung des Nationalsozialismus verstößt, wenngleich anerkannt wird, daß er sich für seine Volksgenossen eingesetzt hat. - Wenn er den Schritt hier beim Ministerium vor dem Ausbruch der Ereignisse getan hätte, gleichsam um einen friedlichen Ausgleich zu schaffen, wäre die Beurteilung anders. Da er aber erst nach Verhaftung der in erster Linie Schuldigen auf dem Wege über einen Rechtsanwalt hier vorstellig wurde und, nachdem dies erfolglos war, sich mit seiner Begleitung sofort nach Münster zum Bischof begab, mußte man seine Solidarität mit den anderen Schuldigen annehmen, und da er zu den Einflußreichen der Gemeinde G. gehört, hätte man, falls sein Wille zur friedlichen Beilegung des Vorfalls bestanden hätte, die Anwendung seines Einflusses in diesem Sinne erwarten müssen. Da aber das Gegenteil angenommen werden muß, erfolgte seine Festsetzung zu recht. -

Über das voraussichtliche Schicksal der Verhafteten ist zu sagen, daß wiederholt das Wort fiel: ‚Für ein Jahr‘ und außerdem ließ sich durchhören, daß der Abtransport nach Oranienburg[3] bereits erfolgt sei. Ob dies für alle zutraf, kann ich nicht behaupten, so im einzelnen ließ man sich mir gegenüber nicht aus. Im übrigen sei man sich klar, daß die Verhafteten nicht die eigentlichen Hauptschuldigen sein müssen. Aber da diese sich offiziell für die Sachen eingesetzt hätten, hätte man diese, um ein Exempel zu statuieren, festgesetzt.

Hieraus geht hervor, daß die Sache für Herrn M. recht wenig günstig steht. Ich bedaure, Ihnen keinen anderen Bescheid geben zu können. Ich glaube auch nicht, daß man einen Einfluß ausüben kann. - Ich habe dies dadurch versucht, daß ich erzählte, Herrn M. aus der Systemzeit zu kennen, wo er ein ausgesprochener Gegner des Zentrums gewesen ist und auf streng nationalem Boden gestanden hat.

Mit kameradschaftlichem Gruß verbleibe ich
Ihr ergebener gez. L. Pieper“

---

1) Bei der „Volksabstimmung zum Anschluß Österreichs" am 10. 4. 1938 hatten in Goldenstedt 34 % der Abstimmenden mit „nein" gestimmt oder ungültige Zettel abgegeben, im Reichsdurchschnitt dagegen nur 0,92 %!
2) Theilengerdes wurde 1949 wegen Mordes an einem Kriegsgefangenen von einem britischen Militärgericht in Celle zum Tode verurteilt und hingerichtet.
3) Tatsächlich nach Buchenwald (bei Weimar)

Eine Postkarte aus dem KZ Buchenwald

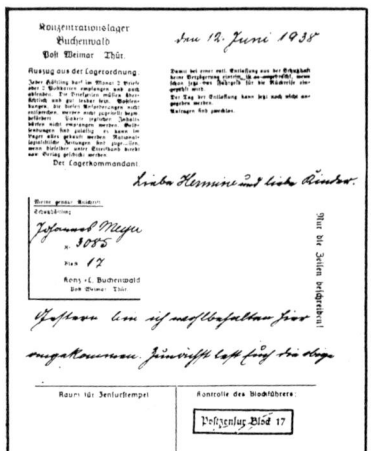

Am 12. Juni teilte
„Schutzhäftling Johannes Meyer . . .
Konz.L. Buchenwald, Post Weimar
Thür."
auf vorgedrucktem Formular mit:
„Gestern bin ich hier wohlbehalten angekommen."
und auf dem Vordruck hieß es:
„Der Tag der Entlassung kann jetzt
noch nicht angegeben werden. Anfragen sind zwecklos."

Die Goldenstedter Gefangenen wurden Ende August „auf Bewährung" freigelassen, blieben aber zunächst unter Polizeiaufsicht.

Ausbürgerung: Der Fall Hermann Tempel/Leer

Das „Gesetz über den Widerruf von Einbürgerungen und die Aberkennung der deutschen Staatsangehörig-keit" vom 14. Juli 1933 ermöglichte es, politische Emigranten auszubürgern. Es wurde bis April 1937 in etwa tausend Fällen angewandt.
Himmler, seit 1936 „Chef der Deutschen Polizei im Reichsministerium des Innern" fordert mit einem Erlaß vom 30. März 1937, davon mehr Gebrauch zu machen.

Geheime Staatspolizei   Berlin, d. 26. Juni 1937
Geheimes Staatspolizeiamt

. . .

    An den Herrn Reichs- und Preußischen Minister des Innern[1] in Berlin

    Betrifft: Aberkennung der deutschen Reichsangehörigkeit des ehemaligen Reichs-
             tagsabgeordneten der SPD Hermann *Tempel*, 29. 11. 89 zu Ditzum geb., im
             Inlande zuletzt wohnhaft in Leer

. . .

Der deutsche Reichsangehörige und frühere Volksschullehrer Hermann *Tempel*, geboren am 29. 11. 89 zu Ditzum, ist deutschblütig.[2] Im Frühjahr 1933 hat er das Reichsgebiet ver-lassen und hält sich zur Zeit in Holland, Amsterdam, Lomanstraat 100, auf. Als Mitglied der SPD war er früher für diese Partei hervorragend tätig. In sehr vielen SPD-Versamm-lungen trat Tempel als Redner auf. Ferner schrieb er für frühere SPD-Zeitungen Artikel politischen Inhalts. Er gehörte dem Reichstag als Abgeordneter der SPD an. Ferner war er gleichzeitig Senator im Stadtparlament in Leer. Noch am 5. 5. 33 hat Tempel in Schüt-torf eine SPD-Versammlung einberufen, in der er die anwesenden Personen aufforderte, trotz des Verbotes der SPD[3] zusammenzuhalten und im alten Sinne weiter zu arbeiten.
Vom Auslande her setzte Tempel sein deutschfeindliches Treiben fort. Im August 1936 lud er mehrere seiner früheren Gesinnungsgenossen aus Deutschland zu einer SPD-Konferenz in Almelo in Holland ein.[4] Auf dieser Konferenz wurde in allen Einzelheiten über den Wiederaufbau der SPD in Deutschland gesprochen.

1) Wilhelm Frick, geb. 1877, 1946 als Kriegsverbrecher in Nürnberg hingerichtet.
2) Der Ausdruck „arisch" wurde amtlich nicht verwendet.
3) Die SPD wurde erst am 22. 6. 1933 verboten.
4) Sie besuchten ihn, ohne eingeladen zu sein.

Im Hinblick auf die staatsfeindliche Tätigkeit des Tempel halte ich seine Ausbürgerung für erforderlich. Ich bitte, ihm unter gleichzeitiger Beschlagnahme seines Vermögens auf Grund des § 2 des Ges. v. 14. 7. 33 die deutsche Staatsangehörigkeit abzuerkennen.

Bei seiner Flucht war Tempel ledig. Ob er in der Zwischenzeit eine Ehe eingegangen ist, konnte nicht festgestellt werden. Eine Erstreckung der Ausbürgerung auf Familienangehörige kommt somit nicht in Betracht.

Das Auswärtige Amt hat Abschrift dieses Schreibens erhalten.

Im Auftrage: gez.: Müller[5]

Dede/Vahlenkamp, S. 90 f.

Die Ausbürgerung wurde mit Wirkung vom 7. Juli 1937 vollzogen. Tempel wurde nach der Besetzung der Niederlande durch Deutschland (1940) festgenommen und am 4. 7. 41 „wegen Vorbereitung eines hochverräterischen Unternehmens" (d. h. Kontakt mit SPD-Mitgliedern) zu zwei Jahren Gefängnis verurteilt. Ende 1942 entlassen, starb er am 27. 11. 44 in Oldenburg.

5) Heinrich Müller, geb. 1900, seit 1939 Leiter der Gestapo, seit 1945 verschollen.

Flucht aus einem Emslandlager nach Holland (1939)

B. K., Inhaber eines kleinen Unternehmens (Herstellung von Möbelpolitur und Bohnerwachs), schloß sich, wohl 1932, der Antifaschistischen Aktion[1] an. Nach der Machtübernahme setzte er die kommunistische Propaganda durch Verteilung von Flugzetteln fort, wurde im Mai 1933 verhaftet, aber im November 1933 vom Oberlandesgericht Hamm freigesprochen. Er nahm seine politische Arbeit sofort wieder auf. In einem Interview sagte er (nach 1945):

„Unsere Arbeit war: Aufklären durch illegale Schriften, die uns mitgebracht wurden aus dem Ausland; Unterstützung der Familien, wo der Mann eingelocht war, dafür sammelten wir; und wenn mal jemand weg mußte ins Ausland, weil man ihn verhaften wollte, dann haben wir dafür gesorgt, daß er ins Ausland kam."

Im Jahre 1937 wurde die Gruppe, zu der B. K. gehörte, insgesamt 92 Personen stark, von der Gestapo verhaftet. B. K. wurde zu acht Jahren Freiheitsstrafe verurteilt. Er war überzeugt, daß das „lebenslänglich" bedeutete.

„Bis Mai 1939 war ich im Lager 2 [Aschendorfermoor]. Dann hab ich mir überlegt, daß ich ja lebenslänglich hatte. Entlassen werden würde ich nie, das wußte ich, nie. Da hab ich mir immer gedacht: Mensch, wenn du nur wegkommen könntest. Ich hatte dann im Mai ziemlich schlimme Zahnschmerzen, die Zähne hatte man mir lose gehauen, einige waren kaputt. Ich meldete mich morgens krank zum Zahnarzt. Dann brachte man mich nicht erst ins Moor. Wir wurden in die Gärtnerkolonnen beim Lager eingereiht und konnten dort arbeiten . . .

[Die bei den Gartenarbeiten beschäftigten Kranken wurden relativ wenig bewacht.]

Es war bei der Frühstückspause so um 9 Uhr (um 6 Uhr gingen wir hinaus). Die anderen Gefangenen aßen im Geräteschuppen ihr Butterbrot und rauchten eine Zigarette, weil sie draußen nicht rauchen durften. Da habe ich mich dann auf die Stelle hingesetzt, wo ich schon in den vorherigen Tagen, als ich dort arbeitete, immer gesessen habe, und fing an, mein Butterbrot zu essen. Für den Posten war das ganz normal. Ich hatte mich beim Arbeiten weit genug von den andern entfernt, damit ich fast allein war, ich hatte mich auch von keinem Kneisje [Zivilangestellten] sehen lassen. Und dann beim Frühstück habe ich meine Kanne schön da abgestellt und mich auf die gewohnte Stelle gesetzt. Es blieb alles ruhig. Mit einem Ruck und Rutsch bin ich durch das schmale Stück dann rein in den Graben. Dann habe ich gehorcht, ob die Maschinengewehre schon rattern, es blieb aber ru-

1) Zeitweiliger Zusammenschluß zwischen Kommunisten und Sozialdemokraten.

hig. Dann auf den Knien weg! Da war noch so eine Baumschonung, da bin ich dann durchgekrochen. Als ich weiter weg war, immer quergelaufen. Später kam ich durch Wiesen mit hohem Gras. Ich kannte ja jeden Weg und Steg in Ostfriesland. Dann bin ich immer ein Stück durch den Graben gelaufen, dann wieder aus dem Graben heraus und so immer abwechselnd, damit meine Spur verwischt war und man mich nicht so leicht fand; denn sie gingen ja auch mit Suchhunden los. Ich bin darum auch ab und zu durch Kuhmist gelaufen, damit die Spur dadurch verwischt wurde . . . Ich kam dann an die Ems.

Hatten Sie nicht Häftlingskleidung an?

Wir hatten schwarzes Zeug an mit gelber Biese und eine schwarze Jacke und schwarze Mütze . . . Wir hatten seinerzeit gestrickte Unterjacken. Ich hatte noch so eine an.
Als ich nun weit genug weg war - ich hatte mir Draht und Nähgarn mitgenommen, damit habe ich die gelben Streifen so gut wie möglich eingenäht, und die Jacke, die wir sonst außen trugen, die habe ich unter der Unterjacke getragen. Die Mütze habe ich mir als Baskenmütze zurechtgemacht. Ich wußte, bei Tage fiel ich wohl damit auf, aber wenn mir nachts jemand begegnen sollte, dann fiel es nicht sofort auf, daß ich ein Gefangener war . . .

Hatten Sie denn überhaupt was zu essen?

Ich hatte mir in meinem Brotbeutel einen Klumpen Brot mitgenommen, damit mußte ich auskommen. Ein Päckchen Tabak hatte ich auch mitgenommen . . .

[K. geht im Verlauf von drei Tagen, ohne mit einem Menschen zu sprechen, in Scheunen übernachtend, etwa 50 km weit bis nach Ludwigsdorf (südlich Aurich).]

Da bin ich dann zu meinem Vetter gegangen. Dort habe ich mich versteckt, acht Tage bin ich geblieben . . . Pfingsten wollte der mich wegbringen nach Holland. Ich hatte Zivilkleidung von ihm bekommen - blauer Schifferanzug. Pfingsten über war in Holland ein Segelwettbewerb, dahin gingen viele Zuschauer. Da sind wir dann hingefahren, als wollten wir uns das auch besehen mit seinem Schiff.

[D. h. sie fuhren von Oldersum aus an das westliche, holländische Ufer des Dollart.]

Es mußten auf der Rückkehr so viele Personen an Bord sein wie auf der Hinfahrt. Damit ich bei der Hinfahrt nicht auffiel, blieb ich unten im Motorraum. Aber diesmal kontrollierten die *[auf dem deutschen Wachtschiff]* richtig und sahen auch in den Motorraum und entdeckten mich. Die fragten dann: „Wer ist das?" Ich sagte: „Ich bin hier der Schifferknecht, der Matrose". „Na, das ist was anderes", meinte er dann. Nun mußte ich wieder mit zurück, denn mein Vetter konnte mich nun ja nicht mehr in Holland an Land setzen. Er hat mich nun wieder mit zurückgenommen, und er gab mir auch Geld.

K. begibt sich, teils zu Fuß, teils mit der Eisenbahn, in die Stadt Norden. Dort fürchtet er Kontrollen.

Als ich dann ausstieg, habe ich mich einfach mit den Bahnpolizisten unterhalten . . . So bin ich dann mit denen quasselnd durch die Sperre gegangen und von dort bin ich zu meinem andern Vetter Ino in Norden gelaufen. Der fuhr mit seinem Schiff von Norden nach Norderney; dort wurde seinerzeit ein Flugplatz gebaut, er mußte dorthin Sand fahren und ich bin dann mit ihm gefahren. Seinen Matrosen hat er sonnabends nach Hause geschickt . . . An dem Abend dann hat mein Vetter seine Frau an Bord geholt, und wir sind dann nachts übers Watt gefahren. Das ist nachts nicht so einfach. Wäre das Schiff festgefahren, dann wäre es nicht wieder losgekommen so leicht.
Ich habe mich dann aber vorne hingestellt und habe ihm Zeichen gegeben, ob er backbord oder steuerbord fahren mußte. So ist er dann gefahren bis kurz vor Emden, dann war es morgens. Wir hatten schon vorher einkalkuliert, daß der Wasserschutz dann nicht mehr da sein konnte, die lösten sich nämlich ab in der Seeschleuse. Infolgedessen konnten wir von der Wasserschutzpolizei nicht mehr beobachtet werden. Dann ist er dann anstatt zur Osterems zur Westerems eingelaufen und in der Bucht von Warden . . . *[an der niederländischen Küste]*, da hat er den Anker eben schnell rutschen lassen. Ich habe mich ins kleine Boot

fallen lassen, er hat mich an Land gepullt. So bin ich dann nach Holland reingegangen. In Holland war das dann erst schwieriger, als ich mir das gedacht hatte . . . In Bierum wollte keiner deutsches Geld haben . . . Ich sagte, daß ich mit dem Schiff dort liege und weiter wollte zu Verwandten nach Groningen. Dafür müßte ich noch eine Fahrkarte haben. Ich sagte: „Können Sie mir das denn nicht eintauschen. Wenn ich dann heute abend wieder zurückkomme von meinen Verwandten, gebe ich Ihnen die Gulden zurück und Sie geben mir mein Geld wieder." Da habe ich den Mann dann auch noch betrogen. Daran können Sie sehen, daß der Mensch ein Produkt seiner Verhältnisse ist . . .

Ich traf dann dort einen, von dem ich annahm, weil er so aussah, daß er ein Kommunist sein könnte, mit dem habe ich dann holländisch gesprochen, soviel ich eben konnte. Ich hatte dann bald herausbekommen, daß das einer von unseren Leuten war. Ich erzählte ihm, daß ich mit dem Schiff angelaufen war und nicht nach Deutschland zurück wollte, ich müsse mich in Holland politisch verdrücken, und fragte, ob er mir einen Kameraden oder Genossen nennen könnte.

[K. erfährt eine Adresse.]

. . . Ich wurde dann bei den Gruppen gemeldet, die mich natürlich erst ausfragten und aushorchten. Die hatten auch wieder ihre Leute, die in Deutschland nachschnüffelten, ob das wahr war, was ich erzählte usw. Als sie dann feststellten, daß das alles stimmte, da wurde ich aufgenommen. Acht Tage war ich in Groningen, und dann wurde ich nach Amsterdam gebracht. Ich wurde der Gruppe der KPD zugeteilt. Die Antifaschistische Aktion hatte dort keine Gruppe, nur die KPD, SPD usw. Die KPD mußte dann für mich sorgen. Vom Komitee bekam ich jeden Tag einen Gulden . . . Damit konnte man sich über Wasser halten. Für Kost und Logis brauchten wir nichts zu bezahlen. Es waren Sympathisanten, die uns aufgenommen hatten und die uns Kost gaben. Die Holländer waren überhaupt sehr gastfreundlich . . . Ich wollte einen Emigrantenausweis haben. Aber Frau Perebohm, die Leiterin der Emigrantenstelle, sagte mir, ich müsse noch warten, das sei noch zu frisch alles mit mir. Also lebte ich dort erst illegal. Aber ich hatte einen andern Ausweis, . . . daß sie mich auf keinen Fall ausliefern durften an die Polizei, weil mir Lebensgefahr drohe in Deutschland . . .

Die Ausweise habe ich zum Teil noch. Hier steht auf Holländisch: „Er mußte aus Deutschland fliehen, weil ihm direkte Lebensgefahr drohte." Da steht: „Ich falle dem holländischen Staat nicht zur Last. Das AVC (Allgemeines Flüchtlingskomitee) gibt mir die Mittel, damit ich leben kann." . . .

Im Mai 1940 kam der Überfall auf Holland. Das Emigrantenkomitee flog dabei gleich auf . . . Ich hatte aber die Leute, bei denen ich wohnen konnte . . .

Ich war vorher schon mit der KPD in Unordnung gekommen, weil ich gegenüber diesen Leuten meine Meinung vertreten habe. Wenn die Nazis und die Kommunisten einen Freundschafts- und Nichtangriffspakt miteinander schließen, dann kann ich doch nicht schweigen! . . . Kommunismus und Imperialismus, das verträgt sich nicht. Durch meine Einstellung wurde ich dort abgelehnt . . .

Nachher bekam ich dann wieder Kontakt mit Untergrund'schen, aber das waren keine Kommunisten, das waren Königstreue . . . Die haben mir hauptsächlich einen Paß besorgt . . . Ich bekam sogar meine Brotmarken, alles von den Leuten, die dort auf den Rathäusern saßen und in Wirklichkeit mit zu unseren Gruppen gehörten. Das war dort ein ganz andere illegales Arbeiten . . ."

[K. konnte 1945 nach Deutschland zurückkehren.]

Poppinga, Roth: S. 150, 157-165

Der Kampf gegen die Juden

Durch die Nürnberger Gesetze von 1935 wurden die Juden auch formal aus der „Volksgemeinschaft" ausgeschlossen. Immer neue Ausführungsbestimmungen zu diesen Gesetzen schränkten ihre Lebensmöglichkeiten weiter ein, doch die Auswanderung wurde ihnen sowohl durch deutsche Bestimmungen als auch durch die Einwanderungsbeschränkungen nahezu aller Staaten der Welt fast unmöglich gemacht. Das Attentat eines Juden (Grünspan) auf einen deutschen Diplomaten in Paris (vom Rath) gab im November 1938 den letzten Anstoß zum gewalttätigen Vorgehen gegen die Juden. In der „Reichskristallnacht" (9. 11. 1938) wurden nicht nur fast alle Synagogen Deutschlands verbrannt, sondern dazu noch Zehntausende von Juden verhaftet und in Konzentrationslager deportiert, von Weser-Ems aus in das Lager Sachsenhausen. Ihre Geschäfte wurden „arisiert", ihre Vermögen fortan von der Gestapo verwaltet. Bald auch wurden den jüdischen Familien die Wohnungen geraubt. Sie wurden in „Judenhäusern" zusammengepfercht. Die Gefangenen in Sachsenhausen wurden Ende Dezember 1938 oder Anfang 1939 wieder entlassen. Sie verließen fast alle fluchtartig mit ihren Familien Deutschland.

Der erste jüdische Tote der Stadt Oldenburg

Franz Reyersbach, 1880 in Oldenburg geboren, Mitinhaber der von seinem Großvater gegründeten Firma „M. L. Reyersbach K.G. Handel und Fabrikation von Fahrrädern, Musikinstrumenten", war ein angeseher und wohlhabender Kaufmann, doch war er bereits 1910 aus der Synagogengemeinde ausgetreten. Trotzdem galt er als Jude. Er war 1918 Mitbegründer der Deutschen Demokratischen Partei im Oldenburger Land. Weil er zudem ein Mann war, der sich den Mund nicht verbieten ließ, wurde er 1936 verhaftet und in das Konzentrationslager Oranienburg gebracht.
Ein Mitgefangener aus Lütetsburg, der Diplomlandwirt W. v. Sch., war in dem Konzentrationslager Sanitäter. Er berichtete in einem Interview:

„Da war z. B. ein Kaufmann aus Oldenburg, *Reyersbach* hieß er. Der wurde auf einem Außenkommando zusammengeschlagen. Ich habe ihn ins Revier geholt; da gab's unsern Außensanitätsdienst schon. Im Revier habe ich ihn wegen ‚Ruhrverdacht' in die Isolierstation gelegt. Dort wagte sich kein SS-Mann hin; wir hatten sie sehr vor der ‚Infektionsgefahr' gewarnt. Reyersbach konnte sich aber von den Mißhandlungen nicht mehr erholen. Er starb an Herz- und Kreislaufschwäche.

Nun war es uns vorher bereits gelungen, durch besondere Umstände, eine ständige Nachrichtenverbindung mit einer internationalen Journalistenunion zu bekommen. Über diesen Draht haben wir eine jüdische Auslandsorganisation vom Schicksal Reyersbach informieren können. Von der Schweiz aus haben die die Angelegenheit aufgewirbelt; das hat viel Aufsehen erregt."

Poppinga, S. 94

R. starb am 14. 12. 1936. Auf seiner Karteikarte im Einwohnermeldeamt Oldenburg stand zunächst als Todesort eingetragen „Konzentrationslager Oranienburg", doch später wurde das Wort „Konzentrationslager" gestrichen und in „Krankenhaus" verwandelt.
Seine Frau wurde fünf Jahre später nach Riga deportiert und dort getötet.
Im Jahre 1985 wurde in Oldenburg eine Straße nach Franz Reyersbach benannt.

Die „Reichskristallnacht"
I. in Wilhelmshaven und Oldenburg

Die Verbrennung der Synagogen durch die
NSDAP und die SA:

Bild rechts:
Die brennende Synagoge in Wilhelmshaven
(am 10. 11. 1938)
(Foto: WZ-Bildarchiv, Wilhelmshaven)

Bild unten:
Die Oldenburger Synagoge nach dem Brand
(am 10. 11. 1938)
(Die Schrifttafel oben links befindet sich heute
im Stadtmuseum Oldenburg)
(Foto: Dr. Enno Meyer)

Abbruch der Oldenburger Synagoge
Links: die ebenfalls ausgebrannte jüdische Schule
(Foto: Dr. Enno Meyer)

Abtransport der jüdischen Geiseln

Oldenburg, 10. November 1938. Die in der Nacht verhafteten jüdischen Männer werden von der SA in einem Triumphzug durch die Stadt zum Gefängnis geführt. Von hier wurden sie am 11. November in das Konzentrationslager Sachsenhausen deportiert.

II. Was die Zeitungen über die Reichskristallnacht brachten

Bremen: „. . . in Ruhe und größter Disziplin . . .“

Bremens Vergeltung für den jüdischen Mord
Synagoge brannte nieder
Demonstrationen vor den Judengeschäften

Wie in vielen anderen Städten und Orten des Reiches kam auch in B r e m e n in der Nacht zum Donnerstag die berechtigte E m p ö r u n g d e r B e v ö l k e r u n g über den vom i n t e r - n a t i o n a l e n Judentum angezettelten feigen Meuchelmord an dem Gesandtschaftsrat vom Rath machtvoll zum Ausdruck. In allen Stadtteilen Bremens, vor allem jedoch in der In- nenstadt, wurden die S c h a u f e n s t e r s c h e i b e n d e r j ü d i s c h e n G e s c h ä f t e z e r t r ü m - m e r t und in die Auslagen Plakate gestellt, die von der Vergeltung für das scheußliche Verbrechen jüdischer Mörderhände sprachen. Außerdem ging in den ersten Morgenstunden des Donnerstag der Judentempel in der Gartenstraße in Flammen auf, ebenso die Kapelle auf dem Hastedter Judenfriedhof. Schließlich wurde auch das dem Judentempel in der Gartenstraße benachbarte Gebäude der jüdischen Verwaltung, das „Rosenakhaus", ausgeräumt. Die Juden Bremens wurden in Schutzhaft genommen. Trotz der ungeheuren Wut, die sich angesichts des Todes des Gesandtschaftsrates vom Rath begreiflicherweise der Bevölkerung bemächtigt hatte, gingen alle Maßnahmen gegen die Juden in Bremen äußerst diszipliniert vor sich.

*

Die Tempel der Juden haben in Deutschland keinen Raum mehr. In dieser einzigen Nacht entschied sich ihr vom Judentum selbst heraufbeschworenes Schicksal. Wenige Stunden dieser Nacht genügten, um sie nach einem letzten Aufflackern für immer von der deutschen Erde verschwinden zu lassen. In Bremen vollzog sich dieser verdiente Vergeltungsakt in der Gartenstraße in Ruhe und größter Disziplin. Es war kurz nach 2 Uhr. Die Flammen prasselten im Erdgeschoß bereits, während von SA-Männern wichtig Scheinendes noch geborgen und draußen auf der Straße aufgestapelt wurde. Die Straße wurde gesperrt. Die Feuerlöschpolizei war mit drei Löschzügen und siebzehn Schlauchleitungen zur Stelle, um wegen der angrenzenden, zum Teil sehr alten Gebäude alle Maßnahmen zur Begrenzung dieses Brandes auf seinen einzigen Zweck zu treffen. Umsichtig traf Oberbaurat Wittmann als Leiter der Feuerlöschpolizei seine Anordnungen. Das benachbarte Kolping-Haus wurde ebenso wie die hinter dem Judentempel liegenden Grundstücke sorgfältig bewacht und zum Teil auch abgespritzt, um jedes Übergreifen der Flammen unmöglich zu machen. Als dann in der fünften Morgenstunde das Innere der Synagoge bis auf den Dachstuhl völlig ein Raub der Flammen geworden ist, weicht das Feuer den Wasserstrahlen. Mit ihnen erlischt, was einst der Judentempel in Bremen war, um niemals wieder aufzuerstehen.[1] Auch das neben dem Judentempel liegende Gebäude der jüdischen Verwaltung, das benachbarte „Rosenakhaus" in der Gartenstraße, wurde ausgeräumt. Die Männer, die sich spontan zu dieser verständlichen Sühneaktion zusammengefunden hatten, trugen Gerät und Einrichtungen hinaus, die noch an den früheren Zweck dieses Hauses erinnern konnten. Sonst wurde das Gebäude unversehrt gelassen. Ein Blick in das Innere ist ungewöhnlich interessant. Bilder großer und kleiner Juden hängen an den Wänden. Eines fällt besonders auf, nicht nur wegen seiner Größe, sondern wegen seiner Darstellung: es zeigt eine Gruppe jüdischer Sportler bei Freiübungen und die Unterschrift „Nordwestdeutsche Leichtathletik Bezirks-Meisterschaften / Deutscher Makkabikreis[2] / Bar Kochba, Bremen." Es ist aus mit dem Makkabikreiseln! Aber 1934, am 8. Juli, durften die Juden noch im damaligen Weser-Stadion „Meisterschaften" durchführen. Damals war der Nationalsozialismus viel duldsamer, als die Juden es nach unseren bösen Erfahrungen der letzten Jahre verdienten. Ein Beweis aber auch dafür, daß die Juden selbst es sich zuzuschreiben haben, wenn ihnen heute der Prozeß gemacht wird: und zwar so gründlich, wie es deutschem Wesen und dem SA-Geist unserer Zeit entspricht![3] Gegen 4 Uhr dringt dann Lärm aus Richtung Brill über die Hutfilter- bis zur Obernstraße. Der zweite Teil der Vergeltungsmaßnahme begann. Disziplinierte Gruppen durchzogen hier wie auch in den anderen Stadtteilen die Straßen und machten vor den jüdischen Geschäften Halt. Ein Schlag mit dem Hammer gegen die Schaufensterscheiben: Klirren dröhnt durch die Straßen. Bei allem Nachdruck der Arbeit herrschte bei allen Beteiligten nicht nur der unbändige Wille zur Vergeltung für feige Mordtat, sondern auch der beherrschte Wille zu unbedingter Ordnung. SA-Posten werden vor den Schaufenstern aufgestellt, um die Auslagen und die Bestände der Geschäfte vor unbefugtem Zugriff zu sichern.

1) In Bremen gibt es heute wieder eine Synagoge.
2) Internationale zionistische jüdische Sportorganisation.
3) Durch Bremer SA-Leute wurden am 9./10. November fünf Juden ermordet.

Als dann am Donnerstagmorgen die Geschäftzeit begann, war ganze Arbeit geleistet. Die Scheiben aller jüdischen Geschäfte waren zertrümmert und die in Bremen lebenden männlichen Juden größtenteils in Schutzhaft genommen, in der sie sich auch heute noch befinden. In der Innenstadt wie auch auf den Hauptstraßen der Vorstädte stauten sich den ganzen Tag über die Menschenmassen; und jeder der Volksgenossen gab seiner Befriedigung darüber Ausdruck, daß hier im nationalsozialistischen Bremen dem Judentum die berechtigte Antwort auf den hinterlistigen Meuchelmord ihres Rassegenossen Grünspan gegeben worden ist. Mit der anhaltenden Empörung über die Mordverschwörung des Judentums und der Befriedigung über die Vergeltungsmaßnahmen verbinden wir alle die Hoffnung, daß Deutschland mit seiner bisher immer noch loyalen Haltung gegenüber den innerhalb seiner Grenzen lebenden und Geschäfte machenden Juden endgültig Schluß macht. Bremens Bevölkerung und mit ihr das ganze deutsche Volk hat gezeigt, daß es nicht geduldig zuschaut, wie deutsche Männer vom Juden hingemordet werden!

Bremer Nachrichten, 11. 11. 1938

Jever:

„Vergeltungsmaßnahme für den jüdischen Mord"
Judentempel brannte aus

Ebenso wie in zahlreichen anderen Städten und Orten des Reiches kam auch in Jever in der Nacht zum Donnerstag die berechtigte Empörung der Bevölkerung über den vom internationalen Judentum angestellten feigen Meuchelmord an dem deutschen Gesandtschaftsrat 1. Klasse Pg. vom Rath machtvoll zum Ausdruck. In den frühen Morgenstunden des Donnerstag ging der Judentempel in der Gr. Wasserpfortstraße in Flammen auf. Obgleich sich der ganzen Einwohnerschaft eine ungeheure Wut bemächtigt hatte, verliefen alle Maßnahmen, die auch am gestrigen Tage noch notwendig waren, in bester Disziplin.

*

Eine vorbildliche Leistung zum Schutze der in unmittelbarer Nachbarschaft des Brandherdes stehenden Wohn- und Geschäftshäuser deutscher Volksgenossen leistete unsere tüchtige jeversche Feuerlöschpolizei. Wenige Minuten nach der durch die Alarmsirene und Feuerhörner erfolgten Alarmierung war die Wehr bereits voll einsatzbereit. Die Flammen schlugen bereits in gewaltiger Höhe aus dem Brandherd heraus, und auch die weiter abseits stehenden Nachbarhäuser wurden durch einen starken Funkenflug gefährdet. In allerkürzester Zeit konnte die Feuerlöschpolizei der Stadt Jever zum Schutze der Nachbarhäuser bereits aus sieben Rohren gleichzeitig Wasser geben. Unter der Leitung von Kreisbrandmeister R. Borchers, Jever, wurden außerdem alle sonst notwendigen Maßnahmen durchgeführt, um deutsches Volksvermögen zu schützen. Die der Wehr gestellte schwierige Aufgabe wurde in hervorragender Weise gelöst. Zu ihrer Unterstützung erschien auch noch einige Zeit später die Feuerwehr des Fliegerhorstes. Es gelang, die Nachbarhäuser vor nennenswertem Brandschaden zu schützen, und die von der Feuerlöschpolizei geleistete vorbildliche Arbeit zum Schutze der Nachbarhäuser fand von allen Seiten volle Anerkennung.

Dieser Brand zeigte aber auch erneut den großen Wert einer voll einsatzbereiten Feuerlöschpolizei, und gleichzeitig konnte man erkennen, daß bei etwaigen Bränden in der Innenstadt der Einsatz einer sehr bedeutenden Anzahl Feuerwehrmänner stets notwendig ist, um einen vollen Erfolg zu erreichen. Auch diesmal waren verschiedene Angehörige der Wehr beruflich oder anderweitig verhindert. Es ist daher dringend notwendig, daß die Wehr auf eine solche Mannschaftsstärke gebracht wird, daß auch bei solchen unvermeidbaren Ausfällen, durch berufliche Verhinderung, Ortsabwesenheit, Krankheit usw., noch in ausreichender Anzahl Wehrmänner zur Verfügung stehen. -

Der Bürgermeister richtet daher erneut den dringenden Appell an alle männlichen Einwohner der Stadt Jever, die bisher noch nicht anderweitig aktiv gebunden sind, einzutreten in die Reihen der Feuerlöschpolizei. Wer in der Feuerlöschpolizei mitarbeitet, erfüllt eine wichtige nationalsozialistische Aufgabe. Die Feuerlöschpolizei kann nicht stark und einsatzbereit genug sein, und es ist der Wunsch der zuständigen Stellen, die hier zu leistende Arbeit zum Besten der Allgemeinheit auf möglichst viele Schultern zu legen.

*

Nicht zuletzt verdienen aber auch SA. und HJ. höchste Anerkennung für ihren Einsatz. In enger Zusammenarbeit mit der Gendarmerie führten sie die notwendigen Überwachungen und Festnahmen durch. Vorbildlicher Geist sprach aus dem ganzen Auftreten und der Haltung bei allen gestern durchgeführten Maßnahmen.[1] Freiwillig und mit anerkennenswerter Opferbereitschaft erfüllte jeder seine Aufgaben, die sich als unbedingt notwendig erwiesen hatten. Zur gerechten Vergeltung der unerhörten Machenschaften des international verfilzten Judentums. In diesem Zusammenhang war es auch notwendig, die Juden Jevers in Schutzhaft zu nehmen.

Jeversches Wochenblatt, 11. 11.1938

1) Die Plünderungen und Demolierungen jüdischer Wohnungen werden nicht erwähnt.

Kennzeichnung der Juden

Seit Anfang 1939 mußte jeder Juden den zusätzlichen Vornamen „Israel", jede Jüdin den Namen „Sara" tragen. Außerdem trugen ihre Ausweise den großen Buchstaben „J".

Kennkarte mit eingedrucktem „J"

Ein Arbeitsbuch, wie es jeder deutsche Arbeitnehmer haben mußte, mit dem zusätzlichen Vornamen „Israel"
(Foto: Sammlung C. G. Friederichsen)

Ankunft im Konzentrationslager Sachsenhausen

Einer der verhafteten Oldenburger, Heinrich Hirschberg, hat nach gelungener Emigration im Januar 1939 seine Erinnerungen an die Einlieferung in Sachsenhausen niedergeschrieben[1]:

. . . kaum stand der Zug, da stürzten die Bewachungsmannschaften des Konzentrationslagers in die Abteile herein, schrien wie die Wilden: ‚Seid ihr noch nicht draußen - Seid ihr noch nicht draußen! Ihr Drecksäcke, auf euch haben wir gewartet!‘ Dabei schlugen sie mit den Gewehren, mit Fäusten und teilten mit ihren klobigen Stiefeln Fußtritte aus . . .

Auf einem Sandweg vor dem Zuge mußten wir uns in Reih und Glied aufstellen. Dabei wurden wieder Schläge ausgeteilt. Wir wurden gezählt, und nachdem alles stimmte, ging der Marsch zum Konzentrationslager Sachsenhausen los.

Es war um etwa 7 Uhr abends des 11. November, eine schreckliche, finstere Nacht, jedenfalls das schrecklichste Erlebnis bis zu meinem 43. Lebensjahr.

Alle die Lebensgefahren und Strapazen des Krieges, die ich als Soldat mitgemacht habe *[als Unteroffizier der österreichischen Armee]*, habe ich nicht so brutal empfunden, wie den Marsch von einigen Kilometern . . .

Es begann eine Hetzjagd von unerhörter Brutalität . . . in Reihen zu fünf Mann wurden die Leute im Laufschritt getrieben. Wir sollten auch Schritt halten und schön geordnet laufen. Die vorne liefen, wurden immer wieder angetrieben und dann wieder angehalten, so daß die Nachdrängenden oder Nachgedrängten aufeinander fielen, und wenn so 20-30 Mann hingefallen waren, wurden sie mit Kolbenschlägen und Fußtritten hochgetrieben . . . Viele bluteten und schrien entsetzlich.

Die Menschen konnten kaum noch atmen. An meiner Seite lief Alex Hirschfeld, ein Mann von 62 Jahren aus Oldenburg, der nicht weiterkonnte. Ich faßte ihn am Arm und schleppte ihn auch noch mit. Ich hatte auch noch einen Handkoffer bei mir, mit dem ich mich gegen Schläge und Fußtritte zu schützen suchte . . .

Endlich sahen wir Lichter vom Lager. Wir sahen die Lichter als Erlösung an, aber wir waren noch lange nicht am Ziel . . . Viele Alte und Kranke blieben unterwegs liegen. Wie wir nachher erfuhren, wurden diese Unglücklichen wie Leichen in einen offenen Bauernwagen hineingeworfen. Sie wurden einfach am Kopf und an den Beinen gepackt und im großen Bogen in den Wagen hineingeworfen.

Als wir endlich erschöpft am Appellplatz des Lagers ankamen, sahen wir viele tausend Gefangene in Zivilkleidung, die auch an diesem 11. November angekommen waren. Die Begleitungsmannschaft übergab uns der Bewachungsmannschaft des Lagers. Alles SS-Leute, entmenschte Sadisten, deren Vergnügen darin zu bestehen schien, wehrlose Menschen zu quälen, zu martern und peinigen . . .

So durchgeschwitzt, wie wir dastanden, mußten wir die Kopfbedeckung ablegen und wer etwa einen Wollschal hatte, mußte den abnehmen . . . alles fing gleich an zu husten. Bald stellten sich Kälte und Durst ein. Aber um uns kümmerten sich nur die SS-Leute, die uns hänselten und uns erzählten, daß wir morgen alle erschossen würden. Ein anderer interessierte sich für den Zivilberuf des einzelnen. Für jeden Beruf, den man nannte, gab er seinen Kommentar. Ein Kaufmann war bei ihm ein Betrüger, ein Arzt - ein Mörder, ein Rechtsanwalt - ein Rechtsverdreher, ein Apotheker - ein Giftmischer, ein Schriftsteller - ein Hetzer usw.

Ein Rechtsanwalt erklärte: ‚Ich bin ein Rechtsanwalt und Oberleutnant a. D.‘ Die Antwort des SS-Mannes waren unzählige Fußtritte und Faustschläge. Er schrie wie besessen: Was, ein Jude Oberleutnant? Du Schwein, du Drecksack, du Schwindler! Du hast wohl

---

1) Aus: Heinrich Hirschberg, Meine letzten Tage in Deutschland (1938). Mit einer Einleitung und mit Anmerkungen versehen von Enno Meyer. In: Oldenburger Jahrbuch 1985.

das ganze Regiment bestochen! Komm, du kannst dieses Schild tragen und deinen Rasse-genossen vorlesen: ‚Wir sind schuld an dem Diplomaten vom Rath. Wir sind die Zerstörer der deutschen Kultur!' . . .

Es war inzwischen Mitternacht geworden, und wir standen noch immer draußen. Schließ-lich wurden wir vor das Büro geführt, wo unsere Personalien aufgenommen wurden . . . auch dort ging es mit Fußtritten und derartigem Geschrei zu, daß man froh war, wenn man wieder draußen war. Aber jeder, der herausgekommen ist und sich neu formierte, bekam vom SS-Mann einen derartigen Fußtritt, daß die meisten hinfielen und nur mit Hilfe von weiteren Fußtritten wieder hochkamen.

Dann hieß es: ‚Ihr friert ja, wir wollen wieder einen Laufschrittmarsch machen.' Dieser Laufschrittmarsch kostete zwei unserer Kameraden das Leben. Der schwer herzleidende Löwenstein, etwa 60 Jahre alt, aus Emden, fiel sofort tot hin. Der zweite war kurz darauf das Opfer des Marsches: Herr Ludwig Weiß aus Bremen, früher Besitzer eines Kaufhauses in Varel . . .

So standen wir, ohne zu wissen, wann wir zur Ruhe kommen. Im Laufe der Nacht wechsel-ten sich die SS-Leute ab. Als ein Gefangener fragte, ob er austreten dürfte, lachte der vor uns stehende SS-Mann und sagte: ‚Du bist ja erst gekommen, bis morgen abend wirst du wohl noch warten können!' Da die meisten 48 Stunden nichts mehr gegessen hatten, war es mit dem Austreten nicht sehr wild, und doch haben viele durch die Kälte oder durch die ausgestandenen Schrecken unbedingt austreten müssen. Es blieb ihnen nichts anderes üb-rig, als sich schmutzig zu machen . . .

. . . Die SS-Männer fragten, wer eine Thermosflasche bei sich habe. Es fanden sich fünf solche Flaschen. In diesen Flaschen wurde für die vielen, etwa 3.000 Menschen Trinkwas-ser herausgebracht. Aber es lockerte sich nachher etwas, es wurden noch andere Gefäße von anderen älteren Sträflingen, die nachher kamen, um unsere Zimmerältesten zu wer-den, heimlich herausgebracht und Wasser verteilt . . .

Wir waren alle schrecklich müde und fielen so hin. Aber wir wurden immer wieder von den entmenschten SS-Leuten aufgeschreckt, die hinter unserem Rücken aufpaßten. Wenn jemand nicht stramm stand, bekam er derartige Fußtritte oder Schläge, daß er hinfiel . . .

Gegen 5 Uhr morgens wurde es etwas lebhafter; die Nachtwache wurde durch neue SS-Leute abgelöst . . .

Kurz nach 6 Uhr strömten die Häftlinge massenhaft auf den Appellplatz. Wir erkannten erst jetzt die Hunderte von Baracken, die rings um den Appellplatz lagen . . . Nach dem Appell marschierte alles zur Arbeit weg.

Wir waren müde, hungrig und schliefen stehend ein. Die Kälte war sehr empfindlich . . .

So verging Stunde um Stunde, es war schon Mittag. Aber wir durften uns weder bewegen noch umsehen. Die Leute kamen von der Arbeit, versammelten sich zum Mittags-Appell, gingen wieder in die Baracken, kamen wieder zum Appell, gingen wieder zur Arbeit, aber wir standen mit dem Gesicht zur Umfassungsmauer. Von allen Seiten waren die Maschi-nengewehre auf uns gerichtet . . .

Erst als es wieder dunkel wurde, kamen alte Strafgefangene . . . und holten einen Teil von uns. Nachdem man uns unglaublich oft gezählt hatte, wurden wir vor eine Badeanstalt ge-führt . . . Die Wertsachen und überhaupt alles außer Taschentuch sollten wir abgeben . . .

Mit Schlägen und Fußtritten wurde man empfangen . . . Bei der Aufnahme der Persona-lien, bei der Übergabe der Wertsachen, bei der Abgabe der Kleider, der Wäsche, der Schuhe, bei der ärztlichen Untersuchung, unter der eiskalten Dusche, bei der Empfang-nahme der Sträflingskleider und vor allen Dingen beim Kahlschneiden der Haare: Es ging alles so eilig, daß sie uns förmlich die Haare ausgezwickt haben.

Dann waren wir wieder draußen nach dem Baden, in unglaublich zerrissener und unge-wöhnlich leichter Kleidung, mit kahlem Kopf, ohne Kopfbedeckung. Nun hieß es wieder draußen stehen. Nach einer Stunde sollten wir endlich in die Baracken gehen . . .

Es begann wieder das Zählen und Aufteilen in die einzelnen Baracken. Wir waren alle vollkommen erschöpft und durchgefroren, ausgehungert, erkältet und todmüde, aber das Zählen nahm kein Ende.

Schließlich kamen wir . . . zu nagelneuen Baracken . . . Es lag schon etwas Stroh da. Wir dachten, wir könnten uns setzen oder hinlegen. Aber weit gefehlt. Da kamen erste Belehrungen und Warnungen. Als wir endlich so weit waren, daß uns etwas schwarzer Kaffee gegeben wurde, der wie Abwaschwasser aussah, war er kalt. Aber wir bekamen dann ½ Kommißbrot und dann sogar noch die für uns reservierte Mittagssuppe, die berüchtigte Fischsuppe, die wir dann fast täglich bekamen. Wir fanden kaum Platz, um sitzend am Tisch zu essen. Wir legten uns daher aufs Stroh und aßen so.

Bald danach wurden wir wieder gezählt, und wir bekamen unsere Schlafplätze angewiesen und je eine Schlafdecke zum Zudecken. Es war sehr eng, wir lagen wie Heringe. Fast keiner legte seine Kleider ab, weil es zu kalt war."

Der Verfasser wurde im Dezember 1938 wieder entlassen und konnte mit seiner Familie (Frau und drei Kinder) in die Vereinigten Staaten auswandern.

Leben abseits der Politik

Ein Dramaturg des Oldenburgischen Landestheaters erinnert sich

Hugo Hartung (1902-1972), später ein bekannter Schriftsteller, kam 1936 als Dramaturg nach Oldenburg. Er schrieb:

Über ihre niederdeutschen Theateraufführungen bin ich zum erstenmal den Menschen da unten wirklich nahegekommen, nachdem ihre Landschaft mich früh verzaubert hatte. Ich verstand anfänglich wenig von den Worten, die sie sprachen, und wenn bei gut pointierten Witzen Gelächterorkane das Haus durchstürmten, lachte ich über die Lachenden. Aber ich hatte doch schon meine Freude, wie die Menschen da oben auf der Bühne lebten, diese Kaufleute, Steuer- und Eisenbahnbeamten, Lehrerinnen und Hausfrauen: wie sie in der anderen Existenz so ganz sicher eingelebt erschienen wie in ihrer eigenen. Denen konnte kein berufsmäßiger Komödiant etwas vormachen, weil sie's ja doch nicht nachgemacht hätten. Weil sie überhaupt nichts „machten", sondern alles waren. Ja, und da war, mitten unter ihnen - den Leuten, die wahrhaftes Leben spielten und in ihrem Spiel lebten - der muntere Prospero, der den magischen Stab seiner Phantasie hob und dies kleine niederdeutsche Lebenstheater recht eigentlich in Gang hielt: August Hinrichs. Den Zauberstab hatte er sich wohl ganz nebenbei aus einem Stückchen Abfallholz in seiner Tischlerei mit geschnitzt - man darf nichts umkommen lassen! -, und nun besaß der etwas von der magischen Kraft, die von dem Mann auf Shakespeares sturmumtoster Zauberinsel ausging. „Totus mundus agit histrionem"[1] - das galt, wie im Globetheater, auch an der Hunte -, und wenn sie im übrigen Deutschland über den „Krach um Jolanthe" herzhaft lachten, so konnte man doch in Berlin oder Stuttgart nicht ahnen, wieviel köstlicher, ursprünglicher, wieviel saftiger noch an Witz das niederdeutsche Urbild, die „Swienskummedi" war. Und daß es allemal als ein großer Tag für das oldenburgische Land galt, wenn Emil Hinrichs, der Weinhändler, und sein Karl - beides Darsteller von gewaltigem Humor - mit den anderen niederdeutschen Laienspielern um ihren Bruder, Onkel und Freund August Hinrichs geschart saßen, der ihnen in seinem Häuschen bei Kerzenlicht seine neueste Kummedi vorlas. Draußen vor dem Haus lag der Dobbenteich, auf dem der Sechzigjährige mit den Schlittschuhen immer noch anmutige Kreise zog. Das Herz geht einem

---

1) Die ganze Welt schauspielert.

auf, denkt man zurück: an die Stadt mit dem Dobben, Stau und Lappan und das Everstenholz, das an den ersten kühleren Nachsommerabenden seine holde Verzauberung durch
rote und grüne Lampions, durch die Sonnen- und Mondgesichter der „Bummellaternen"
empfing. O diese dünnen Kinderstimmchen, die unter den dunklen, hohen Bäumen das
Lied von Sonne, Mond und Sternen singen . . . Dieser Jubel der Kramermärkte mit seiner
karnevalistischen Ausgelassenheit in den Herbstnächten, durchduftet von Aalen, Rostwür-
sten und Schmalzgebackenem und durchklungen von den Weisen vieler Karussells, Leier-
kastenmänner und Straßenmusikanten. Und noch eine Steigerung der Lust bei den Kohl-
fahrten, wo der die Königswürde empfängt, dessen Magen den größten Fassungsraum für
das deftige Mahl und den fettzerteilenden Doornkaat hat. Pralle Lebensfreude, über Jahr-
hunderte bewahrt und nicht anders als auf den niederländischen Bildern vom ausgelasse-
nen Hofstaat[2] des Bohnenkönigs.

Hugo Hartung, Rembrandtlandschaft und Kummedispiel.
In: Hermann Lübbing (Hg.), Oldenburg, eine feine Stadt am Wasser Hunte. Oldenburg 1971

Eine scheinbare Idylle: Wochenmarkt in Oldenburg
(Aus: Oldenburg Gauhauptstadt)

2) Das uralte Bohnenfest wird in Flandern und Holland am Dreikönigstag gefeiert. Wer die eingebackene
Bohne im Königskuchen findet, ist Bohnenkönig (Anm. des Autors).

TEIL 3
September 1939 bis Oktober 1942

WICHTIGE EREIGNISSE

1. 9. 39	Deutschland greift Polen an. Euthanasie-Gesetz
9. 4. 40	Beginn der Besetzung von Dänemark und Norwegen
10. 5. 40	Angriff im Westen
22. 6. 40	Waffenstillstand mit Frankreich
13. 8. 40	Beginn der Luftschlacht um England
14. 11. 40	Zerstörung von Coventry
6. 4. 41	Deutscher Angriff gegen Jugoslawien und Griechenland
22. 6. 41	Deutscher Angriff gegen die Sowjetunion.
11. 12. 41	Deutsche Kriegserklärung an die Vereinigten Staaten
31. 7. 41	Göring beauftragt Heydrich mit der „Evakuierung der deutschen Juden". Beginn des Holocaust
20. 1. 42	Wannsee-Konferenz über die Ausrottung der Juden in Europa
28./29. 3. 42	Englischer Luftangriff auf Lübeck. Beginn der Terrorangriffe mit „Bombenteppichen"
26. 4. 42	Hitler Oberster Gerichtsherr
26. 5. 42	Gauleiter Röver †, Nachfolger Paul Wegener

In den ersten Monaten des Krieges

Der Beginn des Ersten Weltkrieges (1914) hatte einst in Deutschland und auch in anderen Ländern Begeisterung ausgelöst, der des Zweiten dagegen ließ die Menschen erschrecken, war doch die Erinnerung an den letzten Krieg noch sehr lebendig.

Abschied

Am Freitagabend, 25. Aug. 1939, bekam ich um ½ 11 Uhr meinen Gestellungsbefehl . . . Meine Frau war schon zu Bett gegangen, da plötzlich kam Frau Arling und brachte das Schreiben. Wenn ich auch schon mehrere Tage mit meiner Einberufung gerechnet hatte, so war trotzdem dieser Gestellungsbefehl für mich überraschend. Am Sonntag, 27. Aug., 12.00 Uhr, mußte ich in Lüneburg sein. Wie ich meiner Frau das mitteilte, fing sie bitterlich an zu weinen. Es war auch furchtbar schwer für sie. Mußte sie doch in allernächster Zeit ihr viertes Kind zur Welt bringen! Und ihr Mann mußte sie nun allein lassen in ihrer schweren Stunde und in den Krieg ziehen.

Am andern Morgen habe ich dann der Schulklasse von meiner Einberufung Mitteilung gemacht und mich kurz von ihnen verabschiedet. Jedem Kind habe ich die Hand gedrückt. Daß die Mädchen weinten, hatte ich erwartet. Daß aber auch den meisten Jungs und gerade den „Rauhbeinigen" Tränen in den Augen standen, hat mich gewundert. [. . .]

Ich bin dann gleich darauf nach Vechta gefahren und habe mich von meinen Eltern und Geschwistern verabschiedet. Meine Mutter war gerade schwer krank und lag zu Bett. Damals im Weltkrieg hatte sie ungefähr 4½ Jahre ihren Mann im Feld stehen - sie war mit ihren sechs Kindern allein - und nun zog ihr Sohn hinaus. Ich meine, daß die Frauen und Mütter, die ihre Männer und Söhne an der Front haben, am schwersten am Kriege zu tragen haben! Der Abschied von meiner Mutter ist mir sehr zu Herzen gegangen!

Ich habe dann noch an diesem Sonnabend geschäftliche Sachen erledigt, insbesondere die Dinge, die die Schule angingen, ins Reine gebracht. Am Nachmittag bin ich noch mit meiner Frau zur Beichte gewesen . . . .

Tagebuch P.M.

Wehrdienstverweigerung

Es gab eine Gruppe, die in Deutschland den Wehrdienst strikt verweigerte. Es war die der „Ernsten Bibelforscher" (heute: Zeugen Jehovas"). Sie folgten zwar den Einberufungsbefehlen, weigerten sich in der Kaserne aber, ein Kleidungsstück zu tragen, auf dem sich ein Hakenkreuz befand, und eine Waffe anzufassen. Sie wurden schwer bestraft, seit Kriegsbeginn mit dem Tode. Einer dieser Wehrdienst-Verweigerer war der Delmenhorster Reichsbahn-Streckenarbeiter Adolf Bultmeyer. *Er wurde am 13. September 1939 in Berlin zum Tode verurteilt und am 12. Oktober in der dortigen Strafanstalt Plötzensee hingerichtet, dort, wo später auch die Verschwörer des 20. Juli 1944 gehenkt wurden.*

Nachdem er bereits am 14. September seiner Frau das Todesurteil mitgeteilt hatte, durfte er ihr am 12. Oktober noch einmal schreiben.

Name des Briefschreibers: Berlin-Plötzensee, den 12. 10. 1939
Adolf Bultmeyer   Königsdamm 7 Haus:
Gelesen: 13/10

Liebe Anna!

Liebe Anna, ich teile Dir hierdurch mit, daß es mir noch gutgeht, dasselbe hoffe ich von Dir. Wie Du geschrieben hast, gibt es nicht viel Kartoffeln - ja, für Dich langt es wohl! Nun, liebe Anna, ich hätte noch den letzten Wunsch, nimm meine Mutter zu Dir, dann seid Ihr beiden nicht alleine! Du kannst Hanny ja man fragen, ob Mutter nicht zu Dir kommen kann. Sie kann ja die Möbel bei Hanny stehenlassen, und Ihr seid nicht alleine, Ihr beiden. Und nun, Anna, ich denke, Du wirst Dir wohl alleine helfen. Bist schon nach der Wolle[1] hingewesen, um Arbeit? Nach der Hansa-Weser-Flug würde ich Dir abraten, denn die Arbeit, die ist für Dich ungesund. Und wenn die Mutter bei Dir ist, und Du kommst von der Arbeit, dann ist Dein Essen fertig. Und wenn Du sonst *[Lücke]* hast, kannst Du ja Vater zu Rate ziehen. Sind die anderen Kameraden schon eingezogen oder sind sie noch alle da? Und nun, Anna, dies ist mein Abschiedsbrief, Du brauchst nicht wieder zu schreiben. Grüße Tante, Didi, Gerdi, Willi und die anderen Bekannten von mir. Anna, halte den Kopf hoch und verzage nicht, denn Du weißt ja, um was es geht. Gehe man viel nach Tellk und Gerdi und spreche Dich da man aus. Ich möchte Dir wohl noch mehr schreiben, aber weiß nicht mehr. Und nun zum Abschied sei noch vielmals herzlich

---

1) Norddeutsche Wollkämmerei, Delmenhorst

geküßt von Deinem lieben Adolf. Halte Dich treu und brav und lasse den Mut nicht fallen. Vertraue auf Gott, und es wird Dir an nichts mangeln. Grüße Mutter, Hanny sowie die andern Bekannten und Verwandten. Und nochmals, liebe Anna, sei auf alles gefaßt. Auf Wiedersehn, o Heimatland! Auf Wiedersehn, o Königreich! Und nun schreibe ich Dir zum letztenmal, sei nochmals gegrüßt und geküßt 1000mal von

Deinem Adolf

Grüß Sino von mir und Heini

Glöckner II. S. 51 f

Im Krieg gegen Norwegen

Kritische Situation in Narvik

Seit Beginn des russischen Angriffes gegen Finnland (30. 11. 1939) rechnete die deutsche Führung damit, die Westalliierten könnten in Nord-Norwegen landen, um von dort aus Finnland zu unterstützen. Das wollte sie keineswegs zulassen, im Gegenteil, sie wollte sich die Herrschaft über die norwegische Küste sichern, besonders über den Hafen Narvik, Exporthafen des nordschwedischen Eisenerzgebietes, denn das schwedische Eisenerz war für die deutsche Kriegsführung unentbehrlich. In den deutschen Häfen, u. a. in Wilhelmshaven, wurden Schiffe und Truppen für den Angriff auf Dänemark und Norwegen bereitgestellt. Am 9. April 1940 erfolgte der Angriff. Deutsche Zerstörer liefen in die Bucht von Narvik ein.

Aber Engländer, Franzosen und polnische Einheiten, die im Westen neu aufgestellt worden waren, waren ebenfalls angriffsbereit. Schon am 10. April drangen sie in die Bucht von Narvik ein und versenkten die deutschen Zerstörer.

In einer deutschen Darstellung des 2. Weltkrieges heißt es:

„Wiederum verlor Hitler am 19. 4. die Nerven. Er erwog, dem Narvikverband den Abmarsch nach Süden zu befehlen oder ihn im Lufttransport abholen zu lassen. Jodl[1] mußte ihm klar machen, daß ein Abmarsch nach Süden unmöglich sei, ein Abtransport durch die Luft nur in ganz kleinen Gruppen erfolgen könne, starke Verluste an Flugzeugen bedeute und Dietl[2] moralisch das Rückgrat brechen würde."

Tippelskirch S. 62

Am 8. Mai landeten englische, französische und polnische Truppen in Narvik und drängten die deutschen Gebirgsjäger (unter General Dietl) und Zerstörerbesatzungen in die Berge zurück. Sie gerieten hier - fast ohne Nachschub - in eine verzweifelte Situation. Als jedoch Deutschland Frankreich angegriffen hatte (10. 5. 40), entschlossen sich die Alliierten, ihre Truppen von Narvik zurückzuziehen (4. 6.).

Ein Oldenburger berichtet über Narvik

(Vorwort des Buches „Narvik im Bild")

Keine Worte können besser die Geschehnisse in und um Narvik würdigen als der von unserem Führer geprägte Satz:

„Das Wort Narvik wird in der Geschichte für immer ein
herrliches Zeugnis sein des Geistes der Wehrmacht des
nationalsozialistischen Großdeutschen Reiches."

1) Chef des Wehrmachtsführungsstabes, Berater Hitlers in strategischen und operativen Fragen, hingerichtet Nürnberg 16. 10. 1946.
2) Kommandeur einer Gebirgsjägerdivision, Oberkommandierender aller deutschen Truppen im Raum Narvik.

Was für den Narvikkämpfer die Reichstagsrede vom 19. Juli 1940 bedeutet, wie uns die Ehrung des Generals Dietl begeistern konnte, wird nur der ganz ermessen können, der sich ein Bild von diesem Kampf unter der Mitternachtssonne gemacht hat.

Mit diesem Buch wende ich mich vornehmlich an die Kameraden, die dort im hohen Norden im ewigen Eis und Schnee an den Fjorden Norwegens gestanden haben. Ich weiß, daß die Sprache zwischen Kameraden von der Heimat am besten verstanden werden kann. Darum soll von trockenen Zahlen und Berichten nicht die Rede sein. Aus diesem Buche sollen Einzelerlebnisse ihre rauhe Frontsoldatensprache reden, soll das Bild eindringlich klarmachen, was der deutsche Soldat, beseelt von einem fanatischen Glauben an sein Volk, an seine eigene Kraft und beseelt von dem stahlharten Willen, die ihm gestellte Aufgabe zu lösen, in Narvik geleistet hat.

Immer, wenn die schwersten Stunden für uns kamen, wenn wir im Feuer der englischen Schiffe lagen, wenn wir gegen Eis und Schnee ankämpfen mußten, tauchte vor unseren Augen das Bild der fernen Heimat auf, fühlten wir die Augen des Führers auf uns ruhen mit der Mahnung „Du mußt!", und immer dann, ja gerade dann wurde dieser Kampf für uns das Symbol des Ringens um die Freiheit unseres Volkes.

Dort, nicht weit vom Nordkap, gab es keine Vorgesetzten im Sinne des Kasernenhofes, da gab es nur noch im gemeinsamen Kampf Kameraden. Da spielte die Uniform keine Rolle, da stand der Marinesoldat neben dem Gebirgsjäger, der Flieger neben dem Besatzungsmitglied eines Handelsschiffes, der Pionier neben dem Fallschirmjäger. Da lagen Seite an Seite der Norddeutsche neben dem Kärntner, Steiermärker und Bayern, der Ostpreuße neben dem Rheinländer.

In der Heimat wurde dann später das Wort vom „deutschen Alkazar"[1] geprägt. Wir Kameraden von Narvik haben uns nicht als „Helden" gefühlt, wir haben genau so unsere Pflicht unserem Volke gegenüber erfüllt wie der Soldat in Polen oder im Westen. Wir haben unsere Pflicht und Schuldigkeit getan bis zum Äußersten, immer das Ziel vor Augen, eines Tages unserem Führer melden zu können: Aktion Narvik beendet, Befehl ausgeführt!

In diesem Kampf war der Koch genau so wichtig wie der M.G.-Schütze, der Schreiber genau so vonnöten wie der Arzt. Jeder hat dort oben auf seinem Posten gestanden, so wie es verlangt werden kann von einem deutschen Soldaten.

Ein Buch über Narvik zu schreiben nur von der Warte der Kriegsmarine oder der Infanterie aus, hieße der ganzen Sache nicht gerecht werden.

In Narvik kämpfte der deutsche Soldat als Nationalsozialist!

Gerd Böttger: Narvik im Bild

---

1) Im spanischen Bürgerkrieg wurde der Alcazar von Toledo vom 21. 7. bis 27. 9. 1936 von Regierungstruppen belagert. Es gelang den eingeschlossenen Franco-Truppen, sich unter größten Schwierigkeiten zu behaupten.

Im Westfeldzug

Ein Cloppenburger Schüler schreibt in seinem Tagebuch

10. Mai 1940
Draußen ist finstere Nacht. Unaufhörlich brausen die Flugzeuge. Nach Westen . . . nach Westen . . . Es werden wohl meist JU 52 sein, jene großen Transporter, denen man eine Tragfläche abschießen kann und die trotzdem weiterfliegen können . . .
Unruhig wälzt man sich im Bett hin und her. Was brummt da doch nur so? Sind es die Engländer? Ach was! Die brummen anders.
Brummmmm - es sind Deutsche! Verdammt! Laß sie doch tagsüber fliegen . . .

Am anderen Morgen ist der erste Griff zum Apparat. Es muß doch was los sein! - Umsonst sind die Flugzeuge doch nicht die ganze Nacht geflogen. „Der drahtlose Dienst" meldet . . . völlig belanglose Nachrichten . . . also war es doch wohl nur ein Manöver oder irgend etwas Ähnliches! Man geht seiner gewohnten Arbeit nach. -

Unter den Schülern der 6. Klasse der Oberschule für Jungen in Cloppenburg geht in der 2. Pause das Gerücht um, deutsche Truppen seien in Belgien einmarschiert. Aber wer glaubt schon einem Gerücht? . . .

Die Schüler der 6. Klasse fragen in der folgenden Stunde ihren Lehrer. Dieser antwortet kurz und bündig: „Ja, die Deutschen sind in Belgien, Holland und Luxemburg einmarschiert."

Ist's vaterländische Begeisterung oder ist es die Freude darüber, daß der Lehrer jetzt ein Thema zu besprechen hat, daß die Schüler aufjubeln? Denn eins wissen sie, wenn der Lehrer einmal ein Thema in Angriff hat, so hört er nicht auf zu erzählen. Sein Lieblingsthema ist der Krieg. Er war 14/18 Leutnant. Er fährt fort:

„Ja, ich habe gehört, sie sollen Luxemburg schon eingenommen haben" - das kann uns allerdings nicht wunder nehmen; denn um 6 Uhr heute morgen marschierten unsere Truppen über die Grenze, und jetzt ist es ½ 11 Uhr. Luxemburg kann schon lange erobert sein, es hat ja nur ein paar Soldaten: Hurra! Der erste Gegner liegt zerschmettert am Boden! - „und Belgien und Holland an der Grenze voneinander getrennt haben." Hurra! Der zweite Sieg ist nicht weit, wenn's schon soweit ist! - . . . aber wie gesagt, es sind nur Gerüchte . . .

Ja, immer Gerüchte. Man weiß nicht, ob man ihnen trauen kann oder nicht. Aber schon erzählt der Weltkriegsteilnehmer weiter:

„Eines müssen wir uns nun aber vergegenwärtigen: Seht mal, Jungs, werden wir mit einem großen Heer vorrücken oder mit einem kleinen?"

„Mit einem großen Heere!"

„Ja, mit einer gewaltigen Armee; Infanterie, Panzer, Stukas, Artillerie, alles eilt vor. Holland ist nun aber ein Land mit einer kleinen Wehrmacht. Es hat ja selbst nur 8 Millionen Einwohner. Und Belgien ebenfalls. Was können die schon machen, wenn sie nicht -"

„- Hilfe erhalten von England und Frankreich!"

„Ja, das wird bei Belgien auch wohl geschehen. Die Franzosen werden dort sicher einrücken und sich mit der belgischen Armee vereinigen. Aber mit Holland ist das etwas anderes. Warum?"

„Weil Frankreich zu weit davon entfernt ist, und weil England davon durch den Kanal getrennt ist."

[. . .]

11. Mai 1940

Das Radio bringt keine Sondermeldungen.

Sollten die deutschen Truppen nur langsam vorankommen? Oder gar steckenbleiben? Ich glaube es nicht, denn mit wie vielen Soldaten sind wir wohl über die Grenze geschritten . . .?

Eines ist sicher: Ein ungeheurer Kampf entbrennt in Belgien und Holland!

Deutsche Mütter, eure Söhne, die zum großen Sturm antreten, kämpfen für euch, für eure Ehre, für eure Heimat. Sie kämpfen nicht für ein System, sondern für ein Volk. - - -

14. Mai 1940

Überall sind entscheidende Kämpfe im Gange.

Rotterdam wird vor die Wahl gestellt: Kapitulation oder Bombardierung. Rotterdam kapituliert nicht!

Man erzählt, es seien die Flugplätze Rotterdams, als die Deutschen dort landen wollten, miniert gewesen, und unzählige Maschinen, ehe sie gelandet waren, wieder in die Luft geflogen. Und der Engländer soll dann alles bombardiert haben.

Aus Hemmelte sollen auch einige als Luftlandetruppen daran teilgenommen haben. - -

15. Mai 1940

Man munkelt von ungeheuren Mengen Toten, die bei dem Bombardement Rotterdams ums Leben kamen, hauptsächlich seien es Zivilisten . . . Die Geschichte wird einst den wahren Sachverhalt klären.[1]

16. Mai 1940

Was ich heute Ungeheuerliches gehört habe, kann ich nicht glauben.

Will ich nicht glauben.

Und darf ich nicht glauben!

Man erzählte mir, daß deutsche Soldaten, die holländische Gefangene gemacht hätten, letzteren Handgranaten, deren Zündschnüre abgerissen waren, zum Zurücktragen gegeben hätten und daß die Handgranaten krepierten und die ahnungslosen Holländer in Stücke gerissen wurden. Die Deutschen hätten nicht gewußt, so fügte man noch hinzu, wohin sie mit den vielen Gefangenen sollten!

Und das erzählte nicht etwa ein Ausländer, das erzählten Deutsche!

So etwas darf man nicht glauben!

Es mögen ja Taten im Kriege geschehen, die nicht einwandfrei sind, das läßt sich nicht vermeiden -

Aber so etwas gibt es nicht!![2]

Kann es nicht geben!!!

von der Wall, S. 32 f., 40 f.

Ein Elsflether erhält das Ritterkreuz (Juni 1940)

Eine Zeitung meldete:

Heinrich Schwarting wurde am 8. September 1888 in Lintel bei Hude geboren. Im Jahre 1912 trat er als Einjährig-Freiwilliger in ein Infanterie-Regiment ein. Während des Weltkrieges wurde er wegen großer Tapferkeit vor dem Feinde zum Leutnant befördert, mit dem Eisernen Kreuz I und II ausgezeichnet und dreimal verwundet. *[Nach dem Kriege war er Lehrer in Elsfleth.]* Als 1935 die Wehrmacht neu erstand, freute Heinrich Schwarting sich, wieder Soldat sein zu dürfen. 1937 wurde er zum Oberleutnant, 1939 zum Hauptmann der Reserve befördert. Beim Beginn der Westoffensive führte er eine Infanteriekompanie *[im Infanterie-Regiment 154]*. Als am 9. Juni 1940 die Abriegelung der Maginot-Linie und der Verstoß zur Schweizer Grenze begann *[westlich der Vogesen von Nord nach Süd]*, schlug für Hauptmann Heinrich Schwarting die große Stunde der soldatischen Bewährung. Er war mit seiner Kompanie in vorderster Linie eingesetzt und hatte die Schlüsselstellung des Feindes in und bei der Pont-Gaudron-Ferme anzugreifen. Im stärksten

---

1) Am 10. 5. landeten deutsche Luftlande-Truppen, u. a das III. Bataillon des Oldenburger Infanterie-Regiments 16 unter Führung von Oberst Dietrich von Choltitz, in und bei Rotterdam, um die Maasübergänge und die „Festung Holland" gegen englische und französische Angriffe zu schützen. Das gelang nur mit Mühe, denn erst am 14. 5. konnten deutsche Landtruppen den Süden der Stadt Rotterdam, wo die Luftlandetruppen sich behauptet hatten, erreichen. Die deutsche Führung (18. Armee, General v. Küchler) befürchtete noch immer eine englische Luftlandung im Raum nördlich von Rotterdam. Sie befahl daher, den niederländischen Widerstand im Zentrum von R. „mit allen Mitteln" zu brechen und befahl dem Kampfgeschwader 54 (in Delmenhorst, Hoya, Quakenbrück), es am 14. 5. um 15 h zu bombardieren, falls die Niederländer bis dahin nicht kapituliert hätten. Die Kapitulationsverhandlungen zogen sich in die Länge, das Kampfgeschwader flog an und hatte dann keine Nachrichtenverbindungen mehr mit den Landtruppen. Kurz bevor es sich der Stadt näherte, kapitulierten die Niederländer. Rote Leuchtkugeln sollten dies dem Kampfgeschwader anzeigen, doch der Qualm eines brennenden Schiffes behinderte die Sicht. Eine der beiden Gruppen des Geschwaders bemerkte die Leuchtkugeln nicht und warf seine Bombenlast über dem Stadtzentrum ab. Es wurde völlig zerstört, Tausende kamen ums Leben.

2) Diese Greueltaten hat es nicht gegeben.

feindlichen Artillerie-Sperrfeuer aller Kaliber, das in seinem Ausmaß Großkampftagen des Weltkrieges gleichkam, drohte der Angriff zu erliegen. Die ersten Stoßtrupps gegen die Ferme wurden noch vor Erreichen ihres Zieles zusammengeschossen. Im kritischen Augenblick ergriff Hauptmann Schwarting persönlich ein und stürmte mit seinem Kompanie-trupp[1] und energisch zusammengefaßten Stoßtrupps die von einem unerhört zähen Gegner verteidigte Ferme. Er hatte klar erkannt, daß von der Wegnahme dieser starken Stellung der Erfolg des Angriffs für das ganze Regiment abhing. Bei diesem Sturm wurde Hauptmann Schwarting selbst mehrfach kurz nacheinander schwer verwundet, durch Infanterieschüsse durch beide Füße, durch Granatsplitter durch beide Oberschenkel, unter dem linken Auge, an der Nase und an den Lippen. Trotz dieser schweren Wunden und des starken Blutverlustes schleppte sich Hauptmann Schwarting erst in den im Keller der Ferme eingerichteten Verwundeten-Unterstand, nachdem er in größter Ruhe seine Befehle für den weiteren Einsatz gegeben und seine Leute zum Weiterstürmen angefeuert hatte. Für diese Tat verlieh der Führer ihm das Ritterkreuz zum Eisernen Kreuz.[2]

Zeitgenössische Abschrift aus einer Zeitung, in: Paul Meyer

1) Der nur aus wenigen Unteroffizieren und Soldaten bestehende „Stab" einer Kompanie.
2) Über Schwartings Tod vgl. S. 122.

Mißtrauen gegen die gelenkte Presse

Im Dritten Reich hatte sich jedes gedruckte Wort, jedes Bild, jeder Film, jede Rundfunksendung an das zu halten, was das Propagandaministerium anordnete. Das führte zu dem für alle totalitären Staaten typischen Mißtrauen gegen alles amtlich Genehmigte. Dies Mißtrauen steigerte sich noch, wenn eigene Beobachtung und amtliche Nachrichten einander widersprachen.
Der Sicherheitsdienst der SS betrieb so etwas wie eine ständige Meinungsforschung. Deren Ergebnisse wurden als „Meldungen aus dem Reich" im Reichssicherheitshauptamt in Berlin zusammengefaßt. Daraus ein Beispiel (vom 16. 2. 1940):

„Einzelfragen im Pressewesen"

Aus Bremen wird mitgeteilt, daß über ein Autobus-Unglück in Sedelsberg, bei dem 11 Personen getötet, 10 schwer und über 20 Personen leicht verletzt wurden, weder in der Ortspresse noch in der Gaupresse die geringste Notiz erschien. In der Bevölkerung von Sedelsberg und Umgegend, bei der sich ein derartig schweres Unglück schnell herumsprach, hat das Verschweigen Kritik ausgelöst und Zweifel an der Objektivität der Presse hervorgerufen.

Boberach, Bd. 3, S. 768 f.

Aus dem Tagebuch eines Schülers

9. August 1940
Nach dem Frühstück setzten Bernhard und ich uns hin, und ich hole ein paar „Adler" (Illustrierte der deutschen Luftwaffe).
Wir schauen sie uns an.
Auf einmal stutzt der Soldat. Ohne daß ich ihn frage, weshalb, sagt er:
„Es ist nicht alles wahr, was in dieser Zeitschrift steht."
„Wieso?" frage ich.
„Hier, Heinz", sagt er ruhig zu mir, „hier, sieh mal dieses Bild! - ‚Tiefangriff auf Brest-Litowsk' steht darunter. Es ist eine Photographie. Ich kann dir aber nur sagen, daß auf Brest-Litowsk gar kein Tiefangriff stattgefunden hat. Ich lag tagelang vor dieser Festung.

Ja, einmal haben unsere Bomber einen Tiefangriff versucht, da ist ihnen aber die Flak gekommen, die polnische Flak - -".

„Die polnische Flak? - Die hatten doch keine Flak mehr, die Polen, wie man es hier immer liest. Und wo sie welche hatten, da haben unsere Bomber sie sofort zerstört!"

„Das stimmt, aber eben nur zum Teil. Denn ich sage dir, die Flak da in Brest, die war in Ordnung! Und sie hat an diesem Tag unseren Bombern die Hölle heiß gemacht, daß sie nicht wiedergekommen sind!"

- - - Das ist nicht wahr, was in der Zeitschrift steht? Ich kann es nicht beurteilen. - Ich erinnere mich einer kleinen Episode vor etwa 1½ Jahren in unserer Klasse:

Unser Geschichtslehrer damals redete von der Propaganda und was sie im Kriege wert sei. An Hand des Beispiels vom Weltkrieg wollte er uns alles klar machen: „Die englische Propaganda war, wie ihr auch wohl alle wißt, damals sehr gut. Ihr kennt ja die Lügen von abgehackten Kinderhänden . . . usw. Propaganda ist Lüge!!!"

Propaganda ist Lüge, stellt also unser Geschichtslehrer fest, und dann fügte er etwas hinzu, was er wohl nicht hat sagen wollen und sollen: „Und ihr wißt ja auch, daß wir nicht zuletzt durch mangelhafte Propaganda den Krieg verloren haben. Das wird aber nicht wieder vorkommen! Denn unsere Propaganda ist jetzt besser als die englische!"

Propaganda ist Lüge, hat unser Geschichtslehrer festgestellt!

von der Wall, S. 58 f.

Fremdarbeiter

Das Deutsche Reich hatte einen ungeheuren Bedarf an Arbeitskräften. Nach dem Sieg über Polen diente dieses Land als Reservoir für Arbeitskräfte. Bald wurden sie in Massen in der Industrie, im Bauwesen und in der Landwirtschaft beschäftigt.

Diese Polen waren teils ehemalige Kriegsgefangene, die 1940 den Status von Zivilarbeitern erhielten, teils in Polen angeworbene Freiwillige, teils Dienstverpflichtete, die auf Grund der im besetzten Polen geltenden Arbeitspflicht (ab 14) nach Deutschland gebracht worden waren.

Sie wurden durch die Arbeitsämter den Arbeitgebern zugeteilt. Sie wurden nach den deutschen Tarifen - jedoch nach starken Abzügen - bezahlt und mußten auch Beiträge zur Sozialversicherung bezahlen.

Die Polen wohnten in den Städten in Gemeinschaftsunterkünften, auf dem Lande auf den Höfen.

Theoretisch waren sie frei, tatsächlich aber vielen Einschränkungen unterworfen. Für Widerspenstige gab es grausame „Erziehungslager", für Straffällige sehr schnell die Todesstrafe.

Barackenlager für Fremdarbeiter in Wilhelmshaven (Norderney-Lager, 1938) (Foto: Stadtarchiv Wilhelmshaven)

Einsatz von Fremdarbeitern beim Bau der Umgehungsstraße Oldenburg (Mai 1940 bis August 1942). Sie wurde angelegt, um Wilhelmshaven besser mit dem Hinterland zu verbinden.
(Foto: Sammlung Vahlenkamp)

„Polizeiverordnung über die Behandlung der im Lande Oldenburg eingesetzten Zivilarbeiter und -arbeiterinnen polnischen Volkstums."

Oldenburg, den 18. April 1940.

. . .

Auf Grund des Gesetzes vom 27. April 1933, betreffend die Vereinfachung und Verbilligung der öffentlichen Verwaltung wird für das Land Oldenburg folgende Polizeiverordnung erlassen:

§ 1

Den Zivilarbeitern und -arbeiterinnen polnischen Volkstums ist verboten, in der Zeit vom 1. April bis 30. September von 21 bis 5 Uhr und in der Zeit vom 1. Oktober bis 31. März von 20 bis 6 Uhr die Unterkunft zu verlassen, soweit nicht von der Kreispolizeibehörde (Landrat, Oberbürgermeister, Polizeipräsident), durch den Arbeitseinsatz bedingt, andere Zeiten festgesetzt werden.

§ 2

Die Benutzung öffentlicher Verkehrsmittel ist den Zivilarbeitern und -arbeiterinnen polnischen Volkstums nur nach vorheriger Einholung der Genehmigung der zuständigen örtlichen Polizeibehörde (Bürgermeister) gestattet. Die Genehmigung ist nur zu erteilen, wenn die Benutzung öffentlicher Verkehrsmittel im Rahmen des Arbeitseinsatzes nach Mitteilung des Arbeitsamtes erforderlich ist.
Die Benutzung derjenigen Verkehrsmittel, deren Fahrtroute sich lediglich auf den Ortsbereich beschränkt, kann ohne Genehmigung erfolgen.

§ 3

Der Besuch deutscher Veranstaltungen kultureller, kirchlicher und geselliger Art wird den Zivilarbeitern und -arbeiterinnen polnischen Volkstums untersagt.

§ 4

Der Besuch von Gaststätten ist den Zivilarbeitern und -arbeiterinnen polnischen Volkstums untersagt. Jedoch sind ihnen nach Bedarf je nach den örtlichen Verhältnissen von der Kreispolizeibehörde (Landrat, Oberbürgermeister, Polizeipräsident) eine oder mehrere Gaststätten einfacher Art gegebenenfalls für bestimmte Zeiten zum Besuch freizugeben. Der Inhaber einer Gaststätte darf nicht gegen seinen Willen zur Aufnahme von Zivilarbeitern und -arbeiterinnen polnischen Volkstums veranlaßt werden. Soweit vorhanden, sind hierfür in erster Linie die Kantinen industrieller Unternehmungen usw. heranzuziehen, die selbst Arbeiter polnischen Volkstums beschäftigen.

Deutschen Volksgenossen ist in den festgesetzten Zeiten der Besuch der den Polen zur Verfügung stehenden Gaststätten untersagt.

§ 5

Den Arbeitgebern, denen Zivilarbeiter und -arbeiterinnen polnischen Volkstums vermittelt sind, wird auferlegt, ihnen zur Kenntnis kommende Zuwiderhandlungen dieser Arbeitskräfte gegen die für diese geltenden Anordnungen und jedes unerlaubte Verlassen des Arbeitsplatzes unverzüglich der Ortspolizeibehörde (Bürgermeister) zu melden.

§ 6

Die bereits vor Erlaß dieser Polizeiverordnung im Lande Oldenburg eingesetzten Zivilarbeitern und -arbeiterinnen haben sich zwecks karteimäßiger Erfassung und Belehrung innerhalb der nächsten vier Wochen persönlich bei der örtlichen Polizeibehörde (Bürgermeister) zu melden. Zur Durchführung dieser Maßnahmen sind die Arbeitgeber mit heranzuziehen.

§ 7

Jeder Fall der Nichtbefolgung dieser Polizeiverordnung wird mit einer Geldstrafe bis zu einhundertfünfzig Reichsmark bestraft. Bei Zuwiderhandlungen der gemäß § 5 getroffenen Anordnungen kann im Nichtbeitreibungsfalle eine Haft bis zu zwei Wochen festgesetzt werden.

§ 8

Die Polizeiverordnung tritt am Tage ihrer Veröffentlichung in Kraft.

Oldenburg, den 18. April 1940

Staatsministerium.
Pauly.
Oldenburgisches Gesetzblatt. L I. Band, 38.Stück, 23. 4. 1940

Fremdarbeiter in der Oldenburger Glashütte

Aus den Erinnerungen des Obermeisters Ferdinand Kämpf (1939/40)

Im Betrieb begann nun eine aufregende Zeit. Der Arbeitermangel wurde immer größer, an eine 8stündige Arbeitszeit war nicht mehr zu denken. Die Zuteilung der Rohstoffe und Materialien wie Kohle, Sulfat, Soda, Braunstein, Eisen wurden rationiert, es mußte im Betrieb sparsam gewirtschaftet werden.

Bald trafen die ersten gefangenen Soldaten - Franzosen und Belgier - ein, die der Glashütte zur Arbeitsleistung überwiesen wurden. Auch ein Trupp polnischer Familien, Männer, Frauen und Kinder, wurden der Glashütte überwiesen. Ebenfalls ein Trupp jüngerer holländischer Arbeiter wurde nach hier zur Glashütte dienstverpflichtet. Es war nicht immer leicht, mit diesen fremden Menschen fertig zu werden. Für all diese Fremdarbeiter mußte das Werk Unterkünfte schaffen, für Verpflegung und Betreuung sorgen. Die benötigten Unterkünfte hat die Baufirma Westerholt auf dem Werk eingerichtet.

Eine Gemeinschaftsküche wurde eingerichtet mit einer deutschen Kochfrau und einigen Polenfrauen als Helferinnen. Alle Fremdarbeiter, auch die gefangenen Soldaten, wurden aus dieser Küche verpflegt. Außer den Kriegsgefangenen erhielten die Fremdarbeiter denselben Stundenlohn und dieselben Lebensmittelkarten wie der deutsche Arbeiter. Die Löhnung und die Lebensmittelzuteilung für die Gefangenen regelte die Militärverwaltung. Eine Erleichterung für uns im Betrieb war es, daß einige polnische Männer und Frauen die deutsche Sprache einigermaßen beherrschten. Es gab gute, fleißige Arbeiter darunter, aber auch Drückeberger, besonders bei den Frauen, diese meldeten sich einfach krank. Zweimal in der Woche hielt ein deutscher Arzt Sprechstunden auf dem Werk für die Fremdarbeiter ab. Ungeziefer, vor allem Wanzen, brachten die Polen mit nach hier. Die Unterkünfte mußten öfters desinfiziert werden.

Aus: Ferdinand Kämpf: 40 Jahre Obermeister
der maschinellen Flaschenproduktion der
Oldenburger Glashütte. MS, Staatsarchiv Oldenburg, 297 D - Nr. 121.

Niederländische Zivilarbeiter in der Wesermarsch

Auszug aus dem Lagebericht des Gendarmeriekreises Wesermarsch vom 2. Oktober 1940.
[An den oldenburgischen Minister des Innern]

Der Gendarmerie-Posten Elsfleth berichtet wie folgt: Die Stimmung in der ortsansässigen Bevölkerung ist in Ordnung. Sehr zu wünschen übrig läßt die Stimmung bei der hier in letzter Zeit zur Arbeitsleistung eingesetzten fremden Bevölkerung, insbesondere der Holländer. Nicht selten kommt es vor, daß diese nur einige Tage hier arbeiten und dann wieder heimlich abreisen. Sie schützen in den meisten Fällen Krankheit vor, oder das Essen ist hier nicht gut genug, oder die Arbeitszeit ist ihr zu lange. Zu 90 % kann man sagen, ist diese holländische Arbeiterschaft deutschfeindlich eingestellt. Bei jeder nur denkbaren Gelegenheit meckert diese Gesellschaft. An den Lohntagen, mittwochs und sonnabends, bevölkern sie die Wirtschaften und radauen und krakeelen diese umher, und im Fall eines Luftalarms hat man damit zu tun, daß man diese von der Straße entfernt. An die deutsche Ordnung können diese Leute sich nicht gewöhnen, eine Verständigung ist mit ihnen schwer möglich. Sie nehmen alle Rechte für sich in Anspruch, die der deutsche Arbeiter hat, eine Pflicht kennen sie nicht. Eine Verordnung über Behandlung solcher Leute ist bislang nicht herausgegeben, und es wird gewünscht von der Arbeitsfront, daß man sie sozusagen mit Handschuhen anfassen soll, aber damit wird bei dieser Gesellschaft nichts erreicht.

Am Sonnabend hatte ich einen Fall, indem ein 16jähriger Holländer sich weigerte, länger als 48 Stunden in der Woche zu arbeiten und behauptet, daß er noch nie länger hat zu arbeiten brauchen. Von der Werftleitung werde ich immer wieder zu solchen Fällen gerufen. Auf Anfragen beim Arbeitsamt und auch bei anderen Stellen wird dann kurzerhand mit der Achsel gezuckt. Man erhält eben keine Auskunft, was mit solchen Arbeitsunwilligen geschehen soll. Die Meister auf der Werft sehen solche Leute lieber gehen als kommen.

i.V.
gez. Zech
Bez.-Leutnant der Gendarmerie z. Pr.

St. Arch. Old. Best 136-18865

Polnische Zwangsarbeiterinnen in Bremen

Im deutsch beherrschten „Generalgouvernement" (Polen) galt der Arbeitszwang. Jeder Ort hatte eine be-
stimmte Zahl von Arbeitskräften zu stellen. In einem Dorf bei Tschenstochau gehörte im Januar 1940 die
damals 20jährige Celina Droždek zu den Betroffenen. Mehrere Jahre mußte sie in der Bremer Jute-Spinne-
rei arbeiten. Später hat sie ihre Erinnerungen aufgeschrieben (in: „Cierń mojej młodości. Wspomnienia
dzieci i młodzieszy z przymusowych robót w III Rzeszy" [Dorn meiner Jugend. Erinnerungen von Kin-
dern und Jugendlichen an die Zwangsarbeit im Dritten Reich] hg. von Z. Bigorajska u. W. Pietruczuk-Kur-
kiewiezowa, Warschau 1979).
Sie erzählt:

In unserem Saal schlafen 24 Mädchen [. . .]
Salka macht nach der Stubenkontrolle ihre langen blonden Zöpfe auf; da liegt sie mit
ihren seidigen Engelshaaren, schnieft leise vor sich hin und schluckt ihre Tränen herunter.
Sie ist neunzehn Jahre alt und seit zwei Jahren verheiratet. Bei einer Razzia haben sie sie
auf der Straße eingefangen und nach Deutschland geschleppt. Dort in Tschenstochau ist
ihr Mann geblieben und das Töchterchen, ein Jahr alt. Salka ist furchtbar abgemagert, und
sie sieht sehr schwach aus. Nie ist sie lustig, nie lacht sie: immer in schweren Gedanken
und Sehnsucht. Sie sehnt sich nach dem Kind, nach dem Mann, nach dem Vaterland.
Salka schreibt lange und traurige Gedichte. Sie steht vor dem Fenster und starrt hinaus,
bis Herr Schulz kommt, um die Verdunkelung vorzuhängen. Dabei sieht man vom Fenster
aus doch gar nichts: nur den Fabrikhof, auf dem eine Silberbirke steht mit hängenden
Zweigen. Sie glänzen wie Salkas Zöpfe, und wenn der Wind durch den Hof geht, dann
schwanken sie leise. Der Wind kommt von weit herüber, vom Meer. Salka steht am Fenster und schaut die Birke an, die Augen halb geschlossen. Sonderbar ist sie, die Salka: Das
Fenster ist doch verschlossen, und die Birke hört nicht ihre Klage und auch nicht der we-
hende Wind. Aber Salka spricht erst leise bei sich, dann laut und zornig deklamierend; es
wird still im Schlafsaal, und wir hören Salka zu bei ihrem Gedicht:

> Birkenbaum, trauriger Birkenbaum.
> Tröste meine Schmerzen,
> Tröste mein Heimweh!
> Hörst du mich nicht?
> Hier sind doch Polen.
> Birkenbaum, flüstere mit deinen Zweigen,
> Flüstere meine Wörter,
> Flüstere meine Sehnsucht, die quälende.
> Laß Polen auferstehen.
> Die Ketten fallen.
> Die Mütter werden bei ihren Kindern sein.

Ein paar Tage später fängt Salka an zu fiebern. Sie wird krankgeschrieben, liegt im Bett
und murmelt ihre Gedichte.
[Kameradinnen bringen ihr heimlich zusätzliche Verpflegung.]
Als ich abends in unseren Schlafsaal komme, schaut mich Salka mit großen Augen an;
fröhlicher als sonst sagt sie zu mir: «So satt wie heute war ich überhaupt noch nie - aber
jeden Tag sollst du das nicht machen, sonst werd ich noch gesund.» - «Was? Warum denn?
Ich versteh dich nicht.» Mit Tränen in den Augen sagt Salka, von jetzt an werde sie nie
mehr für die Deutschen arbeiten: «Je länger wir schuften, desto länger dauert der Krieg,
desto mächtiger werden die.» - «Aber was willst du denn machen? Wir können doch gar
nichts dran ändern.»
Salka zieht ein kleines Bündel unter ihrem Kopfkissen vor: «Hier, schau dir das an, ich
habe schon eine Waffe gegen die Deutschen.» Ich denke: Jetzt ist sie verrückt geworden.
Aber ich habe mir nichts anmerken lassen und gefragt: «Was ist da drin?» Sie macht das
Bündelchen auf: Es sind Zigarren- und Zigarettenstummel, die sie gesammelt hat: «Du,
bitte, wenn du irgend kannst, dann schick' mir starken heißen Kaffee. Man muß die Stum-

mel einweichen und trinken. Davon wirst du lungenkrank. Dann müssen sie mich nach Hause schicken zu meinem Kindchen, zu meinem liebsten Töchterchen.»

Wieder fängt sie an zu weinen und fragt mich: «Meinst du, ich werde die Kleine wiedersehen? Sie war so rührend. Ob ich das noch erlebe? Jetzt werd' ich warten. Aber wenn es soweit ist, dann nehm' ich sie in meine Arme, und dann drück' ich sie, und dann will ich sie nie mehr loslassen. Nie mehr, nie mehr werd' ich wegfahren ohne das Kind. - Ach, du verstehst mich nicht. Du weißt nicht, wie das ist, wie mich die Sehnsucht verbrennt. Du kannst das nicht verstehen. Kannst du dir das überhaupt vorstellen, wie deine Mutter dich liebt?»

«Nein, natürlich nicht. Meine Mutter ist schon lange tot. Ich habe sie kaum gekannt. Die Erde hat sie schon verschluckt. Nie wieder werde ich eine Mutter haben.»

Jetzt kommen mir auch die Tränen, und Salka vergräbt ihr Gesicht in das Kissen. Sie krallt ihre Finger fest und wimmert: «Lila, mein Kindchen, mein Kleines, mein Herzchen, Mama kommt zurück zu dir. - Ich will zurück, und wenn ich sterben muß bei dem Kind. Herrgott, so hilf mir doch. Ich muß das Kind sehen, lieber Gott, und wenn meine Augen brechen.»

Salka keucht vor Not, abwechselnd blaß und rot im Gesicht. Ich bin lange bei ihr sitzengeblieben. In meinem Kopf ein wirres Durcheinander: Ob ich auch einmal ein Kind bekommen werde wie Salka? Ob es mich anschauen und trösten wird beim letzten Atemzug? [. . .]

Nach sechs Wochen Krankheit hat Salka schließlich den ersehnten Entlassungsschein bekommen. Zwar kann sie jetzt «legal» nach Polen zurückreisen; dafür hat sie aber etwas an der Lunge. Wir beneiden sie trotzdem um dieses Glück, zurückkehren zu können in die Heimat und zur Familie. Und wir müssen hier in diesem Bremen bleiben: arbeiten und nochmals arbeiten [. . .]

In dieser Zeit kommt auch Post aus Otwock bei Warschau. Es ist ein Brief von Salka mit den blonden Zöpfen. Sie ist bei ihrem Kindchen. Sie schreibt, daß es ihr besser gehe; der Arzt habe gesagt, daß sie jetzt keine Bazillen mehr ausscheide. Ich weiß nicht, ob das entscheidend ist, aber das Wichtigste ist, daß sie wieder gesund wird.

Schminck-Gustavus, S. 192-195, 210

Polnische Zwangsarbeiterinnen in Bremen, Oktober 1941. Erinnerungsfoto für die Angehörigen in der Heimat. (Sie tragen - vorschriftswidrig - kein aufgenähtes „P" = Pole auf der Kleidung.)
(Aus: Schminck-Gustavus S. 230)

Schwierigkeiten mit einer ukrainischen Arbeiterin

Die Ukrainer waren rechtlich besser gestellt als die Polen. Das wollten deutsche Arbeitgeber oft nicht hinnehmen. Das zeigt der folgende Briefwechsel.

Ukrainische Vertrauenstelle im Deutschen Reiche   Berlin, den 20. Sept. 40.
    Berlin 30 Bayerischer Platz 3 . . .

An
Herrn M. . .
in N. . .
Betr.: Ukranischen Flüchtling Frl. Rosalie *Peleschowytsch,* geb. 13. 9. 1917 in Lukawyzi, Krs. Lisko, West-Ukraine.
Es ist uns bekannt geworden, daß die Obengenannte bei Ihnen als Lohnarbeiterin eingesetzt wurde, und von Ihnen unmenschlich mißhandelt wird.
Bevor wir die entsprechenden Schritte unternehmen, bitten wir Sie dringend, uns umgehend zu unterrichten, ob die Obengenannte tatsächlich bis zur Bewußtlosigkeit von Ihnen geschlagen und zuletzt von der Polizei verhaftet wurde.
Beiliegend übermitteln wir an Frl. P. unseren Ausweis und machen Sie darauf aufmerksam, daß sie als Ukrainerin unter jeder Beziehung den volksdeutschen Arbeiterinnen gleich gestellt ist.

                    Heil Hitler!
                    I. A. Dorozynskyj.

G. . .M. . .   N. . ., den 24. September 1940.
Landwirt und Kreisbauernführer

An den Herrn Landrat . . .

Anbei übersende ich Ihnen die Abschrift eines an mich gerichteten Schreibens der Ukrainischen Vertrauensstelle in Berlin betreffend die bei mir beschäftigte Rosalie Peleckowicz. Dieses Schreiben stellt eine ganz große Unverschämtheit dar, indem unbewiesene Behauptungen einfach als wahr unterstellt werden, die für mich eine ganz schwere Beleidigung bedeuten. Ich finde es unerhört, daß eine kleine Volksgruppe es wagt, gegenüber Angehörigen des sie beschützenden Großdeutschen Volkes derart aufzutreten. Da Sie selbst den erwähnten Vorfall seinerzeit bearbeitet und die Vernehmungen persönlich vorgenommen haben, sind Ihnen die Einzelheiten bekannt, und Sie können daher selbst die Schwere der in diesem Schreiben enthaltenen Beleidigungen mir gegenüber beurteilen.
Die Ukrainerin ist hier bei uns mit ihrem Willen nicht durchgekommen und versucht jetzt offenbar, durch falsche Angaben über die Ukrainische Vertrauensstelle ihr Ziel, einen Arbeitsplatzwechsel, zu erreichen.
Ich bitte Sie, bei den betreffenden Dienststellen des Deutschen Reiches veranlassen zu wollen, daß die Ukrainische Vertrauensstelle gemaßregelt wird und ihr ein anständiges Verhalten im Großdeutschen Reiche beigebracht wird.
                  Heil Hitler!

                        St. Arch. Oldb. Best. 136-18865

Gottesdienst für Polen

(Es war den Polen verboten, am normalen katholischen Gottesdienst teilzunehmen.)
Eine Arbeiterin aus Bremen erzählt:

Einige von uns haben in einer Nebenstraße eine kleine Kirche gefunden. «Gibt es Gott?

Gibt es keinen Gott?» - Solche Fragen werden jetzt nicht mehr so oft gestellt. «Gottes Mühlen mahlen langsam», sagt uns immer die fromme Frau Gawinek, «ihr müßt Geduld haben.» Jedenfalls wollen wir doch zum Ostergottesdienst gehen.

Aber in die großen Kirchen dürfen wir ja nicht herein: «Nur für deutsche Gemeindeglieder!» Manche von uns leiden darunter, daß wir hier «wie die Heiden» leben müssen - ohne Messe, ohne Beichte, ohne alles. - «Hoho, aber was haben wir denn groß zu beichten? Vielleicht, daß wir den Nazis die Niederlage wünschen? Sollen wir das vielleicht dem deutschen Priester beichten?»

Also gehen wir zum Ostergottesdienst in diese kleine Kirche. Es ist eine extra «Polen-Messe». Ich komme spät, und es ist schon alles ganz voll. Eine Nonne ersetzt den Meßdiener. Dicht gedrängt stehen wir Polen; einige sind aus unserem «Heim», die andern alle unbekannt. Alle tragen das «P», viele Männer in alten polnischen Soldatenmänteln, Gefangene aus dem Jahr 1939. Sie sind inzwischen aus der Gefangenschaft entlassen und zur Landarbeit eingeteilt: auch sie billige Arbeitskräfte für «Groß-Deutschland».

Heute am Osterfest und Auferstehungstag sind sie gekommen, um Gott zu danken, daß sie noch leben, trotz Hunger und Gefangenschaft. Sie schauen unser «P» und wir ihre Soldatenmäntel an. Stumm und ohne Worte. Wir beten. Der Anblick dieser ganzen Soldatenmäntel mit dem aufgenähten «P» ist niederschmetternd. Vielleicht ist einer von ihnen auch bei denen gewesen, die ich damals durch mein Dorf habe marschieren sehen - nach der polnischen Kapitulation mit blutenden Füßen. Sie durften noch nicht einmal anhalten, um Wasser zu trinken.

[. . .]

Manche pressen ihre Gebetsbücher in der Hand, ohne sich zu rühren. Sie beten auch nicht. Tränen laufen über ihr Gesicht. Als die Liturgie zu Ende ist, wendet sich der Priester mit dem Evangelium an dieses bedrückte Volk. Er liest in deutscher Sprache, und wir stehen schweigend, das Herz voller Haß gegen alles, was deutsch ist. In dieser Sprache können wir auch das Evangelium nicht verstehen. Plötzlich legt der Priester die Bibel zurück auf den Altar und beginnt in schleppendem Polnisch zu sprechen: «Geliebte Brüder und Schwester in Jesu Christi! Ich nicht viel reden. Ich 1918 in Gefangenschaft: Kriegsgefangener mit Polski. Ich dann Polnisch lernen. Meine Kinder! Geliebte! Groß-Christus steht vom Grabe auf. Genauso steht euer Land auf - und unser Land!»

Hier, an dieser Stelle, brechen alle wie auf Kommando in Tränen aus. Das ist kein Weinen mehr, das ist ein schreckliches Heulen mit Rachetränen, zum Himmel geschrien. Die Menge fällt auf die Knie und stöhnt und weint um Freiheit und Unabhängigkeit, um das Ende dieses «Dritten Reichs».

Der Priester - später haben wir gehört, daß er Belgier war - löscht die Kerzen am Altar und schiebt sich dicht umdrängt zusammen mit der Nonne zum Ausgang. Die Nonne macht dabei aufgeregte Zeichen mit der Hand: «Nur still, Mensch, seid doch still!» Dann hebt sie einige, die an der Tür knien, auf und sagt ihnen, sie sollten jetzt gehen und sich die Tränen von den Backen wischen: «Schnell, schnell, geht raus, so geht doch schon!»

Vor der Kirche stehen plötzlich Hitlerjungen und fangen an, uns mit Steinen zu bewerfen: «Pollacken! Pollacken-Pack!» Wir laufen, so schnell es geht, zur Hauptstraße, um dort im Menschenstrom unterzutauchen. Lene ist neben mir, und wir stellen uns einfach in eine Schlange, wo es an einem Wagen heiße Kartoffelpuffer zu kaufen gibt. Im Weitergehen machen wir heimlich unser „P" ab. Aber die kleinen Hitlerjungen sind plötzlich wieder da, und wir gehen kurzentschlossen in eine Konditorei in der Nordstraße. Wir bestellen zwei Glas Wasser und Eis. Wir haben das Wasser noch nicht bekommen, da steht am Nachbartisch ein Deutscher auf, kommt an unseren Tisch und schlägt uns ins Gesicht: „Raus ihr Pollacken-Schweine, ihr habt hier nichts verloren."

Schminck-Gustavus, S. 204-206

Papst Pius XII. kritisiert die oldenburgische Regierung

Zwischen der oldenburgischen Regierung, die nicht mehr als nur ausführendes Organ der Gauleitung Weser-Ems der NSDAP war, und der katholischen Kirche, vertreten durch den in Vechta residierenden Offizial des Bischofs von Münster, bestand so etwas wie ein offener Krieg. Er führte zu dem „Kreuzkampf" von Münster (1936, s. o. S. 68 ff.) und zu den Vorfällen von Goldenstedt (1938, s. o. S. 80 ff.). Daraufhin wurde der Offizial Vorwerk aus dem Oldenburger Lande ausgewiesen. Er erhielt einen Zwangsaufenthalt in Mecklenburg. Die oldenburgische Regierung bemühte sich, das Offizialat ganz aufzuheben, und, um Druck auszuüben, stellte sie die Zahlung der seit 1830 jährlich an das Offizialat überwiesenen Bauschsumme ein, und außerdem stellte sie sich auf den Standpunkt, das Vechtaer Offizialatsgebäude gehöre ihr, und sie ließ es am 11. 6. 1940 durch die Geheime Staatspolizei zwangsweise räumen. Darauf spielte der Papst in seinem Brief an den Bischof Clemens August Graf Galen vom 16. 2. 1941 an.

Unserem ehrwürdigen Bruder
Clemens August
Bischof von Münster.

Wir entbieten Dir, ehrwürdiger Bruder, Unseren im Drang der sich häufenden Arbeiten und Lasten etwas späten, aber dafür um so innigeren Dank für Deine treuen Wünsche zum laufenden Jahre. Von Herzen erwidern Wir sie für Dich, Deinen Klerus und Deine Gläubigen. Wir beten und opfern täglich für Euch, daß dieses Jahr, dessen noch dunkle Schicksale alle mit angstvoller Erwartung erfüllen, sich Euch zu einem Gnadenjahr wende, in dem Gott seine Erbarmungen über Euch ausschütte (Eccli. 18,9).
Die Schreiben, die Uns in den letzten Monaten aus dem deutschen Episkopat zugegangen sind, wecken zwar den Eindruck, daß das Jahr 1941 auch der katholischen Kirche in Eurem Vaterland neue harte Prüfungen zu bringen droht. Dein Bericht, den Wir mitfühlend zur Kenntnis genommen haben, hebt besonders die Not der katholischen Jugend hervor. Sie ist Eure und Unsere größte Sorge, um so größer, als die Entchristlichung der Jugend unter einem Zwang vor sich geht, gegen den das Elternhaus und die Kirche oft auch beim besten Willen fast wehrlos sind. Um so mehr erkennen Wir lobend an, was Ihr zur Bewahrung des Glaubens in der Jugend durch den besonderen kirchlichen Religionsunterricht getan habt. Auch anderswoher haben Wir viel Erhebendes über den Erfolg der ‚Glaubensstunde' gehört. Aber selbst wenn er spärlich sein sollte, tut weiter, was in Euren Kräften steht, und stützt, soviel ihr nur könnt, das religiöse Leben in der Familie.
Deiner Beurteilung des Vorgehens gegen das kirchliche Eigentum in *Oldenburg* stimmen Wir zu. Die betreffende Maßnahme liegt in der Richtung jener einseitigen staatlichen Eingriffe, durch welche die wirtschaftlichen Verhältnisse der Kirche in Österreich, im Sudetenland, im sog. Warthegau sowie in Elsaß-Lothringen schwer geschädigt worden sind. Dabei ist im Falle Oldenburg unbezweifelbar, daß das Vorgehen der staatlichen Stellen gegen einwandfreie Konkordatsverpflichtungen verstößt.
Der Eifer, mit dem Du, ehrwürdiger Bruder, das Bewußtsein der Zugehörigkeit zur Gesamtkirche und der Verbindung mit dem Stellvertreter Christi in Deinen Gläubigen lebendig erhältst, tut Uns wohl, und zwar um Euretwillen. Es wäre verhängnisvoll, wenn die Bestrebungen, die deutschen Katholiken abzuschließen und dem Papste zu entfremden, Boden gewännen. Unsere Liebe gehört gewiß allen Kindern der Kirche, ohne Unterschied von Land und Volk, auf beiden Seiten der Kriegsfronten. Das hat aber Unsere Liebe zu Euch nicht verringert. Wir sind Euch so nahe wie in den Jahren, da Wir Euch von Stadt zu Stadt und von Gau zu Gau besuchen konnten[1], ja noch näher, wo Wir Euch in schwerem

---

1) Der Papst, damals Eugenio Pacelli, war von 1920 bis 1929 päpstlicher Nuntius in Deutschland gewesen.

Ringen um die Rettung Eures hl. Glaubens stehen sehen. Sage Deinen Gläubigen, daß Wir in dem gewaltigen Geschehen des Augenblicks nur daran denken und dafür arbeiten, die Verheerungen des Krieges, vor allem die seelischen, Gottentfremdung, Haß und Grausamkeit zu vermindern und dem Frieden die Wege zu bahnen, einem Frieden, der das Gesetz Gottes und die Freiheit seiner hl. Kirche achtet, einem Frieden, der mit der Ehre, den Rechten und den Lebensnotwendigkeiten aller beteiligten Völker vereinbar ist, so wie Wir es in Unseren Weihnachtsbotschaften der beiden letzten Jahre verkündet haben.

Als Unterpfand reichster Gnade Gottes, durch die der Allmächtige den katholischen Glauben, die christliche Tugend, den kirchlichen Sinn in Euch lebendig und unverletzt erhalten möge, erteilen Wir Dir, ehrwürdiger Bruder, allen Deinen Mitarbeitern im Priestertum und Laienstand und allen Dir anvertrauten Gläubigen aus der Fülle des Herzens den erbetenen Apostolischen Segen.

Aus dem Vatikan, den 16. Februar 1941

gez. Pius PP. XII.

Bierbaum, S. 234-237

Aus der Schule

Ein Schulaufsatz im Fach Deutsch

1. März 1941

Wir schreiben 4 Stunden lang einen Aufsatz. Stimmungsbild. Ich wähle das Thema „Auf dem Bahnhof":

Die Straßen sind leer. Nur ab und zu rasselt noch ein Auto mit schmalem Scheinwerferlicht durch die abgeblendeten Häuserreihen. Der Himmel ist klar, von tausend kleineren und größeren Sternen übersät. Von Osten her treibt ein scharfer Wind und läßt das am Tage aufgetaute Wasser wieder festfrieren. Von weitem sehe ich schon die spärlich beleuchtete Bahnhofsuhr. Die Zeiger stehen auf 15 Minuten vor 9 Uhr. Da habe ich ja noch ein paar Minuten Zeit, denn mein Zug fährt erst nach 9 Uhr.

Im Vorraum ist alles aufs letzte verdunkelt. Blaue Lampen spenden nur ein kärgliches Licht an der Fahrkartenausgabe. Am Schalter steht schon in einer Schlange hintereinander eine Menge Reisender. Ich schließe mich an und nehme mein Geld bereit. Gerade höre ich, wie ein kleiner dicker Herr mit großen Brillengläsern vor den Augen ausruft: „Himmel! Da habe ich meine Geldtasche vergessen!" Er sucht in allen Taschen, wird dabei hastig und heftig, murmelt allerlei unverständliche Verwünschungen und überläßt einem anderen seinen Platz an dem Schalter. Nach langem Suchen findet der Herr jedoch seine Tasche wieder. Nun bin ich an der Reihe. „Eine Karte nach Hemmelte, bitte!" -„35 Pfennige macht das. - Danke!" sagt das Fräulein.

Draußen ertönt ein Marschlied, harte Tritte hallen auf der Straße. Eine Stimme: „Abteilung halt! - - Weggetreten!" Alle Soldaten - es sind welche von der Flak - stürmen in den Bahnhof, und ihr Führer, ein Leutnant, begibt sich zum Fahrkartenschalter. Die Soldaten legen Tornister und Gasmaske in die Ecke und beginnen zu rauchen. Einer holt eine Mundharmonika hervor und spielt „La Paloma". Mancher singt die sehnsüchtige Weise mit . . .

Mit einem Schlage ist die Vorhalle voller Menschen. Das graue Kleid überwiegt bei weitem. Überall leises Geflüster. - Lautes Auflachen dazwischen. Das sind ein paar junge Burschen, die sich eine billige „Eckstein-"Zigarette angezündet haben und sich nun bemühen, den Rauch möglichst geräuschvoll und weit von sich zu stoßen. Da kommt plötzlich ein

Offizier in einem Mantel herein. Die Soldaten hauen die Hacken zusammen und grüßen. „Das ist ein Major!" sagt einer der Burschen. - „Quatsch - das ist ein Oberst!" sagt ein anderer. In Wirklichkeit ist es aber ein Hauptmann, wie man an den Achselstücken deutlich sehen kann.

Die Zeiger der Uhr rücken weiter vor. Die Stimmung hier ist ausgelassen und froh. Die Soldaten lachen und scherzen. Eben erzählt einer: „Heute morgen mußten wir aber schwer ran. In dem Saudreck ,Hinlegen!' - ,Auf!' und so weiter. Und um 1 Uhr sind wir schon wieder in tadelloser Uniform und fahren hierher zu den Künstlerspielen. Aber - Spaß macht die ganze Sache doch, wenn es auch oft schwer ist!" - „Na, dafür seid ihr ja auch Rekruten . . .!" ruft ein Altgedienter, und alle fallen lachend ein.

Da - der Schaffner an der Sperre kommt. Ein wildes Drängen beginnt. Ich komme in eine richtige „Zwangslage". Der alte Schaffner öffnet jedoch nicht die Sperre, sondern ruft laut: „Der Zug in Richtung Osnabrück hat voraussichtlich 30 Minuten Verspätung!" - - Stille. . . - Dann ein lebhaftes Reden und Murmeln. Eine kleine Dame sagt zu einem großen blonden Soldaten: „Das ist ja noch eine kleine Galgenfrist. Nun können wir noch ein wenig länger zusammenbleiben!" Und sie gehen langsam Arm in Arm durch die sich leerende Vorhalle . . . Alles strömt in den Wartesaal, um dort einige Minuten sitzen zu können. Ich besehe mir die Plakate, die an den Wänden angebracht sind. „Achtung! Bei Gesprächen: Feind hört mit!" und „Luftschutzraum für 100 Personen", lese ich da.

Ich gehe für eine kleine Zeit nach draußen. - Oh, was ist die Luft hier doch anders! Hier frische, kalte Luft, drinnen stickige, nach Tabak riechende Luft. Der gute alte Mond beleuchtet die Häuser mit seinem fahlen Licht . . . Und, siehe da! - Dort kommt ja auch mein Freund Hans. „Du hast wohl mit Verspätung gerechnet, was?" - „Aber klar - ich komme immer früh genug, wenn es auch manchmal reichlich spät ist", erwidert er lachend. - Gemeinsam gehen wir in den Wartesaal.

An einen Sitzplatz ist natürlich nicht mehr zu denken. Alles ist besetzt. So stellen wir uns in eine Ecke. Keiner von uns sagt ein Wort. Die kleine Mundharmonika spielt wieder: „. . . Das grüne Gläslein zersprang mir in der Hand - Brüder, ich sterbe fürs Vaterland!" - - Drüben sitzt eine alte Mutter. Sie spricht mit einem jungen Gefreiten: „Sie haben also unseren Rolf gesehen?" - „Ja, er ist bei mir in der Kompanie!" - „So, so, wie geht es ihm denn?" - „Gut, das kann ich wohl sagen. - Er hat mit mir zusammen an dem ganzen Feldzug teilgenommen, in Frankreich, bei . . ." Mehr können wir nicht verstehen, die Worte verschwinden in dem lauter werdenden Singen der Soldaten und in dem Lachen einiger Arbeiter, die an der Theke stehen.

Ich sehe auf die Uhr. Es ist Zeit. Allmählich wird der Bahnhofswartesaal leer. Die Sperre ist schon offen, als wir ankommen. Nun heißt es endgültig Abschiednehmen. Die kleine Dame drückt dem Soldaten die Hand. Sie sehen sich in die Augen: „Also, auf Wiedersehen!" - „Gute Reise!" Und ein Unteroffizier sagt zu einem anderen: „Auf Wiedersehen - in England!" -

Der Bahnsteig steht schon voll Menschen, hin und her gehend, um sich zu erwärmen. Zwei kleine, unscheinbare Kugeln leuchten nordwärts auf den Schienen! Der Zug! Mit lautem Zischen und Stampfen läuft er ein. „Cloppenburg! - Cloppenburg!" rufen die Schaffnerinnen in den blauen Anzügen. Die Fenster sind dunkel, die Türen öffnen sich. Wir steigen wahllos ein und öffnen das Fenster. Mit einem letzten Händedruck verabschieden sich Braut und Bräutigam, Sohn und Mutter . . .

Der Schaffner mit der roten Mütze hebt das grün leuchtende Licht hoch. Der Zug fährt ab. Von ferne, wo der Bahnsteig liegt, winken weiße Taschentücher.

Unser Deutschlehrer, Herr L., beurteilt den Aufsatz so:
Schrift: II
Arbeit: Eine ansprechende Arbeit. Die Darstellung ist anschaulich und fließend. Stimmungsgehalt gut.
II L.

von der Wall, S. 84-86

Verdrängung des Religionsunterrichts aus den Schulen

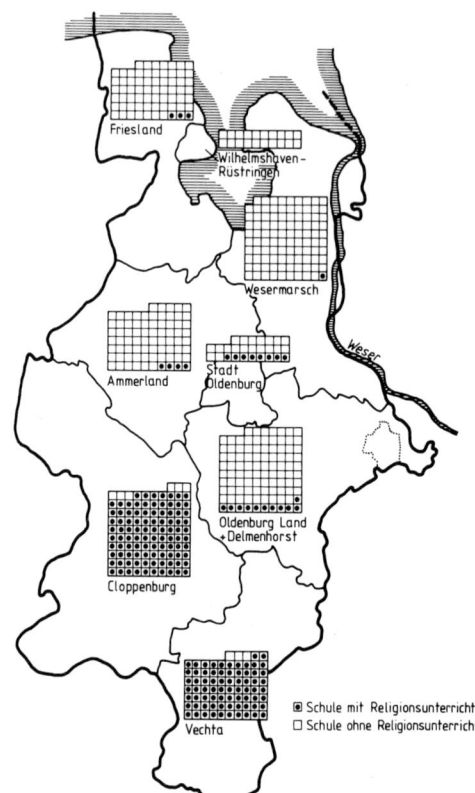

**Die Situation im Oldenburger Land im Frühjahr 1941: Nur in den katholischen Landkreisen Cloppenburg und Vechta gibt es noch an fast jeder Schule Religionsunterricht.
(Aus: Kuropka 131)**

Rassistischer Geschichtsunterricht

3. April 1941
Aus meinem Jahresarbeiten-Heft, Klasse 6 a[1]:
Geschichtliche Jahresarbeit

1. Welche Gründe führten zum Aufstieg und Untergang der indogermanischen Völker im Orient?
In der großen indogermanischen Wanderung kommen die Inder und Perser in eine Welt anderer Rassen und anderen Blutes. Durch ihre rassische Überlegenheit waren sie in ihrem Raum bald die beherrschende Schicht, wenn sie auch der Zahl nach den anderen gegenüber außerordentlich klein war. Man achtete vor allem auf Reinerhaltung des Blutes. Diese Bauernvölker organisierten ihren Staat erst von innen. Die Jugend mußte reiten, schießen und Bogenschießen[2] können. Eine große Kinderzahl machte die Stellung einer Führerschicht erst möglich. Dann dehnten sich Reiche nach außen aus. Bei diesen Kämpfen ging viel bestes Blut verloren, da die Bauern erst allein die Krieger waren, und viel fremdes Blut gelangte unter ihre Herrschaft. Allmählich vermischten sich die Nordischen mit den Andersrassigen. Von da ab war ihr Geschick besiegelt. Das fremde Blut

---

1) Der heutigen Klasse 10 entsprechend.
2) Aus dem alten Persien wird die Formulierung „Reiten, Bogenschießen und die Wahrheit sagen" überliefert.

nahm immer mehr überhand, so daß sie einem Ansturm anderer nordischer Völker keinen ernstlichen Widerstand entgegensetzen konnten.

2. Wodurch unterschieden sich Sparta und Athen in ihrer Glanzzeit?

In Sparta war das Kämpfertum höchstes Ideal. Geld bedeutete eine Gefahr für die ursprüngliche Bauern- und Kriegerkraft, da mit dem Geld oft Genußsucht und Schwelgerei eindringen. Die Volkskraft mußte im eigenen Lande bleiben, Auswandern war deshalb verboten. Die Kunst, besonders Plastik, zeigte auch Blüten, im ganzen war in Sparta die Kunst aber weniger in Blüte.
Athen war das Muster eines Geldstaates. Überseeische Kolonien wurden gegründet. Die Verfassung war demokratisch. Jeder lebte, wie er wollte. Dadurch wurde das künstlerische Schaffen erhöht. Noch heute bewundern wir die athenischen Leistungen in Wissenschaft und Kunst. Allmählich machte sich aber in Athen der Zustrom von fremdem Blut bemerkbar. Die Jugend wurde von Philosophen erzogen, während die spartanische Jugend durch die harte Schule der gemeinschaftlichen Erziehungsstätten gehen mußte.

3. Der Reformversuch des Augustus und sein Ergebnis.

Durch seinen Versuch einer biologischen, gesunden Erneuerung hat Augustus das römische Reich zu bewahren versucht. Der Bauernstand wurde gehoben, weil er der Träger eines gesunden Staates ist. Die Provinzen waren nun die Hauptträger des Staates. Dort war noch einigemaßen reines Blut. Sittlichkeitsverbrechen wurden unter harte Strafe gestellt. Das Bürgerrecht wurde nur selten verliehen. Erbberechtigt war nur ein Verheirateter. Kinderbeihilfen sollten helfen, einen großen nordischen Nachwuchs zu erlangen. Die Dichter und Schriftsteller (Livius, Vergil, Horaz) besangen die gute, alte Zeit und den „vir vere Romanus".[3] Die Jugend wurde wieder zu alten nordischen Tugenden erzogen. Eine Staatskasse wurde angelegt.
Alle diese Bestrebungen Augustus' haben den Verfall des Staates für einige Zeit aufhalten können, den römischen Staat zu retten, war es zu spät. Die innere rassische Untergrabung war zu weit vorgeschritten.

Zensuren von StR. M.: 2, 2-, 2+, Ges. 2.

Tagebuch: In der ersten und zweiten Stunde Geschichtsarbeit, dämliche Themen: Rasse, Blut!

von der Wall, 93 f.

3) Den „echt römischen Mann".

Im Konzentrationslager

Ein Brief aus dem KZ Dachau

Wer sich aktiv gegen die Herrschaft Hitlers gewandt hatte, hatte kaum Aussicht, je aus dem Konzentrationslager wieder entlassen zu werden. Das galt auch für den Bremer Maurer Johannes Jazdziewski. Er war 1919 der SPD und 1930 dem Reichsbanner Schwarz-Rot-Gold beigetreten und wurde im Januar 1934 Leiter des seit 1933 illegalen Reichsbanners in Bremen. Er wurde am 3. 8. 1934 in Schutzhaft genommen und 1935 wegen Vorbereitung zum Hochverrat zu viereinhalb Jahren Zuchthaus verurteilt. Nach Verbüßung der Haft im Zuchthaus Bremen-Oslebshausen wurde er nicht entlassen, sondern in das Konzentrationslager Buchenwald und später in das von Dachau gebracht. Hier ist er am 3. 6. 1941 gestorben. Kurz vorher schrieb er an seine Kinder.

Der Briefbogen enthält in Kleindruck folgenden „Kopf":

Konzentrationslager Dachau 3 K

Folgende Anordnungen sind beim Schriftverkehr mit Gefangenen zu beachten:
1. Jeder Schutzhaftgefangene darf im *Monat* zwei Briefe oder zwei Karten von seinen Angehörigen empfangen und an sie absenden. Die Briefe an die Gefangenen müssen gut lesbar mit *Tinte* geschrieben sein und dürfen nur 15 Zeilen auf einer Seite enthalten. Gestattet ist nur ein Briefbogen normaler Größe. Briefumschläge müssen ungefüttert sein. In einem Brief dürfen nur 5 Briefmarken à 12 Pfg. beigelegt werden. Alles andere ist verboten und unterliegt der Beschlagnahme. Postkarten haben 10 Zeilen. Lichtbilder dürfen als Postkarten nicht verwendet werden.
2. Geldsendungen sind gestattet.
3. Es ist darauf zu achten, daß bei Geld- oder Postsendungen die genaue Adresse, bestehend aus Name, Geburtsdatum und Gefangenen-Nummer, auf die Sendungen zu schreiben ist. Ebenso müssen alle Schreiben den genauen und vollständigen Absender tragen. Wenn die Adresse fehlerhaft ist, geht die Post an den Absender zurück oder wird vernichtet.
4. Zeitungen sind gestattet, dürfen aber nur durch die Poststelle des K. L. Dachau bestellt werden.
5. Pakete dürfen nicht geschickt werden, da die Gefangenen im Lager alles kaufen können.
6. Entlassungsgesuche aus der Schutzhaft an die Lagerleitung sind zwecklos..
7. Sprecherlaubnis und Besuch von Gefangenen im Konzentrations-Lager sind grundsätzlich nicht gestattet.

Der Lagerkommandant

Meine Anschrift:
Name: Theophil Jazdziejewski
geboren am 24. 6. 78 zu Berlin
Gef.Nr. 20897. Block 27 St.1
Dachau 3 K, den 11. Mai 1941

Lieber Theo, liebe Beate, lieber Edmund! Ein größeres Unglück konnte uns nun, in dieser schweren Zeit, nicht treffen! Daß gerade jetzt Eure liebe Mutter von uns ging. Mir wurde am Mittwoch, den 7., also am Tage der Beerdigung, der Inhalt Eures Telegrammes mitgeteilt. Nun habt Ihr drei Fehler gemacht. 1. Gesuche an die Lagerleitung sind zwecklos. - 2. Das Geld für die Reise fehlte. - 3. War keine bezahlte Rückantwort vorhanden, daß ihr Euch noch hättet an die dortige Geh. Sta.Po. mit dem Gesuch wenden können. Aus diesen Gründen konnte ich Euch in der schweren Zeit nicht beistehen. In allen mich betreffenden Sachen muß ich Euch immer wieder an Herrn Müller verweisen. Nun habe ich den Wunsch, daß Beate so lange dort bleibt, bis ich vielleicht doch wieder bei Euch bin, daß kein Streit zwischen Euch Kindern entsteht, und daß Ihr mich mit den Geldsendungen nicht im Stich laßt. Schreibt mir bald ausführlich über die letzten Tage, über die plötzliche Wendung der Genesung und über die Feier und Teilnehmer. Beantwortet auch meine vorigen Fragen. Falls ich in diesem Jahre noch nicht wieder bei Euch sein sollte, so rate ich, daß Theo und Thea etwa um Weihnachten heiraten und dann Thea die Wirtschaft im Hause führt und die beiden Jungs betreut. Früher darf Beate nicht nach Breslau oder Pillau. Sprecht allen Leidtragenden auch meinen Dank aus. Haltet die Hausverwaltung richtig in Ordnung. In tiefer Trauer Euer Vater.

(Stempel) Konzentrationslager Dachau
　　　　Postzensurstelle

Faksimile in: Müller, Arbeiterbewegung, S. 195

Im Krieg gegen die Sowjetunion

Aus dem Tagebuch eines Unteroffiziers (Juni bis August 1941)

Auszüge aus: Paul Meyer, „Das III. Bataillon Infanterie-Regiment 154 unter seinem Kommandeur Ritter-kreuzträger Major Heinrich Schwarting[1] (Aus meinem Tagebuch)"
(Unveröffentlichtes Manuskript im Besitz von Frau Erika Blohm, geb. Schwarting, Brake)
Das Infanterie-Regiment 154 bestand zu einem großen Teil aus Oldenburgern. Der Verfasser, im Zivilberuf Lehrer, gehörte dem Bataillonsstab an und war dadurch in der Lage, ein Tagebuch zu führen.

Sonntag, den 22. Juni 1941
Um Mitternacht haben wir bei oft schlechter Straße die *Memel* erreicht. Der Mond kommt manchmal durch die schwer dahinziehenden Wolken hindurch. Wuchtig und groß heben sich in diesem Schein die mächtigen Eisenbalken und -streben der langen Brücke vom Horizont ab. Wir betreten das Gebiet, das erst seit dem Frühjahr 1939 wieder deutsch ist.
Wir marschieren weiter und stoßen auf das Vorkommando, das am Wege steht und uns einweisen will. Der Gefreite *Predelli* erzählt ganz aufgeregt, daß heute nacht um drei Uhr der Krieg gegen Rußland beginnen soll. Wir lachen natürlich darüber. Was ist nicht schon alles erzählt worden! Und doch sollte es diesmal die Wahrheit sein!
Wir biegen rechts ab von der Straße und erreichen nach vielen Krümmungen auf einem Sandwege einen einsamen Hof in *Pagrien*, Kreis Heydekrug.
1.30 Uhr kommen wir dort an. Unsere Offiziere liegen im Hause auf Stroh, und wir kriechen oben in die Scheune und wollen uns durch einen gesunden Schlaf von dem anstrengenden Marsch erholen. Und doch wird nicht viel davon in dieser historischen Nacht. Um 3.05 Uhr hören wir den ersten Kanonendonner wieder. Ich wache sofort auf. Mein erster Gedanke: Also doch! Was Leutnant *Funken* schon in Belgien behauptet hat und woran damals kein Mensch glauben wollte und woran auch noch in Ostpreußen . . . viele zweifelten, es ist doch Tatsache geworden! Krieg im Osten! Krieg gegen Rußland, gegen den Bolschewismus! Diese Tatsache übt natürlich auf uns einen gewaltigen Eindruck aus. Schwer und hart lag die Zukunft vor uns. Und jeder wird auch in dieser Nacht an seine Lieben daheim gedacht haben.
Die unbedingte Notwendigkeit dieses Feldzuges konnten wir freilich damals noch nicht ahnen!
Morgens um etwa 9 Uhr hören wir dann die Proklamation des Führers, die uns auch tief beeindruckt.
13.00 Uhr plötzlich Alarm! Sofort steht das Bataillon. Es geht weiter! Der Grenze zu. Zum ersten Mal am Tage! Auf den Straßen ist ein mächtiger Verkehr. Um
17.00 Uhr erreichen wir die deutsch-russische Grenze. [. . .]

Montag, 23. Juni 1941
[. . .]
16.00 Uhr. Das Bataillon steht angetreten. Damit ist für uns der große Augenblick gekommen, wo auch wir die Grenze überschreiten und in Rußland hinein marschieren sollen ins ‚Paradies der Arbeiter und Bauern'.
Die Sonne scheint mächtig heiß. Wir stehen noch auf einer Nebenstraße, die ungefähr parallel zur Grenze läuft. Aber auch hier herrscht ein mächtiger Betrieb und auch viel - Staub. Zollbeamte auf Fahrrädern und Motorrädern jagen hin und her. Und schon kommt ein LKW mit gefangenen Russen an, die wir nun zum ersten Male zu Gesicht bekommen. (Auf Bildern und in Zeitschriften hatten wir schon öfters das Vergnügen.)

---

1) Vgl. S. 101 f.

In Litauen

Endlich setzt sich unsere Marschkolonne in Bewegung. Die deutsch-russische Grenze wird überschritten, und wir kommen in Litauen hinein. Das merken wir auch sofort, daß wir nicht mehr in Deutschland sind! Die Asphalt-Straße hört sofort auf, und es beginnt ein sehr holperiges und ungemütliches Pflaster. Die Grenzhütte und die -pfähle, der Stacheldrahtverhau sind verwahrlost. Das Ackerland ist vernachlässigt. Auch die Häuser, die schon bald vereinzelt links und rechts der Straße stehen, bieten kein gutes, sauberes Bild. Trostlos sieht geradezu die Schule aus!

Etwa 20 Zivilisten - Männer, Frauen und Kinder - die zusammen einige hundert Meter hinter der Grenze am Wege stehen und dies einmalige Bild des deutschen Einmarsches erleben, heben - zuerst schüchtern, dann etwas lebhafter - die Hand zum deutschen Gruß.

Wir erreichen bald *Neustadt* (lit. Naumiestis), den ersten (und auch erst den letzten!) größeren Ort. Fast jedes Haus hat geflaggt. Die litauische Fahne (gelb-grün-rot) soll uns als Befreier vom bolschewistischen Joch begrüßen. Auch hier läßt sich die Bevölkerung, die gewiß - wie fast immer an den Grenzen - deutschfreundlich eingestellt ist, dieses Schauspiel nicht entgehen.

Schon gleich nach Neustadt hört das, wenn auch holperige, so doch feste Kopfsteinpflaster auf. . . .

Wir marschieren weiter und weiter. Vom Kriege haben wir . . . noch nichts gespürt [. . .] Die erste Nacht wieder in Feindesland!

Dienstag, 24. Juni 1941

[. . .]

Glühend scheint die Sonne vom Himmel. Endlos sind die deutschen Kolonnen. Die Straßen sind übervoll [. . .]

[Am Flusse Jura stößt das Bataillon erstmals auf feindlichen Widerstand.]

21.30 Uhr stößt das Bataillon zum Angriff vor. *Es ist bei Papeliska* und *Sarkei*.
Höhe 117 und 115 (das Hauptangriffsziel) sollen genommen werden.
Der Auftrag gelingt!
Dieser erste Angriff kostete dem Bataillon 6 Tote (darunter Leutnant *Keuffel*, 10. Kp.) und 19 Verwundete.
Ein guter Kamerad von mir, Uffz. Gerhard *Hachmeyer*, der mit mir zusammen vor dem Kriege in Düsternort (Delmenhorst) im gleichen Zuge gedient hat, ist nicht mehr. Er hat als erster von der 11. Kp. sein Leben fürs Vaterland gelassen.

Donnerstag, 26. Juni 1941

[Das Bataillon marschiert weiter in Richtung auf Schaulen]

Um
13.00 Uhr ist Alarm für uns. Wir stehen fertig und warten nur auf den Abmarschbefehl. Überall, rund um uns, knallt es! Dann fängt ein Haus hier an zu brennen, dann dort eins. Ein merkwürdiger Krieg. Wir sind immer gezwungen, nach allen Seiten zu sichern. Der Abmarschbefehl aber kommt nicht!
Um etwa
17.00 Uhr kommen plötzlich allerhand Zivilisten, in der Hauptsache Frauen und Kinder, aber auch Männer, zu uns gelaufen und suchen bei uns Schutz. Ganz aufgeregt zeigen sie immer in eine Richtung und wiederholen dauernd: Bolschewik! Bolschewik! Zwei Gruppen werden sofort in die angegebene Richtung geschickt - Oberleutnant *Kottkamp* voneweg - die auch bald einen wild aussehenden Mann mit einer typischen Verbrecherfratze in Zivilkleidern bringen. Rock und Waffen hat er fortgeworfen.
Der erste Heckenschütze! Nach den einwandfreien Aussagen der Leute kann diesem keine Gnade gegeben werden, und er wird kurzerhand erschossen. [. . .]

Freitag, 27. Juni 1941

Die ganze Nacht wird marschiert. Es fängt schon an zu grauen. Plötzlich - es ist 2.40 Uhr - werden wir beschossen. Da die Straße tief liegt, gehen die Schüsse über uns hinweg. Wir haben nur zwei leichtverwundete Pferde. Sofort gehen M.G. in Stellung, und auch Granatwerfer werden eingesetzt und schießen einige Häuser in Brand. Der Gegner schweigt - und verdrückt sich! Ein feiger Überfall! Zur Vergeltung werden sofort 11 Russen erschossen.[2] [. . .]

[Das Bataillon marschiert ohne weitere Feindberührung weiter. Nach einem Ruhetag in Schaulen überschreitet es die litauisch-lettische Grenze.]

Mittwoch, den 2. Juli
[. . .] *In Lettland*
18.00 Uhr überschreiten wir die Grenze. Schon gleich merken wir den Unterschied zwischen diesen kleinen Baltenstaaten. Litauen schmutzig, vernachlässigt, ein Land mit „polnischer Wirtschaft", Lettland dagegen bedeutend sauberer, ordentlicher, zivilisierter. Schon sofort hinter der Grenze: Die Straße, wenn auch Kopfsteinpflaster, ist besser, die Häuser sind sauberer, vielfach aus Stein, der Acker ist gepflegter. Wir freuen uns wirklich, daß wir das feststellen können. Auch hier wehen wieder die Fahnen zu unserer Begrüßung: Rot-weiß-rot!
[. . .]

Samstag, den 5. Juli 1941

[Das Bataillon erreicht, wiederum ohne Feindberührung, Riga. Hier sind starke Kampfspuren zu sehen.]

Auf einem Turm eines Schlosses weht stolz die Hakenkreuzflagge. In sämtlichen Straßen wogt ein Meer von Fahnen rot-weiß-rot. Der neugebildete lettische Selbstschutz ist eifrig am Werk. Versprengte Bolschewisten werden von ihnen aufgestöbert, Hindernisse beseitigt usw.
Hinter Riga sehen wir allerhand Juden bei ungewohnten Aufräumungsarbeiten. Der Selbstschutz steht mit Karabiner dabei [. . .]

[Das Bataillon marschiert in glühender Hitze ohne Feindberührung weiter nach Nordosten. Am 11. Juli erreicht es die Südostecke von Estland. Hier wird es auf LKW's verladen. Das Bataillon hat von der deutschen Grenze bis hier in 13 Tagen mindestens 500 km zu Fuß zurückgelegt.]

Freitag, 11. Juli 1941
[. . .]
In Rußland
. . . Um
12.30 Uhr erreichen wir das eigentliche Rußland. Wir haben die Baltenländer kennengelernt und selbst gesehen und gehört, was der Kommunismus aus diesen Staaten in fast zwei Jahren gemacht hat. Nun kommen wir in das wirkliche und ureigenste „Paradies der Arbeiter und Bauern", wo doch der Bolschewismus fast 25 Jahre Zeit und Gelegenheit hatte, seine „segensreichen" Ideen in die Tat umzusetzen. Was wir doch wohl alles erleben werden!

[Das Bataillon marschiert an Pleskau vorbei, teils auf LKW und Pferdefuhrwerk, nach Norden. Der Widerstand der Russen wird allmählich stärker. Es kommt fast täglich zu Kämpfen und Verlusten. Am 17. Juli steht das Bataillon 17 km südlich von Gdow am Ost-Ufer des Peipussees.]

---

2) Es wird nicht deutlich, ob russische Soldaten oder (litauische?) Zivilpersonen gemeint sind. Jedenfalls war diese „Vergeltung" nach der Haager Landkriegsordnung unzulässig.

Donnerstag, 17. Juli 1941

[. . .]

20.00 Uhr kommen wir dort an. 13 Stunden wieder auf den Beinen und wieder über 50 km weiter nach Osten!

Es kommt die Meldung, daß 2000 russische Gefangene eintreffen, die von uns bewacht und verpflegt werden müssen. Das ist leichter gesagt als getan. Kaffee soll gekocht und eine warme Suppe verabreicht werden. Sofort werden einige Kühe requiriert und geschlachtet, und nach Mitternacht ist das Essen fertig. Die Bolschewisten stellen sich bei der Verteilung des Essens wie wild an, als wenn sie in acht Tagen nichts mehr zu essen gehabt haben, ein ekelhaftes und widerliches Bild.

An diesem Abend kommen auch sieben Überläufer zu uns.

Freitag, 18. Juli 1941

Unter den Gefangenen ist ein russischer Hauptmann entdeckt worden. Dieser hatte sämtliche Rangabzeichen abgetrennt, weil er annahm, daß gefangene Offiziere von uns sofort erschossen würden. Seine Kameraden hatten deshalb vor der Gefangennahme Selbstmord verübt. Der Hauptmann wird nun von einem Dolmetscher, der von der Division geschickt ist, verhört. Er erzählt, daß er aus Moskau stamme. Von 12 Geschwistern seien 11 von den Bolschewisten erschossen worden. Er glaubt immer noch an seine Erschießung durch uns. Mit Tränen in den Augen bittet er den Major, seiner Frau und seinen beiden Kindern von seinem Tode Mitteilung zu geben. [. . .]

Samstag, 19. Juli 1941

Heute soll angeblich Ruhetag sein . . . Es kommt aber ganz anders . . .

Hinter Gdow sehen wir furchtbar grausige Bilder. Man sieht sofort, daß dort heiß und ganz erbittert gekämpft worden ist. Die Flak ist hier auch im Erdbeschuß eingesetzt worden und hat ganze Arbeit geleistet. Viele, viele tote Pferde und Menschen, grausig zerfetzt manchmal, liegen rechts und links der Straße, darunter auch einige Flintenweiber. Auch allerhand Material, Geschütze, MG., Munition, Wagen, haben die Russen zurücklassen müssen . . .

Wir rasten kurze Zeit in *Werchotjany*. Dort sehen wir ein deutsches Massengrab mit 54 deutschen Soldaten, das noch nicht ganz fertiggestellt ist. Kameraden waren in dem anliegenden Gefangenenlager untergebracht, und diese sind dann vor der Flucht der Russen kurzerhand erschossen worden . . .

Sonntag, 20. Juli 1941

Es ist schon ziemlich hell geworden. Um

1.30 Uhr kommt plötzlich ein Halt. Wir stehen gerade, da kommen russische Ratas im Tiefflug über uns hinweg, die wie wild mit MG. und Bordkanonen auf uns schießen. Das ist das erste Mal dieses Feldzuges. Wir huschen sofort in den Graben, und uns passiert nichts. Das I.R. 220 hat 3 Tote und 23 Verwundete. [. . .]

Montag, 28. Juli 1941

Unteroffizier *Saathoff*, unser Verpflegungsminister, erzählt uns aus *Gdow* folgendes Erlebnis:

Dort ist ein Tagebuch einer 22jährigen russischen Lehrerin gefunden worden, das öfters den bezeichnenden Satz enthält: Wieder ein Nazi-Schwein erschossen. Diese wahrhaft echt bolschewistische „Erzieherin" und drei Mann werden, nachdem sie ihr Grab geschaufelt haben, standrechtlich erschossen. Das ganze Dorf wird gezwungen, zuzuschauen. Eine harte, aber notwendige und gerechte Strafe! [. . .]

Dienstag, 12. August 1941

Infolge des lebhaften Feuers (Artl. und Granatwerfer) hat unser Bataillon täglich einige Ausfälle.

Heute nacht ertönt vor der Stallung ein russischer Lautsprecher in deutscher Sprache: Streckt die Waffen! Ergebt euch!

Das Gelände dort ist so unübersichtlich und dicht bewachsen, daß die Kameraden leise sprechen müssen, damit die Bolschewisten, die sich mühelos heranschleichen können, nicht an dem Sprechen die deutsche Stellung feststellen können. [. . .]

Dienstag, 19. August 1941
Beim Erwachen sehen wir Narwa vor uns . . .
Narwa, die Grenzstadt des alten Reiches, liegt an dem gleichnamigen Flusse. Dieser bildete im späteren Mittelalter und noch im Jahrhundert der Reformation bis zum Jahre 1558 die Grenze des Deutschen Reiches hoch im Nordosten.[3] [. . .]

Mittwoch, 20. August 1941
. . . Um
8.00 Uhr geht der Vormarsch weiter. Wir kommen aber nicht weit, da die Gegend unter schwerem Feuer liegt . . .
Am Nachmittag geht es aber doch weiter, und damit verlassen wir nun endgültig Estland und die Baltenstaaten. Wir bedauern das. Wir haben schon von Rußland allerhand kennengelernt und wissen daher auch, was uns bevorsteht. In der estnischen Landschaft und bei den estnischen Menschen fühlt man sich wohler als beim Russen. Der estnische Mensch ist ein anderer Mensch als der Russe, man fühlt und sieht, dort ist nordisches Blut, die Menschen, die Landschaft, die Dörfer und die Städte sind vom Germanentum geprägt worden. Wir wissen das und bedauern daher, daß wir diesem Lande, das uns auch mit seiner blau-schwarz-weißen Flagge begrüßt hat, den Rücken kehren müssen!
Wieder in Rußland!
[. . .]

Donnerstag, 21. August 1941
Um
2.00 Uhr geht das Essenträgerkommando nach vorne. Ich bin als Führer eingesetzt worden und bekomme 10 Mann mit. Die Essenträger vom ganzen Bataillon werden zusammengefaßt. Zur Sicherung wird von der 12. Kompanie ein s.MG. mitgeführt. Lautlos geht es in das brennende Kingissepp [oder Jamburg] hinein. Wir müssen über die *Luga*. Die große und sehr hohe Brücke ist gesprengt. Unsere Pioniere haben schon daneben eine Notbrücke gebaut. Dieser Übergang liegt schon die ganze Nacht unter Artilleriebeschuß. Mehrere Male müssen wir an den Boden, kommen aber gut hindurch.
. . . Wir geraten in der Dunkelheit oft in den Telefondraht, der kreuz und quer auf der Straße hängt und liegt.
Im Ausgang des Ortes wird beim Regt.-Gefechtsstand Rast gemacht, um die Lage zu erfragen. Unser Batl. liegt ganz in der Nähe bei einem Hause. Einige haben sich eingegraben, die anderen haben sich im Keller Unterkunft gesucht. Der Russe sitzt noch überall in den Wäldern, und es ist noch erhöhte Vorsicht geboten. Mit meinen 10 Mann komme ich wohlbehalten um 6.00 Uhr an unseren Ausgangspunkt zurück. [. . .]

Freitag, 22. August 1941
Bei der 93. Division, die in unserer Nähe liegt, laufen sämtliche Offiziere und Unteroffiziere in Mannschaftsuniformen herum. Man will damit die starken Ausfälle unter ihnen herabmindern. [. . .]

Sonntag, 24. August 1941
Der Gefechtstroß einer Infanterie-Division ist hier bei den Kasernen überfallen und rest-

---

3) Verf. wiederholt einen verbreiteten Irrtum. Estland gehörte bis 1561 dem Deutschen Orden, doch dessen Gebiet war nicht Teil des Römisch-deutschen Reiches.

los niedergemacht worden. Die braven Leute haben sich bis zum letzten Schuß verteidigt und sind dann von einer vertierten Horde abgeschlachtet worden. Die Wagen sind von den Bolschewisten durchwühlt worden. Alles liegt wüst durcheinander.

Gebirgsjäger tragen und fahren heute die Toten zusammen. Es ist ein trauriges und schreckliches Bild. Wir sehen eingeschlagene Schädel, grauenhafte Bajonettstiche, Genickschüsse. Einem Kameraden hat man die Augen ausgestochen und in das blutende, klaffende Loch ein deutsches Zehnpfennigstück eingedrückt. Ich habe dieses erschütternde Bild mit meinem Apparat festgehalten, obschon ich sonst nie solche Aufnahmen mit toten Menschen gemacht habe. Aber dieses Bild ist so furchtbar und anklagend, daß es eigentlich jeder Deutsche mal sehen müßte. Das sind Englands Bundesgenossen! Wir möchten am liebsten aufheulen vor Schmerz und Wut. Und immer mehr Tote werden herangetragen! [. . .]

Das Grab des Ritterkreuzträgers Major Schwarting (östlich Narwa)
(Foto: Oldenburgische Landschaft)

Dienstag, 26. August 1941
Vorne bei der Truppe herrscht eine trübe Stimmung. Die täglichen Ausfälle sind sehr stark, und die Kompanien schrumpfen mächtig zusammen. Jeder kann leicht ausrechnen, wann auch der letzte Mann verschwunden sein wird. Wann komme ich dran? So muß sich jeder fragen. Essen und Kaffee werden teilnahmslos in Empfang genommen, nicht mal Schnaps wird angerührt. Nur wenn die Feldpost, die einzigste Verbindung mit der Heimat, eintrifft, wird alles munter. [. . .]

Und dann hören wir - ich hatte mich gerade in mein Zelt gelegt -, daß auch unseren Kommandeur, Major Heinrich *Schwarting*, die tödliche Kugel getroffen hat. Wir können es einfach nicht fassen! Wie furchtbar trifft uns diese Nachricht! Wie hat sich das zugetragen?

Das Bataillon bildet auf der Höhe 92 vor *Kotly* einen Igel. Immer und immer tauchen Panzer auf, die vergeblich versuchen, dort durchzubrechen. Als nun wieder solch ein bolschewistisches Ungeheuer erscheint, wird es prompt wieder von einem Sturmgeschütz abgeschossen. Die Bolschewisten springen raus in den Graben, feuern - fünf Schuß - und verschwinden im Walde. Da kommt unser Major aus seinem Deckungsloch heraus und gratuliert dem Leutnant und der Mannschaft des Sturmgeschützes zum 8. Abschuß dieses

Tages. Da fällt wieder ein Schuß! Der sechste! Und dieses Geschoß - es ist ein Explosionsgeschoß - trifft unsern Major. Er fällt um und ist gleich besinnungslos. Bauchschuß! Er wird sofort verbunden, aber alle Hilfe ist vergebens. Schon nach kurzer Zeit hat ein braves Soldatenherz von wirklich seltenem Format aufgehört zu schlagen!

Mittwoch, 27. August 1941
[. . .]
Es hat sich erfüllt, was Major Schwarting noch kurz vor seinem Tode an seinen Gauwalter schrieb: „Und wenn auch der Sensenmann mal ruft, dann werde ich zu ihm sagen: Komm her, alter Freund, ich habe dir oft genug ins Auge geschaut, du bist mir nicht unheimlich. Ich habe was vom Leben gehabt, ich habe geliebt und gehaßt, ich habe gearbeitet und gekämpft, ich habe Sorge und Leid gehabt, aber auch viel Freude. Ich bin zufrieden mit meinem Leben. Jetzt geh ich getrost mit dir."

Die „Endlösung"

Der Gau Weser-Ems wurde 1940 zum größten Teil „judenrein" gemacht. Das geschah in der Weise, daß die Juden, die inzwischen völlig rechtlos geworden waren, an wenigen Stellen konzentriert wurden, vor allem in sogenannten „Judenhäusern" der Stadt Bremen oder in „Siechenhäusern" wie etwa in Varel.
Von Bremen aus begann noch vor Einrichtung der Gaskammern und noch vor der Wannsee-Konferenz vom Januar 1942 die Deportation „in den Osten" zur „Vernichtung durch Arbeit".

Abschiebung nach Minsk

Die Geheime Staatspolizei am 12. 1. 1942 an den Regierenden Bürgermeister von Bremen:

Am 18. 11. 1941 sind von der Staatspolizei Bremen 570 Juden nach Minsk abgeschoben worden. Davon stammen 440 aus Bremen[1] und 130 aus dem Regierungsbezirk Stade. Eine Übersicht über die Alters- und Berufsgruppen der abgeschobenen Juden füge ich zur Orientierung bei. Gegenwärtig sind in Bremen noch 254 Juden wohnhaft, davon leben 11 in einfacher und 88 in privilegierter Mischehe.[2] Eine Abschiebung dieser Juden war nicht möglich, da sie nicht unter die Voraussetzungen der vom Reichssicherheitshauptamt für die Durchführung der Evakuierung ergangenen Erlasse fallen, nach denen die Abschiebung von Juden, die in Mischehe leben oder das 65. Lebensjahr überschritten haben, nicht erfolgen soll.[3] Ob in Zukunft eine Möglichkeit gegeben ist, diese Juden aus Bremen abzuschieben, kann zur Zeit noch nicht gesagt werden.[4] Es ist vorgesehen, die nicht in privilegierter Mischehe lebenden Juden im jüdischen Altersheim an der Gröpelinger Heerstraße, das durch den Bau von Baracken entsprechend vergrößert werden soll, geschlossen unterzubringen. Inwieweit eine Zusammenlegung der Mischehen durchgeführt werden kann, wird zur Zeit erwogen.

Bruss 228 f.

1) Viele von ihnen hatten bis 1939 oder 1940 im Oldenburger Land gewohnt, z. B. mindestens 36 in Delmenhorst, mindestens 15 in der Stadt Oldenburg
2) „Mischehe": Ehe zwischen einem jüdischen und einem „arischen" Ehepartner. „Privilegiert" waren solche Ehen, falls aus ihnen ein Kind hervorgegangen war und der arische Partner nicht zur jüdischen Religion übergetreten war.
3) Tatsächlich wurden doch bereits am 18. 11. auch Ältere abgeschoben, u. a. die 93jährige Johanne Goldschmidt aus Delmenhorst.
4) Die Abschiebung erfolgte im Januar und Februar 1945 (nach Theresienstadt).

Der Reichskommissar für Weißruthenien meldet

In Minsk, wo Wilhelm Kube als Reichskommissar für Weißruthenien eine Schreckensherrschaft aufgerichtet hatte, wurden die Deportierten zumeist „durch Arbeit vernichtet". Kube teilte am 31. 7. 1942 mit:

In Minsk-Stadt sind am 28. und 29. Juli 1942 rd. 10.000 Juden liquidiert worden, davon 6.500 russische Juden - überwiegend Alte, Frauen und Kinder. Der Rest bestand aus nicht einsatzfähigen Juden, die überwiegend aus Wien, Brünn, Bremen und Berlin im November vorigen Jahres nach Minsk auf Befehl des Führers geschickt worden sind.

Bruss 232

Die Deportation der Juden aus dem Weser-Ems-Gebiet. Ein sehr großer Teil von ihnen wurde am 18. 11. 1941 von Bremen nach Minsk deportiert. Dort sind sie fast ausnahmslos bis Juli 1942 „durch Arbeit vernichtet" oder ermordet worden.
(Aus: Martin Gilbert: Endlösung. Reinbek 1982, S. 80)

Letzter Transport aus Varel

Ziel der Deportation der über 65jährigen war zumeist Theresienstadt in Böhmen. Hier starben die Insassen langsamer. Wenn aber das Lager wieder einmal überfüllt war, gingen Transporte zur sofortigen Vernichtung nach Auschwitz ab. Allein 12 Stadtoldenburger, unter ihnen Lion Bukofzer, *nach dem 1985 eine Oldenburger Straße benannt worden ist, gingen diesen Weg.*

Die Staatspolizeistelle Wilhelmshaven meldete am 23. 7. 1942:

Am 23. 7. 1942 wurden die Insassen des jüdischen Siechenhauses Varel nach Theresienstadt evakuiert. Damit ist der Bereich der Staatspolizeistelle Wilhelmshaven von kennzeichnungspflichtigen Juden[5] gesäubert. Es sind nur noch einige Juden vorhanden, die in privilegierter Mischehe leben und zur Kennzeichnung nicht verpflichtet sind.

St. Arch. Oldenburg, Best 126-2886 b Bl. 930

5) Sie mußten den gelben Judenstern tragen.

Das Schicksal einer jüdischen Familie: Goldschmidt/Oldenburg

Biographische Daten, von George G. Goldsmith (früher Günther Goldschmidt), Tucson, Arizona

Mein Vater *Alex Goldschmidt* wurde während der „Kristallnacht" am 9. November 1938 verhaftet und in das Konzentrationslager Sachsenhausen gebracht. Er wurde Anfang 1939 mit der Anweisung entlassen, daß er Deutschland innerhalb weniger Wochen zu verlassen habe. Durch Freunde in Holland gelang es ihm, für sich selbst und meinen Bruder *Helmut*, Visa für Kuba zu erlangen. Sie reisten auf dem berüchtigten Schiff „St. Louis".[1] Die Batista-Regierung erklärte die Visa aller Passagiere als „nicht gültig". Diese wurden daher in verschiedene europäische Staaten zurückgeschickt. Mein Vater und mein Bruder wurden nach Frankreich gebracht, in das Flüchtlingslager Gurs im Süden des Landes. Bei Ausbruch des Krieges im September 1939 litten die Lager-Insassen, die man (richtig) als Deutsche ansah, schwer unter Unterernährung. Als Deutschland 1941 die „unbesetzte Zone" Frankreichs besetzte, wurden alle Lagerinsassen wie Vieh in das Vernichtungslager Auschwitz transportiert und dort vergast.[2] Diese Nachricht habe ich bei Kriegsende vom Internationalen Roten Kreuz erhalten.

Meine *Mutter* und meine jüngere Schwester *Eva* zogen zusammen mit meiner Schwiegermutter 1940 nach Berlin. Sie lebten in einer kleinen Wohnung. Alle drei Frauen mußten seit 1942 in einer Fabrik arbeiten und wurden - nach Auskunft des Roten Kreuzes - 1944 nach Auschwitz gebracht. Alle drei sind hier ums Leben gekommen.

Meine ältere Schwester *Bertha* emigrierte 1939, kurz vor Beginn des Krieges, nach England. Hier arbeitete sie viele Jahre lang für die Parkanlagen der Stadt Leeds. Als Freiwillige des Roten Kreuzes las sie Blinden vor, und hierbei lernte sie ihren späteren Mann, einen blinden Diabetiker, kennen. Sie heiratete ihn 1972. Dies war ihre erste Ehe. Sie lebt noch, jetzt 75 Jahre alt, in Leeds.

Meine Großmutter *Jeannette Behrens*/Bremen, häufig zu Besuch in Oldenburg, wurde nach Theresienstadt verschickt und starb dort bald nach ihrer Ankunft.

[G. schreibt über sich selbst:]

Nach meinem Studium an der Hochschule für Musik in Karlsruhe wanderte ich 1936 nach Schweden aus. Einige Wochen vor meiner Abreise spielte ich Flöte im Kulturbund-Orchester Frankfurt a. M. als Vertreter für einen erkrankten Kollegen. Ich lernte dort eine Geigenspielerin kennen, mit der ich dann nach meiner Abreise aus Deutschland korrespondierte. Nach einiger Zeit schrieb sie mir, daß in ihrem Orchester die Stelle eines Flötisten offen sei. Ich kehrte daraufhin nach Deutschland zurück, um diese Stelle anzunehmen. (Den Gerüchten über die planmäßige Ausrottung so vieler deutscher Bürger jüdischer Abkunft glaubte ich nicht.) Ich spielte bis 1938 im Orchester des Jüdischen Kulturbundes in Frankfurt, und dann ging ich zum Orchester des Jüdischen Kulturbundes in Berlin. Einige Tage nach der „Kristallnacht" wurden die Geigenspielerin und ich von einem Beamten in brauner SA-Uniform unter einem riesigen Hitler-Bild getraut. (Der Beamte muß seine Sache gut gemacht haben: Die Ehe währte 45½ Jahre, bis meine Frau im Juli 1984 an Krebs starb.) Durch einen Schüler meines Schwiegervaters, Leiter des Düsseldorfer Konservatoriums, erhielten meine Frau und ich im Juni 1941 ein „Affidavit" für die Einwanderung in die Vereinigten Staaten mit dem portugiesischen Schiff „Mozhinjo". Wir kamen am 22. Juni in New York an, an dem Tage, an dem die deutsche Armee ihren Angriff gegen Rußland begann. Bei unserer Ankunft hatten wir insgesamt 6 Dollar . Wir machten zunächst Gelegenheitsarbeiten und spielten dann in kleinen Sinfonie-Orchestern. Schließlich gelang es meiner Frau, eine Anstellung im Cleveland Orchestra zu bekommen (das seit

---

1) Die „St. Louis" war von der Reichsvertretung der Juden für die Auswanderung nach Kuba gechartert worden. Alle Passagiere besaßen Visa, die sie als gültig ansahen.

2) Alex Goldschmidt wurde von Gurs in das Sammellager Drancy (bei Paris) und von dort am 14. 8. 42 nach Auschwitz deportiert.

dem Kriege häufig in Deutschland gespielt hat). Ich gab die Musik als Beruf auf und betätigte mich recht erfolgreich im Möbelgeschäft. Wir setzten uns 1981 zur Ruhe und zogen nach Tucson/Arizona, umgeben von Bergen und einer wunderschönen Landschaft. Wir haben zwei Söhne, sie sind jetzt mit Erfolg im National Public Radio in Washington bzw. Buffalo tätig. Meine Frau und ich hatten das außerordentliche Glück, den Vernichtungslagern Mitteleuropas entrinnen zu können. Es ist uns lange sehr schwer gefallen, an ihre Existenz zu glauben.

MS. George G. Goldsmith. Niedergeschrieben im Oktober 1984 in englischer Sprache.

Abschiedsfeier der Untersekunda (U II a) der Oldenburger Cäcilienschule Ostern 1937 in Hundsmühlen. Vorne halbrechts (mit Zöpfen): Eva Goldschmidt, geb. 29. 6. 1920 in Oldenburg, am 19. 6. 1942 zusammen mit ihrer Mutter von Berlin in ein Vernichtungslager deportiert. (Foto: Hans Fahrenkamp)

Keine Heiratsgenehmigung für einen „Mischling 1. Grades"

Geheime Staatspolizei, Staatspolizeistelle
An das Reichssicherheitshauptamt
in Berlin SW. 11,

Wilhelmshaven, den 15. Mai 1942

Von der Staatspolizeistelle Wilhelmshaven wurde der Elektro-Schweißer
    J . . . D . . .
geb. . . . 13 in . . ., ev., led., Mischling I. Grades, wohnhaft in . . . vorläufig festgenommen, weil er mit dem arischen Hausmädchen F . . . I . . . den Geschlechtsverkehr ausübte und mit ihr seit 1937 drei Kinder zeugte. Die J. ist bereits wieder von D. schwanger. Ein Antrag auf Genehmigung zur Heirat der J. wurde dem D. bereits vor Jahren abgelehnt.

Staatsarchiv Oldenburg Best. 133

Keine Fraternisierung mit Kriegsgefangenen!

Bestrafung eines Pfarrers

Die Staatspolizei Wilhelmshaven (Gestapo) meldet am 6. 8. 1941 dem Reichssicherheitshauptamt in Berlin:

Der kath. Pfarrer
    August Meyerratken,
geb. 15. 6. 77 in Bunnen, wohnhaft in Strücklingen, DR., wurde vorläufig festgenommen, weil er durch wiederholtes Aufsuchen eines Kriegsgefangenenlagers versuchte, mit einem

dort befindlichen franz. Gefangenen, der im Zivilberuf Geistlicher ist, in Verbindung zu treten. Die Handlungsweise des Meyerratken stellt einen groben Verstoß gegen das gesunde Volksempfinden dar. Nachdem dem M. gelungen war, daß der franz. Geistliche ihm für leichtere Arbeiten zugewiesen wurde, hat er trotz Verbots dem franz. Geistlichen gestattet, täglich die stille hl. Messe am Seitenaltar zu lesen. M. ging sogar soweit, daß er dem franz. Geistlichen an einem Sonntage damit *beauftragte*, die stille hl. Messe am Hauptaltar zu lesen. Dieses geschah zu einer Zeit, als sich mehrere Personen in der Kirche befanden. Gegen M. wurde ein Strafverfahren bei der Oberstaatsanwaltschaft in Oldenburg wegen verbotenen Umgangs mit Kriegsgefangenen eingeleitet.

Die Gestapo meldet weiter am 16. 8. 41:

Der kath. Pfarrer
        Meyerratken, August . . .
wurde vom Sondergericht in Oldenburg am 14. 8. 41 wegen verbotenen Umgangs mit Kriegsgefangenen zu 9 Monaten Gefängnis verurteilt. . . .

Staatsarchiv Oldenburg, Best. 133, Nr. 2886, S. 424 u. 437

Der Pfarrer im Gefängnis

Über den Fall berichtete später der Landrat:

Die Anzeigen politischer Natur kamen in der Regel von Parteigenossen. Angehörige des SD, Vertrauensmänner der Gestapo, militärische Stellen und Auswärtige richteten solche Anzeigen unmittelbar an die Staatsanwaltschaft oder auch an die Gestapo. So wurde im Herbst 1941 ein Ortspfarrer im Friesoyther Bezirk, der einen französischen Kriegsgefangenen (Geistlichen) als Arbeiter zugewiesen erhalten hatte, von einem Urlauber unmittelbar angezeigt, weil er diesen Kriegsgefangenen in der Frühmesse amtieren ließ. Der Geistliche wurde sofort und ohne jede weitere Benachrichtigung festgenommen. Ihm drohte nach dem Heimtückegesetz Zuchthausstrafe. Auf dringendes Bitten der Pfarrangehörigen hat sich der Kreisleiter mit der Staatsanwaltschaft in Oldenburg in Verbindung gesetzt und mit Rücksicht auf das Alter des Geistlichen, der sich der Schwere seines Vergehens überhaupt nicht bewußt war, eine möglichst geringe Strafe befürwortet. Der Pfarrer hat dann auch auf Antrag des Staatsanwalts nur die Mindeststrafe von 9 Monaten Gefängnis erhalten. Er wurde in der Gefängnisbibliothek beschäftigt. Der damals amtierende Oberstaatsanwalt Dr. Witte hat mir s. Zt. erklärt, daß Meyer-Wendeborn der einzige Kreisleiter im Bezirk der Staatsanwaltschaft Oldenburg sei, der sich in solchen Fällen für Angeschuldigte einsetzte, und zwar oft im Gegensatz zur Stellungnahme der Gauleitung.

Münzebrock 69 f.

Gegen die „Euthanasie"

Das bereits vor 1933 entworfene und am 14. Juli 1933 in Kraft getretene „Gesetz zur Verhütung erbkranken Nachwuchses" und das „Gesetz zum Schutz der Erbgesundheit des deutschen Volkes" vom 18. Oktober 1935 legten es Hitler *nahe, die Tötung der unheilbar Geisteskranken ins Auge zu fassen. Er war jedoch nach Aussage seines Leibarztes Dr. Brandt der Ansicht,*

„daß, ein solches Problem im Kriege . . . glatter und leichter durchzuführen ist, daß offenbare Widerstände, die von kirchlicher Seite zu erwarten wären, in dem allgemeinen Kriegsgeschehen nicht diese Rolle spielen würden als sonst."

Just, Handb. d. Deutschen Geschichte, Bd. IV/2, S. 288

Eine Predigt des Bischofs von Münster

Als Hitler am 1. 9. 1939 den Krieg begonnen hatte, befahl er das „Euthanasie-Programm" zu verwirklichen, d. h. „lebensunwertes Leben" zu vernichten. Das geschah in Irrenanstalten. Bis August 1941 wurden auf diese Weise 70.000 Menschen getötet.
Das veranlaßte den Bischof von Münster, Clemens August Graf von Galen, dagegen vorzugehen.
Der Bischof war am 16. 3. 1876 auf der Burg Dinklage (Kr. Vechta) als 11. von 13 Kindern des Grafen Ferdinand von Galen und seiner Frau Elisabeth geb. Reichsgräfin von Spee geboren worden. Er besuchte das Jesuiten-Gymnasium Stella Matutina in Feldkirch (Vorarlberg) und das Gymnasium Antonianum in Vechta. Nach der Reifeprüfung (1896) studierte er in Freiburg (Schweiz), in Innsbruck und am Priesterseminar Münster. Er wurde 1903 zum Priester geweiht und wirkte als solcher in Berlin und Münster. Am 28. Oktober 1933 wurde er Bischof von Münster, womit er auch Oberhirte der Katholiken in Oldenburg und Ostfriesland wurde. Bald wandte er sich gegen das von der NSDAP propagierte Neuheidentum und zahlreiche von ihr ausgehende, mit dem bestehenden Recht nicht vereinbare Maßnahmen.

Am 3. August 1941 predigte er in der St.-Lamberti-Kirche zu Münster:

[. . .]Seit einigen Monaten hören wir Berichte, daß aus Heil- und Pflegeanstalten für Geisteskranke auf Anordnung von Berlin Pfleglinge, die schon länger krank sind und vielleicht unheilbar erscheinen, zwangsweise abgeführt werden. Regelmäßig erhalten dann die Angehörigen nach kurzer Zeit die Mitteilung, die Leiche sei verbrannt, die Asche könne abgeliefert werden. Allgemein herrscht der an Sicherheit grenzende Verdacht, daß diese zahlreichen unerwarteten Todesfälle von Geisteskranken nicht von selbst eintreten, sondern absichtlich herbeigeführt werden, daß man dabei jener Lehre folgt, die behauptet, man dürfe sogenanntes „lebensunwertes Leben" vernichten, also unschuldige Menschen töten, wenn man meint, ihr Leben sei für Volk und Staat nichts mehr wert. Eine furchtbare Lehre, die die Ermordung Unschuldiger rechtfertigen will, die die gewaltsame Tötung der nicht mehr arbeitsfähigen Invaliden, Krüppel, unheilbar Kranken, Altersschwachen grundsätzlich freigibt. [. . .]
Aus der Anstalt Marienthal bei Münster ist im Laufe dieser Woche der erste Transport abgegangen.
Deutsche Männer und Frauen! Noch hat Gesetzeskraft der § 211 des Reichsstrafgesetzbuches, der bestimmt: „Wer vorsätzlich einen Menschen tötet, wird, wenn er die Tötung mit Überlegung ausgeführt hat, wegen Mordes mit dem Tode bestraft." Wohl um diejenigen, die jene armen Menschen, Angehörige unserer Familien, vorsätzlich töten, vor dieser gesetzlichen Bestrafung zu bewahren, werden die zur Tötung bestimmten Kranken aus der Heimat abtransportiert in eine entfernte Anstalt. Als Todesursache wird dann irgendeine Krankheit angegeben. Da die Leiche sofort verbrannt wird, können die Angehörigen und auch die Kriminalpolizei es hinterher nicht mehr feststellen, ob die Krankheit wirklich vorgelegen hat und welche Todesursache vorlag. [. . .]
Das Strafgesetzbuch bestimmt in § 139: „Wer von dem Vorhaben . . . eines Verbrechens wider das Leben . . . glaubhafte Kenntnis erhält und es unterläßt, der Behörde oder dem Bedrohten hiervon zur rechten Zeit Anzeige zu machen, wird . . . bestraft." Als ich von dem Vorhaben erfuhr, Kranke aus Marienthal abzutransportieren, um sie zu töten, habe ich am 28. Juli bei der Staatsanwaltschaft beim Landgericht Münster und bei dem Herrn Polizeipräsidenten in Münster Anzeige erstattet durch eingeschriebenen Brief mit folgendem Wortlaut: „Nach mir zugegangenen Nachrichten soll im Laufe dieser Woche (man spricht vom 31. Juli) eine große Anzahl Pfleglinge der Provinzialheilanstalt Marienthal bei Münster als sogenannte ‚unproduktive Volksgenossen' nach der Heilanstalt Eichberg übergeführt werden, um dann alsbald, wie es nach solchen Transporten aus andern Heilanstalten nach allgemeiner Überzeugung geschehen ist, vorsätzlich getötet zu werden. Da ein derartiges Vorgehen nicht nur dem göttlichen und natürlichen Sittengesetz widerstreitet, sondern auch als Mord nach § 211 der STGB mit dem Tode zu bestrafen ist, erstatte ich gemäß § 139 des STGB pflichtgemäß Anzeige und bitte, die bedrohten Volksgenossen unverzüglich durch Vorgehen gegen die den Transport und die Ermordung beabsichtigenden

Stellen zu schützen und mir von dem Veranlaßten Kenntnis zu geben." Nachricht über ein Einschreiten der Staatsanwaltschaft oder der Polizei ist mir nicht zugegangen. [. . .]

So müssen wir damit rechnen, daß die armen wehrlosen Kranken über kurz oder lang umgebracht werden. [. . .] Wenn man den Grundsatz aufstellt und anwendet, daß man den „unproduktiven" Mitmenschen töten darf, dann wehe uns allen, wenn wir alt und altersschwach werden! Wenn man die unproduktiven Menschen töten darf, dann wehe den Invaliden, die im Produktionsprozeß ihre Kraft, ihre gesunden Knochen eingesetzt, geopfert und eingebüßt haben! Wenn man die unproduktiven Mitmenschen gewaltsam beseitigen darf, dann wehe unsern braven Soldaten, die als Schwerkriegsverletzte, als Krüppel, als Invaliden in die Heimat zurückkehren! [. . .]

Portmann, S. 68-71

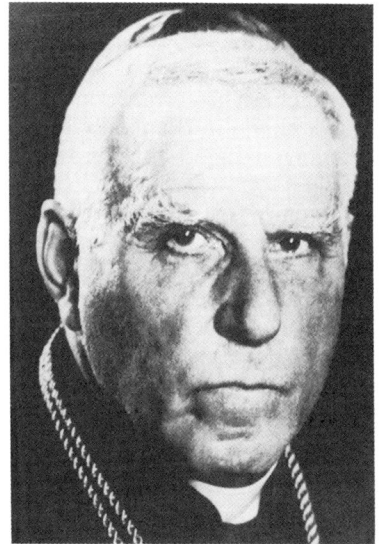

Clemens August Graf von Galen (* Dinklage 1878, † Münster 1946) 1933-1946 Bischof von Münster
(Aus: Pohlschneider S. 101)

Beratung in der Parteikanzlei

Im Auftrage des Gauleiters Dr. Alfred Meyer hatte ein Kriminalassistent die Predigt mitgeschrieben. Der Gauleiter forderte von dem Leiter der Parteikanzlei, Martin Bormann, schärfstes Vorgehen gegen den Bischof, besonders wegen der Andeutung, auch Kriegsverletzte müßten damit rechnen, getötet zu werden. Am 13. August wurde bei dem Reichspropagandaminister Goebbels über den Fall beraten. Über das Ergebnis berichtet die Vorlage des Leiters des Reichsringes für nationalsozialistische Propaganda und Volksaufklärung, Walter Tiessler, *für Reichsleiter* Bormann, *den Leiter der Parteikanzlei, vom 13. August 1941:*

Dr. Goebbels sprach nach der Ministerkonferenz mit mir wegen der Predigt des Bischofs von Münster. Er wisse nicht, was man im Augenblick Wirksames tun könne.
Ich erklärte ihm, daß es im Augenblick meines Erachtens nur ein wirksames Mittel gäbe, nämlich den Bischof aufzuhängen. Ich hätte auch Reichsleiter Bormann bereits entsprechend unterrichtet.
Dr. Goebbels sagte daraufhin, daß dies eine Maßnahme sei, die nur der Führer selbst entscheiden könne. Er befürchte allerdings, daß wenn etwas gegen den Bischof unternommen würde, die Bevölkerung Münsters während des Krieges abzuschreiben sei. Dazu könne man ruhig noch ganz Westfalen nehmen. [. . .]
Wenn es nach ihm gegangen wäre, hätte man während des Krieges so getan, als wenn man mit den Kirchen loyal zusammenarbeite.[. . .]

Ich persönlich stehe auf dem Standpunkt, daß, wenn der Führer mit meinem Vorschlag, den Bischof aufzuhängen, einverstanden ist, wir ruhig den bisher beschrittenen Weg weitergehen können.

Portmann 106 f

Hitler aber war anderer Ansicht. Er hielt es für taktisch richtiger, vorerst nichts gegen den Bischof zu unternehmen und (am 24. 8.) die Euthanasie in aller Stille einzustellen.
Solange das aber nicht klar war, ließ der Bischof nicht locker. Als aus der Anstalt Blankenburg bei Oldenburg Geisteskranke abtransportiert wurden, erhob er seine Stimme:

Bischöfliches Schreiben an den Klerus des Landes Oldenburg vom 26. 9. 1941

Den Katholiken des Landes Oldenburg gebe ich hiermit den Inhalt eines Schreibens bekannt, das von der Pflegeanstalt Gertrudenheim in Blankenburg bei Oldenburg den Angehörigen von dort untergebrachten Pfleglingen zugesandt worden ist. In diesem Schreiben heißt es:
„Auf Grund eines Erlasses des zuständigen Herrn Reichsverteidigungskommissars wurde heute d. . . Pflegling. . . durch die Gemeinnützige Krankentransport GmbH. Berlin 1, Potsdamerplatz 1, in eine andere Anstalt verlegt, deren Name und Anschrift mir noch nicht bekannt sind. Die aufnehmende Anstalt wird Ihnen eine entsprechende Mitteilung zugehen lassen. Ich bitte Sie, bis zum Eingang dieser Mitteilung von weiteren Anfragen abzusehen. Sollten Sie jedoch innerhalb 14 Tagen von der aufnehmenden Anstalt keine Mitteilung erhalten haben, so empfehle ich Ihnen, sich bei der Gemeinnützigen GmbH. zu erkundigen. Den etwaigen sonstigen Angehörigen der Kranken bitte ich, erforderlichenfalls Mitteilung hiervon zu machen.
Heil Hitler!
Unterschrift"

Im Hinblick auf frühere Erfahrungen haben wir größte Sorge um das Schicksal der aus der genannten Anstalt fortgeschafften Pfleglinge. Ich fühle mich daher verpflichtet, den Katholiken des Landes Oldenburg den Hauptinhalt der Predigt bekannt zu geben, die ich am Sonntag, dem 3. August 1941, in der St. Lambertikirche in Münster gehalten habe. Diese Predigt ist daher am Sonntag, dem 28. September 1941 von allen Kanzeln des Offizialatsbezirks zu verlesen.

Münster, den 26. September 1941

Der Bischof von Münster
gez. † Clemens August

An die Hochwürdigen
Herren Pfarrer, Kapellen- und Missionsgeistlichen
des Landes Oldenburg.

Portmann, Der Bischof von Münster

Hitler über die Deutschen

Seit der verlorenen „Schlacht um England" (Oktober 1940), von der sich die deutsche Luftwaffe nicht wieder erholen konnte, seit dem Steckenbleiben des deutschen Angriffs auf die Sowjetunion (am 6. 12. 41 im Vorortbereich von Moskau) und seit der deutschen Kriegserklärung gegen die Vereinigten Staaten (am 11. 12. 41) wurde es vielen klar, daß Deutschland den Krieg nicht gewinnen konnte. Um so verbissener wurde Hitler.
Er hielt sich seit 1941 vorwiegend in der stark befestigten „Wolfsschanze" bei Angerburg in Ostpreußen auf. Zu seiner Begleitung gehört damals Henry Picker, bei dessen Eltern Hitler in Wilhelmshaven öfter abgestiegen war. Bei Tisch äußerte sich Hitler über viele Gegenstände. Picker schrieb mit Wissen Hitlers diese Tischgespräche auf.
Am 27. Januar 1942 sagte Hitler:

Ist noch ein Mann da, der gläubigen Herzens eine Fahne hochhält, so ist nichts verloren. Ich bin aber auch hier eiskalt: Wenn das deutsche Volk nicht bereit ist, für seine Selbsterhaltung sich einzusetzen, gut: dann soll es verschwinden.

Picker, S. 98

Eine politische Satire

Hitlers Größenwahn erschreckte viele, und dieser Schrecken hat die folgende Satire entstehen lassen. Sie fand sich im Nachlaß eines Pfarrers. (Für die Mitteilung danke ich Herrn Hans Schlömer/Vechta.)

Reichstagsrede nach dem Kriege

Nachdem nun England und Irland als Protektorat des Großdeutschen Reiches der Reichsgewalt untersteht und mein alter Kampfgenosse Göring zum Zaren von Rußland ausgerufen ist, hat sich Roosevelt erklärt, mir Amerika als deutsche Kolonie einzuverleiben, ebenso hat sich auch Frankreich ins Reich heimgefunden. Da nun auch vor geraumer Zeit von unserm japanischen Freunde die deutschjapanische Grenze festgelegt wurde, kann der Schlußstrich gezogen werden. Es gibt keine europäische Politik mehr, die Überraschungen sind vorbei.
Ich möchte nun nicht vergessen, jener Männer zu gedenken, die sich in so uneigennütziger Weise in den Dienst der Sache gestellt haben. Es sind dies der Obersturmführer Pétain, der SA-Obergruppenführer Churchill und, was von so vielen nicht für möglich gehalten wurde, der zur Zeit auf der Ordensburg Sonthofen befindliche SS-Untersturmführer Stalin. Mein bester Dank gebührt vor allem der Katholischen Kirche, meinem lb. Freund Pg. Rosenberg, jetzt Papst Pius XV. Zum Andenken an den kürzlich verstorbenen Gauleiter von Indien, Pg. Gandhi, bitte ich Sie, meine Parteigenossen, sich von den Plätzen zu erheben - Ich danke Ihnen. -
Der Großmufti von Jerusalem, Pg. Goebbels, sendet zu dieser Tagung herzliche Grüße des arabischen Volkes. In dankbarer Würdigung seiner Leistungen ernenne ich ihn hiermit zum Oberrabbiner für die Bezirke Palästina und Transjordanien. Hiermit mache ich gleichzeitig bekannt, das laut Vereinbarung mit dem Zaren von Rußland, Pg. Göring, und nach Rücksprache mit dem Hl. Vater in Rom, Pg. Rosenberg, daß W. H. W. in diesem Jahre und fernerhin schon am 1. Mai beginnt, damit auch die Volksgenossen in Sibirien rechtzeitig die Pakete erhalten.

Sieg Heil!

Pétain und Stalin werden nur subalterne Dienstgrade zugebilligt!

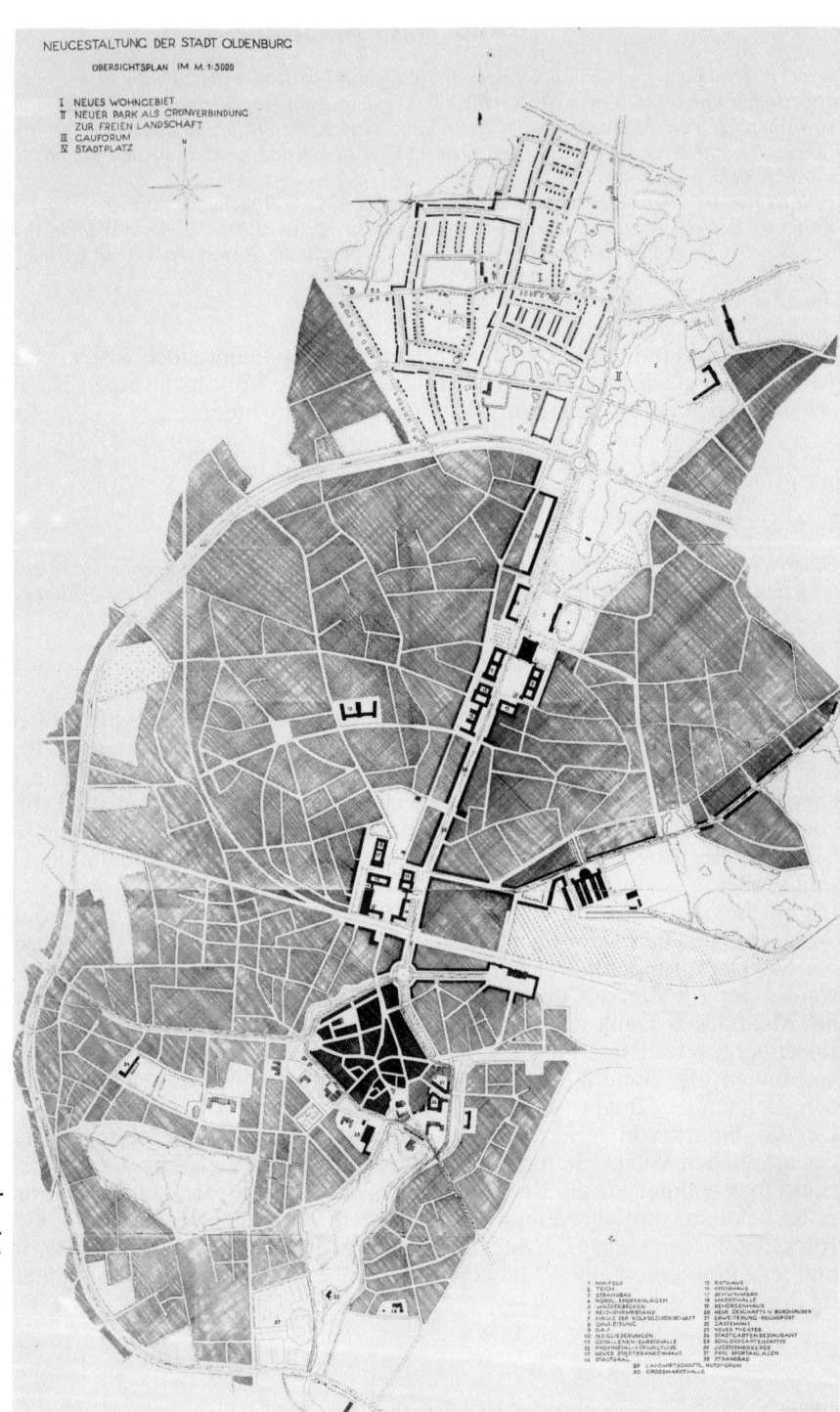

NEUGESTALTUNG DER STADT OLDENBURG

ÜBERSICHTSPLAN IM M. 1:5000

I   NEUES WOHNGEBIET
II NEUER PARK ALS GRÜNVERBINDUNG
    ZUR FREIEN LANDSCHAFT
III GAUFORUM
IV STADTPLATZ

Rövers nicht verwirklichter Plan: Die Umgestaltung der Gauhauptstadt Oldenburg

Stand der Planung im Sommer 1943: Eine neu durchzubrechende Achse sollte vom Heiligengeisttor parallel zur Nadorster Straße zum neuen „Gauforum" führen (Stadtarchiv Oldenburg Best. 262-1, Nr. 6-21)

Hitler über Röver

Zwischen Hitler und seinen alten Kampfgenossen gab es, auch wenn diese sich als unfähig oder gar korrupt erwiesen, so etwas wie ein gegenseitiges Treueverhältnis, und das galt auch für Carl Röver, den Gauleiter von Weser-Ems. Er starb am 15. Mai 1942 in Berlin.

22. 5. 1942 mittags (Reichskanzlei Berlin) [. . .]
Der Tod des Gauleiters Rövers hat Hitler sehr erschüttert, hat er doch mit ihm einen Idealisten verloren, der von seinen Gehältern und Bezügen nur das Lebensnotwendigste verbrauchte und alles andere wohltätigen und allgemeinen Zwecken zuführte. So muß der Führer Frau Röver das Haus, in dem die Gauleiterfamilie wohnt, von Reichs wegen übertragen lassen, damit sie wenigstens ein eigenes Dach über dem Kopf behält.
Trotz dieser Erschütterung ist aber Hitler so sehr Herr seiner selbst, daß er uns vor dem Mittagessen im Empfangssaal mit gewohnter - wenn auch vielleicht etwas maskenhaft wirkender - Freundlichkeit begrüßte, und zwar jeden mit Handschlag.

Picker, S. 333

Rövers geheimnisvoller Tod

Der Bremer Historiker Herbert Schwarzwälder *schreibt (1972):*

Rövers Ende ist eines der Staatsgeheimnisse des Dritten Reiches, die wohl niemals mehr voll aufgedeckt werden können.
Der Gauleiter und Reichsstatthalter war ein Mann, dem politisches Mißtrauen trotz seiner impulsiven Art nicht ganz fremd war. Bei allem NS-Fanatismus bewahrte er sich durchaus noch einen Rest von selbständigem Denkvermögen und sogar von Zivilcourage. Das zeigte sich besonders deutlich in den letzten Monaten seines Lebens.
Es hat sich eine undatierte Denkschrift von ihm erhalten, von der die Forschung meint, daß sie im Jahre 1942 entstanden sein müsse. In ihr wird mit großer Schärfe kritisiert, daß der Nationalsozialismus durch die Bildung einer Parteibürokratie verkrustet sei und seinen politischen Schwung verloren habe. Er war dagegen, daß auf dem Verordnungswege alles Mögliche befohlen wurde, ohne daß es zu einem innerparteilichen Meinungsaustausch gekommen sei.
Er schlug regelmäßige Gauleitertagungen vor, auf denen nicht nur Vorträge entgegengenommen werden, sondern die auch einem intensiven Meinungsaustausch dienen sollten. Röver hatte seine Gauleitung sehr stark nach dem Kollegialprinzip ausgerichtet, in anderen Gauen hatte sich das »Führerprinzip« zur Diktatur der Gauleiter oder einzelner wichtiger Funktionäre der Partei entwickelt. Da er sein eigenes Prinzip für richtig hielt, befürwortete er Gausenate, von denen die Gauleiter wie die Bischöfe von den Domkapiteln beraten werden sollten.
Seine schärfste Kritik richtete sich - unausgesprochen oder in Einzelheiten auch ganz offen - gegen den Parteibürokraten Martin Bormann, gegen den Herrscher des SS-Apparates Heinrich Himmler und gegen die »phantasielosen und reaktionären Generäle«, die an den Rückschlägen des Krieges schuld seien.
Das Scheitern der Luftoffensive gegen England und die Rückschläge im russischen Winter 1941/42 vertieften bei ihm die Überzeugung, daß der Krieg schleunigst durch einen Waffenstillstand beendet werden sollte. Unter vier Augen sagte er einmal einem guten Bekannten: »Diesen Krieg verlieren wir mit Pauken und Trompeten! Wenn du das weitererzählst, schwöre ich tausend Eide, daß ich das niemals gesagt habe!« Zur Treue gegenüber dem »Führer« gehörte für Röver, daß er diese seine Auffassung auch Hitler darzustellen habe. Es ist glaubhaft überliefert, daß er zweimal einen Anlauf unternahm, aber auf schroffe Ablehnung Hitlers stieß. Röver beging auch die Unvorsichtigkeit, sein Anliegen Himmler vorzutragen.
Anfang Mai 1942 erkrankte Röver und wurde von seinem Heilpraktiker behandelt. Er

hatte Schwellungen am Kopf, die angeblich von einem Auto-Unfall herrührten. Der Patient litt aber auch unter Tobsuchtsanfällen, und er wurde daher von Oldenburg in die Abgeschiedenheit des Blockhauses in Ahlhorn gebracht. Dort zerschlug er eine Zimmereinrichtung, wobei er erklärte, er wolle ins Führerhauptquartier und dann nach England fliegen. Offenbar hatte die Aktion von Rudolf Heß auf ihn großen Eindruck gemacht. Vor dem Flug wollte Röver noch eine große, vier Stunden dauernde Rede auf eine Schallplatte sprechen.

Als ihn am 13. Mai einige Ärzte, darunter ein SS-Arzt, behandeln wollten, sträubte er sich. Ein Bericht über diese Ereignisse ging an Heydrich, Himmler und die Reichsleitung der NSDAP in München, die sich nun mit dem Führerhauptquartier in Verbindung setzte. Dann wurde der Heilpraktiker Rövers mit einem Kraftwagen des Gauleiters am 14. Mai von Magdeburg nach Ahlhorn gebracht, da der Patient jeden anderen Arzt ablehnte. Rövers Äußerungen machten deutlich, daß er Angst vor Himmler hatte. Inzwischen traf der Leibarzt Hitlers, Dr. Karl Brandt, in Ahlhorn ein. Dieser befahl dem Heilpraktiker, Beruhigungsspritzen zu verabreichen, die er selbst mitgebracht hatte. Es soll sich um Gift gehandelt haben, das der Heilpraktiker unbemerkt in die Luft spritzte. Zur Überraschung aller Anwesenden erschien Röver nun, in eine Wolldecke gehüllt, in der Halle des Blockhauses und hielt eine Rede, in der er die deutsche Politik angriff. Am Vormittag des 15. Mai wurde er mit einem Flugzeug nach Berlin gebracht; nach wenigen Stunden war er tot. Es gibt manche Anzeichen dafür, daß sein Ende in der Charité auf gewaltsame Weise herbeigeführt wurde. Wahrscheinlich ist allerdings auch, daß er an einer Gehirnkrankheit litt, die unheilbar war. Völlige Sicherheit ist nicht zu erlangen, da die Gestapo sogleich alle Spuren verwischte. So wurde etwa auch bei Rövers Heilpraktiker eine Haussuchung veranstaltet, wobei die Krankenkartei beschlagnahmt wurde; außerdem wurde die Auslieferung der Habseligkeiten Rövers in Berlin verweigert.

Die deutsche Morgenpresse brachte zunächst am 16. Mai eine kurze Mitteilung über die Erkrankung Rövers; am Nachmittag wurde der Tod mitgeteilt. Am 23. Mai fand in Oldenburg ein pomphaftes Staatsbegräbnis mit einem langen Trauerzug durch die Stadt zum Friedhof statt.

Ein Jahr nach seinem Ende wurde durch den Reichsminister Alfred Rosenberg am Grabe in einem Festakt eine Gedenkplatte enthüllt.

Schwarzwälder, Berühmte Bremer, S. 241 ff

In Oldenburg wurde eine der Hauptstraßen, die Heiligengeiststraße, nach ihm benannt. Die mit einem Hakenkreuz versehene Gedenkplatte auf dem Oldenburger Neuen Friedhof wurde 1984 z. T. verdeckt.

Rövers Nachfolger: Gauleiter und Reichsstatthalter Paul Wegener (geb. 1908 in Varel, ursprünglich Kaufmann) (Aus: Schwarzwälder, Bremen 2, S. 121)

TEIL 4
November 1942 bis Dezember 1944

WICHTIGE EREIGNISSE

3. 11. 42 Niederlage gegen die Engländer bei El-Alamein in Ägypten, Beginn des Rückzuges

8. 11. 42 Landung der Alliierten in Nordafrika

24. 1. 43 Ende der Konferenz von Casablanca: Forderung nach „bedingungsloser Kapitulation"

30. 1. 43 Kapitulation der deutschen Truppen in Stalingrad

10. 7. 43 Landung der Alliierten auf Sizilien

25. 7. 43 Sturz Mussolinis

1. 12. 43 Ende der Konferenz von Teheran: Einigung der drei Großmächte über ihre weitere Politik

6. 6. 44 Invasion in der Normandie

22. 6. 44 Russische Offensive: Zusammenbruch des Mittelabschnitts

20. 7. 44 Attentat auf Hitler

1. 8. 44 Aufstand in Warschau

25. 8. 44 Paris von den Alliierten befreit

16. 10. 44 Eindringen der Russen in Ostpreußen

18. 10. 44 Aufstellung des Volkssturms

16. 12. 44 Deutsche Offensive in den Ardennen

Bombenkrieg

Wilhelmshaven war seit 1940 Ziel englischer Luftangriffe, doch anfangs ohne große Wirkung.
Erst mit dem deutschen Luftangriff auf die englische Stadt Coventry (am 14. 11. 1940) und dem englischen auf Lübeck (28./29. 3. 42) gewann der Luftkrieg einen neuen Charakter: nicht einzelne Objekte sollten getroffen, sondern ganz Städte oder zumindest Stadtteile, zumeist die Zentren, sollten vernichtet werden.
Das traf auch Wilhelmshaven.

Wilhelmshaven im Luftkrieg

Aus den Erinnerungen eines Zahnarztes

Für die Bevölkerung waren die Stunden in den Luftschutzkellern eine Qual. Die Kinder wurden unruhig und weinten. Die Zahl der Infektionskrankheiten stieg. Meine Frau holte sich eine schwere Diphtherie. Da die Isolierstationen, soweit noch nicht beschädigt, in den

Abwehr der von England ausgehenden Luftangriffe

Der Ausbau des „Kammhuber-Riegels", benannt nach ihrem Organisator, Luftwaffengeneral Kammhuber. Dem Ausbau des Riegels entsprechend, änderten die alliierten Bomberverbände ihre Kurse. Nach einem Zerwürfnis mit Hitler wurde Kammhuber im November 1943 abberufen. Kammhuber war 1957 bis 1962 Inspekteur der neuen deutschen Luftwaffe.

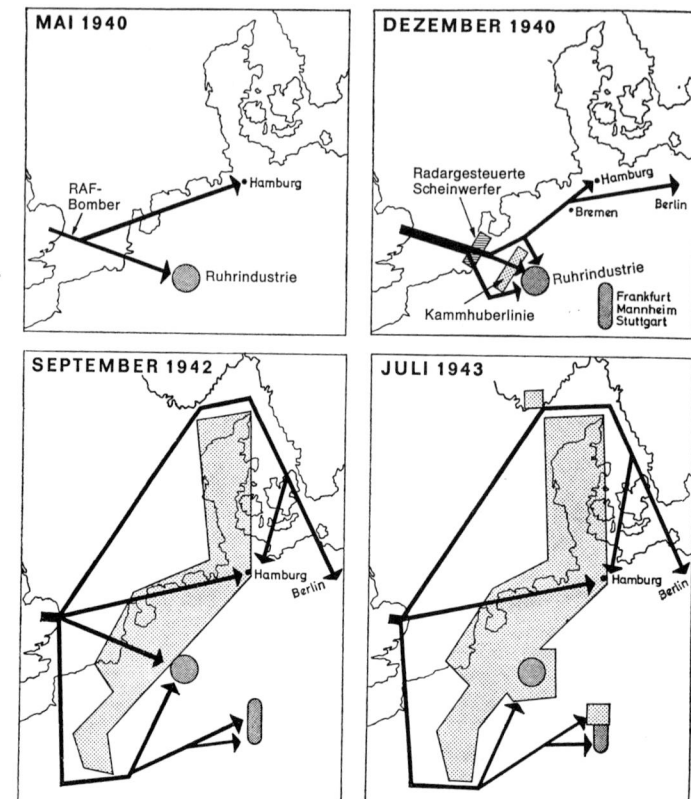

Krankenhäusern überfüllt waren, bestand zusätzlich die Gefahr einer Mischinfektion mit Scharlach. Sie wurde zu Hause isoliert. Vor dem Schlafzimmer standen Desinfektionsschalen. Bei den nächsten Alarmen blieb ich bei ihr in der Wohnung. Ausgerechnet als die Krise einsetzte, sie schwer röchelte, erfolgte ein Angriff. Das Haus schwankte, die Fenster flogen raus. Mit Decken schützte ich sie vor Kälte - trotz allem kam sie durch.

Die Verluste unter der Zivilbevölkerung stiegen. Wilhelmshaven wurde zum Erprobungsfeld für den Masseneinsatz der Bomber. Durch »Tannenbäume«, einem gestaffelten Abwurf von Leuchtraketen, erhellten die Angreifer das Zielgebiet.

Im September 1942 warfen die Bomberverbände neben den Sprengbomben viele Stabbrandbomben und Phosphorkanister. Es entstanden die ersten Flächenbrände. Zunächst wunderten wir uns, daß nach den Angriffen immer heftige Winde aufkamen. Dann wurde uns klar, daß die Stürme durch den angesaugten Sauerstoff der Flammen entstanden. Die Bremer Straße fackelte lichterloh. Wir hatten uns gerade etwas von dem Angriff erholt, als unsere Hausgehilfin ganz verwirrt und zitternd erschien. »Helfen Sie mir - helfen Sie mir - meine Schwester liegt mit ihren zwei Kindern in der Bremer Straße unter den Trümmern.«

Es wurde die schrecklichste Nacht meines Lebens. Das Haus lag völlig zerstört brennend auf der Straße. Da bekannt war, daß über zwanzig Menschen in dem verschütteten Keller sein mußten, räumten Männer vom Sicherheitsdienst unter Einsatz ihres Lebens die Trümmer ab. - Erschüttert - aber immer noch hoffend - standen wir, bis sich bestätigte, die Menschen sind tot. Schweren Herzens brachte ich unsere Henni zu den Eltern nach Aldenburg. Nie habe ich den Irrsinn des Krieges so körperlich empfunden.

Einige Wochen später saßen wir in der Lübecker Straße bei einem Angriff im Keller. Das anschwellende Heulen der Flugzeuge und das Abwehrfeuer der Flak waren deutlich zu hören. Plötzlich ein klöterndes Geräusch durchs Haus.

»Männer raus, Brandbomben.«

136

In unserer Wohnung im ersten Stockwerk war eine Brandbombe in die Badewanne einge-schlagen. Da diese mit Löschwasser gefüllt war, konnte sie nicht zünden. Eine zweite Brandbombe lag zwischen Schreibtisch und Wand. Vom Feuerschein war das Zimmer hell. In dem Augenblick, wo ich mich mit der Hilfsspritze dem Brandherd näherte, explodie-rete ein Sprengsatz. Der Schreibtisch wurde durchsiebt, er schützte mich. Den lokalen Brand abgelöscht, rauf ins Obergeschoß. Hier war eine Brandbombe mitten in ausgelegte metallene Ofenbleche gefallen und verzischte ungefährlich. Eine weitere klemmte zwi-schen Decke und Ausdehnungsgefäß der Heizung. Abgelöscht. Wieder runter in den Kel-ler zu den Frauen, da immer noch Bomben fielen. Als der Angriff abklang, hörten wir ein heftiges Klopfen an der Kellerwand zum Nebenhaus. Das war ein Signal aus dem anderen Luftschutzkeller. Wir Männer rüber. »Die Dachwohnung brennt«, rief man uns zu. Mit Feuerlöschspritze, Sand und Wassereimer stiegen wir hinauf. Beim Öffnen der Wohnungs-tür kam uns beißender Qualm entgegen. Wir mußten zurück. Nur über dem Boden war die Luft noch frei.

»Binde mir ein Tau um die Hüfte«, sagte ich meinem Schwiegervater. »Dann krieche ich hinein, unten kann ich noch atmen.«

Als ich die Schlafzimmertür aufgeklinkt hatte, zog er mich zurück. »So geht das nicht«, fauchte ich ihn an. »Der Qualm kommt aus dem Schlafzimmer. Die Brandbombe liegt im Bett.« Ich kroch wieder vor, löste den Knoten, atmete tief ein, sprang zum Fenster und stieß dies auf. In Sekunden. Der stickige Mief zog ab. Das Bett mit der Brandbombe warf ich in den Garten. Das Haus war gerettet!

Hertrampf 143 f

Die Geheime Staatspolizei Wilhelmshaven meldet dem Reichssicherheitshauptamt

Über den schweren Tagesluftangriff auf Wilhelmshaven am 22. 3. 43 wurden bislang fol-gende Einzelheiten bekannt:
Etwa 150 Feindmaschinen flogen aus westlicher und südwestlicher Richtung konzentrisch Wilhelmshaven an. Zwischen 15 und 15.10 Uhr wurden rund 500 Sprengbomben auf Stadt- und Kriegsmarinegebiet geworfen. Der weitaus größte Teil der abgeworfenen Bomben fiel auf das Stadtgebiet. 140 Wohnhäuser wurden total zerstört, 160 Häuser wurden schwer be-schädigt, daß ein Weiterbewohnen ausgeschlossen sein wird. Ca. 600 Wohnhäuser erlitten leichteren Schaden. Es entstanden zahlreiche Einsturzstellen, darunter rund 40 mit Ver-schütteten. An öffentlichen Gebäuden wurden das Paketpostamt, Telegrafenamt, Amtsge-richt mit Gefängnis, 1 Schule, das Reichsbankgebäude, das Offiziersheim der Kriegsma-rine, das Stadttheater und 1 Kirche schwer beschädigt und zum Teil zerstört. 1 Kopframpe der Reichsbahn wurde durch Volltreffer zerstört. Fernsprechverkehr war vollständig ausge-fallen und wird z. Zt. teilweise durch einige Notleitungen wieder aufrechterhalten. Das Hauptwasserrohr ist zerstört, daneben entstanden 34 Rohrbrüche. Auch in der Stromzu-fuhr und Gaszuleitung sind erhebliche Schäden eingetreten. Bislang sind 31 Tote festge-stellt. Vermißt werden z. Zt. noch 8-10 Personen, die verschüttet und wahrscheinlich tot sind. Verletzte Personen wurden bislang 86 festgestellt. Mit einer Erhöhung aller Zahlen muß gerechnet werden. Durch Totalschaden wurden 1.800 Personen und durch Räumung wegen Blindgängern (LZZ.)[1] rund 2.000 Personen obdachlos.
Der angerichtete Schaden auf der KMW.[2] steht steht hier noch nicht einwandfrei fest. Je-doch muß in einzelnen Ressorts mit einem Produktionsausfall von 50 bis 60 % gerechnet werden.

Staatsarchiv Oldenburg, Best. 133, Nr. 2886, S. 997, Meldung v. 13. 3. 1943

1) Langzeitzünder
2) Kriegsmarinewerft

Luftangriff auf Wilhelmshaven. Zu erkennen sind die Lichtkegel deutscher Scheinwerfer, die Leuchtspur deutscher Flakgeschosse und - als weiße Punkte - alliierte Bomber.
(Foto: WZ-Bilderdienst)

Das Wilhelmshavener Rathaus, durch Luftangriffe schwer beschädigt. Links das Realgymnasium (später zerstört und abgebrochen), rechts das Finanzamt. (Das 1929 von der Stadt Rüstringen erbaute Rathaus ist ein bedeutendes Werk des Architekten Fritz Höger.)
(Foto: Stadtarchiv Wilhelmshaven)

Die Hauptgeschäftsstraße von Wilhelmshaven, die Marktstraße, nach einem Bombenangriff
(Stadtarchiv Wilhelmshaven)

Nach einem Bombenangriff: Tote in Bremen-Gröpelingen
(Aus: Schwarzwälder 1, S. 184)

Wilhelmshaven-Nord

Neubau trotz Bombenkrieg: Wilhelmshaven-Nord (Fedderwardergroden), seit 1939 für die nach Wilhelmshaven dienstverpflichteten Arbeiter und ihre Familien erbaut. Bis Kriegsende waren 2300 Wohnungen bezugsfertig. Bis 1969 wurden weitere 1050 Wohnungen bezugsfertig.
(Stadtarchiv Wilhelmshaven)

Die Kinderlandverschickung

Als 1940 die Luftangriffe auf die Städte Deutschlands zunahmen, wurde als eine Art Reichsbehörde die Kinderverschickung (KLV) gegründet. Durch sie wurden seit 1941 rund 2,5 Millionen Schulkinder zusammen mit ihren Lehrern aus luftgefährdeten Städten (wie etwa Wilhelmshaven und Bremen) in ungefährdete Gebiete evakuiert, d. h. nach Süd- und Ostdeutschland, in das Generalgouvernement (Polen) sowie in volksdeutsche Dörfer in Ungarn und Rumänien (Siebenbürgen).
Wilhelmshavener Kinder kamen u. a. nach Maków in den Beskiden (sdl. Krakau, im damaligen Generalgouvernement).
Ein 14jähriger Unterführer dieses Lagers schrieb an einen Freund:

Makow, den 19. VI. 1943

Lieber Helmut!
Seit 2 Wochen befinde ich mich schon im KLV Lager und habe mich schon eingelebt. Es gefällt mir hier sehr gut. Wir sind das einzige Lager im Ort. Makow selbst ist ein kleines

Nest von ungefähr 1.000-1.500 Einwohnern. Es liegt in den Westbeskiden ungefähr 20 km von der neuen deutschen Grenze entfernt. Das Lager ist in einem Hotel der deutschen Ostbahn eingerichtet. Ursprünglich war das Hotel als Schule für die Ostbahn gedacht und jetzt auch noch teilweise benutzt. Es ist im amerikanischen Stil erbaut, also mit jedem Luxus ausgestattet. Wir schlafen mit 2-5 Mann auf den Stuben, Federbetten haben wir nicht, aber dafür fließend warmes und kaltes Wasser. Das Lager besteht aus 80 Jungen, 2 Unterführern, 1 Lamafü. [= Lagermannschaftsführer], Lehrern und dem polnischen Personal. Dazu gehören 4 Pferde und 2 Droschken, eine Waschküche, Heizanlagen, Duschräume, Bäder, Lichtanlagen und das Personal. Du kannst dir denken, daß es mir schon deshalb hier gefällt.

Die Jungen kommen von Wilhelmshaven. Sie sind zum Teil schon einmal verschickt worden durch die KLV. Einige von ihnen sind schon älter als ich, und sehr viele stehen im gleichen Alter mit mir. Aber es sind alle ganze Kerle und gute Kameraden.

Beim Dienst ziehen wir oft ins Gelände und toben uns in den Bergen aus.

Wir können hier sogar baden. Im Tal fließt nämlich ein größerer Gebirgsfluß mit einer mäßigen Strömung.

Die beiden anderen Führer sind schon 18 Jahre alt. Der Lagerleiter ist im großen und ganzen nicht schlecht, doch manchmal hat er auch seine Anfälle [. . .]

Ich jedenfalls freue mich, daß ich in diesem abgelegenen Nest untergekommen bin, denn das Lager und vor allem die Kameradschaft ist prima. Auch die Verpflegung ist sehr gut. Wir bekommen jeden Tag Fleisch. Gemüse ist hier allerdings noch sehr knapp.

Banden gibt es in der Umgebung unseres Dorfes nicht. Sonst sieht es gerade in diesem Punkt in den anderen Bezirken sehr heikel aus. Man hört oft von Überfällen usw. Die Polen halten aber untereinander fest zusammen, so daß nur wenige Banden vernichtet werden können. Das zeigt ja auch schon der Aufstand in Warschau[1], von dem du sicher gehört hast.

Die Polen werden hier als Menschen II. Klasse behandelt. Bei der Eisenbahn gibt es Wagen für Polen und für Deutsche, ebenso bei der Straßenbahn in Krakau. Wenn wir durchs Dorf gehen auf dem engen Bürgersteig, dann müssen die Polen uns aus dem Wege gehen. Du kannst dir denken, daß sie fast alle erbittert sind gegen uns. Aber das hat ja nicht viel zu sagen.

Wie steht es denn mit deinem KLV-Einsatz?

Was macht die Schule? Habt ihr schon wieder Unterricht? [. . .]

Dabel, KLV, S. 162-165

1) Vf. meint den Aufstand im Warschauer Getto vom April/Mai 1943.

Dienstverpflichtet

Die männlichen Jugendlichen standen für den Arbeitsmarkt kaum zur Verfügung, denn sie waren Luftwaffen-, Flak- oder Marinehelfer und später Arbeitsdienstmänner und Soldaten. Anders war es mit den weiblichen, sobald sie den Arbeitsdienst hinter sich hatten.

Der Weg einer Ostfriesin über Karin-Hall nach Ravensbrück (1942-1945)

Die 19jährige Sophie R. aus Moordorf bei Aurich wurde im Juni 1942 „nach Karin-Hall, Hermann-Göring-Försterei, Schorfheide" (nördlich Berlin) dienstverpflichtet. Karin-Hall war der Wohnsitz des Reichsmarschalls Hermann Göring. Sophie R. entstammte einer Arbeiterfamilie, sie war eines von 13 Kindern. Ihr Vater war damals in Wilhelmshaven dienstverpflichtet. Sie erzählt (nach einer Tonband-Aufnahme von 1981):

Der Kutscher hat hochdeutsch gesprochen, der hat mir auf'n Wagen geholfen. Das war 'n ganz netter Mann. Er war so um 65. Der hat mich oftmals getröstet, wenn ich dann mal Heimweh hatte. Der fuhr mit mir zum . . . Forsthaus Hirschberg . . . Bei dem Chef da mußte ich mich melden . . . Förster Steeger hieß der . . . Der Steeger brachte mich mit einem Mercedes nach Karin-Hall.

Da mußte man sich erst melden am Tor; Ausweis zeigen. Und dann haben sie mir mein Zimmer gezeigt. Das war ein niedliches, kleines Zimmerchen, das muß ich sagen. Da war'n Schreibtisch drin, Bett, Stuhl, Kleiderschrank . . . Die hatten wir nicht zu Hause, solche schönen Zimmerchen. Wir waren ja mit so vielen Kindern zu Hause, wie sollten die Eltern das machen! . . .

Sophie R. arbeitet zusammen mit anderen Dienstverpflichteten in der Küche und auch im übrigen Haushalt.

In meiner Freizeit war ich froh, daß ich liegen konnte. Ich bin wohl im Kino gewesen, aber dann mußte ich um 10 Uhr auch wieder da sein . . . Dann hab ich mich angefreundet, was heißt hier Freund, ein guter Kollege war das. Und der hat mich wohl mal mitgenommen ins Kino. Aber manchmal durfte ich auch nicht. Ich mußte mich ja abmelden, vorne . . . Alle Bediensteten waren unter sich sehr nett. Auch Frau Göring war nett; die Kinder auch. Wenn Göring da war, trug der immer Uniform . . .

Die ganze Post und die Briefe, die ich kriegte, die wurden alle kontrolliert. Das wurde erst aufgemacht, und dann kriegte ich die Post. Auch was ich geschrieben habe, wurde kontrolliert.

Und wenn ich mal ein paar Mark haben wollte von der Bank - der Chef hatte mein Bankbuch -, dann mußte ich erst bitten und betteln, bis er mir ein paar Mark gab.

Zuerst kriegte ich 30 Mark im Monat . . . Und dann habe ich den nächsten Monat 40 Mark gekriegt. Das war viel Geld damals . . . Das kam gleich auf das Sparkonto . . .

Und da hat meine Mutter mal geschrieben . . . daß sie so dicke geschwollene Füße hatte, und da kriegte ich so ein Heimweh! Da wollte ich ausrücken. Meine Mutter war schwanger, kriegte das 13. Kind . . . Da kriegte ich so ein Heimweh, das hab ich meiner Kollegin erzählt, daß ich nach Hause wollte. Das war an einem Sonntag. Und da hab ich gesagt: „Heute mittag, wenn ich die Arbeit fertig habe, hau ich ab!" Und die hat mich verraten . . . Wem sie das erzählt hat, weiß ich nicht, aber der Chef kam auf einmal zu mir und sagte, ich dürfte gar nicht mehr raus. Und dann kriegte meine Mutter einen Brief. Wenn sie noch einmal so etwas mir schreiben würde, daß sie krank wäre, dann würden sie sie einsperren. Eben weil ich ausrücken wollte. Sie wüßte ja, daß ich da bleiben müßte . . .

Sie haben noch zu mir gesagt, in einem halben Jahr kriege ich Urlaub. Das haben die mir versprochen . . . Ein halbes Jahr bin ich in der Hermann-Göring-Försterei geblieben, ein paar Wochen mehr als ein halbes Jahr. . . . Die hatten mir ja versprochen, daß ich Urlaub kriegen sollte . . . Ich hab noch 'ne Woche gewartet und dann habe ich immer gebettelt und gebettelt . . .

Ich konnte es nicht mehr aushalten und habe meinem Vater geschrieben, er solle mir Geld schicken. Ich müßte mir einen neuen Mantel kaufen. Und an meine Schwester habe ich geschrieben, sie sollte mir Geld schicken, weil ich ein neues Kleid haben müßte. Und die haben das auch gemacht, aber telegraphisch, nicht an mich, das war ja zu gefährlich. Sie schickten das Geld an den Kutscher. Ich durfte mir ja kein Geld schicken lassen, weil die Angst hatten, ich würde ausrücken . . .

Es gelingt Sophie R., mit Hilfe des Kutschers und des erwähnten Jungen zu fliehen. Sie fährt zu ihrer Mutter nach Moordorf. Schon am Tage nach ihrer Ankunft wird sie dort verhaftet.

Ich konnte mir auch denken, warum. Als ich in Karin-Hall angekommen war, mußte ich unterschreiben, daß ich kein Wort darüber reden würde, was ich dort zu sehen und zu hören bekäme. Und ich habe was gesehen und gehört. Was von dem Steeger zum Beispiel. Da waren mal ein paar russische Gefangene ausgerückt. Wir waren alle auf der Straße, und ich weiß nicht, wie der Steeger die Russen wieder eingefangen hat. Aber er hat sie dann so geschlagen, das kann ich gar nicht erzählen. Die Männer sind durch einen Graben gegangen, und dann hat er richtig mit Füßen darauf getreten . . .

Nun haben sie mich ins Gefängnis gebracht, nach Aurich . . . Erst ganz allein eingesperrt . . . Am andern Tag kam noch ein Mädchen, die war ausgerückt von der Arbeit, die kam von Wilhelmshaven . . . Und dann bin ich immer zur Tür gegangen und hab geklopft. Ich wollt raus, ich wollt nach Hause! Und dann haben sie gesagt, ich sollt ruhig sein! Sie könnten nichts machen, und ich könnt nichts machen. Und dann kam meine Mutter mich besuchen . . . Vier Monate habe ich hier in Aurich im Gefängnis gesessen . . .

[Sophie K. macht mehrere Selbstmordversuche, indem sie Nadeln und Haarklemmen verschluckt.]

Ich wollte nicht mehr leben; ich wollte nicht mehr . . . Die Gefängniswärter waren nett. Die konnten ja auch nichts dafür . . .

Als ich im Gefängnis war, hat es keine Verhandlung gegeben, nix, gar nix. Das Mädchen war bei mir, die war auch so alt wie ich. Die hat mich da in der Zelle bewacht, . . . daß ich mir nichts antun konnte . . .

Und dann hieß es: „Morgen früh kommen Sie auf Transport!", da waren auch Männer dabei.

[Sophie K. versucht in Aurich, sich vor den Zug zu stürzen, aber vergebens. Der Transport geht in das Frauen-Konzentrationslager Ravensbrück (nördlich Berlin).]

Ich bin erst dahintergekommen, daß das ein Konzentrationslager war, als sie mir die Haare geschnitten hatten und so was. Wir mußten aus dem Zug aussteigen, und dann mußten wir stehen bleiben. Dann kamen Polizisten oder Soldaten, das war die Wache vom Lager. Und da sah ich ein ganz großes Tor, und da mußten wir durch . . .

Als wir nun im Lager angekommen waren, mußten wir unsere Sachen alle ausziehen. Das war ein großer Raum, da wurden wir alle untersucht, ob wir gesund wären. Ich glaub, da war alles durcheinander, Asoziale und andere. Wir mußten uns ganz ausziehen, und auf einmal haben sie mich am Nacken gepackt. Da waren mehrere, ob das eine Ärztin war oder ein Arzt, das kann ich nicht mehr genau sagen. Wir waren alle splitternackt. Es hat mich einer im Nacken gepackt und in ein Extrazimmer gestoßen. Und da haben sie mir die Haare geschnitten, ganz kahl, wie meine Hand! . . . Ich hab gefragt. Da haben sie gesagt: „Weil Sie ausgerückt sind!"

[Die Zeit von Ende 1942 bis Anfang 1945 verbrachte Sophie R. in den Konzentrationslagern Ravensbrück und Zwodau bei Karlsbad, wo sie in einer Munitionsfabrik arbeiten mußte. Im April 1945 wurde sie von den Amerikanern befreit und konnte nach Moordorf zurückkehren.]

Aus: Helga Schütt (Red.)

Fremdarbeiter

Anweisung für Betriebs- und Lagerführer

Je länger der Krieg dauerte, desto mehr Fremdarbeiter wurden nach Deutschland geholt. Sie wohnten zumeist in Barackenlagern. Sie mußten sehr schwer arbeiten und unterlagen einer strengen Aufsicht.
Die Geheime Staatspolizei Bremen teilte am 10. Juli 1941 den Lagerführern der Ausländer-Lager sowie den Betriebsführern, die Ausländer beschäftigten, mit, wie gegebenenfalls gegen die Ausländer vorzugehen sei.

Die Betriebs- und Lagerführer werden daher angewiesen, in Zukunft bei Handlungen von Ausländern, durch die eine Gefährdung des Produktionsganges und der Arbeitsleistung hervorgerufen oder eine Gefährdung der öffentlichen Ordnung und Sicherheit verursacht wird, sofort das zuständige Polizeirevier zu verständigen, damit von dort aus auf schnellstem Wege eingeschritten werden kann. Gleichzeitig ist fernmündlich die Geheime Staatspolizei, Staatspolizeistelle Bremen, Am Wall 199, Fernruf 2 24 71, von dem Vorgefallenen zu verständigen . . .

Als Fälle, die ein sofortiges staatspolizeiliches Einschreiten erfordern, sind beispielsweise zu nennen:

1. Bummelei und Arbeitsscheu,
2. Arbeitsflucht (unerlaubtes Verlassen der Arbeitsstelle und Heimkehr ohne Urlaub),
3. Staatsfeindliches Verhalten und Disziplinlosigkeiten mit politischem Hintergrund, z. B. Aufhetzung zur Arbeitssabotage und zum Streik, Verweigerung des Essens, Bildung oppositioneller Gruppen, Singen deutschfeindlicher Lieder, Abhören ausländischer Rundfunksender u. ä.
4. Widersetzlichkeit und Verstöße gegen den Arbeitsfrieden in den Betrieben und auf den Arbeitsstellen,
5. alle anderen unzulässigen Handlungen von ausländischen Arbeitskräften, in denen nur durch ein sofortiges polizeiliches Einschreiten eine vorbeugende bzw. abschreckende Wirkung erzielt und etwa zu erwartende weitere schädigende Folgen verhindert werden können.

Schminck-Gustavus, S. 84

Menschenschinderei bei Focke-Wulf

Unter Umständen kamen die Fremdarbeiter in das Arbeitserziehungslager in Farge. So geschah es mit einem in dem Focke-Wulf-Flugzeugwerk arbeitenden Franzosen.
Ein Pole erzählt:

Anfang 1943 wurde ich Zeuge eines schlimmen Ereignisses. Ein französischer Arbeitskamerad hatte einen Flugzeugkühler von über 50 Kilo Gewicht nicht - wie angeordnet - auf dem Rücken geschleppt, sondern über die Erde gerollt. Den Transport der Flugzeugkühler hatte eine Kolonne zu besorgen, die von einem Johann Rydzewski aus Ostpreußen kommandiert wurde. Wahrscheinlich hatte irgend jemand bemerkt, daß wir die gepanzerten Kühler über den Boden wälzten, anstatt sie zu tragen. So kam plötzlich eine Kontrolle von der Abteilungsleitung; da waren Ingenieur Weise, Meister Bee, Rydzewski und einige deutsche Vorarbeiter. Die haben nun einem von uns, einem sehr jungen Polen, der gerade durch die Halle ging, befohlen, den Kühler auf die Schulter zu laden und ihn von einer Ecke der Halle zur andern zu tragen. Sie zeigten ihm genau, wie er das ausführen solle. Man konnte sehen, daß der Junge den schweren Kühler nur mit großer Anstrengung schleppen konnte. Der Franzose war wesentlich älter und zu schwach zum Schleppen. Deshalb hatte er den Kühler über den Boden gewälzt. Aber auch seine vom Dolmetscher übersetzte Entschuldigung, er sei herzkrank und nicht imstande, einen so schweren Kühler auf der Schulter zu tragen, richtete nichts aus. Rücksichtslos hat ihn Ingenieur Weise als »Saboteur« beschimpft und der Polizei übergeben. Er kam ins »Arbeitserziehungslager«. Meistens wurden die so Bestraften nach der Verbüßung ihrer Haft wieder an ihren alten Arbeitsplatz zurückgeführt - zur Abschreckung und Einschüchterung. Den französischen Kameraden haben wir aber nie wiedergesehen.

Schminck-Gustavus, S. 137

Erziehungshaft in Farge

Eine solche Erziehungshaft in Farge erlitt der Pole Adam Tomkiewicz aus Posen, nachdem er (1943) ohne Urlaub zu seinen Eltern nach Posen gefahren war. Einer seiner polnischen Arbeitskameraden berichtet (etwa 1980, vom Tonband übertragen):

No, und der Tomkiewicz ist auch gewesen in Farge. Der hat uns erzählt, wie das ist gewesen im Straflager.

Das kam so, weil der sich nix will lassen gefallen. Und der geht um Urlaub zum Doktor Peters. Aber der will ihn ja nicht fahren lassen und sagt: „Nächsten Monat kannst fahren." Und wenn er wiederkommt nächsten Monat, sagt der Doktor Peters: „No, Tomkiewicz, geht schon nicht. Vielleicht nächsten Monat oder iebernächsten." Und so immer weiter. Zum Schluß sagt Doktor Peters: „Urlaubssperre. In Posen ist Typhus." Also fährt der Tomkiewicz ohne Urlaub. Kauft sich deutsche Zeitung und scheenen dicken Ring mit Hakenkreuz am Finger. So setzt der sich in den Zug auf Posen. Den Ringfinger vorne weg. Kommt er nach Hause. Am nächsten Tag ist Gestapo da: »Wenn Ihr Sohn nicht in drei Tagen zurick ist in Blumenthal, geht ihr alle ins KZ.« No, muß er zurick. Und geht gleich ins Personalbüro: »Melde gehorsamst, Herr Doktor Peters: Kein Typhus in Posen!«

Der Herr Peters war doch ein Doktor. Hat auch nicht geschlagen, aber gleich nebenan geht das schon los. Schläge vom Werkschutzmann. Dann Gestapo. Holt ihn ab. Gestapohaus, Stehzelle, die ganze Nacht. Danach Gefängnis. Und zum Schluß Farge, Straflager. No, der hat uns alles erzählt, der Tomkiewicz, wie das ist gewesen. Kommst du rein ins Lager: »Hände hoch!« Alles aufstellen. Gesicht zur Wand. So stehen die da. Vielleicht eine Stunde. Immer Hände hoch. Dann kommt SS von hinten. Kriegt jeder der Reihe nach von hinten solch schweren Faustschlag auf den Kopf. Und die krachen mit dem Gesicht auf die Wand. Blut fließt ja schon, mancher hat die Nase gebrochen.

Solches ist die Begrießung in Farge, und so geht das weiter. Sechs Wochen lang. Jeden Tag zehn Stunden lang Sand schippen auf diese Kipp-Loren. Da sollen die solche große Öl-Bunker bauen. Die sind so schwach, daß die nicht mehr kennen gerade gehn. Füße tot, Knie blutig, Handgelenk geschwollen vom Schippen. Und mancher will doch fliehn, aber geht ja schon nicht. Sind Wachhunde da, große Wolfshunde. Die rennen nachts zwischen die Baracken rum und kratzen die Leichen wieder raus, wo sie haben vergraben neben dem Appellplatz oder am Zaun. Werden am nächsten Morgen noch einmal vergraben. - Also fliehn kennen die doch nicht. Haben auch solche Streifen auf die Hosen mit Phosphorfarbe. Die leuchtet nachts. Und am Ricken großen Kreis mit Punkt als Zielscheibe. Auch aus Phosphorfarbe. Wie solln die da fliehn? Wie denn?

Und die besoffene SS. Missen nachts antreten zum Spaß, wenn die SS besoffen sind. Einer von den SS heißt Pappke, ist ein Mörder. Der schmeißt seine Mitze zu dem Häftling an den Stacheldraht, zum Todesstreifen. Dann sagt er dem: »Los! Mitze holen!« Als der geht zum Zaun, nimmt Pappke den Karabiner. Der Häftling fällt. Tot. Und Pappke kriegt drei Tage Urlaub: »Fluchtversuch vereitelt«. So ist das.

Und der Hunger. An der Zugmaschine von die Loren steht solch kleines Kännchen mit Öl. Maschinenöl. Das haben die ausgetrunken als »Fettration«. Gibt's doch kein Fett in Farge. Ist aber schwarzes, dreckiges Maschinenöl. Und wenn die kriegen von dem Öl solchen Durchfall, dann ist schon Schluß. Dann sind die weg. Aus ist's. Aber Tomkiewicz hat ja doch geschafft. Ist der zurickgekommen nach Blumenthal. Fragt ihn der Gogol, der Lagerfiehrer, als er sich zurickmeldet: »No, Tomkiewicz, wie weit bist gewesen vom Friedhof?« Und grinst noch dabei.

Schminck-Gustavus, S. 23 ff.

„Polizeiliche Maßnahmen gegen arbeitsvertragsbrüchige und bummelnde ausländische Arbeiter"

In der Zeit des »totalen Kriegseinsatzes« verschärft die Gestapo die Verfolgung »widersetzlicher« Ausländer nochmals. So heißt es in einem weiteren Schreiben der Gestapostelle Bremen an den Polizeipräsidenten vom 27. Januar 1943.

Betr.: Polizeiliche Maßnahmen gegen arbeitsvertragsbrüchige oder bummelnde ausländischer Arbeiter

. . . Aufgrund einer zwischen dem Reichsführer SS und Chef der Deutschen Polizei und dem Generalbevollmächtigten für den Arbeitseinsatz getroffenen Regelung ist die Behandlung arbeitsvertragsbrüchiger oder bummelnder ausländischer Arbeiter ausschließlich Sache der Geheimen Staatspolizei.

Nach dieser Neuregelung sind die Anzeigen wegen Arbeitsvertragsbruchs oder Arbeitsbummelei von den Betrieben nunmehr unmittelbar der Geheimen Staatspolizei bzw. den Orts- und Kreispolizeibehörden zuzuleiten. Die Kreispolizeibehörden werden hiermit ermächtigt, in leichteren Fällen von Disziplinlosigkeit »im Auftrage der Geheimen Staatspolizei« Erziehungshaft bis zu 3 Tagen zu verhängen. Hierunter fallen u. a. erstmaliger Verstoß gegen den Kennzeichnungszwang, erstmaliges widerrechtliches und vorübergehendes Verlassen des Aufenthalts- oder Arbeitsorts, erstmaliges widerrechtliches Benutzen öffentlicher Verkehrsmittel und erstmaliges Übertreten der Ausgangsbestimmungen . . . Andererseits haben weitergehende Maßnahmen (Rationskürzungen, Prügelstrafen u. ä.) der Betriebe gegen ausländische Arbeiter grundsätzlich zu unterbleiben.

Schminck-Gustavus, S. 84

Himmlers „Durchführungsbestimmungen für Exekutionen"

Der „Reichsführer SS und Chef der Deutschen Polizei" Heinrich Himmler verfügte am 6. 1. 1943:

Bei der Exekution von polnischen Zivilarbeitern und Arbeitskräften aus dem altsowjetischen Gebiet (Ostarbeiter) sind - sofern nicht im Einzelfall eine andere Anordnung ergeht oder sonstige wichtige Gründe vorliegen (z. B. dringende Erntearbeiten) - die in der Umgebung eingesetzten Arbeitskräfte der gleichen Volksgruppe nach erfolgter Hinrichtung am Galgen vorbeizuführen und auf die Folgen eines Verstoßes gegen die gegebenen Vorschriften hinzuweisen . . . Die Erhängung ist durch Schutzhäftlinge, bei fremdvölkischen Arbeitern durch Angehörige möglichst der gleichen Volksgruppe zu vollziehen. Die Schutzhäftlinge erhalten für den Vollzug drei Zigaretten . . .

Weitere Maßnahmen . . . Falls die Überführung der Leiche in das nächste Krematorium oder die nächste Anatomie nur unter großem Benzinverbrauch möglich ist, bestehen gegen die Beerdigung auf einem Judenfriedhof oder in der Selbstmörderecke eines großen Friedhofs keine Bedenken.

Schminck-Gustavus, S. 246 f.

Hinrichtung eines Polen wegen „Schändung deutschen Blutes" in Blumenthal

Ein Pole berichtet (nach Tonbandaufnahme):

Morgens kommt SS ins Lager. Schmeißen alle raus aus den Stuben: Antreten! Dann Abmarsch, keiner weiß wohin. Unterwegs kommen noch andere solche Kolonnen aus die beiden Männerlager. Marschieren alle die Westerstraße runter. No, vorbei am Platz, wo die tanzen auf Sonntag[1], vorbei am Holzplatz, wo die abgemergelten Russen arbeiten, vorbei am Wasser lang, auf Farge zu. Ein paar hundert Meter weiter, da ist solch großes Russenlager, das Lager Bahrsplate, mit Stacheldraht umzingelt. Daneben muß alles antreten. Nur polnische Männer. Kommt dann ein Lkw, SS dabei, mit Karabiner. Und da ist einer drauf, der ist gefesselt: Pole. Und dann kommt noch ein zweiter Lkw. Da ist junges Mädchen drauf, Deutsche. Mit Kopf ganz kahl geschoren und ein Sack als Kleid. - Haben die schon

---

1) Da den Polen der Besuch von Lokalen verboten war, kamen sie im Freien zusammen.

alles vorbereitet: Solchen Pfosten mit Querbalken und Strick. Darunter der Bock mit Schemel drauf. Muß sich das Mädchen neben den Galgen stellen. Waren beide noch jung. Vielleicht achtzehn Jahre alt oder neunzehn. Der Pole hat beim Bauer gearbeitet und die Deutsche auch. Wer hat die verraten? Weiß man schon nicht. Der SS-Führer liest das Urteil vor. Hat der Pole „geschändet deutsches Blut und deutsche Ehre" und so weiter. Und selber ist der Pole dann auf den Schemel gestiegen. Hat nix gesagt. Und ihm wird diese Schlinge um den Hals getan. Und sind doch alle Polen da und stehen und missen anschauen. Un wird ihm doch keiner helfen. Stehen und schauen. - Wieviele SS? Zehn Mann oder zwölf? Mit Gewehre. Und 200 Polen. Ohne Waffen. Was wirst machen? Schreist als erster: „Nu, helft ihm doch!" So ist der aufgehängt. Und das Mädel steht daneben. Hat ihm keiner nicht geholfen. Ja. Solches war auch in dem Blumenthal. Paar hundert Meter weg von die Häuser.

Schminck-Gustavus, S. 26

Bessere Lebensbedingungen für manche Ostarbeiter

Nicht alle Ostarbeiter hatten es so schlecht wie viele in der Industrie, besonders dann nicht, wenn sie im Hause ihrer Arbeitgeber wohnten. Das war eigentlich gegen die geltenden Vorschriften, sollten doch Ostarbeiter in Lagern wohnen. Der Arbeitsablauf in Landwirtschaft und Haushalt zwang aber zu vielen Ausnahmen von dieser Vorschrift.
Von einer Ostarbeiterin handelt die folgende, 1983 veröffentlichte Erzählung.

Ein Mädchen aus Minsk

Im Spätsommer 1943 vermehrte sich die Zahl unserer Kinder von vier auf fünf. Das geschah dadurch, daß wir Valentina, ein sechzehnjähriges Mädchen aus Minsk, als Hausgehilfin bekamen. Ich hatte sie selbst in dem Lager für sogenannte Ostarbeiter abgeholt, hatte sie ausgewählt aus einem soeben eingetroffenen neuen Transport von Männern, Frauen und Kindern, die damals ins Deutsche Reich verschleppt worden waren. Wenn ich darüber nachdenke, schäme ich mich. Aber es war so: Wer Arbeitskräfte brauchte, konnte sie dort für seine Landwirtschaft, seinen Betrieb oder seinen Haushalt bekommen. So erhielten wir die kleine Valentina. Als ich sie zum ersten Mal sah, stand sie verschüchtert und mit großen angstvollen Augen in einer Gruppe von Mädchen. Sie schien mir die Jüngste zu sein, gefiel mir am besten, und ich hielt sie für geeignet, in unserem Haushalt „Kindermädchen" zu sein. Ich traf meine Entscheidung ohne langes Überlegen, unterschrieb ein Papier, das mir die Beamtin des Arbeitsamtes reichte und ging mit Valentina davon, nach Hause. Das Mädchen sagte nichts, konnte nichts sagen, weil es wohl auch kein Wort Deutsch verstand. Das Kind wußte nicht, was nun mit ihm geschehen sollte, wohin ich es brachte, was für ein Mensch ich war. Wahrscheinlich hatte sie Angst vor mir, der ich immerhin eine feldgraue Uniform trug. Daß ich dem Alter nach ihr Vater sein konnte, spürte Valentina wohl auch, während sie mich zuweilen verstohlen anblickte und in meinen Augen zu lesen versuchte. Ich sagte: „Du brauchst keine Angst zu haben, Kind! Wo ich bin und bei uns geschieht dir nichts!"
Valentina gefiel auch meiner Frau und meinen Kindern auf den ersten Blick. Als ich mit ihr in unserem Haus ankam, weinte Valentina und sagte: „Mama! Minsk." Die Tränen liefen ihr über die Wangen. Wir ließen das Mädchen erst einmal in Ruhe. Valentina trug eine dick wattierte russische Jacke, ein Kopftuch und hohe Stiefel, einen zu kurzen Rock und unter ihrer Jacke, die sie nun auszog, eine viel zu dünne Bluse. Gepäck hatte sie nicht bei sich. So, wie sie war, hatte man sie in Minsk von der Straße weg „eingefangen" und mit vielen anderen nach Norddeutschland geschafft.
Valentina war ein hübsches Mädchen. Schwarzes Haar umrahmte ihr Gesicht, aus dem

ausdrucksvolle Augen uns anblickten. Sie war zart und fein, noch ein Kind. Meine Frau sorgte dafür, daß dieses fremde Mädchen in die Badewanne kam, dann wurden Kleidungsstücke hervorgesucht, abgelegte unserer ältesten Tochter. Sie paßten Valentina, ja, als sie diese Sachen angezogen hatte, war das Mädchen nicht mehr die junge Ostarbeiterin, sondern eines unserer Kinder. Das Stoffschild mit der Aufschrift „Ost", das Valentina bei ihrer Ankunft auf ihrer Jacke trug und das zu tragen jeder Ostarbeiter verpflichtet war, blieb an Valentinas russischer Wattejacke, aber die zog sie nicht wieder an.

In der nun folgenden Zeit entwickelte sich das Mädchen aus Minsk wie eine Blume, wie eine schöne, fremde Blume. Sie lernte überraschend schnell Deutsch. Sie spielte mit unseren Kindern, fuhr den Kleinsten im Kinderwagen spazieren, sie half meiner Frau emsig im Haushalt. Sie hatte einen kleinen Schlafraum für sich, sie merkte, daß es ernst gemeint war, was ich Valentina bei unserer ersten Begegnung gesagt hatte: Wo ich bin und bei uns, da bist du sicher, da kann dir niemand etwas tun . . . Hätten wir uns an die damals geltenden Bestimmungen gehalten, hätte die „Ostarbeiterin" nicht einmal mit uns zusammen am Tisch sitzen dürfen. Unser Mitleid mit ihr verwandelte sich, wir dachten daran, wie es wäre, wenn eines unserer eigenen Kinder, etwa jetzt um die Weihnachtszeit, in einem fremden Land wäre, von der Straße weg dorthin gebracht, ohne Hoffnung auf baldige Rückkehr.

Für Valentina ging jene erste Zeit, da sie nach langem Hungern nicht satt zu kriegen schien, bald vorbei. Nun aß sie in normalen Mengen, saß mit uns zu den Mahlzeiten am Tisch, ein Kind im Kreise unserer Kinder. Staunend und mit viel Freude erlebte Valentina die Vorbereitungen für das Weihnachtsfest mit, half meiner Frau beim Kuchenbacken, fuhr alleine mit dem Bus in die Stadt, um Besorgungen zu machen, niemand merkte, daß sie eine „Ostarbeiterin" war. Wenn ich in der Kaserne war, hatte ich manchmal Befürchtungen, es könnte irgend etwas mit dem Mädchen geschehen. Abends, wenn ich vom Dienst nach Hause kam, die Uniform ausziehen und Familienvater sein konnte, freute ich mich, daß die Zahl unserer Kinder vollzählig war, Valentina mitgerechnet. Meine Frau und ich befürchteten, man könne uns das Mädchen wieder fortnehmen, man könne Anstoß daran nehmen, daß wir nicht den vorgeschriebenen „Abstand" von ihr hielten, daß sie kein „Ost"-Abzeichen trug. Ich bestand aber darauf, daß sie es nicht tat, und war bereit, die Folgen dafür zu tragen.

Weihnachten im Oldenburgischen war auch in jenem Kriegswinter noch recht schön. Zwar flogen allnächtlich die feindlichen Bomber über uns hinweg zu den großen Städten, aber hier bei uns geschah nichts. Man hatte auch genug zu essen, hatte aus dem Garten geerntet, manche hatten ein Schwein geschlachtet, es gab gute Beziehungen und obendrein Sonderzuteilungen zum Fest. Der Heiligabend war wunderschön. Unsere Kinder waren unter dem Lichterbaum glücklich wie in Friedenszeiten. Wir hatten nachmittags in der Kaserne eine Weihnachtsfeier gehabt, ich war dann früh nach Hause gefahren. Wir hatten Geschenke für Valentina, Süßigkeiten, Nüsse, was alles auf den bunten Teller unter dem Weihnachtsbaum gehörte. Manchmal saß Valentina an diesem Heiligabend ganz still da, sah wohl die Lichter am Weihnachtsbaum, blickte aber in eine weite Ferne. Am Morgen des ersten Weihnachtsfeiertages besuchte uns der Ortsgruppenleiter, in voller Uniform, als „Goldfasan". Die Kinder spielten im Wohnzimmer unter dem Tannenbaum, meine Frau war in der Küche mit Valentina und bereitete das Festessen vor. Der Ortsgruppenleiter war ein biederer Mann, Landwirt, aber er gehörte zu denen, die sich auf ihren Posten etwas einbildeten. Da er trotz des Weihnachtsfestes ein gewisses amtliches Gehabe an den Tag legte, bat ich ihn, gleich zur Sache zu kommen und mir in mein Arbeitszimmer zu folgen. Auch da druckste er noch herum, und es war ihm sichtlich peinlich, mit der Sprache herauszukommen. Ich ermunterte ihn dazu, und dann erfuhr ich es: Man hatte sich bei ihm über mich beschwert. Wegen „dieses Russenmädchens", das nicht einmal das vorgeschriebene „Ost"-Abzeichen trüge, herumliefe wie eine Deutsche, wir hätten uns mit dieser Russin angefreundet. In kleinen Orten ist es ja in Kriegszeiten zwar angenehmer als in großen Städten, aber es weiß eben doch jeder, was der andere tut. Paß auf, dachte ich, gleich hält er dir noch vor, den Londoner Sender abgehört zu haben, aber er tat es nicht.

Das wäre auch schwer zu beweisen gewesen. Aber das mit Valentina lag natürlich auf der Hand. Jemand hatte uns also denunziert. Ich wies den Herrn in Braun darauf hin, daß ich als Wehrmachtsangehöriger und in meiner besonderen Stellung (was ich übertrieben betonte) keineswegs seiner Machtbefugnis unterstände. Er sagte „Na ja" und wisse ja, wie das alles sei, und er habe ja selbst auch Ostarbeiter auf seinem Hofe beschäftigt, aber die blieben doch für sich und gehörten nicht mit zur Familie und trügen ihr „Ost"-Abzeichen. Er wolle mir ja keine Schwierigkeiten machen, aber Valentina müsse ihr Abzeichen tragen und jeden Abend ins Lager zurückkehren. Von einer Meldung „nach oben" wolle er absehen. Ich sagte, Valentina würde weiterhin bei uns wohnen, sie würde wie bisher zur Familie gehören und keineswegs das Abzeichen tragen. Wahrhaftig, ich war fest entschlossen, es darauf ankommen zu lassen und dieses Mädchen zu verteidigen, als sei es mein eigenes Kind.

Als der Ortsgruppenleiter eine dienstliche Miene aufsetzte, seine Aktentasche auf den Tisch legte und offenbar im Begriff war, zu demonstrieren, wer die Macht hatte, stand ich auf, sagte „einen Moment mal", ging hinaus, zog im Schlafzimmer einen Uniformrock an, holte tief Atem, ging in das Weihnachtszimmer, holte von dort einen kleinen eßbaren Gegenstand und ging damit in mein Arbeitszimmer zurück, wo jener Herr inzwischen an einem Papier schrieb. Ich setzte mich wieder und stellte mitten auf den Tisch - ein kleines Marzipanschwein. Meine Frau verstand sich auf sowas, sie hatte selbst Marzipan hergestellt und Figuren daraus geformt. Nun stand das rosige Marzipanschwein zwischen dem Ortsgruppenleiter und mir auf dem Tisch. Der Mann mir gegenüber lächelte und wußte nicht, was das alles sollte. Ich nahm mein Taschenmesser und zerschnitt das Schweinchen der Länge nach, teilte es dann fast sachkundig auf, steckte Marzipan in den Mund, schob meinem Besucher ein Stück hinüber und sagte: „Schwarzschlachtung - fast wie bei Ihnen!" Ich beobachtete die Wirkung: Er wurde blaß, wurde rot, war in großer Verlegenheit, packte dann seine Papiere zusammen. Und schwieg.

Natürlich konnte ich ihm nicht beweisen, daß er Schweine schwarz schlachtete, aber es war in unserem Ort offenes Geheimnis, daß nahezu jeder es tat. Er bestimmt auch. Gut, daß in diesem peinlichen Moment Valentina hereinkam mit einem Tablett, auf dem zwei Gläser dampfenden Glühweins standen. Sie machte einen angedeuteten Knicks und sah mit etwas Unbehagen auf die prächtige braune Uniform und auf das dicke, gesunde Gesicht des Bauern. Das Mädchen wußte, daß es um sie ging, aber ein Blick auf mich und in meine zuversichtlich lächelnden Augen überzeugte sie davon, daß ihr nichts geschehen konnte. Ich hatte es ihr ja gesagt: Wo ich bin, da bist du sicher, da kann dir niemand etwas tun!

Der Ortsgruppenleiter hatte auch Kinder. Er gab Valentina sogar die Hand und lächelte. Das Mädchen ging hinaus, wir tranken unseren weihnachtlichen Glühwein, und er dachte vielleicht wie ich daran, was denn wohl schwerer bestraft würde, schwarz zu schlachten oder sich mit einer jungen Russin zu „verbrüdern". Als der Gewaltige dazu ansetzen wollte, mich zu bitten, mein Wissen um schwarz geschlachtete Schweine für mich zu behalten, unterbrach ich ihn und sagte, man brauche Macht, wenn sie einem - wenn auch nur vorübergehend - gegeben sei, nicht unbedingt im schlechten Sinne gebrauchen, sondern solle sie lieber im guten Sinne anwenden. Indem man beispielsweise schweige, anstatt zu reden. Kein Zweifel, ich hatte die Oberhand gewonnen. Es bedurfte keiner weiteren Worte, um uns einig zu sein. Er ging. Und hat geschwiegen. Ich habe auch geschwiegen, Valentina blieb bei uns Kind im Hause.

Es war meine letzte Kriegsweihnacht, die ich in der Heimat verlebte. Als ich nach dem Kriege, lange nachher, heimkehrte, fand ich zwar meine Familie vollzählig vor. Nur Valentina war fort. Meine Frau berichtete mir: Bei Kriegsende, im Mai 1945, sammelten die über Nacht frei gewordenen Russen alle ihre Landsleute, die auf Bauernhöfen, in Betrieben und Familien gearbeitet hatten. Sie wurden abgeholt und zur Rückführung in die Heimat gesammelt. Auch Valentina wurde abgeholt. Sie hatte geweint und nicht fort wollen. Noch einmal war sie aus dem Lager heimlich zu meiner Frau und den Kindern zurückgekehrt und hatte Abschied genommen. Dann war sie fortgegangen für immer.

Wir haben nie wieder etwas von Valentina aus Minsk gehört, aber wir denken noch oft an sie und fragen uns, ob sie damals, vor vierzig Jahren, nach Minsk zurückgelangt ist, was aus ihr geworden ist, ob ihre Heimkehr nach Weißrußland wirklich eine Heimkehr wurde.

Hans Friedrich Redelfs
(Oldenburgischer Hauskalender 1985, S. 15-19)

Wie Ostarbeiter beerdigt wurden

Geheime Staatspolizei   Wilhelmshaven, den 18. 12. 1942
Staatspolizei Wilhelmhaven

    An die Herren Landräte des Bezirks,
        Herren Oberbürgermeister in Wilhelmshaven, Oldenburg, Emden und Delmenhorst,
    den Herrn Polizeipräsidenten in Wilhelmshaven, die Außendienststellen und Grenzpolizeikommissariate
        Aufgrund des Erlasses des Beauftragten für den Vierjahresplan vom 13. 5. 1942 . . . ist die Beerdigung von Ostarbeitern grundsätzlich Sache des zuständigen Arbeitsamtes. Einige Vorfälle der letzten Zeit haben erkennen lassen, daß bei der Durchführung derartiger Beerdigungen über die seelsorgerische Betreuung Unklarheiten und verschiedene Auffassungen herrschten. Um die bestehenden Zweifel aus dem Wege zu räumen, bitte ich über die im obengenannten Erlaß angeführten Bestimmungen hinaus in Zukunft folgendes zu berücksichtigen.
        1.) Die Beerdigung eines Ostarbeiters stellt lediglich eine gesundheitspolizeiliche Maßnahme dar, so daß alle Vorbereitungen für die Beerdigung und diese selbst möglichst einfach und unter Vermeidung jeglichen Aufsehens in der Öffentlichkeit vorzunehmen ist.
        2.) Als Begräbnisplatz ist ein Ort an einer entlegenen Stelle des Friedhofs in gebührender Entfernung von deutschen Gräbern auszusuchen.
        3.) Eine Mitwirkung von Geistlichen bei der Beerdigung hat nicht stattzufinden, da die Beerdigung lediglich die Durchführung einer gesundheitspolizeilichen Maßnahme ist. Dementsprechend hat auch das Glockenläuten zu unterbleiben.
        4.) Es ist nicht erwünscht, daß außer etwa vorhandenen Verwandten und Arbeitskameraden andere Personen an der Bestattung teilnehmen . . . gez. Dr. Hönner

Akten des Bauamtes Wilhelmshaven, StAOl. 297 B, Nr. 182

Nach der Endlösung

Was von den Juden noch blieb

Der Gau Weser-Ems war seit den Deportationen von 1941 praktisch „judenrein". Aber manches blieb noch von den Juden.

Möbel aus jüdischen Wohnungen

Die Schriftstellerin Wilhelmine Siefkes/Leer war ausgebombt, doch konnte sie zusammen mit ihren Mitbewohnern das zerstörte Haus wieder aufbauen.

So konnten wir Ende April 1944 einziehen - wenn wir nur die nötigen Möbel gehabt hätten. Das machte sich die Behörde jedoch leicht. Wir erhielten ein Schreiben und wurden aufgefordert, in der Viehhalle aus dem dortigen Möbellager das Notwendige kostenlos auszusuchen.

Ein Möbellager in der Viehhalle?

Bald wurden wir aufgeklärt. Dorthin hatte man das Eigentum von aus Holland verschleppten Juden gebracht, ganze Wohnungseinrichtungen, prachtvolle Möbel aus reichen Häusern, Teppiche, Gardinen - wir schauderten, als wir das hörten! Das konnte man uns anbieten?!

Siefkes, S. 147 f.

Auch in Oldenburg und Delmenhorst und in vielen anderen Orten wurden Möbel aus den Wohnungen deportierter niederländischer Juden kostenlos oder gegen geringe Gebühr abgegeben.

Haare aus den Vernichtungslagern

Verarbeitung von Menschenhaaren in der Bremer Wollkämmerei (Blumenthal)

Ein polnischer Arbeiter berichtet:

Aber eines Tages - es muß 1943 gewesen sein - geschah etwas, was wir bis dahin noch nicht gesehen hatten: Im Krempelsaal wurden Menschenhaare verarbeitet. Über den Maschinen hingen schwarze Schiefertafeln, auf denen jeweils mit Kreide notiert stand, welche Partie gerade verarbeitet wurde. Z. B.: »australische aa/a« oder »Merino-aa« - das war Wolle; oder »Kamelhaar«, »Ziegenhaar« usw. Dort stand jetzt: »Menschenhaar«. In große Ballen gepreßt, eingenäht in Jutesäcke, waren die Haare in die Fabrik geliefert worden. Es waren erhebliche Mengen. Ich erinnere mich an zwei Partien, die im Sommer 1943 im Abstand von zwei bis drei Monaten verarbeitet worden sind. In dem Krempelsaal, wo ich arbeiten mußte - er lag im letzten Stock der Abteilung »Hochbau«-, standen zehn Krempelmaschinen. Jede Maschine konnte etwa 600 kg pro Tag verarbeiten. Zwei oder drei Tage lang liefen die Haare jeweils über die Maschinen. Es können also vielleicht zwanzig Tonnen gewesen sein.

Die Haare hatten verschiedene Farben; es waren auch Zöpfe dabei: manche dick geflochten, aber auch dünne Mädchenzöpfe. In manchen Zöpfen waren kleine Metallmünzen eingeknüpft mit griechischen Schriftzeichen oder einem kleinen Loch in der Mitte. Teilweise hingen an den Haaren noch Fetzen der Kopfhaut.

Wir haben untereinander über die Haare gesprochen, denn wir konnten uns denken, woher sie kamen - aus den Zuchthäusern und Konzentrationslagern. Wir wußten damals in der »Betlejemka«[1] schon, was in den KZ passierte, denn einige von uns hörten von Zeit zu Zeit heimlich den Londoner Sender.

So ahnten wir, was es wohl mit den Haaren auf sich hatte. Wenn man diese Mengen sah, dann konnte man sich ausrechnen, von wie vielen Menschen die Haare stammen mußten. Die Deutschen, die Meister und Vorarbeiter, die Kastenpacker und Aufpasser, haben natürlich auch gesehen, was da über die Maschinen lief. Ich habe aber nie beobachtet, daß einer von ihnen irgendeine Regung zeigte. Im Gegenteil, ich erinnere mich an einen Vorarbeiter, der mir sogar gedroht hat: »Du, paß mal auf, wenn du draußen was von den Haaren erzählst, dann fährst du ab ins KZ!«

Wer von den Deutschen im Betrieb alles von den Haaren wußte, kann ich nicht sagen.

---

1) Quartier der Polen in Blumenthal

Aber so wenige können es nicht gewesen sein. Die Ballen sind ja genauso wie die anderen Rohfasern am Schiffsanleger angelandet worden; von da kamen sie in die Lagerräume am Weserufer; dort wurden sie gestapelt und dann zur Verarbeitung in den Hochbau geschickt. Die Polen im Betrieb wußten alle von den Menschenhaaren. Man hat darüber gesprochen.

Schminck-Gustavus, S. 53 f

Gegen die Feinde des NS-Regimes

Gegen „Reaktion, Opposition"

Die Reichsspinnstoffsammlung im politischen Witz

Die Geheime Staatspolizei, Staatspolizei Wilhelmshaven, meldete unter „Geheim"

An das
Reichssicherheitshauptamt
  - IV Gst. -

in Berlin SW. 11,
Prinz-Albrecht-Str. 8.

Tagesmeldung Nr. 4/August 1943.

4. Reaktion, Opposition
Von der Staatspolizeistelle Wilhelmshaven wurde am 25. 8. 1943 der Studienrat a. D. Heinz B a l t z e r, geb. am 17. 5. 1892 zu Stettin, Reichsdeutscher, wohnhaft in Oldenburg, Masurenstr. 33, vorläufig festgenommen.
B a l t z e r hat seinem bei ihm zu Besuch weilenden Schwager, dem Sup.-Intendenten a. D. Wolfgang S t a e m m l e r aus Hannover, folgenden sog. Witz erzählt:
„Der große Erfolg der Reichsspinnstoffsammlung setzt sich zusammen: Aus dem Geduldsfaden des deutschen Volkes, den Hirngespinsten des Führers, dem Lügengebilde des Propagandaministeriums und den Lumpen der Partei."
Staemmler wurde ebenfalls wegen Verbreitung dieses sogen. Witzes von der Staatspolizeileitstelle Hannover vorläufig festgenommen. [. . .]

Tagesmeldung Nr. 1/September 1943.

[. . .]

4. Reaktion, Opposition.
Von der Staatspolizeistelle Wilhelmshaven wurde der Studienrat Dr. phil.
Eduard H o l l w e g,
geb. am 30. 9. 86 in München-Gladbach, wohnhaft in Oldenburg, Kastanienallee 51, vorläufig festgenommen.
H o l l w e g ist geständig, dem Studienrat Heinz B a l t z e r, wohnhaft in Oldenburg, Masurenstr. 33, folgenden angeblichen Witz erzählt zu haben: „Der große Erfolg der Reichsspinnstoffsammlung setzt sich zusammen: Aus dem Geduldsfaden des deutschen Volkes, den Lügengeweben des Dr. Göbbels, den Hirngespinsten des Führers und den alten Lumpen der Partei!" . . .
Die Ermittlungen sind noch nicht abgeschlossen.

St.A.Ol., Best. 136, Nr. 2886, S. 1032, 1034

151

Gegen „Wehrkraftzersetzung"

Ein Urteil des Volksgerichtshofes

Prof. Dr. Werner Krauß[1], der durch zahlreiche Haftanstalten transportiert wurde, schreibt in seinem ausführlichen Erlebnisbericht:

Besonders grausam war die Hinrichtung einer Schwester von Erich-Maria Remarque.[2] Nachdem dieser im amerikanischen Rundfunk gesprochen hatte, bemächtigte man sich seiner Schwester im Rheinland und verurteilte sie wegen einer angeblich zersetzenden Äußerung zum Tode. Als die Hinrichtungsvorbereitungen getroffen waren und die Todeskandidatin schon bereit war, stellte sich heraus, daß ein Mitglied der Kommission den Termin versäumt hatte. Die Verurteilte wurde daraufhin drei Tage lang in der eigentlich nur für Männer bestimmten Plötzenseer Anstalt festgehalten und schließlich wieder in ihr „Heimatgefängnis" in der Barnimerstraße zurückbefördert, wo sie gezwungen wurde, weitere 14 Tage in der Todesangst zu verleben, bis sie dann tatsächlich ordnungsgemäß hingerichtet worden ist.

Weisenborn, S. 118

Im Namen des Deutschen Volkes

In der Strafsache gegen
die Damenschneidermeisterin Elfriede S c h o l z geb. Remark aus Dresden, geboren am 25. März 1903 in Osnabrück, zur Zeit in Polizeihaft,
wegen Wehrkraftzersetzung,
hat der Volksgerichtshof, 1. Senat, auf Grund der Hauptverhandlung vom 29. Oktober 1943, an welcher teilgenommen haben

     als Richter:
Präsident des Volksgerichtshofs Dr. Freisler, Vorsitzender,
Landgerichtsdirektor Dr. Schulze-Weckert,
SA-Obergruppenführer Lasch,
SA-Oberführer Hell,
Generalarbeitsführer von Mangold,
     als Vertreter des Oberreichsanwalts:
Kammergerichtsrat Prietzschk,
für Recht erkannt:
Frau Elfriede S c h o l z geb. Remark hat in monatelangen maßlos hetzenden defätistischen Äußerungen gegenüber einer Soldatenfrau sich bis zu Erklärungen verstiegen,
     sie möchte dem Führer eine Kugel durch den Kopf jagen,
     unsere Soldaten seien Schlachtvieh, der Führer habe sie auf dem Gewissen,
     sie wünsche den kämpfenden Soldaten, daß ihre Frauen durch den Bombenterror umkommen,
     und den sieggläubigen Frauen, daß ihre Männer draußen fallen.
Als ehrlose fanatische Zersetzungspropagandistin unserer Kriegsfeinde ist sie für immer ehrlos.
Sie wird mit dem T o d e bestraft.

---

1) Geb. 1900, Romanist in Marburg, 1942 im Zuchthaus wegen Beteiligung an der Widerstandsgruppe Schulze-Boysen
2) Geb. Osnabrück 1898. Sein Roman „Im Westen nichts Neues" wurde ein Welterfolg. Er galt in Deutschland bei den „Rechten" als Verunglimpfung des deutschen Frontsoldaten. (Über die Reaktion auf den gleichnamigen Film in Oldenburg vgl. Enno Meyer, Auf dem Wege zur Macht, S. 20)

Gründe

Frau Elfriede Scholz ist ihrer Vermieterin, der Vgn.[3] Frau . . ., in vielen Gesprächen als eine Frau aufgefallen, die nicht an unseren Sieg glaubt, die das auch sagt und höhnisch bei irgendwelchen Rückschlägen fragt, ob sie (Frau . . .) denn immer noch an den Sieg glaube. Das hat die Vgn. Frau . . . mit ruhiger Bestimmtheit glaubwürdig bekundet.

Darüber hinaus hat Frau Scholz monatelang auf die Vgn. Frau R. defätistisch zersetzend eingewirkt. Sie kannte Frau R. als ihre Kundin - sie ist nämlich Damenschneiderin - und hatte sich mit ihr angefreundet. So kamen sie manchmal in der Wohnung von Frau R., manchmal auch in der Wohnung von Frau Scholz zusammen. Wie die Vgn. Frau R. bekundet hat, zeigte sie auch ihr gegenüber ihr höhnisches und ironisches Wesen besonders in Bemerkungen über den Kriegsausgang, sie glaube nicht an den Sieg, und ob denn etwa Frau R. noch immer an den Sieg glaube. Einzelne besonders markante zersetzende und defätistische Äußerungen hat Frau R. noch genau in Erinnerung. So, daß ihr Frau Scholz einmal sagte: „Was hat uns der für ein Glück gebracht? Die ganzen Leute, die zur Front kommen, sind doch nur Schlachtvieh, die er alle auf dem Gewissen hat. Wenn mir die Gelegenheit geboten würde, dann würde ich ihm selbst eine Kugel durch den Kopf jagen. Die Folgen würde ich gern tragen. Das deutsche Volk wäre dann wenigstens von diesem Manne befreit. Ich würde mich gern opfern." Oder: „Will dieser Idiot etwa noch alle unsere Städte kaputt werfen lassen, ehe er Frieden macht?"

Oder: „Ich habe die Welt bereist und viele Völker gesehen. Wenn die Feinde hereinkommen, wird es gar nicht so schlimm werden. Die sind viel besser, als uns immer gesagt wird, und Deutschland ist durch eigene Schuld in der ganzen Welt so verhaßt."

Oder: „Ich wünsche den Frauen, die noch ‚für den Krieg sind' (das hieß nach dem Zusammenhang: an den Sieg glauben), daß ihre Männer draußen fallen. Und den Männern, die draußen noch fanatisch kämpfen, daß Frau und Kind ihnen daheim durch die Bomben getötet werden."

Frau Elfriede Scholz gibt zwar zu, aus allgemeinem Pessimismus heraus sich zweifelnd über den Kriegsausgang geäußert zu haben. Aber sie habe das nur getan, um selbst Stärkung zu bekommen. Sie habe nämlich gewußt, daß Frau R. eine gläubige Nationalsozialistin ist; ebenso wie sie wußte, daß der Mann der Frau R. aktiver Offizier und mit Leib und Seele Soldat und gläubiger Nationalsozialist ist. Sie habe sich gedacht, von ihnen beiden könne sie aufgerichtet werden. Im übrigen habe sie nicht so geredet, wie es Frau R. bekundet hat.

In Wirklichkeit hat sie sich aber defätistisch und zersetzend geäußert und auch gar nicht die Absicht gehabt, sich von Frau R. zum Nationalsozialismus bekehren zu lassen, sondern im Gegenteil versucht, den Glauben von Frau R. zu zerstören. Frau R. hat nämlich alle oben wiedergegebenen Bekundungen und das höhnisch-ironische Wesen der Frau Scholz soeben vor dem Gericht mit solcher überzeugender Bestimmtheit und mit dem Eindruck einer durchaus glaubwürdigen Persönlichkeit im Bewußtsein ihrer Verantwortung als Zeugin ohne jede Gehässigkeit dargelegt, daß kein Zweifel daran bestehen kann: es ist so gewesen, wie sie ausgesagt hat. Außerdem paßt die Grundeinstellung der Äußerungen der Frau Scholz, wie sie Frau R. darstellt, ganz in die Grundeinstellung von Frau Scholz, die die Vgn. Frau . . . bekundet hat. Beide Vgn. kannten sich noch gar nicht, als sie das erste Mal in dieser Sache vernommen wurden und so aussagten.

Wenn Frau Scholz ihren Pessimismus zum Teil auch mit dem Einfluß ihres Bruders, des Verfassers des berüchtigten Machwerks „Im Westen nichts Neues", auf sie begründen will, so kann sie das doch nicht entschuldigen, zumal sie nach eigener Angabe ihren Bruder seit 13 Jahren nicht gesehen hat. Vielmehr ist sie eine schamlose Verräterin an ihrem eigenen, unserem deutschen Blut, an unserer Front, an unserem Leben als Volk, eine defätistisch hetzende Propagandaagentin unserer Kriegsfeinde (§§ 5 KSSVO, 91 b StGB.) Für eine so ehrvergessene und deshalb für immer jeder Ehre bare Frau kann es, wenn wir uns nicht selbst aufgeben wollen, nur eine Strafe geben: die Todesstrafe.

Weil Frau Elfriede Scholz verurteilt ist, muß sie auch die Kosten tragen.

gez. Dr. Freisler   Dr. Schulze-Weckert.

3) Volksgenossin

Weisenborn, 263 ff.

153

Gegen „Vorbereitung zum Hochverrat"

Der 1908 geborene Bremer Arbeiter Richard Heller trat 1929 in die KPD ein und wurde 1929 Leiter des „Kampfbundes gegen den Faschismus" in Bremen. Er wurde am 4. März 1933 verhaftet und in ein Konzentrationslager gebracht, aber wie viele andere im Dezember 1933 wieder entlassen. Fortan arbeitete er illegal für die KPD in Hamburg, wurde aber im Februar 1935 wieder verhaftet und wegen „Vorbereitung zum Hochverrat" zu 4 Jahren Zuchthaus verurteilt. Nach Entlassung aus dem Zuchthaus, im Frühsommer 1942, nahm er sofort die Arbeit für den Kommunismus wieder auf. Im Oktober 1942 wurde er erneut verhaftet und am 5. 5. 1944 zum Tode verurteilt. Er wurde am 26. 6. 1944 in Hamburg hingerichtet. Nach seiner Verurteilung schrieb er an seine Frau und seinen Sohn:

Hamburg, 6. Mai 1944

Meine liebe Mimi, mein goldiger Klaus!

Nun muß ich Abschied nehmen, so schwer es auch ist. Ich will stark bleiben, bis zur letzten Stunde. Für Euch ist es schwerer, denn das Leben ist lang. Ich hoffe aber, daß für Euch beide noch recht viel Gutes darin enthalten ist. Liebe Mimi! Ich habe Dich von ganzem Herzen lieb, mehr als mein Leben, und ich wäre Dir gern noch für Jahrzehnte ein guter Kamerad geblieben, und meinem Jungen wollte ich der beste Vater sein. Es tröstet mich aber, daß Du stark genug bist, ihm beides zu sein. Laß Dir das Leben nicht verbittern, verhärte nicht Dein Herz, überwinde den Schmerz und wende Dich aufs neue dem Leben zu. Laß Dich niemals zu verzehrendem Haß verleiten, dauerhaft Gutes kann nur die Liebe zeugen, vergiß das bitte nie, es ist für Dich und für Deine Zukunft am besten. Du bist immer ein guter Kamerad gewesen und hast ein besseres Los verdient. Ich habe nur den einen Wunsch, daß Du noch einmal glücklich wirst, denn Du bist es wert.

Habe Dank für Deine Liebe und tapfere Kameradschaft, du warst mir alles, was eine Frau dem Manne sein kann, ich hätte nie eine bessere Frau gefunden. An Dich und meinen lieben Jungen denke ich jetzt bis zur letzten Sekunde, ich küsse Dich und Deinen kleinen Schatz und nun: Lebt wohl!

In Liebe Dein Richard

Hartmut Müller, Bremer Arbeiterbewegung, S. 194

Richard Heller, geb. 26. 10. 1908, hingerichtet 26. 6. 1944 (Aus: Müller, Arbeiterbewegung, S. 194)

Vor und nach dem Anschlag auf Hitler

Aus den Erinnerungen des Paters Laurentius Siemer

Einer der Verschwörer gegen Hitler war der Provinzial des Dominikanerordens, Pater Laurentius Siemer *(geb. 1888 Elisabethfehn, † 1956 Köln).*
Er erzählt:

Im Herbst 1942 wurde ich zu einer besonderen Besprechung zum Kettelerhaus [in Köln] gebeten, und zwar zum Prälaten *Müller*, dem Generalpräses der katholischen Arbeitervereine. Ich war kaum einige Minuten dort, als auch schon *Nikolaus Groß, Karl Arnold* und *Bernhard Letterhaus* erschienen. Dann kamen *Jakob Kaiser* und *Dr. Goerdeler*. Wir überlegten, mit welchen Persönlichkeiten die Ämter im Rheinland und Westfalen nach dem Abgang Hitlers besetzt werden könnten. Die Meinungen gingen sehr auseinander. Dennoch war schließlich eine provisorische Liste fertiggestellt, die von Goerdeler mit zwei Herren aus unserm Kreis eingehend besprochen werden sollte. Dann kam die Frage, wie man bei einem eventuellen Zusammenbruch die katholischen Geistlichen würde aktivieren können. Mir wurde der Auftrag gegeben, die Sache in die Hand zu nehmen und entsprechend vorzubereiten. Alle Herren meinten, daß ich unmittelbar nach dem Zusammenbruch nach Rom fahren müßte, um dort Beziehungen aufzunehmen mit dem Heiligen Stuhle. Schließlich wurde die Frage nach dem Verhältnis von Kirche und Staat im Vierten Reich besprochen und mir die Bitte vorgetragen, eine kurze Abhandlung darüber am andern Abend vorzulegen. Dr. Goerdeler sprach seine Absicht aus, am andern Tag Herrn Dr. Adenauer in Rhöndorf aufzusuchen und den früheren Oberbürgermeister von Aachen *Dr. Rombach*. Abends sollten wir uns wieder im Kettelerhaus treffen. Alsbald ging das Gespräch wieder über Kirche und Staat im kommenden Reich. Ich gab jedem der Herren eine Abschrift meiner Abhandlung und hielt darüber ein Referat. Alle, auch Generalpräses Müller, waren mit meiner Abhandlung einverstanden, so daß nur ganz wenige Änderungen vorgeschlagen wurden. Mein Gedanke war, daß Kirche und Staat in der Form zueinander stehen müßten, daß eine freie Kirche im freien Staate Raum hätte. Ich verzichte darauf, weitere Einzelheiten zu bringen. [. . .]
Es kam der 20. Juli 1944. Als ich am Radio hörte, daß ein Attentat versucht, aber nicht geglückt sei, wußte ich, daß auch mein Leben gefährdet sei. Hätte ich es nicht gewußt, so würde mir die Aussetzung einer Belohnung von einer Million Mark für die Auffindung Goerdelers die Gewißheit gegeben haben. Dann kam die Nachricht, Goerdeler sei verhaftet worden. Kurz darauf hörte ich, Nikolaus Groß und Josef Wirmer seien festgenommen worden. Ebenso Bernhard Letterhaus. Von München wurde mitgeteilt, daß Pater Delp verhaftet worden sei.[1] Es überkam mich eine nicht gerade leichte Unruhe.[. . .]
Aber Tage und Wochen verstrichen, ohne daß etwas geschah. Ich wagte es sogar, eine Fahrt nach meinem Geburtsort Elisabethfehn zu machen, teils aus der Sehnsucht heraus, noch einmal den Ort meiner Kinderjahre zu sehen, bevor vielleicht alles zu Ende sein würde.
In der Nacht vom 16./17. September 1944 wurde ich in [Kloster Schwichteler bei Vechta] durch das Rasseln des Telefons geweckt. Ich sprang auf und hörte am Telefon die Stimme der Pförtnerin im Schwesternhaus, das Entbindungsheim geworden war, der Schwester Martha, es seien zwei Männer an der Pforte, die mich zu sprechen wünschten. Ich schaute auf die Uhr und sah, daß es bereits nach Mitternacht war. Darum erklärte ich der Schwe-

---

1) Von den hier Genannten wurden *Groß, Letterhaus, Goerdeler, Wirmer* und *Delp* nach dem 20. 7. 1944 hingerichtet. *Müller* wurde zum Tode vorurteilt, blieb aber am Leben. Auch *Karl Arnold* (1947-1956 Ministerpräsident von Nordrhein-Westfalen, † 1958) und *Jakob Kaiser* (1949-1957 Bundesminister für gesamtdeutsche Fragen, † 1961) überlebten den Zweiten Weltkrieg.

ster Martha, daß ich um Mitternacht keine Besuche empfangen könne; die Herren möchten am anderen Morgen wiederkommen. Daß es Gestapoleute sein könnten, kam mir überhaupt nicht in den Sinn. Ich legte mich wieder hin und war bereits eingeschlafen, als das Telefon zum zweiten Male rasselte. Schwester Martha sagte mir, daß die Herren nicht fortgehen wollten. Sie hätten an der Tür gerüttelt und sogar versucht, von außen Fenster zu öffnen. Das ganze Haus sei schon in Aufregung. Ihrer Aufforderung, fortzugehen und das Haus nicht zu stören, seien die Herren nicht nachgekommen, obwohl sie sie darauf aufmerksam gemacht hätte, daß sie doch ein Auto hätten und die Nacht in einem Hotel in Cloppenburg zubringen könnten.

Als ich von einem Auto hörte, kam mir plötzlich die Erleuchtung. Ich wußte, daß es soweit war. Sofort gab ich der Schwester strenges Verbot, die Herren ins Haus zu lassen. Sie dürfte die Tür nicht aufmachen. Dann rief ich P. Otmar Decker an und bat ihn, sofort zu mir zu kommen. Kaum hatte ich mich angekleidet, als auch schon P. Otmar an meiner Tür stand. Ich gab ihm nur eine kurze Aufklärung. Zweifellos sei die Gestapo draußen, und es ginge bei mir um Leben und Tod. Ich würde versuchen, zu entfliehen. Er müßte zur Vordertür hinausgehen, dann würden die Gestapoleute auf ihn losgehen. Im Augenblick, wo er die Vordertür öffnen würde, müßte ich versuchen, durch die Hintertür ins Freie zu kommen und in der Dunkelheit zu verschwinden. Ich würde kommandieren. Leise gingen wir die Treppe hinunter. P. Otmar stellte sich an die Vordertür, ich an die hintere Ausgangstür. Dann sagte ich „jetzt!", und beide Türen wurden gleichzeitig geöffnet. Die Nacht war stockdunkel, weil Neumond war. Ganz leise ging ich durch den Gartenpfad zum Walde hin und wartete an der Ecke des Waldes, was kommen würde.

Später hörte ich von P. Otmar, daß die Häscher der Gestapo auf ihn losgesprungen seien und ihn gefragt hätten, ob er Pater Siemer sei. Als P. Otmar die Frage verneinte und seinen Namen nannte, fragten sie nach mir, worauf P. Otmar erwiderte, mein Zimmer sei im ersten Stock. Sie ließen sich von P. Otmar dorthin führen, klopften an und öffneten, als keine Antwort gegeben wurde, die Tür und machten Licht. Das Nest war leer, aber das Bett war noch warm. Wutentbrannt liefen die beiden Polizisten mit P. Otmar wieder nach unten und nach draußen. Dann hörte ich, wie sie P. Otmar zuriefen, er solle mich rufen. Pater Otmar rief mehrmals laut „Pater Siemer". Weil er Pater Siemer und nicht „Pater Provinzial" rief, war mir klar, daß P. Otmar mir einen Wink geben wollte und machte mich langsam und leise auf den Weg nach dem Ort Schwichteler. Wiederum hörte ich später, was dann im Kloster geschah. Die Gestapo durchsuchte das ganze Haus, konnte aber selbstverständlich nichts finden. Immer wieder kam es zu Wutausbrüchen, die einer ganz und gar unerwarteten und deshalb fast maßlosen Enttäuschung entsprangen. Schließlich nahmen sie meinen Koffer mit, in dem sie alle meine Schriftsachen, einen Anzugsstoff und meine Zigarren eingepackt hatten, und verschwanden. Von Zeit zu Zeit aber riefen sie beim Kloster an, ob ich noch nicht zurückgekehrt sei; sie hätten nur eine Frage an mich richten wollen und dann hätte ich weiterschlafen können. Man sollte es ruhig melden, wenn ich wieder zu Hause sei.

Ich selbst war inzwischen zum Ort Schwichteler gekommen, etwa eineinhalb Kilometer weit, und hatte mich dort im Holzschuppen der Familie Kurre versteckt. [. . .]
Um fünf Uhr wurde Licht im Hause gemacht. Als ich die Stimme der Haustochter Agnes hörte, klopfte ich an die Tür und nannte mit leiser Stimme meinen Namen und bat um Einlaß. Aber Agnes wollte nicht glauben, daß ich es sei, antwortete mit einer tiefen Schrecken verratenden Stimme und rief schließlich nach ihrem Vater. Fast überlaut machte sie ihrem Vater klar, daß ein Mann vor der Tür stünde, der behauptete, er sei Pater Laurentius Siemer und sei von der Gestapo verfolgt. Aber sie könnte es nicht glauben und würde die Tür nicht aufmachen. Als der Vater ihr zurief, sie sollte die Tür doch aufmachen, man könnte nicht wissen, ob ich es nicht sei, weigerte sich Agnes ganz entschieden und bat, der Vater möchte selbst aufstehen und kommen. Kurz darauf wurde die Tür aufgemacht, und ich konnte ins Haus schlüpfen. Schnell machte ich den über achtzig Jahre alten Vater Kurre und seine Tochter Agnes mit den Geschehnissen bekannt und bat um ein Versteck. Dabei unterließ ich nicht, beide darauf hinzuweisen, daß sie allerdings eine

große Gefahr auf sich nähmen, wenn sie mir ein Versteck gewähren würden. Lächelnd schüttelte Vater Kurre sein greises Haupt und sagte: „Pater Provinzial, seitdem Sie in Oldenburg im Gefängnis[2] waren, habe ich jeden Tag einen Rosenkranz für Sie gebetet. Weshalb es geschehen ist, weiß ich nicht. Aber es war mir, als müßte ich für Sie beten. Ich hatte offenbar eine Aufgabe an Ihnen zu erfüllen. Nun sind Sie zu mir gekommen, um bei uns Zuflucht zu suchen. Jetzt weiß ich, warum ich für Sie habe beten müssen. Sollte ich nun in meinen alten Tagen noch leiden dürfen für Gott und seine Kirche und seine Priester, so würde ich mich freuen." Ich wußte, daß ich das richtige Haus und die richtige Zufluchtsstätte gefunden hatte.[. . .]

Acht Tage blieb ich beim alten Vater Kurre in Schwichteler. Ich hielt mich stets im Wohnzimmer auf, das neben dem von mir „beschlagnahmten" Schlafzimmer lag. Sobald Besuch kam, schloß ich leise die Tür zu, damit niemand das Zimmer betreten könnte. Am andern Tag kam die Nachricht, daß die Gestapo wiederum da sei, und zwar in einer Stärke von zwölf Mann und fünf Autos. Das ganze Kloster und alle Nebengebäude würden durchsucht, vielleicht auch die Häuser der Nachbarn. Vater Kurre hielt sich deshalb draußen auf, um bei einem eventuellen Herannahen der Gestapoleute mich zu warnen. Es war für den Fall, daß die Polizisten kommen sollten, ein Versteck über der Küche neben dem Schornstein ausgesucht worden. Aber die Beamten kamen nicht.

Am Dienstag erschienen wiederum Gestapoleute, weil man in Oldenburg geglaubt hatte, ich würde zurückkehren. Wieder war alles Suchen umsonst. Als sie auch am Mittwoch mich nicht vorfanden, nahmen sie P. Otmar Decker und Schwester Martha Gäs in Haft. Schon am Nachmittag erfuhr ich diese Verhaftung. Der Gedanke, daß die beiden Menschen, denen ich Freiheit und Leben zu verdanken hatte, meinetwegen inhaftiert worden waren, ließ mir keine Ruhe. Ich faßte den Entschluß, am andern Tag zum Kloster zu gehen, dort alles Notwendige zu besprechen und mich dann der Polizei zu stellen. Ohne daß ich ein Wort darüber gesagt hatte, fragte mich plötzlich Vater Kurre, ob ich vorhätte, mich der Polizei zu überliefern. Erstaunt bejahte ich die Frage. Aber dann sagte Vater Kurre: „Das dürfen Sie nicht tun, Pater Provinzial. Die beiden werden bald wiederkommen, aber Sie werden nicht wiederkommen, wenn man sie gefunden hat. Folgen Sie meinem Rat und bleiben Sie hier. Alles andere lassen Sie in Gottes Hand." Mir kam der Rat des alten Vaters wie eine Botschaft des Himmels vor, und deshalb blieb ich. Nicht nur alle Polizeistationen der Umgebung waren aufgeboten worden, sondern auch die sogenannte Landwacht. Die Landwacht bestand aus Bauern von Schwichteler und Umgebung. Von Vater Kurre hörte ich, daß sie unter sich abgemacht hätten, jeder müßte, wenn er mich etwa sehen sollte, sofort wegschauen und tun, als ob er mich nicht gesehen hätte. Dennoch hielten wir es für geraten, die Landwacht nicht zum Wegschauen zu zwingen.

[Der Provinzial findet danach ein sicheres Dauerquartier bei der Familie Trumme in Handorf bei Damme.]

Agnes Kurre kam von da an jeden Monat mich besuchen und brachte jedesmal die neuesten Nachrichten mit. Als sie einen Monat später mich besuchte, erfuhr ich den Wortlaut des Steckbriefes. Ein Feldwebel der Luftwaffe, Dr. Peter Josef Hasenberg, den ich von Köln her kannte, hatte als Eisenbahnpolizeistreife auf irgendeinem Bahnhof den Steckbrief in Empfang genommen und zu seinem größten Schrecken meinen Namen gelesen. Er nahm sofort Urlaub, um nach Schwichteler zu fahren und zu warnen. Der Steckbrief lautete: „Sucht den Provinzial des Dominikanerordens, Josef Siemer, genannt Pater Laurentius, der sich führend an der Vorbereitung des Attentats auf den Führer vom 20. Juli 1944 beteiligt hat. Es gelang ihm, unmittelbar vor der Verhaftung zu entfliehen." Dann folgten Daten und Personalbeschreibung. Etwas wie Gruseln überkam mich doch, als ich

2) S. war wegen angeblichen Devisenschmuggels fast zehn Monate in Untersuchungshaft, erst in Köln, dann in Oldenburg. Im Januar 1936 wurde er freigesprochen und entlassen.

den Steckbrief las. Die Gefahr, der ich vorläufig entronnen war, aber eben nur vorläufig, trat doppelt groß mir vor Augen. Um so fester wurde der Entschluß, mich nicht packen zu lassen.

Tatsächlich blieb P. Laurentius Siemer unentdeckt bis zum Eintreffen der Engländer am 11. April 1945.

Siemer, S. 129-140

P. Laurentius Siemer

Vom Krieg in der Luft

Notlandung einer amerikanischen „Fliegenden Festung" auf dem Fliegerhorst Zwischenahn-Rostrup (26. 11. 1943)

Seitdem die US Air Force Tagesangriffe auf Ziele im Reichsgebiet flog, konnte es nur noch eine Frage der Zeit sein, wann der Zwischenahner Flugplatz an der Reihe war. Er gehörte ja zu den modernsten Anlagen seiner Zeit und ermöglichte den Einsatz von Raketen- und Düsenflugzeugen.

In unmittelbarer Nähe des Platzes waren bereits mehrere Feindmaschinen durch Flak und Jäger heruntergeholt worden. So wurde am 26. Februar 1943 nach einem Luftkampf über Langebrügge eine Viermotorige abgeschossen, die bei Willbroksmoor abstürzte. Weitere Abschüsse u. a. bei Stapelmoor (30. 3. 1943) und bei Aschhausen (11. 6. 1943) folgten.

Am 26. November 1943 geschah folgendes, mehrere Augenzeugen gaben mir nachstehenden Bericht:

Mittags, der Alarm war gerade vorbei und wir gingen zum Essen. Es war ein Großkampftag. Die feindlichen Bomberströme mit ihren Kondensstreifen zogen in großer Höhe in nördlicher Richtung ab. Sie hatten an diesem Tag den bisher schwersten Angriff auf Bremen geflogen sowie Delmenhorst angegriffen. Da sahen wir eine nachhinkende viermotorige amerikanische Boeing B 17 (Fliegende Festung). Drei deutsche Me 109 umkreisten die offensichtlich beschädigte Maschine immer wieder, gaben aber keinen Schuß ab. Es bestand kein Zweifel, die deutschen Jäger wollten den Feindbomber zur Landung zwingen. Der versuchte immer wieder auszubrechen, fügte sich aber schließlich doch seinem Schicksal. Weite Kreise ziehend, kam er immer tiefer. Da öffnete sich plötzlich schräg hinter der Maschine der erste Fallschirm, die nächsten folgten mit einigem Abstand. Von der zehnköpfigen Besatzung stiegen sieben rund um das Meer aus. Beim Platz und über dem Meer fing die Maschine wieder stärker an zu kurven, kam etwas tiefer, die Motoren heulten auf. Anscheinend wollte sie hier landen, doch irgend etwas schien sich dem entgegenzustellen. Sie kreiste und kreiste, und wir warteten vergeblich auf den Landeanflug. Da, jetzt sahen wir die Ursache des ungewöhnlichen Manövers. Es war eine grauenhafte Entdeckung: Am unteren MG-Drehturm hatte sich ein Besatzungsmitglied beim Absprung mit seinen Fallschirmleinen verfangen und hing schräg unter dem Riesenvogel. Der Pilot, der diesen Vorfall bemerkt zu haben schien, versuchte jetzt anscheinend den Unglücklichen abzustreifen, denn er flog tief übers Meer. Doch es gelang ihm nicht. Mit eingefahrenem Fahrwerk und dem unten hängenden Kameraden setzte er von der Seeseite her zur Landung auf den Platz an. Doch an der Wand der Flugzeugwerft zerschmetterte der Körper des an den Leinen Hängenden und blieb auf einem Seitendach der Werft liegen.

Die Boeing landete zwischen Zahnstation und Technischem Lager in stark überzogener Fluglage hart auf dem Rollfeldrand und blieb nach kurzem Rutschen beschädigt liegen. Wahrscheinlich wollte der Pilot seinem Kameraden, den er noch an den Seilen hängend wähnte, den Schleifweg verkürzen. Den Namen des Verunglückten konnte ich aus dem Militärkirchbuch des Standortes Zwischenahn ermitteln; er hieß Robert H. Rimmer und wurde auf dem Neuen Friedhof beigesetzt.

Als erste waren der Nachrichtenoffizier Hauptmann Krüger und Oberfeldwebel Gemmelmaier mit einem PKW an der zur Landung gezwungenen Boeing. Mit gezogener Pistole erwarteten sie die zweiköpfige Restbesatzung. Die beiden Amerikaner stiegen mit erhobenen Händen oben aus der Pilotenkanzel und gaben sich gefangen. Sie waren noch vollkommen benommen von dem eben Erlebten, und einer hatte sich bei der harten Landung anscheinend das Rückgrat gestaucht. Jedenfalls sackte er wieder zusammen.

Die rund um das Meer herum Abgesprungenen wurden durch Bergungstrupps mit Kraftwagen eingesammelt. Die drei deutschen Jäger waren inzwischen auch auf dem Platz gelandet, um sich ihre Beute aus der Nähe zu betrachten. Insgesamt wurden an diesem Tag 41 feindliche Flugzeuge über dem Reichsgebiet abgeschossen.

Der US-Bomber wurde sofort durch Experten der Luftwaffe inspiziert. Dabei wurden geheime Erkennungssignale und Funkkodes für zwei Tage sowie Nachrichtenmaterial und eine unbeschädigte Braunsche Röhre gefunden. Die Vernichtung dieser wichtigen Teile konnte die Restbesatzung nicht mehr durchführen. Bis spät in die Nacht hinein wurden die Dokumente von der Luftnachrichtenstelle ausgewertet und das Wichtigste sofort per KR (verschlüsseltes Fernschreiben) zum Funkhorchregiment Emden geleitet, damit der feindliche Funkverkehr abgehört werden konnte.

Helga Spielhagen[1] berichtet von einer wohl einmaligen Episode, die sich am Rande des eben Geschilderten zutrug:

Eine alte Zwischenahner Bäuerin (Mutter Haake, kürzlich verstorben) kam mit dem Fahrrad von Westerstede. An der Abzweigung nach Torsholt kam ihr von der Torsholter Straße ein amerikanischer Flieger mit einem Fallschirm auf dem Arm in die Quere. Sie fragte ganz verwundert: „Wo kummst du denn her?" Da sagte er in bestem Plattdeutsch: „Van boben" (von oben). „Wo büst du denn rünner kamen?" „Dor in den Appelboom." Nanu, wieso er denn plattdeutsch sprechen könne? Seine Eltern seien aus Deutschland. Ob sie ihm wohl sagen könne, wo Westerstede sei; dort in der Nähe hätten sie gewohnt. Da käme sie gerade her, sagte sie. Ja, in Torsholt hätten sie gewohnt. Nanu, das ist ja hier. Wo bist du denn gelandet und wie heißt du? - Da war er auf dem Apfelbaum seiner Großmutter gelandet. Sagte Oma Haake: „Dor büst du ja jüst up den richtigen Bahnhof utstegen!"Da kamen schon deutsche Soldaten und luden den US-Flieger ein . . .

An Großkampftagen wurden verschiedene Bergungstrupps eingesetzt. Sie bestanden aus mehreren Fachleuten, je ein sogenanntes Team bildend, mit einem Nachrichtenmann,

---

1) Damals an der Luftnachrichtenstelle Zwischenahn tätig

einem Angehörigen der Werft usw. Erstaunt nahmen sie die geradezu luxuriöse Ausstattung der amerikanischen Flieger zur Kenntnis. Neben ledernen Fliegerkombinationen und Schreibmappen führten sie Notpäckchen mit sich, die Knopfkompasse, Stofflandkarten, Ampullensägen, Milchdöschen, Malzbonbons, eingefädelte Nähnadeln, Morphium-Ampullen sowie holländische, belgische und französische Devisen enthielten.

Die Beerdigung abgeschossener feindlicher Flieger fand mit militärischen Ehren statt. Hauptmann Krüger als stellvertretender Stabsoffizier leitete die Zeremonie (Kranz, Pastor, Salut). Nach dem Kriege wurde er zu den Ausgrabungen zwecks Überführung in die Heimatländer hinzugezogen, weil er die Lage der Gräber auf dem Neuen Friedhof kannte. Er bekam zusätzliche Vergünstigungen, weil man von seinem ehrenhaften Verhalten während der Beisetzungen gehört hatte. Er hat sich auch oft mit den gefangenen Fliegern in der Arrestzelle (Wache) unterhalten und ihnen Zigaretten gegeben, obgleich es verboten war. Die Gefangenen sind hier sehr human behandelt worden. Die persönlichen Dinge, die man ihnen abnehmen mußte, wurden sortiert und in einen Umschlag gelegt, je mit Namen und Inhalt. Das alles wurde den Gefangenen zum Dulag-Luft (Durchgangslager für Gefangene der alliierten Luftstreitkräfte) Oberursel mitgegeben. -

Reinike, S. 38-41

Mord an notgelandeten amerikanischen Fliegern auf Borkum (August 1944)

Am 4. August 1944 war der Himmel über Norddeutschland klar. [. . .] In den Verteidigungsanlagen der Flakstellungen auf der Nordseeinsel Borkum hörten die deutschen Soldaten die anschwellenden Geräusche schwerer Flugzeugmotoren. Dann kamen sie in Sicht: Amerikanische Bomber, viermotorig, schwer beladen, »fliegende Festungen«, im Anflug auf Deutschland. Doch ihr Ziel war nicht Borkum, ihr Ziel lag weit im Binnenland [. . .]

Nach einer guten Stunde näherten sich wieder Flugzeuggeräusche der Insel. Eine der »fliegenden Festungen« kam in Sicht. Sie flog in niedriger Höhe, konnte ihren Kurs nicht halten, offenbar war sie angeschossen.

Der Pilot suchte nach einem Platz für eine Notlandung auf Borkum. Dann stürzte die Maschine ab, vor den Dünen der Insel. Die deutschen Soldaten rannten auf die Absturzstelle zu. Die Maschine war nicht explodiert. Ihre sieben Besatzungsmitglieder waren offenbar nicht ernstlich verletzt. Sie standen neben ihrem Flugzeug, als die Deutschen kamen. Die Amerikaner wurden gefangengenommen.

In diesem Augenblick gelangte der deutsche Insel-Kommandant, Kapitän Dr. Goebell, an der Absturzstelle an. Er traf eine verhängnisvolle Entscheidung. Dr. Goebell legte die Route fest, auf der die Gefangenen zum Inseldorf und durch die Straßen Borkums geführt werden sollten. Er wählte den längsten überhaupt möglichen Weg. Er befahl zudem, daß die Gefangenen mit erhobenen Händen marschieren müßten und daß sie voneinander einen Abstand von jeweils drei bis fünf Meter einzuhalten hätten.

Und: Er rief den Wachmannschften einen Erlaß des Reichspropagandaministers Dr. Goebbels ins Gedächtnis. Goebbels hatte angeordnet, daß die Wachmannschaften nicht eingreifen durften, wenn die Zivilbevölkerung gefangene anglo-amerikanische Flieger angriff.

Die Deutschen und die Amerikaner marschierten los, durch die Dünen über die sandigen Wege, in die Mitte von Borkum. Nach sechs Kilometer langem Marsch waren sie auf der Straße angelangt, die vom Bahnhof der Insel bis zum Strand führt.

Bis dahin war der Marsch ohne Zwischenfall verlaufen. In der Mitte von Borkum aber hatten sich Hunderte von Menschen versammelt. Die Nachricht vom Absturz der amerikanischen Maschine im Osten der Insel hatte sich in Windeseile über das ganze Eiland verbreitet. Plötzlich schlugen Männer und Frauen am Straßenrand auf die amerikanischen Flieger ein. Die US-Soldaten bluteten aus Wunden am Kopf.

Die Gefangenen und ihre Bewacher marschierten weiter.

Zu jener Stunde tat auf dem Sportplatz von Borkum ein deutscher Soldat Dienst [. . .]: der Gefreite Langer aus Hamburg. Seine Frau und seine drei Kinder waren bei einem Luftangriff auf Hamburg ums Leben gekommen. An der Ostfront hatte er eine schwere Kopfverletzung erlitten. Nun sah er die gefangenen US-Flieger über die Straßen von Borkum gehen. Er griff zu seiner Pistole und rannte hinter dem Transport her.

Am Rathaus der Insel stand er vor einem der Flieger, der wegen einer Schlagverletzung nicht mehr gehen konnte und jetzt auf einer Bahre befördert wurde.

Langer richtete seine Waffe auf den Mann und erschoß ihn. Der Todesschütze setzte seinen Weg fort. Wenig später stand er vor den sechs noch lebenden gefangenen Amerikanern. Er schoß einem nach dem anderen durch den Kopf. Alle sechs waren auf der Stelle tot.

Im Frühjahr des Jahres 1945 . . . eröffneten die Alliierten die Jagd auf die Männer, die sie für den Mord von Borkum verantwortlich hielten.

Vier der Deutschen, nach denen sie suchten, fanden sie auf Borkum, unter ihnen der Bürgermeister der Insel, Jan Akkermann. Nach sechzehn weiteren wurde auf dem Festland gefahndet. Im Februar 1946 wurde den Verhafteten in Ludwigsburg in der amerikanischen Zone vor einem US-Militärgericht der Prozeß gemacht. Der Vorwurf: Sie allesamt hätten mitgewirkt durch »Aufforderung, Beihilfe, Unterstützung und Mithilfe« an der Ermordung von sieben kriegsgefangenen US-Fliegern.

Das Gericht verurteilte fünf der Deutschen . . . zum Tod durch den Strang und neun Männer zu langjährigen Gefängnisstrafen.

Die zum Tode Verurteilten wurden ein Jahr später in Landsberg aufgehängt.

Der Mörder der sieben jedoch, der Gefreite Langer, wurde nie gefunden. Von ihm wird vermutet, daß er in den letzten Monaten des Krieges gefallen ist.

Carell/Böddeken, S. 253 ff.

Einsatz der „Wunderwaffe" V 1

Mit V 1 von Zwischenahn gegen England (Herbst 1944)

Hitlers besonderes Interesse galt der Raketenwaffe, jedoch führten die seit 1940 in Peenemünde (Pommern) hergestellten Modelle lange zu keinem brauchbaren Ergebnis.

Als Alternative zur Raketenwaffe wurde in relativ kurzer Zeit, d. h. innerhalb von zwei Jahren, als Angriffswaffe ein unbemanntes Flugzeug konstruiert. Ein solches Gerät konnte 1.000 kg Sprengstoff transportieren. Es wurde von einem 30 m langen Katapult gestartet und sollte durch Selbststeuerung ins Ziel geführt werden.

Nach der Invasion der Alliierten in der Normandie (seit 6. 6. 1944) wurde diese neue Waffe als „V 1" (V= Vergeltung für die Zerstörung deutscher Städte) am 14. 6 1944 zum ersten Mal eingesetzt - begleitet von viel Propaganda-Lärm.

Da die V 1 aber zielungenau war und so niedrig (2.000 m) und so langsam flog (650 km/h) flog, daß sie von Jägern und von der Flak leicht abgeschossen werden konnte, erwies sie sich als Fehlschlag. Von rund 6.000 eingesetzten V 1-Geräten wurden rund 80 % vor Erreichen des Ziels abgeschossen.

Als die Abschußrampen in der Nähe der Kanalküste in der zweiten Hälfte des Jahres von den Alliierten erobert worden waren, wurden die V 1 von Flugzeugen aus gestartet.

Die III. Gruppe des Kampfgeschwaders 51 (Abk. III./KG 51) hatte bereits, von Ahlhorn und Varrelbusch aus startend, während der Hauptoffensive gegen London (12. 6.-5. 9. 1944) durch Luftabschuß der V 1 in diese Schlacht eingegriffen. [. . .]

Diese Einsätze wurden nun auch [seit Oktober 1944] von Zwischenahn aus durchgeführt. Eine Staffel der II. Gruppe des Kampfgeschwaders 53 „Legion Condor" sowie der Geschwaderstab wurden hierher verlegt. Die anderen Staffeln des Geschwaders, das nun ausschließlich mit dem V 1-Abschuß beauftragt wurde, lagen auf benachbarten Plätzen des Weser-Ems-Gebietes sowie in Schleswig-Holstein. Der Geschwaderstab hatte seinen Sitz im Kurhaus Bad Zwischenahn. [. . .]

Die Besatzungen der Staffel wurden, wie die anderen fliegenden Einheiten schon vorher, nicht mehr auf dem Fliegerhorst untergebracht. Sie sollten nicht unnötig der Gefahr von Luftangriffen ausgesetzt sein. Die Offiziere wohnten im Hotel Henken in Westerstede, das gleichzeitig Gefechtsstand der Staffel war. Hier wurden auch die Einsatzbesprechungen und Flugvorbereitungen durchgeführt.

Die übrigen Besatzungsmitglieder wohnten in einem Barackenlager unweit der heutigen B 75 vor Westerstede. Zu den Einsätzen, die nur nachts gestartet wurden, mußten die Besatzungen erst zu ihren in Schneisen um den Flugplatz herum getarnt abgestellten Flugzeugen befördert werden. Die entferntesten standen bei *Langebrügge*. In mancher Nacht wurden bis zu drei Einsätze geflogen.

Im Abstand von einigen Minuten erhob sich eine Maschine nach der anderen und ging mit Kurs West auf Höhe. Unter der rechten Tragfläche, zwischen Rumpf und Motor, war die 2.000 kg schwere V 1 befestigt. Ideal war ein bedeckter Himmel mit einer Wolkenuntergrenze um 300 m, in die man bei Gefahr eintauchen konnte. Dicht unter den Wolken fliegend, wurde dann der Ablaufpunkt Den Helder in Holland überflogen. Hier wurde auf den für diesen Einsatz festgelegten Kurs eingedreht. Dieser Kurs mußte nun, bei gleichzeitig laufendem Zeitmesser, exakt eingehalten werden. Erleichtert wurde das Kurshalten durch einen von Den Helder ausgesandten Funkstrahl, der genau in die festgesetzte Richtung wies und auf dem man „ritt". Vor dem Abwurf mußte eine Mindesthöhe von 800 m erreicht werden. Fünf Sekunden vor der vorher berechneten Abwurfzeit, man war meist dicht vor der englischen Küste, wurde die V 1 vom Flugzeug aus gezündet. Hatte das Triebwerk Vollast erreicht, wurde ausgeklinkt. Die fliegende Bombe fiel dann noch etwa 300 m durch, wobei sie ihre Geschwindigkeit von 320 km/h nach dem Start auf 550 bis 650 km/h erhöhte; dann ging sie auf den eingestellten Kurs in Richtung London. Über oder dicht vor London schaltete sich der Schub automatisch ab, und die V 1 raste in die Stadt.

Die Maschinen machten nach dem Ausklinken durch die plötzliche Entlastung einen kräftigen Satz nach oben und tauchten dann sofort nach unten weg, auf die Wasseroberfläche zu. Hierbei entstanden durch Fehleinschätzung der Höhe infolge der bevorzugten Schlechtwetterlage wahrscheinlich größere Verluste als durch die britische Luftabwehr. Diese war natürlich inzwischen auch aktiv geworden. Nachtjäger klemmten sich hinter die Deutschen und verfolgten sie, teilweise bis über die Heimathäfen. Auch Flak, auf Türmen vor der Küste, machte den Fliegern das Leben schwer. Manchmal erwartete die heimkehrenden Besatzungen über Zwischenahn eine besondere Überraschung. Britische Fernnachtjäger kreisten bereits über dem Platz und erhofften sich eine leichte Beute. Über Sprechfunk kam die Warnung: Haifische am Platz, worauf dann auf einem benachbarten, sicheren Platz gelandet wurde. [. . .]

Bis zum 14. Januar 1945 dauerten diese Einsätze, dann mußten sie wegen Betriebstoffmangels eingestellt werden. Das waren, außer den Wettererkundungsflügen der Wetterstaffel, die letzten Einsätze von Zwischenahn aus. Die Maschinen wurden später abgeflogen, das Personal des Geschwaders für den Erdkampfeinsatz ausgebildet. Im April 1945 wurde das KG 53 als letztes Kampfgeschwader der Luftwaffe aufgelöst, seine Soldaten kamen in die Elbverteidigung.

Reinike, S. 56 f

Luftwaffen- und Marinehelfer

Amtliche Bestimmungen

Das kriegführende Großdeutsche Reich hatte einen unersättlichen Bedarf an Menschen, vor allem an Soldaten und Arbeitern, und es nahm sie, wo sie erreichbar waren.
Einen gewaltigen Menschenbedarf hatte die Luftabwehr, denn sie war zu Beginn des Krieges nur schwach gewesen. Je mehr die Luftangriffe der Alliierten zunahmen, desto stärker wurde die Flak ausgebaut, desto mehr Menschen benötigte sie, auch Schüler.

„Der Reichsminister der Luftfahrt   Berlin, 26. Januar 1943
und Oberbefehlshaber der Luftwaffe

. . .
Betrifft: Luftwaffenhelfer

1. Allgemeines
Die Schüler der 7. und 6. Klasse der höheren und der 6. Klasse der mittleren Schulen [heute: 10. und 11. Klasse, eine 13. Klasse gab es nicht] der Geburtsjahrgänge 1926 und 1927 werden zum Kriegshilfeinsatz als Luftwaffenhelfer (Lw.-Helfer) herangezogen, sofern sie nicht an ihrem Schulort eingesetzt werden können oder als Heimschüler einer Internatsschule angehören.
Die Luftwaffe übernimmt mit dem Einsatz der Lw.-Helfer eine hohe Verantwortung. Die Lw.-Helfer sind im rechtlichen Sinne nicht als Soldaten anzusehen. Sie haben auch während des Kriegshilfseinsatzes als Schüler zu gelten. Die jungen Menschen sind stolz darauf, daß sie bereits in noch nicht wehrpflichtigem Alter für den Sieg Deutschlands im Rahmen der Wehrmacht aktiv eingesetzt werden können. Diesen Stolz zu vertiefen, die Begeisterung für das Soldatische wachzuhalten und zur Wehrfreudigkeit zu steigern, ist die Aufgabe aller Vorgesetzter und Soldaten, die mit Lw.-Helfern zusammenarbeiten.
2. Zweck
Durch den Kriegshilfseinsatz der Lw.-Helfer sollen Soldaten zum Dienst mit der Waffe und zum Dienst an allen anderen Stellen, die nicht durch Aushilfskräfte besetzt werden können, freigemacht werden.
3. Heranziehung
. . . Die Schüler sind am 15. 2. 1943 in ihrer Schule zusammenzuziehen. Schüler, die in der Nähe ihres Schulortes eingesetzt werden können, sind in Begleitung eines Lehrers geschlossen zur Einsatzstelle zu führen. Heimschüler, die außerhalb des Schulortes zum Einsatz kommen, sind in geschlossenen Transporten unter Führung eines Offiziers und in Begleitung eines Lehrers zu Einsatzstellen in Marsch zu setzen. Für rechtzeitige Anmeldung der Transporte, Ausstellung der Wehrmachtsfahrscheine, Verpflegung während der Bahnfahrt, warmes Essen auf Haltebahnhöfen, Abholung der Lw.-Helfer und Bereitstellung der Verpflegung nach Ankunft sorgen die Luftgaukommandos . . .
7. Verteilung auf die Einsatzstellen
. . . Die Lw.-Helfer sind so einzusetzen, daß die Schüler einer Klasse gemeinsam an dem besonders einzurichtenden Schulunterricht . . . teilnehmen können . . .
8. Einsatz
Für 100 eingesetzte Lw.-Helfer sind etwa 70 Soldaten freizumachen. Bei einer Einsatzstelle dürfen nicht weniger als 6 Lw.-Helfer eingesetzt werden. Bei der dienstlichen Beanspruchung ist auf die leichtere Ermüdung der Jugendlichen im Entwicklungsalter Rücksicht zu nehmen. Der Jugendliche braucht durchschnittlich 10 Stunden Schlaf. Bei Nachtdienst ist ausreichende Bettruhe bei Tage anzuordnen.

Die Lw.-Helfer sind entsprechend ihrer körperlichen und geistigen Eignung beispielsweise zu verwenden im
Fernsprechdienst,
Flugmeldedienst,
Auswertungs- und Umwertungsdienst,
Dienst am FM-Gerät,
Dienst am Kommando- und EM-Gerät, Geschäftszimmerdienst. Lw.-Helfer können auch nach Ausbildung in einer ihrer Entwicklungsstufe angemessenen Tätigkeit an der Flakwaffe Verwendung finden. Eine Einteilung an den schweren Flakwaffen ist nur für solche Funktionen vorgesehen, mit denen besondere körperliche Anstrengungen nicht verbunden sind. Einsatz im Küchen-, Kasino-, Reinigungs- und ähnlichem Dienst ist verboten.
[. . .]
17. Abfindung
Die Lw.-Helfer erhalten eine tägliche Barvergütung . . .
18. Bekleidung
Die Lw.-Helfer tragen die Uniform der Flieger-HJ. . .

. . . Anlage 2: Verpflichtungsformel
Ich verspreche, als Luftwaffenhelfer allzeit meine Pflicht zu tun, treu und gehorsam, tapfer und einsatzbereit, wie es sich für einen Hitlerjungen geziemt." [. . .]
. . .

Nicolaisen, S. 234-243

Auch die Kriegsmarine schuf sich Einheiten von Flakhelfern. Wenn die Helfer 18 Jahre alt und damit wehrpflichtig wurden, schieden sie aus, dienten ein halbes Jahr im Reichsarbeitsdienst und wurden danach zur Wehrmacht eingezogen.
Von Februar 1943 bis Kriegsende sind etwa 200.000 Ober- und Mittelschüler Luftwaffen- oder Marinehelfer gewesen.

Das Schicksal des Marinehelfers Ernst Jünger

Die Marinehelfer für die Batterie Neudeich [auf Wangerooge] wurden am Ende des Krieges ausschließlich von der Hermann-Lietz-Schule auf Spiekeroog gestellt . . .
In der Batterie ,Saline' befanden sich im Herbst 1944 Jungen von Mittelschulen der Regierungsbezirke Aurich, Stade, Osnabrück und Magdeburg. Darunter waren die Mittelschulen Weener, Aurich, Wittmund, Damme i. O., Fürstenau, Achim, Salzwedel, Klötze, Dähre, Osterwiek/Harz. Die Batterie lag am Westende der Insel und trug die militärische Bezeichnung 4./232 . . . Untergebracht waren die Jungen in einer alten Lagerhalle, wo sonst die Strandkörbe untergebracht waren, auch ,Reithalle' genannt . . .
Ein schwerer Zwischenfall ereignete sich um die Jahreswende 1943/44. Gegen 16 Marinehelfer wurde Anklage wegen Abhörens von Feindsendern und Wehrkraftzersetzung erhoben, darunter war auch der Sohn des Dichters Ernst Jünger, der den Vornamen seines Vaters trug [geb. 1. 5. 1926, Gymnasiast]. Er und sein Kamerad wurden zu sechs beziehungsweise neun Monaten Gefängnis bestraft.
Die übrigen wurden teils disziplinarisch bestraft, teils freigesprochen. Ein untergeordneter Marineangehöriger hatte das Tagebuch eines Marineangehörigen [so im Text, muß wohl heißen: Marinehelfers] mit belastenden Eintragungen gefunden und weitergegeben . . .
Darin fanden sich dann Eintragungen wie: ,Wieder die Wahrheit gehört . . .' und ähnliches . . . Der Batteriechef versuchte nun gemeinsam mit einem Verteidiger, einem Oberleutnant aus Düsseldorf, zu retten, was zu retten war. Er haute sie schließlich mit dem schlichten Hinweis heraus, sie seien seine Besten (Kommentar des Richters: ,Das sieht man ja!') und er werde dafür sorgen, daß sie in scharfe Disziplin genommen und erzogen würden. Sie erhielten drei Wochen Arrest, die sie im Lesezimmer einer Baracke absaßen.
Schlimmer traf es den jungen Ernst Jünger. Er wurde auf Bewährung verurteilt und mußte sich an die Front melden . . .

Nicolaisen, S. 154 ff

Der Vater, Ernst Jünger, damals Offizier im Stab des Wehrmachtsbefehlshabers Frankreich, schrieb am 12. Februar 1944 in Paris in sein Tagebuch (I):

. . . Unten erfuhr ich . . . von der Verhaftung einer Gruppe von Schülern, als deren Rädelsführer der Junge mit einem seiner Kameraden namens Siedler gilt. Die beiden sind seit einigen Wochen in Wilhelmshaven eingeschlossen, und wenn ich recht verstanden habe, ist bereits ein Urteil von sechs und neun Monaten Gefängnis gefällt. Freimütige Gespräche über die Lage sollen der Grund gewesen sein. Der Junge ließ aus falscher Zurückhaltung nichts von sich hören, obwohl ein solcher Handel ihn nur ehren kann. Es scheint auch, daß keiner seiner Vorgesetzten es für nötig hielt, mich zu benachrichtigen. Statt dessen bespitzelte man, um ‚Material zu sammeln‘, die Kinder seit Monaten und überlieferte sie dann den Fängen der Staatsgewalt.

Ernst Jünger, Werke, Tagebücher III. Strahlungen, 2. Teil, Stuttgart o. J., S. 231

Wenige Tage später schrieb der Sohn seinen Eltern. (Der Brief ging durch die Gefängnis-Zensur.)

Wilhelmshaven, den 17. Februar 1944
Standortarrestanstalt

„Liebe Eltern!
Eben suchte mich Pfarrer Effey auf und teilte mir das Ergebnis des Telefongesprächs mit Papa mit. Gleichzeitig erhielt ich durch Kriegsgerichtsrat Dr. Konstabel beiliegendes Urteil.
Leider stellte sich heraus, daß dem Kriegsgerichtsrat Kuhlmann bei der Verlesung der Anklage ein Fehler unterlaufen war. Meine Äußerung über den Führer liegt jetzt nicht mehr im Zeitpunkt des Dezember, sondern des 12. Januar. Einer Zeit, die also möglich wäre. Trotzdem bin ich mir nicht bewußt, je eine solche Aussage gemacht zu haben . . .
Sollten Eure Bemühungen um Abtrennung der Strafe keinen Erfolg haben, so reicht bitte ein Gesuch ein, daß sie bis Kriegsende vertagt wird oder daß wir Frontbewährung bekommen können. Herr Siedler bekommt mit gleicher Post ebenfalls eine Abschrift des Urteils, so daß Papa auch in Berlin Einblick erhalten kann.
Gestern erhielt ich Papas Brief, der mich ermahnte, den Kopf oben zu behalten. Wenn dies zuerst auch etwas schwer wird, so ist es mir doch jetzt gelungen, mein inneres Gleichgewicht wieder zu erlangen. Das Personal ist sehr freundlich und behandelt uns besonders. So durften wir zusammen auf eine Zelle ziehen und dürfen vor allen Dingen lesen. Dies macht die Haft schon erträglicher. Den anderen, unangenehmeren Dingen gegenüber ergreift mich seltsamerweise keine Verbitterung oder Zorn, sondern eine innere Ruhe, die sogar etwas von Heiterkeit an sich hat . . . Doch ist es ja bisher erst der Anfang einer Haft, die vielleicht fünf Monate währen soll. Setzt mich bitte von dem Ergebnis der Reise Papas nach Berlin in Kenntnis. Ihr könnt Euch ja sicher vorstellen, wie ich darauf warte, irgendwie werde ich auch diese Zeit überstehen . . .“

Bähr, S. 394 f

Aus dem Tagebuch des Vaters (II):

Kirchhorst, 29. Februar 1944

In Ernstels Sache war ich in Berlin, von wo ich am Freitag zurückkehrte. Ich wollte zunächst zu Dönitz vordringen - war auch schon draußen in seinem Lager, doch wurde ich ausdrücklich vor ihm gewarnt. Es würde nur eine Verschärfung des Spruches die Folge sein. Überhaupt bemerkte ich an den Marineleuten die Neigung, mich mit glatter Höflichkeit abzufertigen, die dem besonders auffällt, der aus einem ‚weißen‘ Stabe wie dem von Stülpnagel [Militärbefehlshaber in Frankreich] kommt. Ich brachte da eine fatale Sache, in der man sich möglichst wenig belasten will. So sah ich mich auf diejenigen angewiesen, die sich von Berufs wegen damit abgeben mußten, wie dem Marinerichter Kranzberger. Bei seinem Vertreter sah ich mit Dr. Siedler das Urteil ein, in dem ich noch einige erschwerende Umstände las. So soll der Junge gesagt haben, daß wenn die Deutschen noch zu einem guten Frieden kommen wollten, sie Kniébole [Hitler] aufhängen müßten - von sechzehn Kameraden, die als Zeugen benannt wurden, will das freilich nur einer, und zwar der Spitzel, gehört haben. Doch nimmt das Gericht die Äußerung als erwiesen an. Ferner soll er ,bei der Verhandlung keine Reue gezeigt haben', was mir auch lieber ist . . .

Jünger, a. a. O., S. 235 f

Der Marinehelfer Ernst Jünger wurde im September 1944 aus der Haft entlassen und im Oktober zur Wehrmacht eingezogen. Er fiel am 29. November 1944 in der Nähe von Carrara in Italien.
Seinem „lieben Sohn Ernst Jünger" widmete der Vater seine Denkschrift „Der Friede", die er 1941 entworfen hatte und die seit 1944 in Abschriften verbreitet wurde. (Gedruckt in: Ernst Jünger, Werke, Band 5, Essays 1, Stuttgart o. J., S. 201-244.)

Einsatz einer Flakhelferin

Eine Auricherin, die je ein halbes Jahr im Reichsarbeitsdienst und im Kriegshilfsdienst (in einer Munitionsanstalt) tätig gewesen war, begann im Frühjahr 1943 zu studieren, doch schon nach 18 Monaten wurde sie als Flakhelferin eingezogen. Sie erzählt:

„Nachdem 100 Reservistinnen in einem Lager zusammengezogen und eingekleidet waren (Flakuniform, Schirmmütze und Windjacke), wurden wir nach Seelze bei Hannover gebracht. Dort erhielten wir die erste Ausbildung am Scheinwerfer und bekamen theoretischen Unterricht im ,Flugzeugerkennungsdienst'. Untergebracht waren wir in einem Barackenlager. Wir erlebten ständig die nächtlichen Alarme und Angriffe auf Hannover aus nächster Nähe mit. Unerfahrene bewunderten in der ersten Nacht die ,Tannenbäume', kamen aber eiligst in die Baracken zurück, als die Flaksplitter herumflogen. Die erste Zeit hatten wir noch einen netten, jungen Schweinwerferführer, später einen langweiligen alten, dessen Hauptbeschäftigung darin bestand, Holz zu hacken. Später mußten wir das selber tun, wenn wir nicht frieren wollten. Wir richteten täglich ein Sägekommando ein.
Nach vier Wochen kam ich in eine Stellung, erst im Westen, dann im Osten Hannovers, wieder auf einem Verschiebebahnhof. Der Ort bestand nur aus wenigen Bauern- und Tagelöhnerhäusern. Wir waren gerade einen Tag dort, als uns der Tommy mit Teppichwürfen beehrte. Die Bomben fielen in der Nähe der Stellung. Nach dem Angriff meldeten sich die Maiden per Telefon: ,Na, lebt ihr noch?'
Für die Kinder unseres Dorfes machten wir ein Weihnachtsfest und führten ein Märchenspiel auf, wie wir es aus unseren Lagern gewöhnt waren. Ich spielte mal wieder die Hexe. Durch dieses Spiel wurde man auf mich aufmerksam, und ich hatte das Glück, in die Schreibstube zu kommen und durfte im Privatquartier wohnen.
Ich bekam die Aufgabe, durch die Stellungen zu fahren und den Bedarf an Ausstattungs- und Unterkunftsgeräten in den Stellungen festzustellen. In Hannover gab es ein großes Lager, das in geringen Mengen Töpfe, Tische und Bänke liefern konnte. Jedenfalls war dieser Dienst angenehmer, als bei Nacht und Nebel Wache zu schieben. Wache - das hieß nachts eine Stunde drinnen und eine Stunde draußen mit langem Wachtmantel Dienst zu tun. Die Maiden mußten die Geräte in Ordnung halten, Verpflegung holen, putzen und Essen kochen. Einer Kameradin passierte es, daß gerade Bomben fielen, als sie Essen holen mußte. Aber sie blieb unverletzt.
Die Entlassung sah folgendermaßen aus. Es kam Anfang April ein Telefonumruf: Wer noch nach Hause kann, darf gehen. Die Frau, bei der ich in Quartier lag, wußte aus dem Radio, wo sich feindliche Truppen befanden. So konnte ich rechtzeitig abfahren und kam noch über die Weserbrücke in Bremen, bevor sie gesprengt wurde.
Ich brauchte drei Tage mit dem Rad für den Weg von Hannover nach Aurich. Ich überholte Kolonnen von zurückgeführten russischen Kriegsgefangenen, ich erlebte einmal Panzeralarm und sah Soldaten, die mit Panzerfäusten nach Osten fuhren. Auf den Straßen herrschte ein unbeschreibliches Durcheinander von Flüchtlingen und eine große Unsicherheit und ständige Angst vor Tieffliegern. Erst viel später wurde ich in Aurich mit vielen Landsern und Frauen offiziell von den Engländern entlassen.

Goetze/Mütze, S. 124

Das Schicksal der „Halbjuden"

1. Eva Hirche/Jever

Eva Basnizki *geb.* Hirche, *wurde 1933 in Jever geboren. Ihre Eltern, aus Wilhelmshaven stammend, waren der Elektromonteur* Adolf Hirche, *ein Christ, und* Erna geb. Schiff, *eine Jüdin.*
Im März 1940 wurde Frau Hirche beschuldigt, eine Brandstiftung begangen zu haben und zu zehn Monaten Gefängnis verurteilt.[1] Eva Basnizki berichtet:

In den ersten Monaten der Haft wurde sie mehrmals körperlich mißhandelt, weil man sie dazu zwingen wollte, einen vollständigen Verzicht auf meinen Vater und mich zu unterschreiben.

[Nach der Verhaftung der Mutter wurde der Haushalt aufgelöst. Herr Hirche lebte in Jever auf dem Dachboden eines einem Herrn Janssen gehörenden Kinos, in dem er allerlei Arbeiten verrichtete; die Tochter wurde zu Verwandten nach Hamburg gebracht. Nachdem aber diese teils „nach dem Osten", teils nach Theresienstadt deportiert worden waren - niemand ist von dort zurückgekehrt -, beschloß die Mutter, die inzwischen aus dem Gefängnis entlassen war,]
mich wieder zu sich zu nehmen und als Ausgebombte irgendwo ihr Glück zu versuchen. [. . .]
In Oldenburg gelang es [meiner Mutter] endlich ein Zimmer zu bekommen. Sie glaubte sich dort ganz sicher, da sie wohl kaum einer kannte und es sich bei der Hausbesitzerin um eine alleinstehende alte Dame handelte. Schon nach einigen Wochen wurden wir unter Schimpfworten kurz und bündig vor die Tür gesetzt. Eine Nachbarin hatte Mutti als die Jüdin Erna Schiff aus Wilhelmshaven erkannt und unsere Hausherrin entsprechend informiert. Wir hatten also keine andere Wahl, als zu Vati nach Jever zu ziehen. Für Mutti begann damit ein sog. Anne-Frank-Dasein. Vati und ich konnten uns mehr oder weniger frei bewegen, aber von Mutti durfte keiner etwas wissen. Außer Janssen und ein paar anderen Freunden, die uns manchmal Lebensmittel brachten, wußte niemand, daß sie da war. So hausten wir also in einer jämmerlich kleinen Bodenkammer, ohne fließendes Wasser und richtige Heizung, aber mit einem Schlupfloch in der hinteren Wand, damit sich Mutti im Notfall schnell unter die losen Fußbodenbretter verstecken konnte. Vati hatte einige Bretter in der Ecke unter dem Dach für diesen Fall extra gelöst. Man mußte ja mit allen Möglichkeiten rechnen. [. . .]
Einige Monate später fand mein Vater heraus, daß Mischehen zu dem Zeitpunkt noch gesetzlich geschützt waren und Mutti auch eine Lebensmittelkarte bekommen konnte. Wir hatten nun mehr zu essen, sie konnte mal freundlich gesinnte Bekannte besuchen und auch selbst einkaufen, wenn sie in den Geschäften auch immer als letzte bedient wurde.[2] [. . .]
Im September 1944 wurde mein Vater auf der Straße verhaftet. Wir wußten genau, daß etwas passiert war, als er nicht wie gewöhnlich von der Arbeit kam. Herr Janssen informierte uns dann spät abends, daß er in Wilhelmshaven im Gefängnis sei und nötig einen kleinen Koffer mit Kleidungsstücken brauchte. Wir fuhren durch einen schweren Bombenangriff noch nachts nach Wilhelmshaven und gaben unseren Koffer auf gut Glück bei einem Posten vor dem Gestapo-Hauptquartier ab, da es unmöglich war, in dem Durcheinander nach dem Angriff irgendwelche zustehenden Leute zu erreichen. Es dauerte Wochen, bis wir endlich von ihm hörten, daß er sich in einem Zwangsarbeitslager bei Lenne in Westfalen befand.[3] Eines Tages kam er plötzlich auf einen ganz kurzen Besuch bei uns

---

1) Urteil am 17. 9. 1940; 1955 aufgehoben. Vgl. Peters S. 72.
2) Weil sie als Jüdin bekannt war.
3) Im Kreise Holzminden. Vgl. dazu den nächsten Text.

an. In seinem Lager gingen gerade Gerüchte um, daß wieder neue Transporte von Mische-hen in den Osten gingen. Was Transporte in den Osten bedeuteten, wußten wir damals schon ziemlich genau. Vati hatte sich natürlich große Sorgen gemacht. Der Lagerkomman-dant ließ ihn für 36 Stunden gehen, drohte ihm aber, fünf Häftlinge zu erschießen, wenn er nicht pünktlich wiederkommen werde. Er überzeugte sich, daß noch alles in Ordnung war, erklärte uns, wie wir seine selbstgebastelte Pistole handhaben sollten, wenn es nötig würde, und fuhr schnellstens wieder ab. (Die Pistole rostet heute in dem Schlamm der Gracht hinter dem ehemaligen Kino, Mutti warf sie noch am gleichen Tag hinein. Sie durchschlug dabei eine dünne Eisschicht. Der Gedanke, unserem Elend selbst ein Ende zu bereiten, kam bei uns in jenen Tagen öfters auf.) Nicht lange nach Vatis Besuch kam dann auch der Befehl zum Abtransport meiner Mutter nach Theresienstadt.[4] Die Gerüchte waren also doch wahr gewesen. Mutti war völlig verzweifelt, da sie nicht wußte, was mit mir geschehen würde. Mitgehen durfte ich nicht, trotzdem ich es wollte. Wir Mischlinge waren für einen späteren Transport bestimmt, der Gott sei Dank nicht mehr stattfand, und Ordnung mußte sein. Die Gestapo hätte, so wie man uns sagte, auch da schon für mich „gesorgt“, wenn wir keine andere Bleibe gefunden hätten. Diese „Fürsorge“ blieb mir je-doch durch die tapfere Familie Badberg vom Ibenweg erspart.[5] Die uns fast unbekannte Frau Badberg erschien einen Tag vor dem Transport bei uns auf dem Boden, packte einige meiner Sachen ein und nahm mich kurzerhand mit.

[Auch eine Frau Klüsener erhielt den Befehl, sich zum Abtransport nach Theresienstadt einzufinden. Ver-zweifelt suchten sie und ihr Mann]

nun für Frau Klüsener unter ihren christlichen Brüdern und Schwestern ein Versteck - sie war schon lange Christin geworden -, aber ohne jeglichen Erfolg. Da nun für die beiden Frauen alle Hoffnung verloren war, entschlossen sie sich zu dem traurigen Schritt, ihrem Leben ein Ende zu bereiten. Frau Klüsener gelang es, bei meiner Mutter schlug es fehl. „Hättest du dich nicht auch aufhängen können?“ meinte der Polizist, der auf den Boden gekommen war, um nachzusehen, warum Mutti nicht zum Transport erschienen war. Sie hatte zwar sehr viel Blut verloren, war aber noch völlig bei Bewußtsein. Das Krankenhaus in Jever weigerte sich, sie aufzunehmen. Kein Arzt war bereit, auch nur einen Verband an-zulegen. Im Krankenhaus in Wittmund fanden sich endlich ein junger Arzt und eine Schwester, die Mutti in einem Waschraum wenigstens ordentlich verbanden und ihr eine Kräftigungsspritze gaben. Vielleicht retteten sie ihr auch das Leben. Mutti war durch den Blutverlust so geschwächt, daß sie sich fast überhaupt nicht bewegen konnte. Noch am gleichen Tag wurde sie per Ambulanz nach Wehnen[6] bei Oldenburg gebracht.
Die letzten Monate bis zum Kriegsende vergingen ziemlich schnell. Wir verbrachten die meisten Nächte in den Luftschutzkellern. Die Belästigungen ließen nach, und wenn in der Schule einer es wagte, mich zu beschimpfen oder gar zu schlagen, haute Greta Badberg dazwischen. Einige Male holte sie sich sogar eine blutige Nase. Ich hatte einen Schutz-engel gefunden. Irgendwie hatte der Selbstmord Frau Klüseners und der Versuch meiner Mutter die Gemüter in Jever etwas aufgerüttelt. . . . Da ich meistens mutlos und bedrückt war, ließen meine Leistungen in der Schule auch dementsprechend nach. Es war aber un-serer damaligen Klassenlehrerin, Frau Zaske, zu verdanken, daß ich überhaupt noch lernte und auch ein ganz ansehnliches Zeugnis bekam. Vor seiner Verhaftung hatte mein Vater noch versucht, mich im Mariengymnasium anzumelden, wurde aber mit der Begrün-dung abgewiesen, daß es jüdischen Kindern nicht mehr erlaubt sei, auf höheren Schulen zu lernen.

4) Anfang 1945 wurden Juden und Jüdinnen, die in Mischehen lebten, nach Theresienstadt deportiert.
5) „Mutter Courage war die erste Frau Karl Badbergs . . . Es steht heute klar fest, daß sie mir mit ihrer muti-gen Tat das Leben gerettet haben. Wie jetzt . . . bekannt ist, waren wir Vollmischlinge ja auch für die Gas-kammern bestimmt, und eine ‚Gestapofürsorge‘ in der damaligen Zeit hätte wohl nur dies bedeuten kön-nen . . .“
6) Irrenanstalt

Um den Bombendrohungen zu entgehen, entschloß sich Frau Badberg, uns alle zusammen - es wohnte noch eine Frau mit ihrer kleinen Tochter im Haus - per Rad auf einen sicheren Bauernhof zu bringen. Die Fahrt sollte einen halben Tag dauern, aber irgendwie gelang es uns, auf den Landstraßen die Familie Badberg zu verlieren. Nachdem wir bis in die Dunkelheit hin und her gefahren waren und endlich in einem Haus für die Nacht Unterkunft gefunden hatte, fuhren wir am nächsten Morgen wieder nach Jever zurück. Auf dieser Fahrt hatte es uns beinah erwischt. Wir fuhren nichtsahnend auf unseren mit Gepäck und Feldblumen beladenen Rädern auf einer Landstraße, als plötzlich Geschosse direkt vor uns auf das Kopfsteinpflaster knatterten. Wie ich in das Einmannloch gekommen bin, welches man am Straßenrand gegraben hatte, weiß ich nicht. Ich erinnere mich aber noch genau, daß ich, mehr wütend als verängstigt, zusammengekauert auf der feuchten Erde saß und es lange dauerte, bis ich meinen Kopf wieder an die Oberfläche wagte. Außer einigen leichten Prellungen passierte uns weiter nichts. Wir hatten das Flugzeug überhaupt nicht kommen hören. Soweit war ich nun gekommen, und jetzt wollten mich die Amis noch über den Haufen schießen! Irgendwie wurschtelten wir uns damals durch. Zur Schule ging ich nicht mehr, die Tieffflieger plagten uns zu jeder Stunde, und das Donnern der Geschütze kam täglich näher.

(Der Transport, in dem auch Mutti sein sollte[7], kam nach dem Krieg vollständig zurück. Frau Klüsener wurde sein einziges Opfer.) In Wehnen herrschten trostlose Zustände. Es war meistens von alten Leuten besetzt, die wie die Fliegen starben . . . Es war der Chefarzt, . . . der sich meiner Mutter annahm und dafür sorgte, daß sie in der Küche arbeiten konnte.

Familie Badberg wollte mir die Tatsachen vorerst verschweigen, aber es gab genug Plappermäuler, die mich schnell unterrichteten. Jeder hatte eine andere Geschichte, jeder wußte meine Mutter woanders, und es vergingen lange, angstvolle Tage, bis ich endlich von ihr selbst ein Lebenszeichen bekam, welches ich dann auch sofort an meinen Vater weiterleiten konnte. Vor mir liegt noch eine fast verblichene Postkarte - Briefe waren uns nicht erlaubt -, die ich meiner Mutter damals schrieb. „Ich habe Deine Karte mit großer Freude erhalten. Nun habe ich endlich, endlich Nachricht von Dir bekommen."

Es kann nicht mehr als 1-2 Wochen vor dem Ende gewesen sein, als ich plötzlich eines Tages ganz schnell auf den Kinoboden gerufen wurde. Dort stand mein Vater. Schlecht aussehend, unendlich mager und in Lumpen gekleidet, aber er war da. Es war ihm und 4 anderen Häftlingen gelungen, aus dem Lager in Westfalen zu entkommen. Er war fast die ganze Strecke gelaufen und hatte tagelang nichts gegessen. Ich zog natürlich gleich wieder zu ihm auf den Boden. Seine größte Sorge war meine Mutter. In dem Chaos der letzten Monate fand an den Häftlingen sämtlicher Lager ein Panikmorden statt. Man wollte so viel wie möglich vertuschen, und niemand war vor dem Wahnsinn sicher. Bei Vati im Lager war auch ein Sonderkommando aufgetaucht, und es verschwanden täglich Gruppen von Häftlingen. Auf die Gefahr hin, wieder verhaftet zu werden, versuchte er bei den zuständigen Ämtern die Entlassung meiner Mutter aus Wehnen zu erreichen. Einige Tage später kam er dann auch tatsächlich mit einem Entlassungsschein zurück und setzte sich sofort auf sein Fahrrad, um sie abzuholen. Am nächsten Tag kam er dann glücklich mit ihr auf dem Gepäckträger wieder an. Eine schwere Last war sie nicht, sie wog nur noch 34 kg. Die Wiedersehensfreude war selbstverständlich groß.

Der Rest ging dann schnell. Von einem Balkon rief noch einer zum Kampf bis zum letzten Tropfen Blut auf, während eine Gruppe Männer auf dem Schloßturm die weiße Fahne hißte. Am 5. Mai fuhren die englischen Lastwagen und Panzer in Jever ein, und ich war das erste Mal in meinem Leben frei und ohne Angst.

Für meine Mutter war der Leidensweg noch nicht vorbei. Sie mußte sich mit der schrecklichen Tatsache abfinden, daß ihre Familienangehörigen alle umgekommen waren, und noch viele schwere Krankheiten durchmachen, bis sie dann viel zu früh für immer von uns ging.[8]

7) Am 9. 2. 45 ab Bremen.
8) † 2. 6. 1959.

Daß wir es geschafft hatten, lag nicht nur an dem Gesetz, welches uns bis zu einem gewissen Zeitpunkt schützte, und wir, als Mischehen, erst später an der Reihe waren, sondern wohl mehr an den bekannten und namenlosen Helfern, die uns in heiklen Situationen immer wieder unter die Arme griffen. Oft mit eigener Gefahr. In Jever waren es die Badbergs, Frau Grothlüschen, Oma Greif[9] und Frau Gobbers, die sich meiner Mutter wegen selbst noch bis zum Kriegsende verstecken mußte[10], und noch einige hier und da. In Hamburg waren wir eigentlich fast nie ohne Hilfe. Sie präsentierten das gute, anständige Deutschland, wenn auch nur in kleinem Maße, an das meine Mutter immer glaubte.
Jedes Mal wenn wir in unserem Garten hier in Israel einen neuen Baum pflanzen, widme ich ihn einem unserer Helfer in der Zeit der Not.

Beitrag von Eva Basniziki, Jerusalem (gekürzt).
Ein ähnlicher Beitrag der Verfasserin in: *Gert Platner* (Hg.),
Schule im Dritten Reich. Erziehung zum Tod?
München 1983, S. 159-163.

9) „Frau Grothlüschen und Oma Greif haben in den Anfangsjahren der Nazizeit bei meiner Mutter geputzt und immer treu zu uns gehalten . . ."
10) „Frau Erna Gobbers . . . wollte meine Mutter im Februar 1945 in ihrem Keller verstecken, kam aber leider zu spät. Sie soll angeblich den damaligen Bürgermeister in Jever meiner Mutter wegen ganz gefährlich beschimpft haben, worauf der sofort einen Haftbefehl gegen sie ausstellen ließ. Es gelang ihr noch, in ein Versteck zu fliehen . . ."

2. Helmut Lohmann/Oldenburg

Da die Halbjuden und „jüdisch Versippte" „wehrunwürdig" waren, standen sie als Arbeitskräfte zur Verfügung, und der Bedarf an Arbeitskräften wuchs ins Unermeßliche, u. a. durch den Bau der Geheimwaffe V 2. Sie wurden daher dienstverpflichtet, die Oldenburger in das Lager Lenne, das mittelbar der V 2-Produktion diente. Zu ihnen gehörte Adolf Hirche (vgl. den vorhergehenden Text). Einer der jüngsten war Helmut Lohmann, damals 17 Jahre alt, Sohn des Schlachters Adolf Lohmann und seiner Frau Adele geb. Cohen.
Helmut Lohmann hat ein Tagebuch geführt.[1] Es berichtet von seiner Dienstverpflichtung zur OT (Organisation Todt) in Frankreich (Mai bis September 1944) und dann (ab Oktober) von der in Lenne. Selbstverständlich ist es so verfaßt, daß auch die Gestapo es hätte lesen dürfen. Die im Tagebuch genannten Personen sind durchweg Stadtoldenburger Halbjuden.

Donnerstag 19. 10. (1944)
Am 10. 10. 44 ruft die Gestapo in meiner Firma an, ich muß innerhalb 1 Stunde mit Mundvorrat und Spaten auf der Gestapo erscheinen. Als ich dort eintreffe, stehen schon mehrere Leute da, teilweise Bekannte aus Frankreich. Da es erst abends losgehen soll, kann ich bis ½ 6 wieder nach Hause gehen. Dann schlafen wir in Donnerschwee in einer Baracke. Am anderen Morgen kann ich nochmal nach Hause gehen bis Mittag. Dann geht es mit dem Lastwagen nach Farge, durch Bremen. Ich sehe die völlig zerstörte Stadt. In Farge bleiben wir hinter Stacheldraht gesetzt und müssen unter SS-Bewachung mit der Schippe arbeiten. Schlafen müssen wir mit fast 100 Mann in einem kleinen Duschraum. Verpflegung eines Tages besteht aus 3 Scheiben trocken Brot und Wassersuppe - Sträflingsverpflegung. Nach 8 Tagen geht es in ein Gemeinschaftslager in Holzminden. *[Tatsächlich im Kreise Holzminden fast 20 km nordöstlich der Stadt].* Hier sollen wir für Firmen arbeiten bis Kriegsende. Wir sind dienstverpflichtet. Das Essen soll gut sein. 10 Tage hatte ich nichts Warmes gegessen . . .

1) Original im Besitz Carl Gustav Friederichsen/Oldenburg

Sonntag 22. 10. 44
Am Freitag war unser 1. Arbeitstag. Ich bin der Firma Francke zugeteilt. Wir müssen an der Straße für eine Wasserleitung einen Graben von 1,50 m Tiefe ausheben. Aufstehen 5 Uhr, Arbeitsanfang 6 Uhr. 1 Stunde Mittag. Feierabend 6 Uhr. Heute, Sonntag, arbeitsfrei. Vormittags Kartoffelschälen für den Gulasch. Die Verpflegung ist noch mangelhaft, weil nichts vorhanden ist. Nach dem Essen schlafe ich ein paar Stunden und mache anschließend einen Spaziergang. Um ½ 9 Erteilen der Postvollmacht für den Lagerführer.

Freitag 27. X. 44
Die Arbeit ist noch immer dieselbe . . . Die Arbeit ist anstrengend. Von ½ 7 bis ½ 6, eine Stunde Mittag . . . Wie ich durch Peter König *[geb. 1926]* erfahre, soll mein Vater auch von der Gestapo geholt sein. Ich bin sehr in Sorge!!

Dienstag 31. 10. 44
Sonnabend hatten wir arbeitsfrei wegen Regen. Sonntag sehr schönes Wetter. Ich mache mit Rolf einen Spaziergang. Wunderbare Gegend. Von einer bewaldeten Bergspitze sehen wir Lenne liegen . . . Von zu Hause habe ich schon 2 Pakete bekommen. Umlauf war einige Tage in Oldenburg und hat mir 1 Brief mitgebracht. Mein Vater soll auch weg. Ich erwarte ihn täglich hier . . . Das Essen ist immer noch nicht besonders. Wir haben noch nicht einmal Rauchwaren bekommen.

Freitag, den 6. 11. 44
. . . Am letzten Donnerstag waren zwei Mann von der Gestapo aus Hildesheim im Lager. Sie ordneten an, daß jeder einen roten Streifen am linken Oberarm und rechten Bein tragen muß. Sie drohen mit KZ beim kleinsten Vergehen und verbieten, Besuch zu empfangen. Heute abend hat Lohde mir einen roten Streifen auf den Arm genäht. Der Beinstreifen muß mangels Stoff noch wegbleiben. Heute erste Lohnzahlung bekommen, für 2 Tage = 10,08.

Mittwoch 8. 11. 44
Zwei Kameraden gestorben. Einer an Blutvergiftung, der andere an Diphtherie.

Freitag 10. 11. 44
Heute ist hier der erste Schnee gefallen. Wir können währenddessen in unsere Baracke gehen.
Die Stuben sind *[mit]* 32 Mann überbelegt . . . Hier herrscht eine furchtbare Enge. Es ist kein fließend Wasser da. Wir müssen es von einer Betonmischmaschine holen. Hier ist auch nur Wasser zu haben, wenn die Pumpe arbeitet. Dies ist oft stundenlang am Tage nicht der Fall. Das Dach läßt das Wasser durch, so daß die Decke voller Tropfen hängt, die dauernd herunterfallen. Am Morgen steht das Wasser auf dem Fußboden. Arbeitszeug haben wir noch nichts erhalten. Man verdreckt und durchnäßt total. Ein kleiner Ofen steht in der Stube. Holz müssen wir aus dem Walde suchen. Täglich empfangen wir 11½ Briketts. Dabei schließen Türen und Fenster nicht richtig vor Feuchtigkeit . . .

Donnerstag 16. 11.
Wie wir heute erfahren, hat Susmann, der auf unserer Stube liegt, auch Diphtherie. Tagelang hat der Kranke noch bei uns auf der Stube gelegen. Man hat ihn von mehreren Krankenhäusern wegen Überfüllung immer wieder ins Lager zurückgeschickt. Eine Krankenstation besteht noch nicht im Lager. Am Sonntag sollten wir die Stube desinfizieren. Haben es nur provisorisch [?] gemacht. Dienstag ist er nach Göttingen ins Krankenhaus gekommen.
Seit Sonnabend bin ich mit dem Zuwerfen der Gräben beschäftigt . . . Der Schlamm und Dreck wird immer größer. Die Schuhe werden gar nicht mehr trocken. Dauernd kalte und nasse Füße.

Heute war die Gestapo wieder im Lager. Es besteht die Gefahr einer Postzensur. Ebenfalls für Pakete.

Montag, 20. XI. 44

Heute sind wir umgezogen in eine tropfenfreie Bude. Ein Kamerad hat nach ärztlicher Feststellung ebenfalls Diphtherie. Er weilt trotzdem noch unter uns. Morgen soll er wegkommen . . . Sonnabendnachmittag und Sonntag hatten wir frei. Ich habe mit Rolf eine Wanderung zum Ith gemacht. *[Lenne liegt bei Eschershausen am Fuße des Ith.]* Die Arbeitsleistungen werden jetzt gemessen und für jeden einzelnen eingetragen . . .

Sonntag, den 26. 11. 44

In der letzten Woche hat sich allerhand ereignet. Am Donnerstag war ein Obersturmbannführer von der SS im Lager. Anschließend große Aufregung. Blankenstein kam in mehrere Stuben und sagte aufgeregt, wir bekämen eine Umzäunung ums Lager sowie SS-Bewachung. Wir sind alle sehr niedergeschlagen. Die Pakete sowie die Post des Tages wird beschlagnahmt bis zum anderen Morgen, wo er wiederkommen will. Abends sollen wir alle Briefe und Zeitungen vernichten. Am anderen Morgen wird die Post verteilt. Es wird jedoch eine Zensur eingeführt. Mit der Bewachung und Umzäunung wird es wohl noch nichts. Es darf jedoch keiner das Lager verlassen. Am Sonnabend sollen *[der Frisör]* Adi Umlauf und *[der Schneider]* Georg Lohde nach Oldenburg fahren, um Sachen für die Einrichtung einer Schneider- und Frisierstube zu holen. Auf dem Bahnhof werden sie von dem Obersturmbannführer Busch geschnappt, die Urlaubsscheine zerrissen und zurück ins Lager geschickt. Obertruppführer Biel, unser Lagerführer, bringt es fertig, daß sie heute fahren können. Ich gebe Lohde ein Wäschepaket mit, da wir im Moment keine Post absenden sowie empfangen können.
Zwei Tage lang haben wir die Gräben wieder zugeworfen. Morgen sollen wir wieder schachten . . .

Freitag, den 8. 12. 44

Es hat in den letzten Tagen sich schon allerhand in den Verordnungen, die befürchtet wurden, gelockert . . . Busch hat sich als ein scharfer, aber anständiger Mensch entpuppt. Er kommt oft ins Lager. Geht auch mal durch die Stuben. Die eingeführte Postzensur wird nur oberflächlich und pro forma durchgeführt. Die kommenden Briefe sind zensurfrei.
Abends sitzen wir oft im Schein vom Kerzenlicht. Wegen Alarm wird abends und morgens das elektrische Licht ausgeschaltet. Abends lese ich meistens, schreibe oder spiele Karten, Lotterie und 66.
Die Arbeit ist seit Tagen furchtbar dreckig. Tagelanger Regen hat alles in Schlamm verwandelt. Wir schachten im Wald unseren Graben. Immer steht er voll Wasser oder stürzt wieder ein. Wir haben ein Lied von Arbeit, Lager und den wichtigen Persönlichkeiten gedichtet. Lagerführer Biel hat sehr gelacht. Es wird mit Maschine vervielfältigt. Das Essen ist gut. Neulich gab es Spinat. Gestern sind 46 neue Kameraden aus der Pfalz hier angekommen.

Damit endet das Tagebuch. Der Verfasser ist wenige Tage später an Diphtherie verstorben.
Viele, vor allem ältere Insassen des Lagers, wurden um Weihnachten 1944 entlassen, andere, wie Adolf Hirche, *blieben bis Kriegsende.*

Küsten- und Grenzbefestigung

Nachdem die Westmächte am 6. 6. 1944 in der Normandie gelandet waren, befürchtete die deutsche Führung weitere Landungen an der deutschen und der niederländischen Nordseeküste. Infolgedessen wurde der „Friesenwall" angelegt, ein System von Befestigungen längs der Nordseeküste sowie ein zweites zwischen Dollart und Rhein längs der deutsch-niederländischen Grenze. Aurich sollte durch einen Ring von Panzergräben zur Festung gemacht werden.

Nach einer Meldung des „Seekommandanten Ostfriesland" vom 28. 9. 1944 waren in dessen Abschnitt für den Bau des Friesenwalls 2.809 Soldaten und Arbeitsdienstler, 8.649 „ausländische und deutsche Zivilarbeiter" (tatsächlich vom KZ Neuengamme bei Hamburg zur Verfügung gestellte Häftlinge) und 821 „Gefangene" (vermutlich Kriegsgefangene) beschäftigt.
Für rund 2.000 der Häftlinge aus Neuengamme wurde seit Ende Oktober in Engerhafe *(westl. Aurich) in aller Hast ein völlig unzulängliches Barackenlager eingerichtet. Die Lagerleitung bestand aus einigen SS-Soldaten und einer größeren Zahl blau uniformierter Marine-Soldaten. Die Häftlinge waren in ihrer Mehrzahl Polen, außerdem mehrere Hundert Niederländer und Belgier, ferner Franzosen, Letten, Russen, litauische Juden und Angehörige anderer Nationen, auch einige Zigeuner.*

Die Herkunft der niederländischen Zwangsarbeiter für den Friesenwall

Mitglieder der niederländischen Widerstandsbewegung hatten am 8. Oktober 1944 einen Anschlag auf ein deutsches Militärfahrzeug gemacht. Dabei wurde ein deutscher Offizier getötet, ein anderer verwundet. Der nächstgelegene, aber doch 8 km entfernte Ort war Putten. Zur Vergeltung und Abschreckung geschah folgendes:

„Im Namen des Wehrmachtbefehlshaber in den Niederlanden wird das nachstehende Urteil über die Gemeinde Putten ausgesprochen:
1. Das Dorf Putten wird plattgebrannt.
2. Die männlichen Einwohner der Gemeinde zwischen 18 und 50 Jahren nach Amersfoort abtransportiert.
3. Das Dorf Putten soll innerhalb 2 Stunden vollständig evakuiert sein.
   (Suhr S. 97. Es scheint sich um eine Rückübersetzung aus dem Niederländischen zu handeln.)

In Putten wurden 603 Männer festgenommen und über das KZ Amersfoort in das KZ Neuengamme gebracht. Von dort aus wurden sie zum Bau des Friesenwalles nach Ostfriesland transportiert. 540 der Verhafteten kehrten nicht zurück. Sieben von ihnen starben in Engerhafe.

Ein Tag im KZ Engerhafe

Ein niederländischer Insasse, von Beruf Beerdigungsunternehmer, berichtet (1966):

Wir wurden um 4.00 Uhr geweckt, mußten uns waschen und anschließend die Betten machen. Das Waschen bestand im wesentlichen aus einer oberflächlichen Reinigung des Gesichts und der Hände. Rasieren konnten wir uns schon mangels Rasierzeug nicht. Sonntags wurden wir aber oberflächlich von einem Friseur rasiert. Zum Frühstück erhielten wir ein Stück Brot, etwas Marmelade und etwa je 20 Gramm Margarine und Wurst. Da wir vor dem Abendessen keine weitere Verpflegung erhielten, mußte dieses Frühstück für den ganzen Tag reichen. Nach dem Frühstück mußten wir auf dem Appellplatz antreten. Das nahm meist erhebliche Zeit in Anspruch, weil die Zahl nie stimmte. Wenn der Appell beendet war, rückte der größere Teil der Häftlinge zur Arbeit aus. Nur ein kleiner Teil blieb im Lager, um die dort anfallenden Arbeiten zu erledigen. Die ausrückenden Häftlinge mußten in Reihen zu fünf Mann eingehakt zum nächsten Bahnhof marschieren. Einhaken mußten wir uns deshalb, weil dadurch Fluchtversuche verhindert werden sollten. Alsdann fuhren wir in Güterwagen nach Aurich, von wo sich der Marsch zur Arbeitsstelle anschloß. Dieser dauerte nach meiner Erinnerung etwa eine halbe Stunde. An der Arbeitsstelle kamen wir jedenfalls immer bei Helligkeit an. Unsere Aufgabe war der Bau von Panzerfallen. Wer diesen geleitet hat, kann ich nicht mehr sagen. Nach meiner Meinung lag die Leitung in den Händen der SS. Auf jeden Fall waren mehrere SS-Angehörige an der Arbeitsstelle, die die Bewachung der Häftlinge unter Mithilfe von Marineangehörigen leiteten.

Die Häftlinge waren in Gruppen eingeteilt, denen jeweils ein Kapo vorstand. Diese sagten uns, was wir zu tun hatten. Die Kapos waren in der Regel deutsche Häftlinge, die als Kriminelle einsaßen. An Namen von ihnen kann ich mich nicht erinnern. Die Kapos haben uns laufend zur Arbeit angetrieben und auch häufig Häftlinge, die nicht mehr arbeiten konnten, geschlagen. Letzteres haben auch die an der Baustelle anwesenden SS-Leute getan. Ich habe mehrfach gesehen, daß nicht arbeitsfähige Häftlinge von SS-Leuten zu Boden geschlagen wurden und anschließend aufstehen und weiterarbeiten mußten. Wenn sie dann erschöpft wieder zu Boden fielen, wurden sie erneut geschlagen, mußten wieder aufstehen, fielen wieder hin, wurden wieder geschlagen, was sich solange wiederholte, bis die Häftlinge tot waren. Die Namen der Getöteten weiß ich nicht. Unter den Kapos standen die Vorarbeiter. Diese gehörten allen Nationalitäten an und behandelten die Häftlinge wenigstens zum Teil menschlich. Die Arbeit war außerordentlich schwer. Wir mußten oft bis zu den Knien im Wasser stehen. Außerdem regnete es viel, so daß wir nur selten trocken waren. Die Pausen waren nur kurz. Mittags mag eine Pause von 20 Minuten eingelegt worden sein, während der wir unsere mitgebrachte Verpflegung essen konnten. Arbeitsschluß war etwa bei Eintritt der Dunkelheit. Wenn wir durch Aurich marschierten, war es regelmäßig bereits dunkel. Im Lager kamen wir infolgedessen erst spät an. Dann wurde zunächst wieder ein Zählappell durchgeführt. Anschließend gab es zwei bis drei Pellkartoffeln und etwas Wassersuppe. Danach konnten wir schlafen.

(Suhr, S. 90 f.)

Die „Festung" Aurich erwies sich als wertlos. Als sich in den letzten Tagen des Krieges alliierte Truppen Aurich näherten, legten die deutschen Soldaten die Waffen nieder, sie öffneten die Panzersperren und bauten die Sprengladungen an den Brücken aus. Sogar ein örtlicher Waffenstillstand wurde mit den Kanadiern geschlossen.

Schwarzwälder 3, S. 146

Schanzarbeiten an der niederländischen Grenze:
1. bei Leer, Herbst 1944

Wilhelmine Siefkes *erzählt. (Ihr Hausgenosse Louis* Thelemann, *alter Aktivist der SPD in Leer, war kurz zuvor aus dem KZ Neuengamme entlassen worden.)*

Thelemann hatte sich einigermaßen erholt, als eines Tages ein hiesiger Handwerksmeister, der mit Schanzarbeiten an der holländischen Grenze beauftragt war, ihn bat, dort die Aufsicht und Leitung zu übernehmen. Ganz erstaunt sah er den Mann an, der bestimmt kein Nazi war: „Ich - ein KZler?" Der betonte, er habe ausdrücklich die Genehmigung, ihn einzustellen.

Ablehnen konnte er nicht, wenn er nicht riskieren wollte, dorthin zurückgebracht zu werden, woher er gerade gekommen war. Also hieß es, morgens mit dem Frühzug ins Grenzgebiet hin, abends spät zurück. Er bekam fast einen Tobsuchtsanfall, als er eine Uniform anziehen sollte, die um den Ärmel eine Hakenkreuzbinde trug!

„Die kommt nicht um meinen Arm!" sagte er, trennte sie ab und steckte sie in die Tasche.

Die Arbeiter, die er einzusetzen und zu beaufsichtigen hatte, waren Holländer, die man zwangsweise abkommandiert hatte. Sie kamen aus den umliegenden Dörfern, es waren durchweg Arbeiter mit kleinem bäuerlichen Besitz. Verständlich, daß sie ihm mit Angst und Mißtrauen entgegensahen.

Er erzählte auf seine humorvolle Art, daß er sie sich zuerst in Reihen hatte aufstellen lassen, wobei er ihnen auf Plattdeutsch, das ja ihrem Dialekt ganz ähnlich war, erklärt hatte: So hätte man es ihm im KZ beigebracht. Sie horchten auf - ihre Gesichter entspannten sich. Allmählich entwickelte sich zwischen ihnen ein so kameradschaftliches Verhältnis, daß er täglich neu beeindruckt war. Er war mit ihnen allein auf weiter Flur, und sie kamen zu ihm mit ihren Sorgen. Es war Anfang Oktober, und sie hatten sich um ihre Ernten nicht kümmern können. Er ermöglichte es, daß unauffällig bald diese, bald jene einen Tag wegblieben, um eigene dringende Arbeiten zu erledigen.

Siefkes, S. 165

Schanzarbeiten an der niederländischen Grenze:
2. bei Nordhorn, Oktober 1944

Der Pole *Julian Oleg Nowak*, geb. 1927, wurde 1940, nachdem in Posen die Arbeitspflicht für 14jährige eingeführt war, mit zahlreichen Gleichaltrigen nach Bremen-Blumenthal deportiert. Hier mußte er in der Bremer Wollkämmerei arbeiten. Die jungen Polen wohnten (seit 1942) in einem Haus an der Langen Straße (heute: Kapitän-Dallmann-Straße), das sie Betlejemka nannten.
Er erzählt (Übersetzung aus dem Polnischen):

Im Oktober 1944 hieß es plötzlich, daß eine größere Gruppe aus der »Betlejemka« verlegt werden solle. Wohin war unbekannt. Schon wenig später wurden wir ausgewählt und mit einem Transport nach Nordhorn, Kreis Bentheim, an der holländischen Grenze gefahren. Dort kamen wir in ein DAF-Lager, d. h. ein Lager der Deutschen Arbeitsfront. Es lag beim Gildehauser Weg am Stadtrand von Nordhorn. Das Lager war mit einem doppelten Stacheldraht umzäunt und im Innern nochmals mit Stacheldraht in verschiedene Sektoren aufgeteilt. An den Ein- und Ausgängen standen SS-Wachtposten. Im Lager herrschte strengste Disziplin. Die Baracken bestanden aus vier Stuben, in denen jeweils 24 Mann lagen. Alles vollgestopft mit Stockbetten und völlig verlausten Strohsäcken. Zum Zudecken bekamen wir eine Pferdedecke, keine Bettwäsche. In der Mitte der Stube stand ein Tisch mit zwei Bänken, daneben ein Ofen. Für zwei Insassen gab es nur einen Spind. Um halb fünf Uhr morgens wurde geweckt. Ein SS-Mann ging draußen an den Baracken vorbei, schlug mit einem Knüppel an die Fensterläden und brüllte: »Aufstehen!« Nach zehn Minuten kam er in die Stube. Wer dann noch auf der Pritsche lag, bekam Hiebe mit dem Knüppel, dazu Brüllen und Schimpfen.

Von fünf bis halb sechs war Zählappell vor der Baracke: Paarweises Aufstellen, Warten, Überprüfung des Krankenstandes. Wer sich krank fühlte, mußte vortreten. Ein SS-Mann hat die erste Diagnose mit dem Knüppel gestellt. Wer keine »ordentlichen« Symptome angeben konnte oder »schief guckte«, wurde wieder angebrüllt, geschlagen und in die Kolonne zur Arbeit geschickt. Nur wer ernstlich krank schien, durfte sich beim Arzt melden. Alle andern, eskortiert von SS-Männern, marschierten in Dreier-Kolonne zur Arbeit.

Der Fußmarsch zum Bahnhof dauerte eine halbe Stunde, dort wurden wir auf Viehwaggons verladen, die von außen abgeschlossen waren. Nach einer oder eineinhalb Stunden Fahrt stiegen wir aus. Wenn das nicht schnell genug ging - wieder Brüllen und Schlagen der SS-Leute. Von dort aus noch einmal eine Stunde Fußmarsch nach Westen. Nachdem wir endlich an der Arbeitsstelle angekommen waren, mußten wir sofort anfangen zu arbeiten: Panzer- und Schützengräben ausheben. Tausende von Menschen haben dort gearbeitet; vor allem Polen, die aus allen Teilen Deutschlands zusammengetrieben waren, und Holländer. Die Holländer waren KZ-Häftlinge. Sie hatten auf ihrer Zivilkleidung mit roter Ölfarbe ein großes KZ auf den Rücken gemalt und wurden noch schlimmer behandelt als wir. Unterbrochen mußte gearbeitet werden. Am schlimmsten hatten es die, die unten im Graben schippten, denn sie standen die ganze Zeit mit den Füßen im Wasser. Auf einem Steg über den Gräben wachten die SS-Posten. Sie konnten von da aus alles überblicken. Oft habe ich in der Nähe der holländischen KZ-Häftlinge gearbeitet, die sie besonders brutal mißhandelten. Wenn einer nicht arbeitete, wurde er ohne Anruf gezielt beschossen. Mehrmals haben wir auf dem Rückmarsch ins Lager Holländer gesehen, die auf Tragbahren aus Ästen tote Kameraden mit sich schleppten. Auch die Toten mußten beim Appell im Lager sein, damit die Zahlen stimmten.

Auf uns Polen wurde nicht geschossen - wahrscheinlich weil wir keine Häftlinge, sondern »Zivilarbeiter« waren. Aber auch wenn einer von uns die Arbeit unterbrach, um auszuruhen, gaben die SS-Leute Warnschüsse in die Luft oder schlugen mit den Karabinerkolben - ohne Warnung und im Vorbeigehen. Man mußte nur versuchen, eine Zigarette anzurauchen oder einen Moment einzuhalten - sofort gab es schwere Schläge, auch mit der Schippe, die sie einem aus den Händen rissen.

Jedes Austreten in die Feldlatrine mußte dem Wachmann gemeldet werden. Er bestimmte die Zeit - je nach Enternung zwei bis fünf Minuten. Wenn es länger dauerte, hat er seinen Hund losgelassen. Einmal saß einer von uns zu lange auf der Stange. Der SS-Mann schaute einmal, zweimal auf die Uhr, dann hat er den Hund losgehetzt. Der Pole versuchte wegzulaufen, wurde aber gleich von dem Hund eingeholt, angefallen und umgerissen. Der SS-Mann kam selber heran und sah ruhig zu, wie der am Boden Liegende zerbissen wurde; erst dann rief er den Hund zurück. Er gab dem Geschundenen noch ein paar Fußtritte mit der Bemerkung, das nächste Mal werde er den Hund nicht mehr zurückpfeifen.

So haben wir bis dreizehn Uhr gearbeitet. Dann kam das Mittagessen, eine dünne Wassersuppe mit Mohrrübenschnitzeln, Kartoffeln oder Steckrüben. Das beste an der Suppe war, daß sie wenigstens etwas wärmte. Eine halbe Stunde hatten wir Zeit, sie auszulöffeln; es war nur ein halber Liter. Nach dem Essen und dem Abwaschen der Eßschüsseln mußten wir uns in Zweier-Reihen aufstellen. Wir bekamen dann jeder eine Essensmarke mit Stempel; die brauchten wir später im Lager für das Abendbrot. Aber bis dahin vergingen noch Stunden. Nach der Mittagspause wurde bei jedem Wetter, bei Schnee und Regen, ohne Unterbrechung weitergearbeitet bis zum Einbruch der Dunkelheit.

Abends: Spaten reinigen und abliefern, Rückmarsch zur Bahn, Eisenbahnfahrt, Fußmarsch ins Lager. Das Wetter war fürchterlich. Es nieselte ständig. Es war jetzt oft so kalt, daß uns die Kleidung in den zugigen Waggons am Körper gefror. Im Lager konnte man die Sachen auch nicht trocken bekommen; jede Stube hatte zum Heizen nur ein kleines Kistchen Torf, aber das reichte gerade für eine halbe Stunde, dann war es wieder kalt. So mußten wir morgens wieder feuchte Kleider anziehen; sie waren klamm vor Nässe und Kälte.

Abends im Lager - nochmals Zählappell. Danach ging es unter SS-Bewachung in die Baracke mit dem »Speisesaal«. Auf die Essensmarken bekamen wir unser Abendbrot; wieder Suppe: Erbsensuppe, Krautsuppe, Steckrübensuppe. Dazu 125 Gramm Schwarzbrot, einen Löffel Marmelade und zu besonderen Gelegenheiten ein kleines Stückchen Margarine. Für vier Mann gab es jeweils ein Pfundbrot; sie mußten es unter sich aufteilen, zum Trinken schwärzlichen Kaffee-Ersatz. Das Brot sollte eigentlich für den nächsten Morgen reichen, und wir haben anfangs lange mit uns gekämpft, ob wir es aufsparen sollten. Mit der Zeit sind wir aber dazu übergegangen, alles auf einmal wegzuessen. Danach waren wir immer noch hungrig.

Die Arbeit tagsüber war unglaublich anstrengend. Man mußte immer einen vollen Spaten nehmen, sonst wurde sofort geschlagen. Es hat keine drei Wochen gedauert, und ich war am Ende meiner Kräfte. Mir war jetzt alles gleich. Ich habe mir an der Hand eine schöne Wunde beigebracht, die wie eine Verbrühung aussah. Die Hand ist auch tatsächlich angeschwollen. Am nächsten Tag habe ich mich krank gemeldet. Nach der »Voruntersuchung« durch den SS-Wachhabenden mußten wir »Arztvormelder« bis zum Abmarsch der Arbeitskolonne auf dem Appellplatz stehen bleiben. Anschließend ging es unter Bewachung in die Stadt zum Arzt. Ich erhielt eine Salbe und Tabletten gegen Blutvergiftung und eine Krankschreibung auf fünf Tage. Im Lager wurden die Krankgeschriebenen nochmals registriert. Den Zettel mit der Krankschreibung hatten wir bei uns zu behalten und auf Anforderung vorzuzeigen. Aber das Schlimmste hat sich erst abends herausgestellt. Wir erfuh-

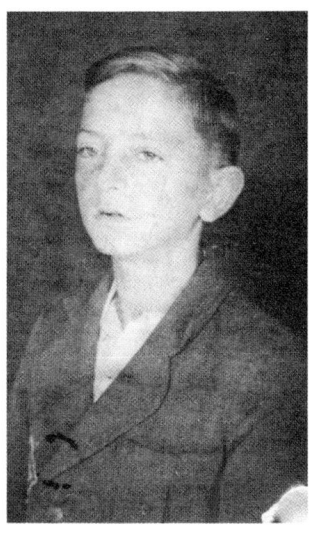

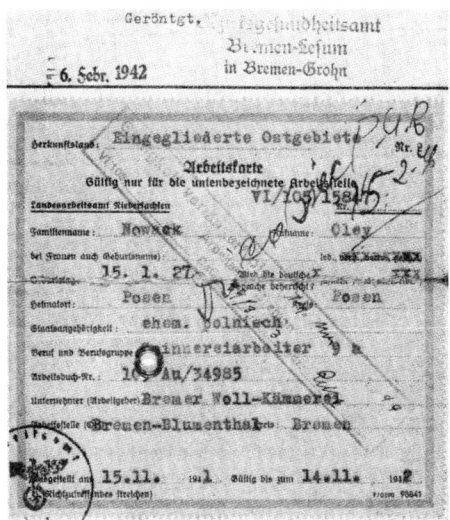

Bild links:
Der Erzähler, Oleg No-
wak aus Posen, mit
14 Jahren nach Bre-
men dienstverpflichtet,
damals 17 Jahre alt

Bild rechts:
Oleg Nowaks Ausweis
(Aus: Schminck-Gusta-
vus, S. 32 u. 39)

ren, daß die Kranken nichts zum Abendbrot bekamen: Wer nicht arbeitet, braucht auch nicht zu essen. Morgens beim Wecken drohten neue Gefahren. Wer im Bett lag, ohne laut und deutlich seine Krankmeldung zu rufen und den Arztzettel hochzuhalten, wurde mit dem Knüppel geschlagen.

Am nächsten Tag hörte ich, daß die gehfähigen Kranken in der Küche arbeiten müssen. Ich bin sofort gegangen.

[Hier kommt N. wieder zu Kräften.]

Eines Tages erzählte mir ein Kamerad, daß man mit etwas Risiko ruhig in die Stadt gehen könne. Man müsse nur das P-Zeichen abmachen. Dann könnte man unterwegs bei den Bauern fragen, ob sie Arbeit hätten. Sie würden einem dafür zu essen geben: Brot und Butter, Grütze und Kartoffeln, manchmal sogar Räucherwurst. Er zeigt mir einige seiner Schätze, die er selber bekommen hatte. Noch am gleichen Tage habe ich es selber ausprobiert.

Um aus dem Lager zu kommen, mußte man vorbei an dem Verwaltungtrakt mit dem Büro und den Unterkünften der Wachmannschaften. Nach dem Ausrücken der Kolonnen bleiben dort nur ein oder zwei SS-Leute zurück. Sonst war niemand da. Man mußte sich einfach ducken und unter den Fenstern der Wachstube wegschleichen. Es funktionierte beim ersten Anlauf.

In der Stadt angekommen, habe ich eine Gaststätte gefunden ohne das Schild: »Zutritt für Ausländer verboten«! Ich bin hineingegangen und habe gesehen, daß kein Deutscher darin saß. Die Kellnerin sagte mir gleich, daß ich ohne Marken nur Gemüsesalat und Bier bekommen könne. Nach zwei solchen Portionen fühlte ich mich aber schon ganz munter. Ich spazierte an den Stadtrand. Es war wohl ein katholischer Ort, denn es gab mehrere Kapellen und Kreuze am Weg . . . Endlich faßte ich Mut und habe mich für einen Hof entschlossen. Gleich am Tor hat mich ein kleiner Bub gesehen; er rief seiner Mutter zu: „Mama, da ist ein Mann!" Die Frau kam heraus; sie war in mittleren Jahren und fragte, was ich wolle. Ich stotterte, daß ich ihr etwas helfen könne auf dem Hof und ob sie Arbeit habe. Ängstlich schaute sie sich um und sagte ihrem Jungen, er solle etwas beim Krämer holen. Mich hat sie mitgenommen in die Küche. Ich sagte, daß ich Hunger habe.

Sie merkte gleich, daß ich kein Deutscher bin. Man hat ihr angesehen, daß sie Angst hatte, als ich zugab, daß ich Pole bin. Arbeit wird sie mir nicht geben, aber zu essen will sie machen: Bratkartoffeln und Milch. Ich habe davon unheimliche Mengen gegessen und ihr gedankt. Dann wollte ich gehen, aber sie hat mir noch vier große Brotschnitten gemacht, dick mit Schmalz bestrichen . . .

Schminck-Gustavus, S. 54-58

Weihnachten 1944 in einem Lager des weiblichen Arbeitsdienstes

Auf eine Weihnachtsumfrage der Nordwest-Zeitung Oldenburg (Bodo Schulte/Otto Ehlers: Heiligabend 1944, dunkle Bilder oder auch Hoffnung?) antwortete u. a. Frau Dr. Heidi Adele Albrecht *geb.* Stromeyer.

Weihnachten denken die Leute zurück. Ganz gleich, ob die Wegstrecke hinter uns nur kurz oder aber das Gedächtnis bereits verwirrt ist - Weihnachten graben wir in unseren Erinnerungen. Und so sind es ausgetretene Wege in die Vergangenheit, die ich laufe, um die Frage nach meiner Erinnerung an die letzte europäische Kriegsweihnacht zu beantworten. Ich kann diese Antwort getreu geben, denn eine vollständig erhaltene Briefsammlung aus den Winter- und Frühlingsmonaten 1944/45 hilft meinem lückenhaften Gedächtnis nach.

Ich war damals 17 Jahre alt, hatte mit einem sogenannten Notabitur die Oberschule in Brake verlassen und es nach hartnäckigem Betreiben gerade noch erreicht, in den Reichsarbeitsdienst eingezogen zu werden - sehr zum Mißfallen meiner Mutter, denn da mein Jahrgang gar nicht abgerufen war, sah sie keinen Grund für eine Trennung in so bedrohten Zeiten. Ich aber wollte dabeisein, wo mit größerer Organisation als der Familie Einsatz für die patriotische Sache gefordert und - wie ich glühend hoffte - auch geleistet wurde. Kaum angekommen am 28. November 1944 im Arbeitsdienstlager Embsen bei Lüneburg - noch heute stehen die drei länglichen Baracken für 60 bis 80 Arbeitsmaiden und ihre Führerinnen zwischen Heideland und Dorf - schrieb ich meinen ersten Brief nach Hause, dem 25 weitere folgen sollten.

Ja, und nun Weihnachten! Kann ich alles mit mit meiner Jugend entschuldigen: Die Blindheit für die wahren politischen Zustände und das Hochgefühl, in das sich große Hoffnung für die Zukunft mischte, das Hochgefühl welches mich erfaßte, weil ich nun doch ernstgenommen und - wie alle gleichaltrigen Jungens in meiner Klasse - mit einer gar nicht zu definierenden, aber doch bestimmt kriegsentscheidenden Aufgabe betraut wurde?!

Natürlich gab es dunkle Stunden und traurige Bilder am Heiligen Abend 1944 - aber zunächst einmal aus Heimweh und dann erst, weil Krieg herrschte, weil wir wußten, daß feindliche Tiefflieger Züge und Landstraßen zwischen Lüneburg und Soltau beschossen, weil wir Angst vor Todesnachrichten von der Front und aus zerbombten Städten hatten. In einem Brief aus der Adventszeit schreibe ich: „Auch hier weihnachtet es sehr - aber wohl sehr anders, als bei Euch an der Weser . . . In keinem Winkel der Baracke fühlt man sich zu Hause . . . Ich habe solche Sehnsucht nach unseren Liedern, nach den Engeln, nach den Proben zum Krippenspiel und dem Transparent - habe auch solche Sehnsucht nach dem gemeinsamen Vertiefen ins Christentum". Im Brief vom 1. Weihnachtstag: „Wir gingen dann alle unter dem sternklaren Himmel und über die weiße Weihnachtserde 'rüber in die Küche und weiter in die Weihnachtsbaracke. Der erste Augenblick am großen Tannenbaum war ganz fremd für mich und beschäftigte mich sehr. Nur eine Kerze blinkte in den ungeschmückten Zweigen. Im Beisein aller wurden weitere angezündet und schließlich brannte jedes Licht symbolisch für etwas ‚Großes': so für die Toten, für die Mütter, für die Deutschen in aller Welt, die Gefallenen der Bewegung, für den Führer, für Deutschland und so fort. Jemand las die Sternenkantate von Hans Baumann, wir sangen: ‚Hohe Nacht der klaren Sterne' und ‚Fassen wir die Hände um den Baum im Kreis', und dann stürmten wir selig vor Erwartung an die Tische. Ich erkannte meinen Platz gleich an Deinem alten Rucksack . . ."

Ich weiß es noch heute, und der Brief bestätigt es mir, welch' rührende Geschenke ich auspackte: Zahnpasta, braune Kuchen, eine kleine Spardose, Hölderlingedichte Feldpostausgabe, ein rot-goldenes Wachsbild mit einer Rose im Oval . . .

Alles wurde gelobt und geteilt - jeder war mit dem geringsten glücklich - wer war denn schon verwöhnt - eine wohltuende Wolke der Freude umhüllte die Zufallsgemeinschaft.

Aber zurück zu den dunklen Bildern jener Zeit. Wir sprachen nur vorsichtig miteinander, nicht gerade mißtrauisch, aber doch befangen - wir verbrachten viele Stunden des Tages in einer merkwürdigen Schweigezone. Wir unbeholfenen, unreifen, notgereiften Mädchen waren nicht geübt im Bereden, Beraten, Bewerten - aber wir wußten doch alle, was los war.

„Was hörst Du vom Süd-Ost-Abschnitt der Front?" schrieb ich an meine Mutter. Mein ältester Bruder, damals schon schwer verwundet, war nach Ungarn verlegt worden, und ich bat dringend um Lebenszeichen. „. . . und was sagt Opa zu den Wehrmachtsberichten? Hier drängelt sich alles um meinen Atlas. Wenn ich noch einmal mit Euch Weihnachten feiern sollte, dann werde ich das noch bewußter erleben. Es ist ja keine Selbstverständlichkeit: die Krippe unterm Baum und das Quempasheft, aus dem jeder absingen kann! Jetzt aber erlebe ich bewußt diesen Augenblick hier." Und dann heißt es in einem Brief am Ende der Weihnachtswoche: „Es ist eisig kalt mittlerweile - der Kanonenofen in der Schlafbaracke wird erst gegen 7 Uhr mit gesammeltem Knüppelholz geheizt. Man rechnet mit Luftlandetruppen in der Lüneburger Heide - aber wir im Maidenlager sind auf alles vorbereitet."

Ja, wer Weihnachten 1944 knapp 17 Jahre alt war, mußte wohl so oder ähnlich schreiben! Daß dieser junge Mensch ohne Hoffnung - ohne Perspektive sagt man heute - gewesen sein könnte, ist schwer denkbar. Er war voller Idealismus, war romantisch und spröde zugleich, fühlte sich weder verführt noch betrogen, um das sogenannte „Beste betrogen" und deshalb verbittert - das kam alles erst Jahre später -. Er fühlte sich nur ernst und angerufen, und da will er um jeden Preis zeigen, daß er mehr versteht als die „Alten" ahnen. „Glaub' ja nicht, daß mein wahres Berufsziel RAD-Führerin ist. Das ist nur eine Zwischenlösung, weil Krieg ist. Ich will studieren! . . ."

Heute lese ich zwischen den Zeilen: Ich will nichts den anderen, den Umständen oder dem Zufall überlassen - und überhaupt: Ich werde noch dahinterkommen! Tage später - ich hatte viel im Hölderlin gelesen - steht im Brief nach Hause das Dichterwort: „Ohne Freude kann die ewige Schönheit nicht recht in uns gedeihen. Großer Schmerz und große Lust bilden den Menschen am besten."

So war das damals 1944. Überspannt nennt man das heute - zu Recht. Wir lebten in einer großen Täuschung und Selbsttäuschung. Die kritische Vernunft hatte keine Chance. Da frage ich mich, 40 Jahre danach, ob wieder eine Generation heranwächst, die sich vornehmlich durch Gefühle führen und verführen läßt.

Nordwest-Zeitung, Oldenburg, 1984

Auch das gab es noch - einen Rest zivilen Lebens:

Sonderbriefmarke der Deutschen Reichspost, ausgegeben am 6. Januar 1945: „600 Jahre Gauhauptstadt Oldenburg. (Die Marke zeigt den sehr volkstümlichen Grafen Anton Günther von Oldenburg, 1603-1667, auf seinem berühmten Hengst „Kranich" und im Hintergrund Schloß und Lambertikirche.)

TEIL 5
Januar bis Mai 1945

WICHTIGE EREIGNISSE

12. 1. 45 **Zusammenbruch der Weichselfront**

4./11. 2. 45 **Konferenz von Jalta**

13./14. 2. 45 **Zerstörung von Dresden**

7. 3. 45 **Brückenkopf der Alliierten am Rhein**

13. 3. 45 **Wien von der Roten Armee besetzt**

16. 3. 45 **Beginn der sowjetischen Offensive gegen Berlin**

14. 4. 45 **Englische Truppen erreichen die Elbe bei Dannenberg**

25. 4. 45 **Amerikaner und Russen bei Torgau an der Elbe**

26. 4. 45 **Bremen von Engländern besetzt**

30. 4. 45 **Hitlers Selbstmord in Berlin, Regierung Dönitz**

7. 5. 45 **Kapitulation des Großdeutschen Reiches in Reims
(wiederholt am 8./9. 5. in Berlin)**

In den letzten Monaten des Großdeutschen Reiches

*Um die Jahreswende 1944/45 standen die Russen an Memel und Weichsel, die Engländer und Amerikaner
an der Westgrenze des Reiches. Anfang März erreichten die Westalliierten den Rhein, und fast uneinge-
schränkt beherrschten ihre Flugzeuge den deutschen Luftraum. Schon vom 13. bis 15. Februar hatten sie
das mit Flüchtlingen überfüllte Dresden zerstört, und im März und April fielen den englischen und amerikanischen Bombern weitere, bisher noch unversehrte Städte zum Opfer wie etwa Hildesheim. Vor den alliierten Tieffliegern war kein Fahrzeug, kein Mensch sicher. Nur Schritt für Schritt gingen die deutschen Truppen zurück, und oft noch unternahmen sie Gegenangriffe. Ungebrochen war noch die Macht Hitlers und
der NSDAP, im Gau Weser-Ems vor allem verkörpert durch den Gauleiter Paul Wegener und die Geheime
Staatspolizei. Massen von Häftlingen starben in diesen letzten Monaten des Kriegs an Hunger und Krankheiten, vor allem in den Lagern Bergen-Belsen und Sandbostel (bei Bremervörde), aber auch in den Ems-
landlagern Esterwegen, Börgermoor und Aschhausermoor.
Am 23. März begann die 21. alliierte Heeresgruppe unter Führung von Marschall Montgomery von Wesel
aus ihren Verstoß an die Elbe, und am 14. April erreichte sie bei Dannenberg den Strom. Teile dieser Heeresgruppe, die 2. Britische Armee, zu der auch die 1. Polnische Panzer-Division, die 4. Kanadische Panzer-*

Division sowie die 2. Kanadische Infanterie-Division gehörten, drängten zwischen der niederländischen Grenze und der Weser die deutschen Truppen nach Norden zurück. Sie hatten den Auftrag, die Häfen Emden bzw. Wilhelmshaven in Besitz zu nehmen. Am 21. April besetzten sie Delmenhorst. Am 24. eroberten britische Einheiten Bremen. Noch aber verteidigte die deutsche 1. Fallschirmjäger-Division zusammen mit anderen Einheiten den Küstenkanal zwischen Oldenburg und Dörpen. Zwar war es den Kanadiern gelungen, am 19. April bei Edewechterdamm den Kanal zu überschreiten, doch gegen den heftigen deutschen Widerstand kamen sie nur langsam vorwärts. Noch am 29. April wurde das im Ammerland stehende II. Fallschirmjäger-Korps abgezogen und nach Osten im Marsch gesetzt, um Berlin zu entsetzen. Nun übernahm die aus Resten vieler Einheiten bestehende Armeegruppe Straube die Verteidigung, aber mit schnell nachlassender Kraft. Am 3. Mai besetzten kanadische Truppen die Stadt Oldenburg, und am selben Tage trafen sich - von SW bzw. SO kommend - kanadische und polnische Einheiten in Westerstede. General Straube mußte am 5. Mai in Zwischenahn mit den rund 70.000 ihm unterstehenden Soldaten kapitulieren. Am 7. Mai erfolgte die deutsche Gesamt-Kapitulation in Reims. Den Russen zuliebe wurde sie in der Nacht vom 8. zum 9. Mai in Berlin noch einmal wiederholt.
Schon am 30. April hatte sich Hitler in Berlin das Leben genommen. Die Macht der NSDAP war zerstoben, ihr Erbe aber schrecklich.

Lebensmittelverteilung in Oldenburg

Durch Verordnung vom 27. August 1939 war die „Kriegsernährungswirtschaft" eingeführt worden. Ihre Aufgabe war es, Lebensmittel aufzubringen und zu verteilen. Die Verteilung geschah durch die örtlichen Ernährungsämter. Es gab noch zu Beginn des Jahres 1945 bedeutende Lebensmittelvorräte, teils in Magazinen, auch in Binnenschiffen, teils aber in Güterzügen, damit bombenzerstörte Städte sofort versorgt werden konnten. Diese Vorräte wurden in Oldenburg (seit 27. 3.), Bremen (seit 8. 4.) und dann auch an anderen Orten an Hand der Lebensmittelkarten an die Bevölkerung verteilt. Wo das nicht geschehen war, gingen die Vorräte durch Plünderung verloren, oder sie fielen in die Hände der Besatzungsmächte.
Eine Schülerin der Cäcilienschule (Jahrgang 1927) in Oldenburg schrieb ihre Erlebnisse vom 4. bis 6. April auf.

. . . Stundenlanges Anstehen nach Kartoffeln am Stau. Gerüchte gehen um, daß alle Lebensmittelläger verteilt werden sollen.
5. April. Feindliche Truppen gegen Osnabrück vorgestoßen. Es gibt Honig. Zum Glück sagte Trudel uns vorher Bescheid, und wir stellten uns sofort um 7 Uhr bei Holert [Haarenstraße] an, um nach einer halben Stunde mit 4 Pfund herrlichem Bienenhonig abzuziehen.
Am Nachmittag gibt es Butter (7½ Pfund pro Kopf). Alles ist in großer Aufregung. Die Truppen sollen schon bei Vechta stehen. Lebensmittelgeschäfte bleiben nachts geöffnet. Als ich abends gegen 8 Uhr los gehe, kommen mir überall Leute mit großen Eimern und Taschen voll Butter entgegen. Männer tragen ihre Fracht, nur in dünnes Papier gewickelt, wie einen riesigen Goldklumpen vorsichtig unter dem Arm. Vor den Geschäften große breite Schlangen. Die Leute gebärden sich wie toll. Vor Holert ist das Gequetsche und der dazugehörige Spektakel derart, daß der Besitzer verzweiflungsvoll die Tür verschließt. Kein Mensch kommt auf den Gedanken, jetzt wegzugehen. Einige rufen nach der Polizei, schlagen gegen die Tür; zuletzt beruhigt sich der Haufen, das Geschäft geht wieder auf. Selig schleppt man seine Last nach Hause. Dauernd neue Zuteilungen. Der Drahtfunk gibt die Nummern der Marken bekannt. Bei wichtigen Meldungen wird der Strom für das ganze Netz eingeschaltet. Am selben Abend gibt es noch Fleischdosen und Schmalz. Um 11 Uhr gehe ich noch einmal wieder los. Den meisten Kaufleuten ist es jetzt zu bunt geworden. Schlachter Harmdiercks [Kurwickstraße] hat zu, Schnell hat Gleichstrom und kann deshalb nicht verkaufen (Gleichstrom nie eingeschaltet). In der Mottenstraße hört man aus dem Dunkel ein Gemurmel von vielen Stimmen. Hullmann verkauft noch. Die Schlange ist verhältnismäßig kurz und geordnet. Wie überall ist in der Nähe der Tür ein

181

furchtbares Gedränge und die übliche Keiferei . . . Nachts um ½ 1 schmieren wir uns erst mal ein Butterbrot mit dick Butter und Honig.

Am nächsten Morgen stellt sich meine Mutter um 7 bei Holert an, für Nährmittel. Als ich sie gegen 10 Uhr ablöse, ist kaum einmal ein Schub hereingekommen. (Die guten Kunden versuchen es hintenherum.) Vor uns steht Onkel Gustav. Um ½ 1 bin ich bis zur Tür vorgedrungen. Da macht das Geschäft gerade Mittagspause, aber wir bleiben eisern stehen. Es ist kalt und regnerisch. Nach endlosem Warten wird um 3 wieder aufgemacht. Halb benommen geht man an den Markentisch, läßt abschneiden und wendet sich dann zu den Tresen. Schwerbepackt geht es hinaus. (Meyers mit ihren 10 Personen *[darunter als Flüchtling aus Berlin eine Schwiegertochter mit fünf Kindern]* gebrauchen einen Handwagen.)

Zuhause eine andere Aufregung. Irmgard *[Schwester der Autorin, geb. 1925]* ist plötzlich angekommen, aber sie ist, wie fast alle aus ihrer *[Flak-]*Stellung *[bei Bremen]* ausgerissen. Was tun??? Laut amtlichen Meldungen ist der Feind noch weit genug weg, um alles in Ordnung zu bringen. Man hat immer noch schwache Hoffnungen auf eine Wende. Auskneifen widerspricht dem Familienpflichtgefühl. Sie hat keinerlei Marken und wagt nicht, sich anzumelden. Schließlich fährt sie per Rote-Kreuz-Auto wieder hin. (Züge fahren nicht mehr.)

Große Mengen von Brot werden aufgerufen. Die Bäcker können nicht dagegen an, endlose Schlangen, es gibt nur 2 Pfd. zur Zeit. Lange breite Schlangen vor Seifen- und Tabakläden. Es gibt Gemüsekonserven und Milchdosen.

Strom haben wir fast nie, einmal war Vollalarm, aber niemand wußte es, weil in der ganzen Stadt der Strom weg war. Die Polizei fuhr mit einem kleinen Wagen durch die Straßen und machte mit einer knarrenden Drehsirene einen alarmartigen Ton.

Aus: Ilse Middendorf, Oldenburg Frontgebiet (Staatsarchiv Oldenburg)

Der Durchhaltebefehl für Bremen

„Der Oberbefehlshaber Nordwest - H.Q., den 10. April 1945.
An den Kommandanten des Verteidigungsbereiches Bremen, Generalleutnant Becker, Bremen.

Der Führer und Oberste Befehlshaber der Wehrmacht hat Sie zum Kommandanten des Verteidigungsbereiches Bremen ernannt.

Die Ihnen für diese Aufgaben zustehenden Rechte und Ihre Pflichten sind in dem beigefügten Befehl festgelegt.

Ich verpflichte Sie hiermit bei Ihrer Soldatenehre, den Ihnen anvertrauten Verteidigungsbereich unter Ausschöpfung aller zur Verfügung stehenden Mittel und unter bedingungslosem Einsatz Ihrer eigenen Person mit der Ihnen unterstellten Besatzung bis zum letzten Blutstropfen und zur letzten Patrone, auch bei völliger Einschließung durch den Feind, zu verteidigen und zu halten.

Ich weise Sie ausdrücklich darauf hin, daß eine Entbindung von dem gestellten Auftrag nur durch mich mit Genehmigung des Führers möglich ist.

[gez.] Busch
Generalfeldmarschall"

Schwarzwälder (2) S. 97

Himmler befiehlt (am 12. 4. 45)

„Keine deutsche Stadt wird zur offenen Stadt erklärt. Jedes Dorf und jede Stadt wird mit allen Mitteln verteidigt und gehalten. Jeder für die Verteidigung eines Ortes verantwortliche deutsche Mann, der gegen diese selbstverständliche nationale Pflicht verstößt, verliert Ehre und Leben!"

Schwarzwälder (2), S. 99

Himmler war u. a. Reichsminister des Inneren und Befehlshaber des Ersatzheeres.

Letzte Greuel des Dritten Reiches

Mordtaten im Emsland (10./14. April 1945)

Menschenquälerei und Mord waren im Macht- und Einflußbereich der SS normal, besonders in den Konzentrationslagern und noch mehr auf den „Todesmärschen" der KZ-Insassen, die bei Herannahen des Feindes in das Innere des Reiches deportiert wurden, fast immer zu Fuß, oft bei scharfer Kälte. Nicht nur Flüchtende wurden dabei erschossen, sondern auch alle, die entkräftet und krank zurückblieben. Das Beispiel der SS machte Schule.
Das wurde deutlich bei einem Prozeß vor dem Landgericht Oldenburg, bei dem am 16. 6. 1950 der Haupttäter, der Schlachter W., zu lebenslangem Zuchthaus verurteilt wurde, weil er Wehrmachtsuntersuchungshäftlinge (zumeist angeklagt wegen „unerlaubter Entfernung von der Truppe" oder „Fahnenflucht") ermordet hatte. In der Urteilsbegründung heißt es:

Gründe

Der Angeklagte [. . .] erlernte das Fleischerhandwerk. Am 4. Februar 1931, während seiner Lehrzeit, trat er der SA bei. Im Jahre 1934 erklärte er den Austritt aus der katholischen Kirche, in demselben Jahre ging er auch [von Österreich] nach Deutschland. Hier fand er als SA-Angehöriger Aufnahme in verschiedenen SA-Lagern. 1937 wurde er bei der Wachtruppe der Emslandstrafgefangenenlager eingestellt, ein Jahr war er dort als Wachmann tätig. Dann wurde er Soldat . . . Durch eine Verwundung verlor er die rechte Hand und wurde deshalb als dienstuntauglich aus der Wehrmacht entlassen. Am 10. März 1943 kam er wieder zur Wachtruppe nach Papenburg, wurde im Sommer 1944 zum Halbzugführer befördert und im Herbst desselben Jahres als Justizoberwachtmeister in den Strafvollzugsdienst übernommen. Seine Tätigkeit übte er im Lager I, Börgermoor, bis Anfang April 1945 aus. Dann tat er Dienst im Volkssturm. [. . .] Aus der Ehe sind vier Kinder im Alter von 4 bis 14 Jahren hervorgegangen. [. . .]
Nachdem der Angeklagte bis Anfang April 1945 in dem unmittelbar nördlich des Küstenkanals gelegenen Lager I, Börgermoor, tätig gewesen war, wurde er zu einer Volkssturmeinheit eingezogen, die in dem weiter nördlich liegenden Lager II, Aschendorfermoor, untergebracht war. Er gehörte dem Volkssturmzuge Meyer an, dem auch Euler, ein Beamter des Lagers VII, zugeteilt war. [. . .]
Bereits Anfang April 1945 war beim Näherrücken der Front das südlich des Küstenkanals gelegene Lager VII, Esterwegen, geräumt und die Gefangenen in das Lager I verlegt worden. Am 9. April 1945 waren die über den Küstenkanal führenden Brücken gesprengt worden. Die sich verteidigenden Truppen waren unmittelbar nördlich des Kanals in Stellung gegangen, so daß das Lager I nunmehr in der Front lag.

[Am 10. 4. 45]
In der Frühe des 10. April 1945 rückten die im Lager I [Börgermoor] untergebrachten Wehrmachtsuntersuchungshäftlinge ab. Zwischen 5.30 und 6.30 Uhr waren auch schon etwa 1.000 marschfähige Strafgefangene angetreten, die unmittelbar darauf in zwei Abteilungen zum Lager II [Aschendorfermoor] abmarschierten. Da starker Bodennebel herrschte und außerdem die Bewachung der marschierenden Kolonne nicht ausreichte, ergriffen bereits kurz nach dem Abmarsche viele Gefangene die Flucht. Nur wenige konnten wieder ergriffen werden.
Der Angeklagte war am . . . 10. April 1945 nach dem Abrücken der marschfähigen Gefangenen aus dem Lager Börgermoor mit Euler auf dem Motorrad . . . im Lager II, Aschendorfermoor, angekommen und anschließend mit Euler auf Gefangenensuche geschickt worden. Der Zug Meyer war bereits unterwegs. Als sie mit dem Motorrad auf der Straße Papenburg in Richtung Lager Börgermoor am Splitting-Kanal entlang fuhren, bemerkten sie auf der anderen Seite in der Nähe des Hauses von Wulffen einen Gefangenen. Einer der beiden schoß auf ihn. Der Gefangene fiel in den Kanal. Da er sich im Wasser schwim-

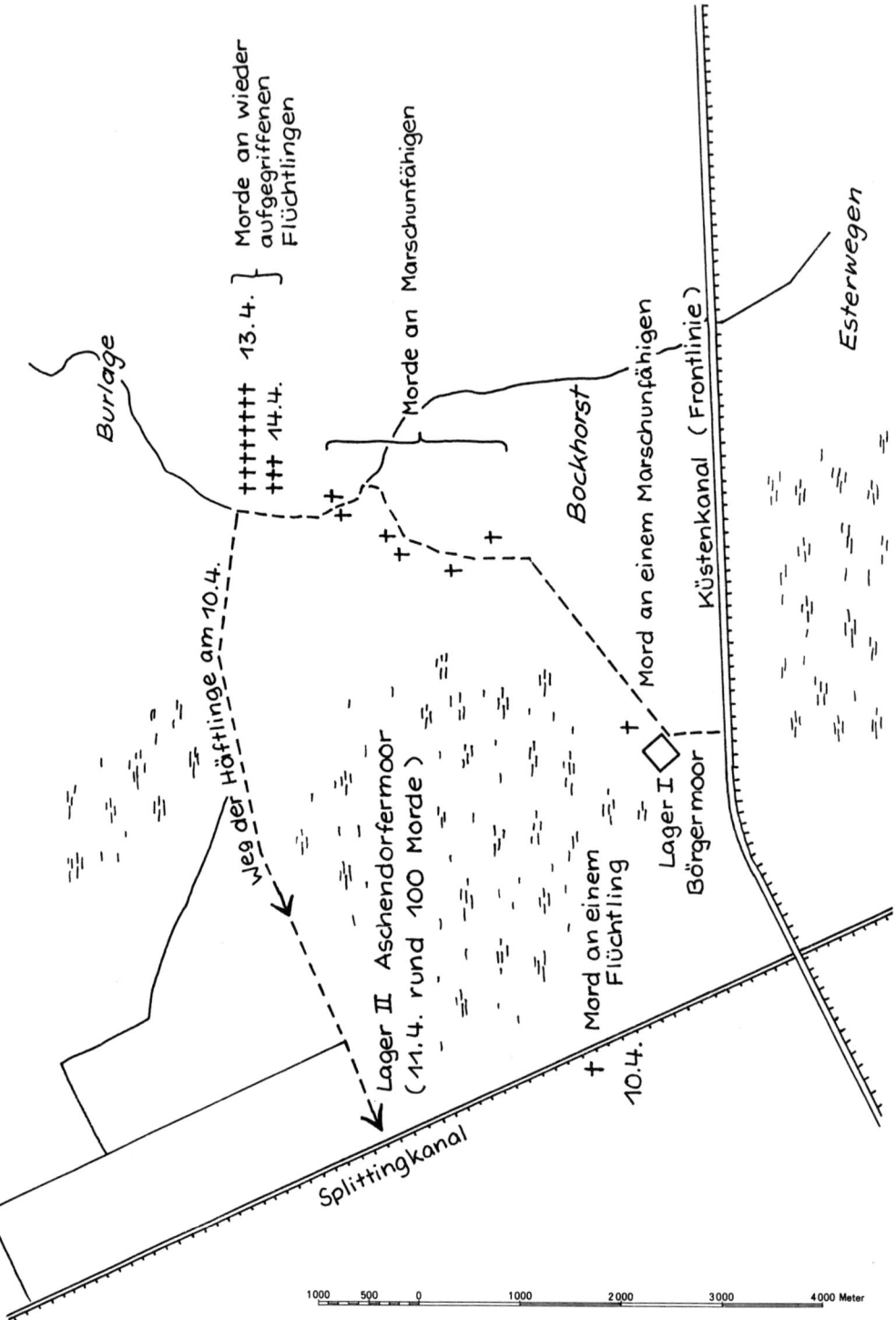

Burlage

Morde an wieder aufgegriffenen Flüchtlingen

++++++++ 13.4.
+++ 14.4.

Morde an Marschunfähigen

Bockhorst

Weg der Häftlinge am 10.4.

Esterwegen

Mord an einem Marschunfähigen

Küstenkanal (Frontlinie)

Lager II Aschendorfermoor
(11.4. rund 100 Morde)

Lager I
Börgermoor

Mord an einem Flüchtling

Splittingkanal

+ Mord an einem Flüchtling
10.4.

1000 500 0 1000 2000 3000 4000 Meter

mend fortbewegte, gab der gleiche Schütze einen weiteren Schuß auf ihn ab, der den Gefangenen tötete. Der Schütze ist nicht ermittelt, der Vorgang nicht zum Gegenstand der Anklage gemacht worden.

Gegen 17 Uhr trafen der Angeklagte und Euler im Lager I, Börgermoor, das nunmehr auf Weisung der Wehrmacht gänzlich geräumt werden mußte, ein, als sich die Kranken und diejenigen, die am Morgen angegeben hatten, nicht marschfähig zu sein, zum Abrücken fertig machten. Während in den Abendstunden die nicht marschfähigen Wehrmachtsuntersuchungsgefangenen mit Fuhrwerken abtransportiert wurden, sahen sich die zurückgebliebenen Wachleute, die sämtlich fast 60 Jahre alt waren, gezwungen, die kranken und fußkranken Strafgefangenen zu Fuß nach einem 5 km entfernten Marschziel abrücken zu lassen. Die Führung dieser Marschkolonne übernahmen der gerade eingetroffene Angeklagte und sein Begleiter Euler „aus Zweckmäßigkeitsgründen", wie der Angeklagte angegeben hat. Einen Befehl dazu hatte ihnen niemand erteilt. Strafvollzugsbeamte oder Vorgesetzte der Wachtruppe, die ihnen den Befehl möglicherweise hätten erteilen können, befanden sich auch nicht mehr im Lager.

Kurz vor dem Abrücken trat der Gefangene Ha., der nach einer Operation gerade aus dem Revier kam und noch hohes Fieber hatte, an den Angeklagten mit der Bitte heran, mit einem Wagen fahren zu dürfen. Der Angeklagte lehnte das ab. Als dann der Gefangene Motsch mit demselben Anliegen zu ihm kam, wurde auch er abgewiesen. Während die etwa 200 Mann starke Kolonne abrückte, wurde ein Gefangener, wahrscheinlich Motsch, erschossen. Wer diese Tat vollbracht hat, und ob der Angeklagte daran beteiligt gewesen ist, hat sich nicht klären lassen.

Am Ende des sich immer mehr auseinanderziehenden Zuges, der sich in Richtung Bockhorst, dann links abbiegend durch das Moor nach Burlage in Marsch gesetzt hatte, befanden sich die dienstverpflichteten älteren Wacheute Bo. und von der Pü. mit 6 bis 7 Gefangenen, die kaum gehen konnten. Die beiden Wachleute sahen ein, daß diese Gefangenen nicht imstande waren, den Marsch zu durchstehen. Deshalb erbot Bo. sich, der Landwirt in Burlage ist, mit dem Fahrrade vorauszufahren, um ein Fuhrwerk für die nicht marschfähigen Gefangenen zu beschaffen. Indessen war bereits ein Gefangener hinter von der Pü. zurückgeblieben. Als sich dieser etwa 200 m zurück am Anfang des von der Straße nach Bockhorst abbiegenden Moorweges befand, wurde dieser Gefangene von einem Wehrmachtsangehörigen, wahrscheinlich einem Feldwebel, der dem Strafgefangenenzug ein Stück aus dem Lager gefolgt war, erschossen.

Kurz darauf, holten der Angeklagte und Euler, die ein Motorrad benutzten, die letzten Gefangenen des Zuges ein. Hinter von der Pü. hielten sie ihr Kraftrad an. Der Angeklagte sprach einen etwa 30 m hinter von der Pü. zurückgebliebenen Gefangenen an, hieß ihn sich an den an der Ostseite des Weges befindlichen Graben so hinzusetzen, daß er mit dem Gesäß auf der Grabenböschung saß und die Füße in den Graben hingen. Dann gab der Angeklagte ihm einen Genickschuß, worauf dieser tödlich getroffen in den Graben kippte und starb. Der Angeklagte und Euler setzten ihre Fahrt fort. Nach einigen hundert Metern erreichten sie den Wachmann Sta. Ein in seiner Nähe gehender Gefangener, der auch nicht mehr zu marschieren vermochte, wandte sich mit den Worten „Herr Wachtmeister, ich kann nicht mehr!" an den ankommenden Angeklagten. Dieser antwortete: „Was, Sie können nicht mehr?", nahm zugleich seine Pistole und schoß den Gefangenen kurzerhand nieder. Er war tot.

Inzwischen war es Bo. gelungen, den Bauern Kü. aus Burlage und einen Franzosen, der bei dem Landwirt Br. tätig war, zu veranlassen, mit ihren Fuhrwerken den Transport der nicht marschfähigen Gefangenen zu übernehmen. Bo. begleitete die beiden Fuhrwerke und fuhr mit seinem Fahrrade neben Kü. Sie fuhren dem Ende der nunmehr noch weiter auseinandergezogenen Kolonne entgegen. Ungefähr an der Stelle, an der ein Seitenweg in nordwestlicher Richtung zu dem Gehöft des Bauern Wilhelm Janßen führt, begegneten sie dem Motorrad, auf dem der Angeklagte und Euler saßen. Kurz darauf fiel ein Schuß. Bo. und Kü., die dadurch aufmerksam wurden, blickten sich um und sahen, wie ein Gefangener am Boden lag und die beiden Motorradfahrer dabei standen. Der Gefangene war erschossen. Nach den Angaben des Angeklagten hat Euler ihn getötet. Ob das richtig ist, hat sich nicht klären lassen. Diese Tat ist auch nicht Gegenstand der Anklage.

Die Kolonne der Strafgefangenen näherte sich inzwischen dem Gehöft des Bauern Ri. Dort wartete der aus Bockhorst stammende Landwirt Or. mit zwei ergriffenen Strafgefangenen. Er hatte sie bereits vormittags in Bockhorst gesehen und sie aufgefordert, mit ihm zu kommen. Sie hatten es mit frechen Worten abgelehnt. Am späten Nachmittag hatte Or. dieselben Gefangenen wieder angetroffen, sie angehalten und auf einem Richtwege mit nach Burlage genommen, wo die Kolonne der kranken Gefangenen vorbeikommen sollte, wie er gehört hatte. Als der Gefangenenzug eintraf, wollte er die Gefangenen bei den an der Spitze marschierenden Wachleuten abgeben. Diese verwiesen ihn jedoch an den Angeklagten und Euler, die noch kommen würden. An sie wandte er sich, als sie sich mit ihrem Motorrad näherten. Er übergab ihnen beide Gefangene und berichtete auf Befragen, unter welchen Umständen er beide ergriffen hatte. Daß er auch gefragt worden ist, ob die auf der Flucht ergriffenen Gefangenen gestohlen, geplündert oder sonstwie eine Straftat begangen hätten, und daß er darauf geantwortet hat, sie hätten gestohlen, ist möglich, weil Gefangene in Bockhorst tatsächlich an einer Stelle eingebrochen waren und gestohlen hatten. Der Angeklagte behauptet, die Gefangenen hätten das auf Befragen sogar zugegeben. Verläßliches läßt sich insoweit nicht mehr feststellen. Nach dem Gespräch mit Or. zog der Angeklagte die Pistole und bedeutete den Gefangenen, mitzukommen. Er und Euler gingen dann mit den beiden Gefangenen an die Westseite von Ri.s Schuppen. Der Landwirt Or. hat sie nicht weiter beobachtet. Es fielen dann bald zwei unmittelbar aufeinanderfallende Schüsse, die die Landwirte Or., Ri. und Ti. hörten. Die beiden letzten begaben sich zum Schuppen, nachdem der Angeklagte und Euler fort waren. Sie fanden die beiden Gefangenen, die auf dem Gesicht im Grase lagen, etwa 30-40 m nördlich des Schuppens und stellten bei näherer Untersuchung fest, daß sie jeweils durch einen Genickschuß getötet waren.

Nachdem der Angeklagte, der sich auftragsgemäß auf Gefangenensuche befand, am 10. April 1945 unaufgefordert an dem Marsch der kranken Gefangenen beteiligt hatte, kehrte er auf einem Umweg über Westrhauderfehn ins Lager II, Aschendorfermoor, zurück. Dort trat er am späten Abend wieder ein.

[Am 11. 4. 45]

Am 11. April 1945 erschien *Herold* im Lager II, der sich als Hauptmann einer Fallschirmdivision ausgab, in Wirklichkeit aber ein fahnenflüchtiger Gefreiter war. Dieser maßte sich Befugnisse an, die ihm nicht zustanden. Herold gelang es, die die Emslandstrafgefangenenlager maßgeblich bearbeitenden Beamten zu täuschen und sie völlig auszuschalten. Er begnadigte Gefangene, stellte sie der kämpfenden Truppe zur Verfügung und ließ etwa 100 Gefangene willkürlich töten. Diese Vorgänge sind Gegenstand eines Verfahrens vor dem Militärgericht gewesen. Herold, Euler und Meyer, der Führer des Volkssturmzuges, sind damals zum Tode verurteilt und später hingerichtet worden.

[Am 13. u. 14. 4. 45]

Der Zug Meyer, dem der Angeklagte angehörte, wurde am 13. und 14. April 1945 mit der Suche nach entflohenen Gefangenen beauftragt. Meyer befahl, die wieder aufgegriffenen Gefangenen zur Gastwirtschaft Cordes, die in der Nähe von Burlage gelegen ist, zu bringen. Am 13. April 1945 abends waren dort 8 Gefangene eingeliefert worden. Meyer rief das Lager II an und meldete Herold, daß 8 Gefangene ergriffen seien. Herold befahl, sie zu „liquidieren". Als Meyer zunächst so tat, als ob er das nicht verstände, und dann darauf hinwies, daß die Verwaltungsbeamten das nicht wollten, erklärte Herold energisch, er erteile den dienstlichen Befehl und verlange innerhalb einer Stunde die Vollstreckungsmeldung.

Meyer marschierte daraufhin mit den anwesenden Angehörigen seines Zuges und den acht Gefangenen an eine Stelle, die etwa 1 km von der Wirtschaft Cordes entfernt in der Nähe

186

der Gehöfte von Tetten und Behrens gelegen ist, ließ die Gefangenen ihr Grab schaufeln und ließ sie erschießen. Der Angeklagte kam hinzu, als die Exekution vorüber war. Dieser begab sich mit Fre. zusammen, der auch dem Zuge Meyer angehörte, nach Westrhauderfehn, übernachtete dort und fuhr am Morgen des 14. April 1945 wieder nach Burlage. Als sie dort vormittags anlangten, hörten sie, daß eine weitere Exekution an drei Gefangenen stattfinden sollte und daß ein entsprechender Befehl dafür vorliege. Sie gingen dann auf Meyers Befehl mit anderen Angehörigen des Zuges, u. a. mit Euler, Fre., Lo. und P., nach dem Ort, wo am Vorabend die acht Gefangenen erschossen worden waren. Neben dem Grab dieser Gefangenen mußten die drei Gefangenen ihr Grab schaufeln. Alsdann mußten sie sich mit dem Gesicht zum Grabe davor aufstellen. Drei Angehörige des Zuges Meyer traten hinter sie, darunter Fre. und der Angeklagte. Letzterer stand in der Mitte, Fre. rechts. Während die beiden linksstehenden Gefangenen fast gleichzeitig durch Genickschuß getötet wurden und ins Grab fielen, blieb der rechte Gefangene stehen, weil Fre.s Pistole versagt hatte. Der Angeklagte, dem das nicht entgangen war, trat sofort unaufgefordert nach rechts und tötete auch den bisher verschont gebliebenen Gefangenen durch einen Pistolenschuß ins Genick. [. . .]

[Der Schuldspruch des Gerichtes]
Zwar läßt sich in Ermangelung von Tatzeugen nicht nachweisen, daß der Angeklagte die Gefangenen eigenhändig erschossen oder daß er dabei unmittelbar mitgewirkt hat. Es ist daher davon auszugehen, daß Euler geschossen hat. Doch steht zur Überzeugung des Schwurgerichts fest, daß auch der Angeklagte die Tat wollte, wie Euler sie nach seinem Wollen für den Angeklagten mit ausführte, daß zwischen beiden eine Willensgemeinschaft bestand, dessen sich beide bewußt waren, und daß der Angeklagte gerade deswegen die Ausführung der Tat dem Euler überließ, während er das Motorrad bewachte, um die gemeinsame Weiterfahrt zu gewährleisten. Daß zwischen dem Angeklagten und Euler eine Willensgemeinschaft bestand, ergibt sich auch aus folgendem: Obwohl der Angeklagte nach seinen eigenen Angaben wußte, daß Euler am Splittingkanal einen Gefangenen und am Ausgang des Lagers I einen weiteren erschossen hatte, hatte er sich nicht von Euler getrennt, sondern war mit ihm zusammen auf dem Motorrad von Lager I bis zu Ri.s Scheune gefahren. Dabei hatten beide gemeinsam aus freien Stücken die Führung der Gefangenenkolonne an sich gerissen, weil sie es für „zweckmäßig" hielten. [. . .]
Zwei Angehörige desselben Volkssturms hatten also bis dahin auf einer gemeinsamen Fahrt nacheinander fünf Gefangene getötet, wobei jeweils der eine oder der andere schoß. Aus diesen Umständen schließt das Schwurgericht zwingend, daß sich bereits nach dem Geschehen der ersten Tötung am Splittingkanal, ganz sicher aber nach der Tötung der Gefangenen am Ausgang des Lagers I eine auf Tötung von Gefangenen gerichtete Willensgemeinschaft zwischen den sich in der Ausführung ablösenden Tätern bestanden hat. [. . .]
Auch Meyer und Herold konnten die Erschießung von Gefangenen ohne eine vorangegangene Verurteilung - sei es durch ein ordentliches Gericht, ein Kriegsgericht oder ein Standgericht - nicht befehlen. Wenn es Meyer am 10. April 1945, als er seinen Zug auf Gefangenenwache schickte, doch tat und wenn Herold und Meyer es am 14. April 1945 wiederholten, bezweckten sie damit offensichtlich die Begehung von Verbrechen . . .
Der Angeklagte, als Justizoberwachtmeister, der zudem den Eindruck eines intelligenten Mannes macht und es auch sicherlich ist, hat das Verbrecherische und die Unverbindlichkeit des Befehls erkannt. Davon ist das Schwurgericht überzeugt. Er hat sich aber darüber hinweggesetzt. Denn er verachtete die flüchtigen und wiederergriffenen Gefangenen, weil sie seiner Ansicht nach ihre Pflichten gegen Staat und Volk wiederholt verletzt und im Augenblick der Bewährung versagt hatten und deshalb zweckmäßig zu beseitigen waren.
Die Tat wäre in einem human denkenden Gemeinleben mit rechtsstaatlichen Grundsätzen offensichtlich unmöglich und würde dort Abscheu erregen. Die Angriffe gegen die verschiedenen Opfer gehen auf die Einstellung der Machthaber zum Strafgefangenen, auf den nationalsozialistischen Machtwillen zurück. [. . .]

Kosthorst, Bd. 2, S. 2171-2182

So sehr die deutsche Wehrmacht auch geschwächt war, so gab es doch in ihr keine Erscheinungen der allgemeinen Auflösung. Es gab den Geist des unbedingten Gehorsams gegenüber den letzten Endes von Hitler kommenden Befehlen, und diese forderten: weiterkämpfen bis zur letzten Patrone! Der Geist der Pflichterfüllung war vorherrschend, und nicht selten gab es auch blinden nationalsozialistischen Fanatismus. Deserteure waren die Ausnahme, und wurden sie gefaßt, so wurden sie sofort standgerichtlich zum Tode urteilt und gehängt.

Der Kampf um Cloppenburg (12./13. April 1945)

Das Regiment Poeschmann, ein Rest des Panzer-Korps Großdeutschlands, hatte Befehl, eine quer durch die bereits stark zerstörte und von der Bevölkerung weitgehend verlassene Stadt Cloppenburg längs der Soeste verlaufende Hauptkampflinie zu halten.

Regiment Poeschmann   Rgt. Gef. Stand, den 17. April 1945

Gefechtsbericht vom 12./13. April 1945 „Cloppenburg"

12. April 1945
Müde und hungrig sahen beide Bataillone [westlich Cloppenburg] die Orte Schmertheim und Vahren, wo Reservestellungen bezogen werden sollten, kurz vor sich. - [. . .]
Die Lage an der großen Straße Lastrup-Cloppenburg war ernst. So bekam das II. Btl. den Befehl, die eben bezogenen Quartiere zu verlassen und den linken Rgt.-Abschnitt bei Cloppenburg zu besetzen. Da die HKL auf Vorschlag des Kdr. des II. Btl. mitten durch den Ort gelegt wurde, um die Soeste als Panzerhindernis auszunutzen, befahl die Brigade 23.55 Uhr:
I. Btl. sperrt mit 2 Komp. Straßen Cloppenburg-Vahren und Cloppenburg-Lastrup, Südwestrand Krapendorf und setzt sich erst bei stärkerem Feinddruck auf II. Btl. ab . . .

13. April 1945
Gegen 22.00 Uhr hatte das II. Btl. den Abschnitt bezogen, links und rechts ohne Anschluß. [. . .] Der Rgt.-Gefechtsstand wurde um 3.00 Uhr 500 m nördlich der Nordkirche eingerichtet.
Mit dem Eintreffen der Führungsstaffel in Cloppenburg begann das Artilleriefeuer auf den Ort. Eine Batterie des Tommys schoß die ganze Nacht mit 2-3 Minuten Zwischenraum Störungsfeuer auf die Reichsstraße 213 [Cloppenburg-Ahlhorn]. Es wurden sofort schußsichere Keller erkundet. Ein Bombenangriff am Vortage hatte zur Folge, daß die Fenster zertrümmert und die Häuser gut durchlüftet wurden. Eine fürsorgliche Einwohnerschaft hatte sechs Kriegsjahre benutzt, um die nötigen Verpflegungsmengen, Alkoholitäten und Tabakmengen für die Verteidiger der Stadt zu hamstern. So war für das leibliche Wohl auf das beste gesorgt.
Der Vormittag verlief verdächtig ruhig. Die Ruhe wurde nur durch das Störungsfeuer und eigene Sprengungen unterbrochen. - Gegen 10.00 Uhr begann die feindliche Artillerie mit 2 Abteilungen viertelstündige Feuerüberfälle auf die HKL und die Stadtmitte zu schießen. Das Rgt. lag zwischen den Häusern der Stadt und ruhte sich nach den Anstrengungen der letzten Tage und Nächte kurz aus, als der klare Befehl der Brigade eintraf: „Cloppenburg ist auf jeden Fall zu halten."
Um 11.30 Uhr begann sich das Feuer der schweren Waffen des Tommys zu steigern mit dem Erfolg, daß sich die führenden Teile des Rgts. in den Keller begaben und die übrigen Teile in die Deckungslöcher flitzten. Nach den Erfahrungen der letzten Einsätze konnte sich jeder ausmalen, was kommen würde, wenn der Engländer ernsthaft angriff. - Dann standen wieder Soldatentugenden gegen Stahlgewitter und der gute Geist gegen Flammenpanzer; denn schwere Waffen hatte das Rgt. keine.

Um 13.00 Uhr meldet sich ein A. V. Kdo. [Artillerie-Vorkommando] (Oblt. Schulze) der I./84 und wird freudig als Vertreter von 9 Rohren Artillerie und 8 Rohren 8,8-cm-Flak begrüßt. - Um 12.00 Uhr meldet 2. Komp.: „Feind greift mit Panzern und Infanterie nach starker Feuervorbereitung an." - 2. Komp. kann den Druck des Angriffs nicht länger aushalten und zieht sich befehlsgemäß auf die HKL des II. Btl. zurück. - Ausfälle der Komp. sind groß. Damit beginnt der Angriff der Engländer auf Cloppenburg. Kurze Zeit später meldet die 3. Komp. Feindangriff mit 7 Panzern und SPW [Spähwagen] entlang der Straße Lastrup - Cloppenburg. - Der Feind greift auf der ganzen Front des Rgt. an, sucht nach einer schwachen Stelle und einen Übergang über die Soeste.

Gegen 14.00 Uhr wird der Druck auch bei der 3. Komp. so stark, daß diese sich ebenfalls befehlsgemäß auf die HKL der 5. Komp. absetzt. - Mit Panzern, SPW und abgesessener Infanterie dringt der Feind in den aufgegebenen Ortsteil vor der HKL ein.

14.15 Uhr trommelt der Gegner auf den Raum Mühlenbach-Brücke [über die Soeste] und fährt an dieser Stelle mit seinen Panzern auf. - Die eigene Linie hält er mit ununterbrochenem Dauerfeuer seiner Pz.-MG nieder. Unter dem Schutz einer Nebelwand führt er Infanterie heran, unterstützt durch Artillerie und Granatwerfer-Feuerschläge und Pz.-MG-Dauerfeuer. So schießt er sich eine Lücke in die Front, und es gelingt ihm, den Mühlenbach mit Infanterie zu überwinden. - Die Panzer bleiben hinter der Infanterie und kommen nicht auf Panzerfaust-Entfernung heran. Mit 2 vorgestaffelten Paks gelingt es ihm, weiter in die Lücke einzudringen. Die Infanterie des Gegners setzt sich in und in der Nähe der Kirche fest, bringt mehrere MG in Stellung und besetzt das Krankenhaus, welches das II. Btl. absichtlich nicht in seine HKL. einbezogen hatte, mit Scharfschützen in den Dachluken und an den Fenstern. Der rechte Flügel des Rgt. meldet stärkere Infanteriekräfte dicht vor der HKL. Zwei Vorstöße wurden bereits abgewehrt. Es besteht die Gefahr einer Umgehung von rechts durch die Lücke bei Bühren . . . Die eben herausgelöste 3. Komp. erhält deshalb um 14.18 Uhr den Befehl, sofort in Abschnitt westl. Cloppenburg zwischen Südrand Bühren-Schule und südlich Schmertheim in Stellung zu gehen . . . Der Gefechtslärm im Ort schwillt immer mehr an. - Der Feind schießt pausenlos mit seinen Panzerkanonen, Pz.-MG und Artillerie. Das Granatwerferfeuer nimmt ständig zu . . .

Angesetzte Gegenstöße mit schwächsten Kräften auf den eingebrochenen Feind an der Nordkirche bleiben im starken Abwehrfeuer liegen. [. . .]

Der inzwischen herangezogene Pi-Zug (Ltn. Schröder) erhält den Auftrag, mit einer Gruppe Panzervernichter an die Kirche vorzustoßen, um die dort stehenden Panzer durch Panzerfaust zu vernichten. [. . .]

Die Pi-Gruppe arbeitet sich bis auf 50 m an die Kirche heran, jedoch ist dann eine weitere Bewegung nicht mehr möglich. - Es gelingt, mit Panzerfäusten den Gegner an der Kirche auszuräuchern und zwei der übergesetzten Sherman-Panzer zu erledigen. - Der Gegner bemerkt die Vorbereitung des Gegenstoßes und riegelt durch ununterbrochenes Dauerfeuer ab. Er schießt weiterhin stark mit Nebel und bringt unter diesem Schutz weitere Panzer über den Mühlenbach.

So gelingt es dem Rgt. trotz Einsatz aller Reserven nicht, die entstandene Frontlücke zu schließen. - Bewegungen sind kaum noch möglich. Es fehlt jegliche Unterstützung durch eigene panzerbrechende Waffen. Das Feuer der eigenen Artillerie ist auf Grund der Munitionslage und des Fehlens von V. B. zu spärlich und ungenau, um den Feind wirksam niederzuhalten. [. . .]

Gegen 19.30 Uhr werden vom linken Flügel feindliche Panzer gemeldet, die in den Rücken der eigenen Front bei 6. Komp. schießen. Dieser Durchbruch gelang dem Gegner, weil der linke Nachbar noch nicht den befohlenen Abschnitt besetzen konnte und so eine große Lücke offen blieb. - Die eigenen Ausfälle sind dadurch erheblich. Auf dem rechten Flügel kann der Feind im Schutze einer Nebelwand mit weiteren Kräften über den Soestebach setzen. [. . .]

So droht dem Rgt. die Einschließung! - Der Kdr. meldet der Brigade die Feindlage. Brig. Kdr. befiehlt: „Cloppenburg ist auf jeden Fall zu halten." Auf dem Rgt.-Gefechtsstand findet eine Besprechung der Kommandeure und einiger Komp.-Chefs statt. - Es wird ohne

Beschönigung festgestellt, daß die erzielten Einbrüche des Gegners mit den stark geschwächten Kompanien ohne eigene Panzer, Pak- und Artillerieunterstützung nicht mehr zu beseitigen sind. Der Feind verstärkt sich zwischen den Häusern immer mehr, so daß an ein Wiederherstellen einer zusammenhängenden HKL mit den zur Verfügung stehenden Kräften nicht mehr zu denken ist.

Zudem beginnt der Gegner, mit Nebel- und Brandmunition mehrere Häuser in Brand zu setzen und erleuchtet so den entscheidenden Einbruchsraum in Nähe Kirche fast taghell. - Tapfere Vorstöße einiger Unterführer und OB [Offiziers-Bewerber] in feindbesetzte Häuser verstärken nur die Gewißheit, daß der Gegner nach kurzer Umgliederung seiner vordersten Angriffsteile bestimmt zu weiterem Angriff antreten wird.

Die letzte Möglichkeit, eine kurze und trügerisch-stille Kampfpause gegen 21.00 Uhr auszunutzen, die Kompanien aus der Umklammerung herauszulösen, kann nicht ausgenutzt werden, da auf die nochmalige Meldung des Rgt.-Kdr.: „Cloppenburg ist mit den vorhandenen Kräften nicht zu halten", der Brigade-Kdr. den schon gegebenen Befehl bestätigt: „Cloppenburg muß unter allen Umständen gehalten werden."

Daraufhin befiehlt der Regt.-Kdr. den anwesenden Kommandeuren und Komp.-Chefs: „Jeder hält dort, wo er steht. - Bei zu starkem Feinddruck ist kämpfend auf den Regt.-Gefechtsstand auszuweichen und dort zu halten", und entläßt die Offiziere.

Im Rgt.-Gefechtsstand herrscht eine gefaßte Stimmung. Die nötigen Befehle zur Vernichtung aller für den Feind wertvollen Unterlagen und Geheimsachen werden gegeben und durchgeführt. Um der Brigade wenigstens die Wagen und Kräder zu erhalten, befiehlt der Kommandeur den Fahrern und Kradmeldern, mit ihren Fahrzeugen den vielleicht noch feindfreien Weg nach Norden zu benutzen und sich zum Brig.-Gefechtsstand durchzuschlagen. - Nur widerwillig folgen diesmal die Männer den Befehlen.

Im von Bränden erhellten Cloppenburg herrscht eine erstaunliche Ruhe.[1] Die feindlichen Scheinwerfer zeigen durch die Brände nach Norden. - Aus einigen Häusern ertönt Jazz-Musik der übermütigen Engländer, die schon glauben, Cloppenburg genommen zu haben. - Jedermann im Gefechtsstand ist sich darüber klar, daß das Rgt. in Kürze nicht mehr bestehen soll.

Trotz der Tapferkeit aller Soldaten, die immer wieder kleinere Vorstöße wagen und noch kurz nach 21.30 Uhr zwei Panzer im Nahkampf erledigen, davon einen durch Oberfähnrich Werner, den zweiten durch Grenadier Gießler, reichen die Kräfte für einen großangelegten Gegenstoß nicht mehr aus. - So bleibt nichts weiter übrig, als auf den weiteren Angriff der Tommys zu warten. - Und dieser kommt.

Um 21.45 Uhr legt der Feind einen starken Feuerschlag auf den rechten Abschnitt des Rgt. Wiederum beginnt das Dauerfeuer der feindl. sMG. Der Reg.-Kdr. benutzt noch einmal den Draht zur Brigade und meldet sich im Beisein seiner Btl.-Kdr. mit seinem Regt. beim Kdr. der Brigade ab. - Kurze Zeit später ist der Draht zerschossen. Der Gefechtslärm steigert sich im gesamten Abschnitt immer mehr.

Die Restteile des Rgt. kämpfen tapfer und verbissen um jedes Haus und ziehen sich kämpfend auf den Rgt.-Gefechtsstand zurück. - Bald ist der Igel nur noch im Umkreis von etwa 200 m um den Rgt.-Gefechtsstand gebildet und verengt sich allmählich immer mehr. Der Tommy sitzt in den umliegenden Häusern des Rgt.-Gefechtsstandes . . .

Um 23.40 Uhr stürzen beinahe atemlos die beiden Kradmelder des I. und II. Btl. . . . in den Gefechtsstand, und Kriechler ruft schweißnaß und außer Atem: „Herr Major, ich bringe den Absetzbefehl von der Brigade" und den Befehl [3 km n. von Cloppenburg] mit den Restteilen am Südrand von Bethen eine Sperrlinie zu besetzen.

Kurz werden die letzten Befehle für das Absetzen gegeben und die Zeit festgesetzt. Die feindliche Artillerie und Infanterie-Waffen steigern ihr Feuer aufs heftigste. - Es ist, als ob der Engländer den Absatzbefehl mitgehört hätte und den Restteilen des Rgt. das Absetzen unmöglich machen wollte.

---

1) Schweren Schaden erlitt am 13. April das 1934 gegründete Museumsdorf: durch Artilleriebeschuß wurde der Quatmannshof zusammen mit anderen Gebäuden ein Raub der Flammen. Er ist nach dem Kriege wieder aufgebaut worden.

In kleineren Gruppen ziehen sich die Soldaten unter Führung ihrer Offiziere zurück nach Norden.

Sofort stößt der Engländer mit starken Infanteriekräften und Flammenpanzern den absetzenden Teilen nach.- Im Schutz der Dunkelheit aber gelingt es, die Straße Cloppenburg-Bethen und den Waldrand bei Ambühren zu erreichen. - Bei der gewaltigen Materialüberlegenheit des Gegners ist es nur seinem Zögern zu verdanken, daß die Restteile des Regt. den Weg nach Norden finden und sich der Brigade GD zu weiterem Kampf zur Verfügung stellen können.

Oberltn. Reinhold Geist (Adj.)
und Ltn. Horst Henrich (0 1)

Wegmann, S. 157-161

Der Gefechtsbericht nennt nicht die Verluste.

53 Tote und ein Eisernes Kreuz (Stuhr, 18. April 1945)

„Am 18. April 1945 . . . griffen britische Panzer- und Infanterieverbände, von Brinkum über Obernheide vorstoßend, Stuhr und Moordeich an. In Obernheide trafen sie auf den Widerstand von Resten des 18. SS-Panzergrenadier-Ersatz- und Ausbildungsbataillons, auf U-Boot-Leute und Hitler-Jugend. Unter Führung des SS-Obersturmführers Hoblik wurde ein Gegenstoß unternommen, der im britischen Feuer zusammenbrach. Die Deutschen mußten sich auf die Eisenbahnlinie Stuhr-Moordeich zurückziehen. 53 Soldaten, darunter 14- bis 15jährige Hitlerjungen, die sich vor der Flakstellung in Obernheide eingegraben hatten, verloren bei dieser letzten, militärisch völlig sinnlosen Operation ihr Leben . . . Die Toten vom 18. April 1945 ruhen auf dem Friedhof der Kirche in Stuhr.“

SS-Pz. Gren. Ausb. Btl. 18   Btl. Gef. Std., den 24. 4. 45

Betreff: Vorschlag zur Verleihung des E. K. II. Klasse

An
Regimentsgruppe Büscher

Um Verleihung des E. K. II. Klasse an den früheren Chef der Wachkompanie und jetzigen Btl.-Führer, SS-Ostuf. Hoblik, wird gebeten. Hoblik hat am 18. 4. 45 in den Vormittagsstunden gegen den in Stuhr eingebrochenen Feind mit dem 2. Zug seiner Kompanie einen Gegenstoß geführt, der jedoch unter heftiger Feindeinwirkung liegen blieb. SS-Ostuf. Hoblik befand sich seinen Männern weit voraus und wurde dabei von MGs und Scharfschützen aufs Korn genommen. Den Rest des Zuges sammelte er sodann, zog sich auf eine Auffanglinie zurück und hielt dort heftigen Angriffen des Gegners stand, bis die HKL. auf die Eisenbahnlinie in Stuhr zurückgenommen wurde. Er hat durch sein Ausharren wesentlich dazu beigetragen, den Ausbau der neuen HKL. zu ermöglichen. Bei den Kämpfen am 20. 4. 45 in Kirchhuchting raffte SS-Ostuf. Hoblik Versprengte verschiedener Kompanien zusammen und stärkte wiederum die Abwehrfront gegen den heftig angreifenden Feind. Es ist ein wesentliches Verdienst von ihm, durch seine Tatkraft und sein hervorragendes Beispiel an Mut dem Gegner stundenlang das Vordringen gegen den Btl.-Gefechtsstand verwehrt zu haben.

Personalangaben: SS-Ostuf. d. R. Johannes Hoblik, geb. 19. 7. 07, Groß-Holletitz/Sudeten.

Unterschrift
SS-Ostuf. u. Adj.

Aus: Hartmut Müller, S. 26

Delmenhorst wurde am 21., Bremen am 24. April von den Engländern besetzt. Hoblik wird sein „EK 2" noch erhalten haben.

Befreiung kriegsgefangener Polinnen aus Warschau

(Oberlangen/Emsland, 16. 4. 45)

Nach der Eroberung und Teilung ihres Landes durch das Deutsche Reich und die Sowjetunion (September 1939) setzten die Polen ihren Widerstand fort. Viele kämpften unter den Flaggen der Alliierten in Nordafrika und Europa, andere in der „Heimatarmee". Diese begann am 1. 8. 1944 den Warschauer Aufstand gegen die deutsche Besatzungsmacht. Doch der Aufstand, von der Sowjetunion nicht unterstützt, scheiterte. Am 2. 10. 1944 kapitulierte die Heimatarmee. Ihre Mitglieder wurden als Kriegsgefangene behandelt, die zahlreichen Frauen unter ihnen in das Lager Oberlangen bei Haren an der Ems gebracht.

Die polnische Andersarmee hatte im Juni 1944 im Rahmen der kanadischen Armee an der Invasion in die Normandie teilgenommen. Im April 1945 lag ein polnisches Regiment ohne Feindberührung in Ter Apel an der Grenze zum Emsland.

Da wurden seinem Kommandeur, Oberstleutnant Koszutski, eine erregende Meldung gemacht: Nach Aussagen eines Niederländers befände sich 10 km jenseits der Grenze in Oberlangen ein deutsches Kriegsgefangenen- oder Konzentrationslager mit polnischen Insassen. Nicht zu Unrecht war zu befürchten, daß die Deutschen diese Gefangenen evakuierten oder gar töteten. Schnelles Handeln war nötig. Eigenmächtig, d. h. ohne seinen Divisionskommandeur um Erlaubnis zu bitten (die dieser wahrscheinlich versagt haben würde), überschritt Koszutski mit einem Spähtrupp die Grenze. Dieser war zehn Mann stark und verfügte über einen Panzer, zwei Jeeps und ein Krad. Das deutsche Grenzgebiet war scheinbar menschenleer; nur weiße Fähnchen an den Häusern deuteten an, daß mit keinem Widerstand zu rechnen war. Endlich sahen die Polen die Wachttürme des Lagers, und ein deutsches Maschinengewehr eröffnete das Feuer. Die Polen drangen aber weiter vor, ihr Panzer wälzte das Lagertor nieder. Nach ein paar Schüssen in die am Tor gelegene Baracke kam ein deutscher Major hervor: „Ich übergebe das Lager. Wir sind Soldaten und keine Gestapo. Ich bitte um entsprechende Behandlung."

Die Polen fuhren in das Lager hinein. Koszutski erzählt (S. 240-244):

Was ist das zum Teufel? . . . Da kommt uns eine kleine Gestalt entgegen. Sie trägt einen langen, fast bis zur Erde reichenden Soldatenmantel. Auf dem Kopf hat sie eine polnische Feldmütze mit dem Adler und dem Emblem des 7. Ulanen-Regiments! Und alles in allem ist sie ein junges, hübsches Mädchen. - ‚English? Français? Americano? Kanada? Sind Sie?' [im Original deutsch] ruft sie uns zu. ‚Polen, Polen, mein Fräulein! 1. Panzer-Division, du Liebe!' schreit Witkowski [der Kradfahrer]. - ‚Polen! O Gott, Polen! Und wir sind von der Heimatarmee. Vom Aufstand, aus Warschau! [. . .]'

Wir kamen auf den großen Appellplatz inmitten der Baracken. Aus diesen stürzten wie aus einem Bienenstock Schwärme von Frauen. Alle in Uniform, zumeist in zerlumpten Uniformen. Sie umringten den Panzer und versperrten den Weg.

Diese Masse von Hunderten von Frauen war so phantastisch, als ob sie für eine Filmaufnahme kostümiert worden wäre. Wir waren von dem Anblick völlig verblüfft . . . Wir hatten erwartet, ausgemergelte, gespenstisch wirkende KZ-Häftlinge zu finden, vielleicht auch Wahnsinnige, vielleicht kriegsgefangene Männer, eventuell auch einen Hinterhalt - aber Frauen? Hunderte von polnischen Frauen in militärischen Uniformen, die uns plötzlich umringten - das verschlug uns die Sprache . . .

Die Menge schrie, gestikulierte, lachte und weinte um uns her, während wir dachten, daß doch in jedem Augenblick die Deutschen angreifen könnten, und was dann? Wir waren völlig bewegungsunfähig . . .

Schließlich drängte sich durch die Menge eine Dame mit den Abzeichen eines Hauptmanns der Nachrichtentruppe.

‚Ich melde mich als Kommandant des polnischen Frauenlagers, des Kriegsgefangenenlagers Oberlangen. Mein Name ist Lissowska', sagte sie und legte zwei Finger an die Feldmütze. Und ich antwortete: ‚Oberstleutnant Koszutski von der 1. polnischen Panzerdivision. Ich bitte, sofort antreten zu lassen. Wir werden sofort abmarschieren. Die Deutschen können jeden Augenblick einen Vorstoß machen, und wir haben nichts, Sie zu beschützen. Es gibt auch keine weitere Abteilung der Unsrigen. Ich bitte um Beeilung.' ,Aber das ist ganz unmöglich', antwortete Hauptmann Lissowska, ,wir sind nicht marschfähig. Es sind Kranke und Säuglinge da . . .'

,Lassen Sie um Gottes willen antreten und bringen Sie Ordnung in diesen Haufen. Wir können uns doch nicht rühren, und die Deutschen können uns wie die Enten abschießen. Ein Maschinengewehr kann hier schon ein Blutbad anrichten'. [. . . Erstaunlich schnell gelingt es der Kommandantin, Ordnung zu schaffen.]

,Herr Oberstleutnant, ich melde angetreten das Frauenbataillon der Verteidiger von Warschau. 1.716 Soldaten zur Stelle, 20 im Krankenrevier und 4 Säuglinge. Bataillon Achtung!'

Ich schreite die Front ab. Bei keiner Besichtigung haben mich die Augen der Soldaten so angesehen, und so hatte ich noch nie in die Augen der Soldaten gesehen. Und es gibt etwas zu sehen. Die Augen sind fast alle blau und fast alle jung, und in fast allen Augen sind Tränen! Auch ich konnte nicht gut sehen, ich sah wie durch einen Schleier. [. . .]

Schwer zu beschreiben sind die Szenen der Freude und der Feiern, die sich dann ereigneten. Die Nachricht von der Befreiung war wie ein Blitz durch die ganze Division gegangen. Binnen kurzem begannen ganze Pilgerzüge von Besuchern einzutreffen. Wer sich nur für ein paar Stunden von seiner Einheit freimachen konnte, setzte sich auf einen Jeep, um Bekannte und Verwandte zu suchen oder auch nur, um die legendären Polinnen von der Verteidigung von Warschau zu sehen. Es wurden nicht nur Verwandte und Bekannte gefunden, sondern auch Schwestern und Tanten, Bräute und zwei Ehefrauen. Es kam zu Liebesgeschichten und Flirts, zu Romanzen und Heiraten. Wer kann sich darüber wundern?"

Meyer, 25 Ereignisse, H. 4, S. 5 ff.

Flüchtlinge

Flucht aus Posen in das Ammerland

Die örtlichen Gauleiter verhinderten bis zuletzt die Flucht und Evakuierung der deutschen Bevölkerung vor der herannahenden Roten Armee, so lange, bis eine geordnete Rückführung meist nicht mehr möglich war. Das erlebten auch die Schwestern Inge *(geb. 1924) und* Liselotte *(geb. 1926)* Th. *Ihr Vater war nach 1939 als deutscher Beamter von Oldenburg nach Posen versetzt worden.*
Inge Th. erzählt:

In Posen hatten wir Ende 1944 alle unsere Wohnung verlassen: Vater hatte sich, nachdem die Arbeit in der Wasserstraßendirektion durch die Rückschläge des Krieges sehr eingeengt worden war, wieder zur Wehrmacht gemeldet, war zuerst als Hauptmann an verschiedenen Stellen in Rußland und zuletzt als Baubevollmächtigter für Belgien und Nordfrankreich in Brüssel eingesetzt. Inge war mit den beiden ersten Semestern ihres Studiums fertig und zog für ein Praktikum auf das Gut des baltischen Barons v. Harpe in Gerstenfelde im südlichen Warthegau. Ich wurde einige Monate vor dem Abitur mit der ganzen Klasse zum Reichsarbeisdienst einberufen und kam in ein einsames Barackenlager im nördlichen Warthegau. Unsere freundliche kleine polnische Hausgehilfin wurde zum Schippeinsatz für Panzersperrgräben eingezogen, und unsere Mutter verließ schleunigst die vereinsamte Posener Wohnung und fuhr zu Oma nach Querenstede [im Ammerland].

Und dann kam der furchtbare Zusammenbruch, der über das deutsche Vaterland und auch über das friedliche Querenstede viel Unglück brachte. Onkel Friedrich geriet mit der ganzen deutschen Kurlandarmee in russische Kriegsgefangenschaft. Vater, zuletzt in Köln, entkam glücklich den wahnsinnigen Fliegerangriffen, die diese Stadt durchmachen mußte.

Ankunft eines Trecks von Flüchtlingen in Vegesack (27. 3. 1945) (Aus: Schwarzwälder 1, S. 133)

Inge mußte über Nacht mit der v. Harpeschen Familie von Gerstenfelde flüchten. Die Nachrichten kamen so spät, daß die Bahnlinie nach Posen schon gesprengt war, als sie vom Anrücken der Russen erfuhren und sie nur noch mit v. Harpes zum großen Treck aufbrechen konnte. Und in unsere Einsamkeit im R.A.D.-Lager *Sachsenhof* kam die Nachricht vom Durchbruch der Russen so spät, daß wir innerhalb von drei Stunden um Mitternacht das Lager verlassen mußten und 60 km zu Fuß über die vereisten Straßen marschierten, bis wir im Brandenburgischen den ersten Flüchtlingszug fanden. Trotzdem wurde es uns noch nicht erlaubt, zu unseren Angehörigen heimzufahren. Wir wurden alle bei Prenzlau in der Uckermark gesammelt, kochten für endlose Flüchtlingstrecks aus dem ostpreußischen und pommerschen Gebiet und wurden endlich - am 17. April 1945 - entlassen, und jeder mußte sich nach Hause durchschlagen.

„Nach Hause" . . . ja, das gab es für uns, die wir zuletzt im Osten gewohnt hatten, nicht mehr. In Posen regierten längst die Russen. Und trotzdem hatte ich noch ein Zuhause, denn Querenstede war ja noch da . . . oder war es etwa schon von der westlichen Front überrollt?

Es gelingt der Erzählerin, sich nach Querenstede durchzuschlagen, gerade als nahe davon, am Küstenkanal, gekämpft wurde (April/Mai 1945). Sie denkt zurück:

„Sachsenhof im Warthegau. 20. Januar, nachts 12 Uhr: „Nichts kann uns rauben, Liebe und Glauben zu unserm Land . . ." 50 Arbeitsmaiden sangen es in die eisige sternklare Nacht . . . angetreten vor dem kleinen Holzhauslager . . . alle andern Deutschen schon weg . . . geflüchtet . . . irgendwo im Treck . . . vor 4 Stunden endlich Abmarschbefehl für die Maiden . . . in fliegender Hast packte jeder ein Bündel . . . und nun „unserem Führer und unserm geliebten Vaterland Sieg Heil . . ." 50 Stimmen sprachen es mit, aus ehrlichem Herzen . . . dann Abmarsch . . . 60 km zu Fuß über Glatteis . . . Wagenrollen, Treck, Schneesturm, aber Richtung Heimat . . .

19. April: Alle halbe Stunde schleichen ein paar blauberockte Arbeitsmaiden in der Morgendämmerung an die Nachschubstraße, irgendwo hinter Prenzlau in Pommern [Irrtum, Brandenburg]. Ganz plötzlich wurde das Lager aufgelöst, aber die Bevölkerung sollte nicht beunruhigt werden. Also schleichen immer zwei an die Straße, versuchen, per „Anhalter" vom nächsten Wehrmachtswagen mitgenommen zu werden, sind sie weg, kommen die nächsten gleich . . . Jetzt sind Lore und ich dran, wir hocken am Straßengraben . . . haben Angst, da - helle Lichter, wir winken mit dem roten Kopftuch, Bremsen knirschen . . . die nächsten beiden können kommen . . .

[. . .]

Sind wir wieder vor Hamburg, bei Nacht, Tieffliegerangriff auf Personenzug? Alle Soldaten setzen sich Stahlhelme auf. Wir beide kriechen unter die Sitzbank . . . alles bleibt ruhig, nur die Lokomotive pfeift, fährt weiter . . . aber kaum in Gang: Ruck, der Zug steht . . . in der Ferne: Tak, Tak, Tak! Die Soldaten springen in die Nacht hinein aus dem Zug, wir hinterher, ich rutsche den Bahndamm hinunter, bleibe an einem Wall liegen, alles dunkel. Rundherum tackert es. Der Flieger heult den Zug entlang, aber er trifft nicht . . . [. . .]
Im Omnibus vor Bremen. Wir trafen ihn im Morgengrauen, irgendwo in der Worpsweder Heide, es waren Landsleute drin; bei Lesum setzen wir unter Tieffliegerbeschuß mit der letzten Fähre im Frühnebel über die Weser, während im Süden von Bremen schon der Feind einmarschierte . . .

Inge Th. erzählt:
20. Januar, Gerstenfelde: innerhalb weniger Stunden muß alles zum Aufbruch bereit sein: zum 4. Male flüchten diese baltischen Großgrundbesitzer vor den Russen, und sie tun es mit Haltung. Nach einem Festessen wird das ganze Schloß erleuchtet, dann rollt der kleine Treck ab: voran Herr und Frau v. Harpe in einer Kutsche, dann Inge mit der alten Baronin auf einem Wagen voll wertvollem alten Besitz, Teppichen, Gemälden, Porzellan, Lebensmitteln. Diese kleine Gruppe mit ihren 3 Wagen und 6 Pferden machte dann eine abenteuerliche Flucht inmitten der endlos hastenden Trecks mit.

Lieselotte Nutzhorn: Der Töpkensche Hof,
MS im Staatsarchiv Oldenburg

**Befreite Fremdarbeiter
auf dem Weg in die
Heimat (April oder Mai
1945)
(Aus: Whiting, S. 20)**

Hitlers Ende

Ein letzter Glückwunsch für Hitler

Am 20. 4. 45 beging Hitler seinen 56. Geburtstag. Der Gauleiter von Weser-Ems, Wegener, gratulierte ihm pflichtgemäß, und man las es in der Zeitung:

Wir tragen trotz aller Not in uns die Gewißheit, daß am Ende der Nationalsozialismus Sieger bleiben wird, und werden deshalb mit den bis zum äußersten Einsatz bereiten Soldaten der Front das Schicksal zu meistern wissen. Möge Ihnen, mein Führer, Kraft und Gesundheit bleiben, um dem deutschen Volk das Leben zu erhalten und zu sichern.

Schwarzwälder 2, Bremen, S. 178

Tagesbefehl der 172. Division

Hitler nahm sich am 30. April 1945 in seinem Berliner Führerbunker das Leben.
Im Tagesbefehl der an der Lesum eingesetzten 172. Division hieß es:

Der Führer ist am 1. Mai [!] nachmittags im Kampf gegen den Bolschewismus den Heldentod für die Zukunft des Deutschen Volkes gestorben. Genauso, wie er uns in der Kampfzeit und während seiner Regierung immer das vorgelebt hat, was er von jedem einzelnen seines Volkes verlangte, so hat er uns durch seinen Kampf bis zum Heldentode das vorgelebt, was er von jedem Soldaten verlangte und erwartete.

Schwarzwälder 3, S. 180

Das Ende des Krieges

In Bremen *(24./27. April)*

Im Bunker

Auszug aus dem Brief eines jungen Bremers aus dem Findorffviertel. Er beruht auf Tagebuchnotizen und sehr frischen Erinnerungen (niedergeschrieben im April 1946).

„Es war am Dienstag, dem 24. April, 17 Uhr; Papa und ich waren zu Hause, Mutti im Bunker. Papa saß in der Schneiderstube, während ich noch einige Sachen von oben holen wollte, um dann zum Bunker zu gehen. Es war klarer Himmel. Anhaltendes Flugzeuggeräusch hatte mich schon stutzig gemacht. Ich hatte ungefähr die Mitte der Treppe . . . erreicht, als die ganze Luft zu rauschen begann. Dann ein unbeschreibliches Donnern, das Haus wackelt und bebt; ich falle von einem Geländer zum andern; aber ehe der Donner verrauscht ist, bin ich schon im Keller angelangt. Auch Papa kam seelenruhig die Treppe herunter. Er wollte zu Hause bleiben; ich lief also allein zum Bunker an der Neukirchstraße. Noch immer brummte es in der Luft. Im Erdbunker [in der Hemmstraße] wartete ich den zweiten Bombenwurf ab, dann erreichte ich mit Mühe und Not den ersten Hochbunker in der Neukirchstraße, um dann erst zu Mutti [im zweiten Bunker] zu kommen. Papa war [hier] schon vor mir . . . angelangt. Den ganzen Abend und die ganze Nacht fielen die sogenannten Minen im Findorffviertel . . . Am folgenden Tag [25. April], an dem Papa zu seiner Unterkunft [der Luftschutzpolizei in der Schule an der Nordstraße] zurückging, kam Alarm. Schon nach kurzer Zeit Minen . . . Nachmittags schoß die Artillerie, denn die Deutschen hatten Geschütze im Felde aufgefahren. Wegen des schönen Wetters war es im Bunker allmählich recht heiß und drückend, so daß die Leute jede Gelegenheit benutzten, um an die frische Luft zu kommen. Sowie sich aber ein Flugzeug hören ließ, stürmte alles auf die Eingänge zu. Doch an diesem Tage kam die Katastrophe: Direkt vor dem ersten Bunker an der Neukirchstraße fiel eine Mine. Es gab ungefähr sieben Tote, die von Splittern wie durchsiebt waren . . .

Im Bunker herrschten katastrophale Zustände. Du kannst Dir gar nicht vorstellen, wie nervös und aufgeregt Leute sein können. Schimpfereien und einige Prügeleien kamen vor. Allmählich wurde es ruhiger. Nur die Artillerie beschoß noch ein Widerstandsnest im Bürgerpark. Am 26. April abends erhielten wir noch einen ‚Segen‘ von den Deutschen. Mutti und ich waren schon zu Hause. Auf dem Wege zum Bunker sahen wir einen Engländer ohne Waffen mit einem deutschen Polizisten . . . Am nächsten Morgen [27. April] rückten die Engländer bei uns mit Panzern aller Größen und Formen ein. Gleichzeitig erreichte uns die Nachricht, daß Herr S. . . sich aufgehängt habe . . . Wir haben uns auch gefragt: Weshalb hängt sich ein Mensch auf, wenn alles vorüber ist? ‚Er hat es nicht ertragen können‘, sagt Frau S. . .“

Schwarzwälder 3, S. 77 f.

Bremen im Bombenkrieg

Nach einem Bombenangriff (1945): Wasserholen an einer Pumpe (Aus: Schwarzwälder 1, S. 19)

Nach dem Fliegeralarm: Verlassen des Bunkers (Anfang 1945) (Aus: Schwarzwälder 1, S. 19)

197

Bremen in englischer Hand

Ein englischer Reporter meldet am Tage nach der Einnahme (26. 4. 1945):

»Ich befinde mich inmitten der Altstadt Bremens, wenn man diese Trümmerhaufen, in denen unsere Soldaten mit vor den Mund gebundenen Handtüchern sich mit Hilfe von Bulldozern einen Weg freizuschaufeln versuchen, noch so nennen kann. Hier und da noch aufrecht stehende Mauerstücke oder einsame Fabrikschornsteine, doch kein Anzeichen von Ordnung oder neuer Hoffnung in diesem Gerippe einer Stadt, die sich einmal Bremen nannte. Dieser ungehinderte Blick in die engen Gassen, wo sich kleine Häuser hilfesuchend an aus dem Lot geworfene Mauerecken anlehnen, wo das Auge durch weggerissene Wände in riesige Wohnblocks starrt und die persönliche Habe der Menschen in Bombentrichtern wild verstreut liegt, übertrifft meine schlimmsten Erwartungen. Bremen war eine Stadt mit vielen Tausend Menschen. In den Vororten aber, die wir passierten, war kaum noch ein Haus bewohnbar, und wahrscheinlich hatte dort auch nicht erst jemand versucht, zu überleben. Jeder hat sich in diese riesigen Betonbunker gerettet, die nun aus diesem Trümmerfeld herausragen. Diese Monstren haben die Bombenangriffe schadlos überstanden. Jetzt wagen sich die verängstigten Menschen aus dem vor uns stehenden Bunker heraus an das Licht, sie schauen entgeistert auf die Panzer und Bulldozer sowie auf die Kanonen, die in diesem Augenblick an uns vorbei in das Herz der Stadt vorrücken. Einige dieser Menschen beginnen sofort, scheinbar wahllos in diesem Trümmergewirr herumzuhantieren. Die Fremdarbeiter - es müssen Tausende davon hier in Bremen gewesen sein - sind bereits auf dem Wege nach draußen. Sie ziehen an unseren Jungs vorüber und winken ihnen zu, wenn diese jetzt ununterbrochen mit Jeeps, Lastkraftwagen und Bulldozern dieser Stadt zustreben. Die Einwohner der Stadt aber müssen in diesem Trümmerhaufen zurückbleiben. Sie haben jetzt genügend Zeit, sich die Früchte eines totalen Krieges vor Augen zu führen.«

Wynford Vaughan Thomas
BBC-Reporter, 26. 4. 1945

Whiting, S. 39

**Die AG Weser, Bremens
größte Werft, im März
1945
(Aus: Schwarzwälder 1,
S. 158)**

Bremen, August 1945: Kaianlagen des Weserbahnhofs mit Blick auf die zerstörten Brücken (Aus: Ingeborg Drewitz, Städte 1945, Düsseldorf 1970, Taf. 5)

Bremen, Blick über Kaiserbrücke und Teerhof auf die Altstadt, 1939 (oben) und 1945 (unten) (Aus: Schwarzwälder 1, S. 4)

199

„Oldenburg zur Festung erklärt"

Am 6. April fand bei dem Kommandeur des Verteidigungsbezirks Oldenburg (Stadt und Land), Oberst Sassenberg, eine Lagebesprechung statt. Ein Ordonnanzoffizier des Festungskommandanten Wilhelmshaven brachte folgenden Befehl:

Ab sofort gehört Gebiet nördlich Hunte - Küstenkanal bis Kampe zum Vorfeld der Festung Wilhelmshaven. Diese Linie muß gehalten werden. Oldenburg zur Festung erklärt. Der Kampfkommandant ist dem Festungskommandanten Wilhelmshaven unterstellt.

Schwarzwälder 2, S.105

Kampfkommandant wurde Oberstleutnant Hans-Heinrich Sander, der lange Jahre Führer des Oldenburger Jung-Stahlhelms gewesen war. Da aber die um Oldenburg stehenden Truppen später z. T. an andere Frontabschnitte abgezogen wurden, verlor Oldenburg (wohl am 24. 4.) seinen Charakter als „Festung" wieder, und auch Oberstleutnant Sander erhielt andere Aufgaben.
Anders erging es Bremen. Hier wurde Generalleutnant Becker Festungskommandant, und er ließ die Stadt trotz aller Vorstellungen von seiten der zivilen Behörden und auch führender Männer der NSDAP bis zur völligen Eroberung verteidigen, wobei die Stadt noch mehr zerstört wurde und noch mehr Menschen starben. Der General und sein Stab erlitten keine Verluste.

Ein Flugblatt der Alliierten
(Ende April über Oldenburg abgworfen)

BÜRGER VON OLDENBURG!

Der zweite Weltkrieg geht mit Riesenschritten seinem Ende entgegen. Die alliierten Heere haben mehr als die Hälfte des deutschen Reiches besetzt. BERLIN ist eingeschlossen und der grössere Teil der Stadt von den Russen erobert. BREMEN ist gefallen und die russischen und amerikanischen Armeen haben sich bei DRESDEN die Hand gereicht.

Während 5 Jahren dieses von Deutschland verschuldeten Krieges ist Eure Stadt von der Verwüstung schwerster Luftangriffe verschont geblieben.

EURE STUNDE SCHLÄGT!

Ein gewaltiges Heer steht vor den Toren der Stadt. Luftgeschwader erwarten den Befehl zum Angriff. Bald werden die siegreichen Divisionen der Vereinigten Nationen in Eurer Stadt sein.

Sollen sie in eine vom Krieg verschonte Stadt, oder in einen Trümmerhaufen einziehen, unter dem die Leichen von Soldaten und Bürgern begraben liegen?

ES KOMMT AUF EUCH AN!

Wenn OLDENBURG Widerstand leistet werden eure Häuser dem Erdboden gleichgemacht. Alle Waffen des totalen Krieges werden gegen die Stadt eingesetzt werden. Widerstand wird mit Feuer und Stahl gebrochen werden — nicht mit dem Blute unserer Soldaten.

IHR HABT DIE WAHL!

Wenn Ihr Euch und Eurer Stadt das Leben erhalten wollt so seht zu, dass Eure Soldaten und Matrosen die Waffen niederlegen und sich ergeben ehe die Stadt flachgelegt wird.

Wenn Widerstand geleistet wird, überlegt es Euch gründlich, bevor Ihr daran teilnehmt. Für bewaffnete Zivilpersonen und ihr Eigentum gibt es keine Gnade.

EUER SCHICKSAL IST BESIEGELT
EUER LEBEN STEHT AUF DEM SPIEL

Faksimile in der Nordwest-Zeitung Oldenburg, Nr. 122 v. 29. Mai 1975

Die Kanadier besetzen Oldenburg

Der Oldenburger Oberbürgermeister Rabeling hatte erfahren, daß eine Hauptkampflinie längs des Küsten-kanals und der unteren Hunte vorgesehen sei, d. h. mitten durch die Stadt Oldenburg. Das hätte die Zerstö-rung der Stadt bedeutet. Er berichtet:[1]

[. . .] Nachdem bereits der Flugplatz Oldenburg und die militärischen Gebäude auf ihm durch einen Luftangriff überwiegend zerstört worden waren, fanden in der mit dem 15. April beginnenden Woche vier größere Luftangriffe auf die Stadt Oldenburg statt . . .

[Sie richteten sich hauptsächlich gegen die Kasernen sowie gegen das Bahnhofsviertel.]

Bei meiner Anwesenheit in den von den Luftangriffen betroffenen Bezirken . . . wurde ich vielfach von der Bevölkerung aufgefordert, auf eine Beendigung solcher Kampfhand-lungen hinzuwirken.

In dieser Zeit begann ferner [von Edewecht her] ein laufender Artilleriebeschuß auf die Stadt von der nahe heranrückenden Front her . . . Verkehr und Arbeit in der Stadt begann-nen zu stocken. Die Bevölkerung verlegte ihr tägliches Leben in die Luftschutzkeller und Luftschutzbauten . . . Gleichzeitig fielen auf Oldenburg Flugblätter, die zur Rettung der Stadt eine Übergabe der Stadt in letzter Stunde nahelegten.

Die deutsche Wehrmacht schien sich andererseits weiterhin auf eine Verteidigung der Stadt längs der Kanallinie vorzubereiten . . . Trotz meiner Vorstellungen wurden die Ama-lienbrücke über den Küstenkanal und die Eisenbahnbrücke über die Hunte gesprengt.

Fahnenflüchtige Soldaten wurden durch Erhängen an Bäumen der Ausfallstraßen[2] unter allgemeinem Aufsehen hingerichtet.

[Um die drohenden Kämpfe abzuwenden, begab sich der Oberbürgermeister zusammen mit Dr. Fritz Koch und Ministerialrat Ostendorf II nach Obenstrohe bei Varel in das Quartier des zuständigen Generals Straube.]

Unsere Vorstellungen gegen die Verteidigung der Stadt dürften bei General Straube und seinem Stabe nicht ohne Wirkung geblieben sein. Angesichts der drakonischen Befehle und Strafandrohungen konnte eine offene Zusage des Rückzuges von den Offizieren nicht erwartet werden. [. . .]

Am Nachmittag und Abend des 2. Mai rückten die Alliierten in den Stadtteil Osternburg ein und überall bis an die Kanallinie vor. Deutsche Soldaten gingen durch die Stadt nach Norden zurück und äußerten, Oldenburg werde kampflos geräumt. Nach Gauleiter W[egener] war nun auch Ministerpräsident J[oel] abgefahren nach Wilhelmshaven. Kreis-leiter E[ngelbart] gab mir fernmündlich Nachricht, daß er nunmehr abfahren wolle, nach seiner Ansicht wäre die Gefahr für die Stadt Oldenburg vorüber. Das Wehrbezirkskom-mando fuhr ebenfalls ab.

Eine Gewißheit dahin, daß die Stadt nicht mehr von der Wehrmacht verteidigt werden würde, konnte ich nicht mehr erlangen, da keine Stelle der Wehrmacht und Partei mehr durch Fernsprecher erreicht werden konnte . . . [Es] bestand noch die Gefahr, daß es bei dem Einrücken der Alliierten in den Hauptteil der Stadt nördlich der Kanallinie zu nicht vorgesehenen Kampfhandlungen kam. Nach Nachrichten über den Verlauf der Besetzung der Stadt Friesoythe, 32 km südwestlich von Oldenburg, war zu befürchten, daß Olden-burg im Falle unerwarteten Widerstandes im Stadtkreis doch noch der Zerstörung durch Luftangriff, Artilleriebeschuß und Brände anheimfallen würde.[3]

Am Morgen des 3. Mai haben, wie mir später glaubwürdig versichert wurde, Bomberver-bände der Alliierten auf dem Flugplatz Ahlhorn startbereit gestanden, um die Stadt Oldenburg im Falle des Auftretens von Widerstand anzugreifen . . .

1) Der Verfasser, Dr. Heinrich Rabeling, war von 1932 bis 1945 Oberbürgermeister von Oldenburg.
2) An der Cloppenburger und an der Bremer Straße.
3) Friesoythe war dabei zum größten Teil zerstört worden.

Es mußte also erreicht werden, daß ein bewaffneter Widerstand von deutscher Seite tatsächlich an keiner Stelle mehr erfolgte und daß die Alliierten ohne unvorhergesehene Kampfhandlungen einrücken konnten.

Am Spätnachmittag des 2. Mai rief ein kanadischer Divisionsstab von der Glashütte im Ostabschnitte des Stadtteils Osternburg fernmündlich bei dem Polizeikommandeur der Stadt Oberstleutnant Köhnke, an und fragte, ob die Stadt ohne Kampf übergeben würde [. . .]

Ich fand mich dann im Rathause mit Dr. Koch, Ratsherrn Wilh. Spanhake und Herrn Hellmuth Frühstück, der langjährig als Kaufmann in Übersee tätig gewesen war und sich als Dolmetscher erboten hatte, zusammen. Wir besprachen und beeinflußten von dort aus den Verlauf der Räumung und Besetzung in der Nacht . . .

[Die Verhältnisse verwirren sich dadurch, daß noch ein anderer alliierter Stab mit der Stadt in Verbindung tritt und daß sich noch Einheiten der Wehrmacht, der Waffen-SS und des Volkssturmes in der Stadt befinden.]

Ein schlagartiger Feuerüberfall der alliierten Artillerie auf die Stadt, der gegen Mitternacht stattfand, sowie auch weiteres alliiertes Artilleriefeuer wurde auf unsere Rückfrage [telefonisch bei einem kanadischen Stab] teils mit deutschem Maschinengewehr- und Artilleriefeuer, teils mit der fehlenden Verbindung unter den englischen[4] Truppenverbänden begründet. [. . .]

. . . Wie ich später von verschiedenen Seiten hörte, hat sich die deutsche Wehrmacht erst um ½ 2 Uhr nachts ganz von den Alliierten an der Kanallinie im Süden der Stadt abgesetzt . . .

Ich selbst trat bei Tagesanbruch des 3. Mai eine Autofahrt durch den Stadtbezirk an . . . Ich stellte im Gauleiterbefehlsbunker im Everstenholz, im Landtag und in den westlich davon gelegenen Baracken fest, daß alle Parteistellen Oldenburg verlassen hatten . . . In den verschiedenen Kasernen am Pferdemarkt und in Donnerschwee fand ich keine deutschen Wehrmachtsbefehlsstellen und Truppen mehr vor . . .

Ich fuhr nunmehr, nur von Herrn Frühstück begleitet, zum Stau . . . an der Eisenbahnbrücke bei der Glashütte. Nach einer fernmündlichen Rückfrage erschien um 8 ½ . . . ein kanadischer Offizier mit einem kanadischen Soldaten und einem deutschen Polizeibeamten. Sie wurden mit dem von mir bereitgestellten Fährboot über den Fluß gebracht. Durch Vermittlungen von Herrn Frühstück erklärte ich ihnen, daß nach meiner Erkundung der nördliche Hauptteil der Stadt nunmehr besetzt werden könne, ohne daß bewaffneter Widerstand von deutscher Seite erfolgen würde. Ich wiederholte diese Erklärung auf der anderen Seite des Flusses vor dem kanadischen Divisionskommandeur. Auf dessen Zeichen erhoben sich dann die englischen Truppen aus der Deckung im Ufer- und Glashüttengelände und begannen, auf bereitgehaltenen Flößen über den Fluß zu gehen.

Ich fuhr dann mit Herrn Frühstück zum Rathaus und entsandte den Kraftwagen, um den verhandelnden kanadischen Offizier und seine Begleiter nachzuholen.

Im Rathaus war inzwischen Dr. Koch von einem weiteren englischen Divisionsstabe, dessen Truppen von Südwesten her über den Marschweg auf die Stadt einrückten, fernmündlich angerufen worden, und er hatte erneut den kampflosen Einmarsch zugesagt . . .

Wenige Minuten nach meinem Eintreffen im Rathause erschien dort der erste englische Stab, dem weitere Stäbe folgten . . .

Infanterie besetzte den Marktplatz. Später begann der Vormarsch der Panzer- und Kraftwagenkolonnen durch die Hauptstraßen der Stadt nach Norden . . .

Am 5. Mai folgte die deutsche Kapitulation im Nordwesten. Am Nachmittage des 5. Mai wurde ich im Rathause zur Internierung festgenommen[5] und kehrte am 13. März 1946 zurück .

Rabeling, S. 77-88

---

4) Verf. gebraucht die Ausdrücke „englisch" und „kanadisch" als sinngleich. Tatsächlich rückten nur Kanadier in Oldenburg ein.

5) Die höheren Beamten unterlagen dem „automatischen Arrest" und wurden im KZ Esterwegen inhaftiert.

Anordnung der Militärregierung für die Stadt Vechta
(undatiert; Anfang Mai 1945)

1. Ausgangsbeschränkung
   Von 8 Uhr abends bis 7 Uhr morgens hat sich jedermann in seiner Wohnung aufzuhalten. Wer innerhalb dieser Zeit draußen angetroffen wird, wird festgenommen.
2. Spionage und Sabotage
   Wer a) schießt, b) an militärischen Einrichtungen Schaden verursacht, c) Nachrichten an die deutsche Truppe gibt, d) Fernsprechanlagen zerstört, hat sein Leben verwirkt.
3. Einwohner-Verzeichnis
   An der Haustür eines jeden Hauses muß eine Liste angebracht werden. Es sind anzugeben: Familienname, Vorname, Geburtsdatum, Geschlecht aller Einwohner.
4. Kennkarten
   Alle Personen müssen eine Kennkarte oder einen Personalausweis mit sich führen.
5. Anmeldung und Abgabe kriegsdienstlicher Gegenstände
   Wer Feuerwaffen, Munition, Sprengstoffe oder Geräte für Nachrichtenübermittlungen besitzt, muß sofort ein Verzeichnis von diesen Gegenständen an der Haustür anschlagen.
6. Alle militärischen Gegenstände müssen abgeliefert werden.
7. Fahrräder dürfen nicht mehr benutzt werden . . .
8. Vollkommene Verdunkelung muß eine halbe Stunde nach Sonnenuntergang bis eine halbe Stunde vor Sonnenaufgang herrschen.

Staatsarchiv Oldenburg, 262-11, Nr. 2368

Waffenruhe in Nordwestdeutschland

Nachdem bereits am 4. Mai die in Nordwest-Deutschland stehenden deutschen Truppen gegenüber Feldmarschall Montgomery kapituliert hatten[1], meldeten die wenigen noch erscheinenden deutschen Zeitungen am 5. Mai:

Wie von amtlicher Seite mitgeteilt wird, ist von Sonnabendvormittag 8 Uhr für Nordwestdeutschland einschließlich Helgoland und den ostfriesischen Inseln Waffenruhe eingetreten.
Die Bevölkerung wird aufgefordert, Ruhe, Ordnung und Disziplin auch weiterhin zu bewahren.
Eine weitere Mitteilung betr. Waffenruhe erfolgt später.

Schwarzwälder, Bremen 3, S. 217

1) Vgl. Enno Meyer, H. 3, S. 53-63.

Kapitulation in Zwischenahn

Die Kapitulation der Armeegruppe Straube und der in Oldenburg-Ostfriesland vorhandenen Marine-Einheiten fand am 5. Mai in Zwischenahn in dem (später abgebrochenen) Gemeindebüro statt.
Teilnehmer war u. a. General Stanisław Maczek, Kommandeur der 1. polnischen Panzerdivision. Sie gehörte dem 2. kanadischen Korps an.
Maczek schreibt darüber:

In einem großen Raum nahmen an einem langen Tisch der Kommandeur [des 2. kanadischen Korps] General Simonds, sein Stabschef und die Divisionskommandeure der unterstellten Einheiten Platz. Das Fehlen jeglicher anderer Sitzgelegenheit machte es deutlich, daß es gegenüber den deutschen Offizieren keine Andeutung von Höflichkeit geben werde.
Ich saß neben dem Kommandeur. Es kamen sechs deutsche Offiziere: General Erich von Straube [richtig: Straube], Kommandeur der Heereseinheiten zwischen Ems und Weser,

der örtliche Führer der Kriegsmarine, der Chef des Stabes und drei Kommandeure von Einheiten in Ostfriesland.

Sie kamen, stellten sich vor dem Tisch nebeneinander auf, salutierten und standen still . . .

General Straube begann zu sprechen.

Mit einer ungeduldigen Handbewegung unterbrach ihn General Simonds. „Wir sind nicht hierhergekommen, um mit Ihnen zu verhandeln. Sie haben nur die Bestimmungen der bedingungslosen Kapitulation anzuhören."

General der Infanterie Erich Straube
Als Oberbefehlshaber der Armee-Abteilung Straube vollzog er am 5. Mai 1945 die Kapitulation der Wehrmachtseinheiten zwischen Weser und Ems
(Aus: Wegmann, S. 76)

Einzug der 1. polnischen Panzerdivision in Wilhelmshaven

Zu diesen Bestimmungen gehörte, daß Wilhelmshaven den Polen zu übergeben sei.
Über den Einmarsch in Wilhelmshaven schrieb der polnische General Rudnicki *:*

„Ich erlebte, wie die Division den Hafen Wilhelmshaven besetzte, den Stolz der deutschen Kriegsmarine. Dort nahmen wir die Kapitulation der Deutschen entgegen, und dort begrüßten wir in der auf unseren Befehl mit Tausenden von polnischen Fahnen geschmückten Stadt General Anders [den Oberkommandierenden aller polnischen Exilstreitkräfte] So hatten wir eine Rache für den September 1939 und das zerstörte Warschau."[1]

Aus: Enno Meyer, H. 4, S. 8

1) Wilhelmshaven gehört seither in Polen zu den Namen, die genannt werden, wenn man die polnischen Waffentaten des 2. Weltkrieges feiert.

Übergabe von Wilhelmshaven an die Alliierten (Ecke Bismarck-/Genossenschaftsstraße) am 6. Mai 1945. Von links nach rechts: Kapitän zur See Mulsow, Polizeipräsident Heske, Kreisleiter Horstmann, Oberbürgermeister Müller, Stadtrat Seiffe. Rechts polnische Offiziere, darunter General Anders, und vielleicht auch kanadische Offiziere.
(Foto: Stadtarchiv Wilhelmshaven, aus der Warschauer Zeitung Tygodnik Powszechny vom 2. 6. 1957)

Gräber und Denkmäler

Gedenkstein für die 1938 zerstörte Synagoge in Oldenburg (Peterstraße).

Salaspils bei Riga: Das frühere Vernichtungslager ist heute eine Gedenkstätte.
(Foto: Günther Heuer/Oldenburg)

Edewecht: Gräber deutscher Soldaten, die im April/Mai 1945 im Kampf gegen die Kandadier gefallen sind.

Massengrab russischer Kriegsgefangener auf dem Friedhof Oldenburg-Ohmstede.

Literaturverzeichnis

Benutzte Veröffentlichungen und Manuskripte

Bähr, Walter, u. a. (Hg.): Kriegsbriefe gefallener Studenten 1939-1952, Tübingen 1952.

Bekker, Cajus: Angriffshöhe 4000. Ein Kriegstagebuch der deutschen Luftwaffe. Oldenburg 1964.

Berger, Thomas: Lebenssituationen unter der Herrschaft des Nationalsozialismus. Hannover 1981.

Bierbaum, Max: Nicht Lob, nicht Tadel. Das Leben des Kardinals von Galen nach unveröffentlichen Briefen und Dokumenten, Münster o. J.

Boberach, Heinz (Hg.): Meldungen aus dem Reich. Die geheimen Lageberichte des Sicherheitsdienstes der SS 1938-1945, 17 Bände, Herrsching 1984.

Boelcke, Willi A.: Wollt ihr den totalen Krieg? Die geheimen Goebbels-Konferenzen 1939-1943. München 1969.

Böttger, Gerd: Narvik im Bild. Deutschlands Kampf unter der Mitternachtssonne. Ein Erlebnisbericht in Wort und Bild. Oldenburg 1941.

Brandenburg, Hans-Christian: Die Geschichte der HJ. Wege und Irrwege einer deutschen Generation, 2. A., Köln 1982.

Bruss, Regina: Die Bremer Juden unter dem Nationalsozialismus. Bremen 1983.

Burckhardt, Carl J.: Meine Danziger Mission 1937-1939, München 1960.

Carell, Paul, u. Günter *Böddeker*: Die Gefangenen. Leben und Überleben deutscher Soldaten hinter Stacheldraht. Frankfurt 5. A., 1980.

Dabel, Gerhard: KLV. Die erweiterte Kinder-Land-Verschickung. KLV-Lager 1940-1945, Dokumentation . . . Freiburg 1981.

Dede, Klaus, u. Werner *Vahlenkamp*: Hermann Tempel, Leer 1979.

Diels, Rudolf: Lucifer ante portas. Zwischen Severing und Heydrich. Zürich o. J. (1949 ?)

Der *Erzieher* zwischen Weser und Ems. Amtliche Zeitschrift des NS-Lehrerbundes, Gau Weser-Ems.

Gesetzblatt für den Freistaat Oldenburg, Landesteil Oldenburg.

Ginzel, Günther B.: Jüdischer Alltag in Deutschland 1933-1945. Düsseldorf 1984.

Glöckner, Paul Wilhelm: Delmenhorst unter dem Hakenkreuz, 3 Bde., Delmenhorst 1983.

Goetze, Lotte, u.Inge *Mütze*: Damals in Weser-Ems. Erinnerungen an den Arbeitsdienst im Bezirk XVII Weser-Ems. Göttingen 1978.

Hasenkamp, Engelbert: Wegen Bekenntnisschule ins KZ. Zum Gedenken an fünf mutige Männer aus Ambergen. In: 1000 Jahre Ambergen. 1983.

Heimatlese, Oldenburger, seit 3. Jg.: *Heimatlese zwischen Weser und Ems*, 1932/33 ff. (Es handelt sich um eine für Schüler bestimmte Zeitschrift.)

Hertrampf, Helmut: Eine Jugend in Wilhelmshaven. Wilhelmshaven 1984.

Hirschberg, Heinrich: Meine letzten Tage in Deutschland. Erinnerungen, in Port Chester, New York, geschrieben im Januar 1939. In: Oldenburger Jahrbuch 85 (1985).

Hofer, Walter (Hg.): Der Nationalsozialismus, Dokumente 1933-1945, Frankfurt a. M. 1957.

Höper, Holger: Die Anfangsjahre des Kirchenkampfes in Oldenburg. MS 1981, Staatsarchiv Oldenburg 297 A, Nr. 179.

Hüttenberger, Peter: Die Gauleiter. Studie zum Wandel des Machtgefüges in der NSDAP. Stuttgart 1969.

Kämpf, Ferdinand: 40 Jahre Obermeister der maschinellen Flaschenproduktion der Oldenburger Glashütte. MS, Staatsarchiv Oldenburg. Best. 297 D-Nr. 121.

Koch, Fritz: Oldenburg 1945. Erinnerungen eines Bürgermeisters. Oldenburg 1984.

Kosthorst, Erich, u. Bernd *Walter*: Konzentrations- und Strafgefangenenlager im Dritten Reich. Beispiel Emsland. 3 Bde. Düsseldorf 1983.

Langhoff, Wolfgang: Die Moorsoldaten. 13 Monate Konzentrationslager. Unpolitischer Tatsachenbericht. Zürich 1935, Reprint o. J.

Maczek, Stanisław: Od podwody do czołga. Wspomnienia wojenne 1918-1945. Edinburgh 1961 (Vom Fuhrwerk zum Panzer. Kriegserinnerungen).

Mason, T. W., Arbeiterklasse und Volksgemeinschaft. Opladen 1975.

Meyer, Enno: Fünfundzwanzig Ereignisse deutscher Geschichte 1900 bis 1955. Heft 1. Aus dem Kaiserlichen Deutschland, Heft 3. Aus dem nationalsozialistischen Deutschland, Heft 4. Aus dem Nachkriegsdeutschland. Stuttgart 1981.

Meyer, Enno: Auf dem Wege zur Macht. Die NSDAP, ihre Wegbereiter und ihre Gegner in einer norddeutschen Stadt 1930-1933. Frankfurt a. M. 1981.

Meyer, Paul: Das III. Bataillon Infanterie-Regiment 154 unter seinem Kommandeur Ritterkreuzträger Major Heinrich Schwarting. Unveröffentlichtes MS im Besitz von Frau Erika Blohm, Brake.

Middendorf, Ilse: Oldenburg Frontgebiet. Tagebuchblätter aus einer ereignisreichen Zeit. Geschrieben im Dezember 1945. MS im Staatsarchiv Oldenburg.

Müller, Hartmut: Oldenburg und Stuhr. Auf dem Wege der Machtergreifung. Stuhr 1983.

Müller, Hartmut (Hg.): Bremer Arbeiterbewegung 1918-1945. Trotz alledem. Katalogbuch zur gleichnamigen Ausstellung im Bremer Rathaus. Berlin 1983.

Münzebrock, August: Amtshauptmann in Cloppenburg 1933-1945. Cloppenburg 1962.

von Münch, Ingo, Uwe *Brodersen:* Gesetze des NS-Staates, Dokumente eines Unrechtssystems. 2. Aufl. Paderborn 1982.

Müsegades, Kurt: Hoykenkamp, eine kleine Ortschronik, o. J.

Nachrichten für Stadt und Land, später: *Oldenburger Nachrichten, Oldenburg* (Tageszeitung).

Nicolaisen, Hans-Dietrich: Die Flakhelfer. Luftwaffenhelfer und Marinehelfer im Zweiten Weltkrieg. Berlin 1981.

Nutzhorn, Lieselotte: Der Töpkensche Hof in Querenstede 1900-1950. MS Staatsarchiv Oldenburg 297 D Nr. 108.

Die *Nordwestmark,* Bd. 1, 2. A., Oldenburg 1940.

Oldenburg, die Stadt im Raum Weser-Ems, Oldenburg 1938.

Oldenburg, Gauhauptstadt im Gau Weser-Ems, Oldenburg o. J. (etwa 1942).

Peters, Hartmut (Hg.): Verbannte Bürger. Die Juden aus Jever. Dokumente zur Geschichte der Juden Jevers 1698-1984. Jever 1984.

Picker, Henry: Hitlers Tischgespräche im Führerhauptquartier. Neuausgabe, Stuttgart 1976.

Pohlschneider, Johannes: Der nationalsozialistische Kirchenkampf in Oldenburg. Erinnerungen und Dokumente. Kevelaer 1978.

Poppinga, Onno, Hans Martin *Barth*, Hiltraut *Roth:* Ostfriesland. Biographien aus dem Widerstand. Frankfurt a. M. 1977.

Portmann, Heinrich (Hg.): Bischof Graf von Galen spricht. Ein apostolischer Kampf und sein Widerhall. Freiburg 1946.

Portmann, Heinrich: Der Bischof von Münster. Das Echo eines Kampfes für Gottesrecht und Menschenrecht. Münster 1946.

Rabeling, Heinrich: Die Besetzung der Stadt Oldenburg durch die Alliierten 1945. In: Oldenburger Jahrbuch, 55. Bd., 1955, Teil 1, S. 77-88.

Redelfs, Hans Friedrich: Ein Mädchen aus Minsk. In: Oldenburgischer Hauskalender auf das Jahr 1985. Oldenburg 1984.

Reinike, Johannes: Chronik des Flugplatzes Zwischenahn. Zwischenahn 1968.

Riedel, Karl Veit: August Hinrichs 1879-1956. Oldenburg 1979.

Rudnicki, Klemens: Na polskim szlaku. Wspomnenia z lat 1939-1947. London 1952 (Auf dem polnischen Wege. Erinnerungen aus den Jahren 1939 bis 1947).

Sassin, Horst R. (Hg.): Widerstand, Verfolgung und Emigration Liberaler 1933-1945, Bonn 1983.

Schaap, Klaus: Oldenburgs Weg ins „Dritte Reich". Oldenburg 1983 (Quellen zur Regionalgeschichte Nordwest-Niedersachsens H. 1).

Schlecht, Hein, u. Erich *Langenbucher* (Hg.): Dokumentarische Zeit-Chronik 1939. Chronologische Übersicht der wichtigsten Daten und Ereignisse des deutschen Zeitgeschehens mit urkundlichen Zeugnissen. Ebenhausen 1941.

Schminck-Gustavus, Christoph U. (Hg.): Hungern für Hitler. Erinnerungen polnischer Zwangsarbeiter im Deutschen Reich 1940-1945, Reinbek 1984.

Schütt, Helga (Red.): Sophie R.,Mädchenjahre hinter Stacheldraht, erfragt und aufgeschrieben von einer Arbeitsgemeinschaft der IGS Aurich unter Leitung von Johannes Diekhoff. Aurich 1981.

Schwarzwälder, Herbert, Berühmte Bremer. München 1972.

Schwarzwälder, Herbert: Bremen und Nordwestdeutschland am Kriegsende 1945.
1. Die Vorbereitung auf den „Endkampf", Bremen 1972
2. Der britische Vorstoß an die Weser, Bremen 1973
3. Vom Kampf um Bremen bis zur Kapitulation. Bremen 1974.

Siefkes, Wilhelmine: Erinnerungen, Leer 1979.

Suhr, Elke: Das Konzentrationslager im Pfarrgarten. Ein Panzergraben-Kommando für den Friesenwall-Aurich/Engerhafe 1944. Oldenburg 1984.

Siemer, Laurentius: Aufzeichnungen und Briefe, Frankfurt 1957.

von Tippelskirch, Kurt, Geschichte des Zweiten Weltkriegs, 2. A., Bonn 1956.

Trepp, Leo: Die Landesgemeinde der Juden in Oldenburg. Keimzelle jüdischen Lebens (1827-1938) und Spiegel jüdischen Schicksals. Oldenburg 1965.

Verrier, Anthony: Bomberoffensive gegen Deutschland 1939-1945 Frankfurt a. M. 1970 (Aus dem Engl.)

von der Wall, Heinz: Noch schmetterten Siegesfanfaren. Eine Jugend in Südoldenburg. Tagebuchaufzeichnungen 1939-1941. Cloppenburg 1981.

Weisenborn, Günter: Der lautlose Aufstand. 1953.

Whiting, Charles: Norddeutschland Stunde Null. April-September 1945. Ein Bild-Text-Band. Düsseldorf 1980.

208